사관의 심정으로 쓴
투캅스 스토리

사관의 심정으로 쓴
투캅스
스토리

순경 출신 첫 부부 총경의
그 지독한 사랑 이야기

김성섭 지음

빈커뮤니케이션즈

프롤로그

삼가 죽음을 무릅쓰고 답합니다

　나는 늘 역사에서 배우자고 다짐하며 살아왔다. 조선에는 조선왕조실록, 승정원일기, 일성록이 있었고, 이들은 모두 유네스코 세계기록유산으로 등재되었다. 조선에는 역사의식에 충만한 사관(史官)과 기록을 담당한 주서(注書)가 있었고 그들의 역사에 대한 사명감과 자부심은 대단했다. 덕분에 조선왕조 518년 16일의 역사는 실록으로 오늘날 누구라도 인터넷을 통해 쉽게 확인할 수 있다. 조선 중기인 1623년부터는 승정원일기가 288년의 역사를,

1760년부터는 일성록이 151년의 역사를 온전히 증명하고 있어, 어느 해 어느 날 무슨 일이 있었는지 소상히 알 수 있다. 실록 속 몇 장면만 짚어보자. 1404년(태종 4년) 2월 8일, 태종(이방원)은 사냥을 나갔다가 말에서 떨어지자 "사관이 알게 하지 마라"고 했지만, 사관은 그대로 기록했다. 폭군 연산조차 1506년(연산군 12년) 8월 14일, "임금이 두려워하는 것은 오직 역사뿐이다."라고 했다. 광해는 1611년(광해군 3년) 3월 17일, 과거에 합격한 33명의 유생들에게 직접 "가장 시급한 나랏일은 무엇인가?"라는 책문(冊文)을 내렸다. 유생들은 마지막 관문에서 임금 눈에 들기 위해 온 힘을 다해 대책을 작성했다. 그중 임숙영(任叔英, 1576~1623)은 이렇게 썼다. "임금의 잘못이 곧 나라의 병입니다. 교만해지고 나태해져서는 안 됩니다. 삼가 죽음을 무릅쓰고 답합니다." 당돌한 답변에 화가 난 광해군은 그를 급제자 명단에서 제외하라 명했으니 이른바 「삭과(削科) 파동」이다. 그러나 우의정 심희수 등 신하들은 며칠을 두고 "아니 되옵니다"를 반복하며 저항한 지 4개월 만에 광해군을 굴복시켰다. 나는 이 책을 쓰며 임숙영처럼 '죽음을 무릅쓴 각오'까지 아니지만, 경찰국 신설, 대통령실 용산 이전, 이태원 참사 등에 대하여 생각이 다른 선배·동료·후배들에게 돌팔매질이나 손가락질 받을 각오 즉 사관의 심정으로 이 책을 쓴다.

돌이켜보면 2024년 대명천지에 '계엄만은 안 됩니다'라며 바짓가랑이를 붙잡고 막아선 장관 하나 없었고, 비상계엄 선포를 심의한 실록(국무회의 속기록)이나 승정원일기(대통령비서실 업무 기록)는 행정안전부나 국방부, 어디도 존재하지 않았다. 임금의 일일 반성 일기 일성록은 기대도 못 한다. 누가 누굴 탓하겠는가? 하여 나부터 내 이야기를 기록으로 남겨야겠다고 결심했다.

필화(筆禍)로 고생하는 사례를 많이 봤기에 망설였고 "자서전은 써서 뭐 하나? 누가 관심을 갖나?" 하는 회의도 있었다. 그러나 머릿속에 각인된 구상은 쉽게 지워지지 않았다. 수없이 '접자, 포기하자' 하면서도, 끝내 욕먹을 각오로 이 글을 쓴다. 망설임 끝에 결국 책을 쓰기로 한 것은 스스로 내 인생을 정리해 보고 싶었다. 살아온 이야기를 가감 없이 쓰다 보면 앞으로 어떻게 살아야 할지 방향을 가늠할 수 있을 것 같았고, 뒤를 따르는 후배들에겐 이정표가 될 수 있지 않을까 싶다. 이 책은 나의 기억이며 동시에 경찰의 기록이고 우리 모두의 역사다. "슬기로운 자는 역사에서 배우고 어리석은 자는 경험에서 배운다."라고 했다. 자서전을 생각했던 건 정년 퇴임 2~3년 전으로, 벌써 10년이 지났다. 많은 훌륭한 선배와 동료들이 경찰의 길을 걸었지만, 우리 부부처럼 격정적인 경찰 인생을 살아온 경우는 흔치 않다. 그래서 솔직한 공과(功過)를 낱낱이 드러내자고 마음먹었다. 요즘 누가 종이책을 읽느냐고 하지만 여전히 베스트셀러는 쓰이고, 작가 한강은 2024년 12월 노벨문학상을 받았다. 물론 나는 어떤 상이나 명예를 바라는 게 아니다. 그런 기대는 언감생심 망상임을 잘 안다.

생각을 굳히고 여기저기 흩어진 자료를 모았으며 목차를 정리했다. 평소 간헐적으로 구상해 온 덕에 어렵지는 않았다. 하루하루가 빠르게 흐르며 살아온 날들이 얼추 정리되는 기분이다.

책은 총 10장으로 나눴다. 가난한 집 막내아들로 태어나 초등학교 다닌 어린 시절, 새내기 순경으로 치안 일선을 거쳐 정책 부서에서 차근차근 승진한 이야기, 경정으로 승진하며 대통령 임명장을 받던 날의 기쁨, 외교부 파견관으로 세계 각국을 누빈 기억, 경찰의 꽃이라 불리는 총경으로서 문학수도 하동과 출판도시 파주를 거쳐 인쇄 도시 서울중부경찰서에서 느낀 보람, 그리고 훌쩍 다가온 정년, 그 뒤의 인생 2막과 3막, 4막까지 모두 정리했다. 물론 진자리와 마른자리가 있었지만, 천성이 긍정적이어서인지 진자리는 잘 기억나지 않는다. 오히려 너무 마른자리만 있었다는 생각으로 동료들에게 미안할 따름이다. 내 나이도 어느덧 70줄로서 기억력의 한계는 있다. 독자들은 "자랑이 많다"라고 하겠지만 그건 내 뇌리에 또렷이 남아있는 기억들이라고 변명해 본다. 무엇보다 이 책은 우리 부부가 함께 썼다. 내 짝꿍 구본숙 전 경무관과 두 딸 그리고 두 사위, 세 손주의 도움도 컸다. 가족 외에도 초등학교 동창부터 박사과정 동기, 치안 일선에서 생사고락을 함께한 선후배와 동료들, 충남 예산의 고향 친구들, 하동·수원·파주에서 맺은 인연, 서울시경·경찰청·청와대·외교부·서울시 자치경찰위원회 동료들의 도움 덕분에 완성할 수 있었다. 많은 이들에게 조언을 구하고 의견을 들은 건 나 혼자의 주관적 기록보다 그들의 시선이 더 객관적일 수 있다는 믿음 때문이었다. 미국의 배심원 제도처럼 한 사람의 전문적인 지식보다 여러 사람의 건전한 상식이 더 정확할 수 있다는 생각이 들었다.

원고를 쓰기 시작한 2024년 말부터 2025년 봄은 정신없었다. 계엄선포와 탄핵, 대통령 선거까지, 깜짝깜짝 놀랄만한 뉴스가 이어졌다. 서울은 찬탄과 반탄 집회로 시끄러웠다. 해방 직후 찬탁·반탁 시절도 이랬을까? 그런 와중에 원고를 쓰고 기획사와 이야기 나누는 시간은 마치 곧 태어날 아이를 기다리는 부모의 설렘 같았다. 아마 이 맛에 어머니는 자식을 낳는가 보다.

책을 쓰며 우리 부부의 정은 더 깊어졌다. 머리를 맞대고 의논할 일과 아름답던 옛날 이야기할 일이 많았다. 물론 아웅다웅 다툰 적도 있지만, 그런 이야기를 굳이 쓸 필요는 없었다. 살아온 이야기를 다 쓰려면 2권이 필요할 거다. 그래서 가능한 한 아름다운 기억만 끄집어냈다.

막상 시작하고 보니, 그렇게 힘든 일은 아니었다. 이제 와 생각하니 망설이며 보낸 시간들이 너무 아깝다. "늦게라도 시작했으니 다행이다." 스스로 어깨를 두드리며 셀프 칭찬을 했다.

이제는 녹음 짙은 북한산과 푸른 한강을 바라보며 별이 총총한 일산의 밤하늘을 조금 더 헤아려보려 한다. 2017년 아프리카 다녀온 후, 2018년 월간중앙에 연재했던 원고들을 추려 《아프리카 여행기》를 마무리해야 하고 동서고금의 한 시대를 빛낸 인물들의 울림을 모아둔 《나를 울린 심쿵 한마디》도 이젠 끝내야 한다. 오래 고민하진 않을 거다. 결론은 이미 나 있다.

"누군가 해야 한다면 내가 하고, 언젠가 해야 한다면 지금 하자. 기왕 할 거면 웃으며 하자."

끝으로 독자들에게 전하고 싶은 바람이 있다. 어느 시인이 말했다. "시는 고달픈 인생의 가슴을 따뜻하고 촉촉하게 적셔 주는 감성의 영양제"라고⋯ 내 마음도 마찬가지다. 부디 이 책이 힘들고 팍팍한 세상을 살아가는 이들에게 한 잔의 청량음료 같은 위로가 되길 바란다.

2025년 10월

김성섭

*
원고는 2024년 12월 3일 계엄 이후부터 2025년 6월 3일 대통령 선거 때까지 집필했으나, 책은 몇 달 뒤에 나와 시점의 차이가 있을 수 있다. 사진은 될 수 있으면 직접 찍은 것과 소장한 사진을 사용했다. 촬영 기술이 부족할지라도 저작권 시비 없이 내 마음의 사진을 넣고 싶었다.

차례

프롤로그 삼가 죽음을 무릅쓰고 답합니다 • 4

1 빈농의 막내, 전경이 되다

궁금한 게 많았던 코흘리개 • 17 / 아버지는 휴머니스트 • 20 /
어머니 나의 어머니! • 22 / 찍힌 나무에 상처가 있다 • 24 /
편지쓰기로 시작한 문학의 길 • 27 / 제126 전투경찰대, 도경 작전상황실 • 28 /
눈이 오고 내 마음에 여경도 오다 • 30 / 여경을 만나 사랑이 싹트고 • 33 /
우리가 돈이 없지, 가오가 없나? • 36

2 새내기 청년 경찰이 되다

경찰 인생 첫 장, 공항경찰대 • 41 / 신설 서울종암경찰서로 • 43 /
나를 성숙시킨 목민회 • 46 / 아내도 서울경찰이 되다 • 48 /
소꿉장난 같은 신혼살림 • 50 / 치안본부 감찰, 날개를 달다 • 52 /
첫 승진시험 수석 합격 • 56 / 직급 조정! 안병정 선배와 나 • 60 /
첫째 딸 외가 보내고 두 번 울다 • 64 / 홍세기 의원에게 배우다 • 68 /
둘째 딸과 함께 온 민주화 함성 • 72 / 1987년 6월, 그 격동과 경찰 • 74

3 사정에 있다? 사정이 있다!

청와대를 지켜라! 101경비단 · 81 / 아내는 '여자형사기동대장' · 86 /
늦깎이 대학생, 장학생으로 · 88 / 사정에 있다? 사정이 있다! · 90 /
사정기관을 사정한다 · 93 / 유홍준 교수와 한국문화유산답사회 · 96 /
법무부 직원 경찰수사권 제한 · 98 / 경감 달고 경찰대학으로 가다 · 101 /
고건 서울특별시장 비서실로 · 105 /
성대 우수논문상, BEST CS논문상 · 107 / 중국 대륙을 밟다 · 110 /
창조문학 제33회 신인작품상 · 113 / 유럽 5개국, 새 세상을 보다 · 116 /
이 점포는 방범에 취약하니 유의하시오 · 119

4 외교부 파견관, 세계를 가다

경찰 직급 구조를 바꿔라! · 125 / 대통령 발령, 고향 아닌 고양 · 127 /
'토요일이 신나요', 등서하는 아이들 · 130 /
해외주재관 100명 시대의 꿈 · 134 / 울란바토르의 어글리 코리안 · 138 /
이스탄불 실종 대학생을 찾아라 · 141 /
동원호를 납치한 소말리아 해적들 · 146 /
협상의 달인과 시애틀의 밤 · 151 / 경찰청 외사국과 외교부 영사국 · 156 /
정보의 전설! 그 비결을 말하다 · 159 / 김석기의 길, 김성섭의 길 · 164 /
불심과 농심의 차이는? · 166

5 마침내 경찰의 꽃! 총경으로 피다

초과근무수당 1조를 확보하라 · 173 / 두 예산실장의 지원과 응원 · 175 /
경찰 잔존 부조리는 아직도? · 177 / 마침내 경찰의 꽃으로 피다 · 179 /
하동 쌍계사와 왕오천축국전 · 182 / 내 사랑 하동 남자 조영남 · 185 /
하동 '송(松) 투어'를 만들다 · 188 / 문학수도 공감마루를 아시나요? · 192 /
기억의 공간, 하동 역사박물관 · 196 / 모든 경찰차는 주민 방향으로 · 198 /
하동 손님과 왕의 녹차 · 200 / 잊을 수 없는 하동의 추억 · 203

6 언론 대응 말고 언론 협력하라

화성 속으로, 정조 곁으로 · 209 / 유족 대응 말고 유족 지원으로 · 214 /
어머니는 엘리자베스 여왕처럼 · 216 / 세계 유일 분단 현장 치안을 맡다 · 218 /
아! 영국군 글로스터셔 대대! · 222 / 4만 인파 안전 귀가 작전 · 226 /
접경지역 민심과 대북 풍선 · 229 / 협업하고 또 협치하라 · 232 /
언론 대응 말고 언론 협력하라 · 234 / 깍두기론과 한 접시론 · 239

7 사상 첫 순경 출신 부부총경이 탄생하다

사상 첫 순경 출신 부부총경 · 245 / 대한민국 1번지 '오억 원' · 248 /
충북 단양, 수배차량을 잡아라 · 252 / 여기서는 아니 되옵니다 · 254 /
600년 된 인쇄 도시의 역사 · 257 / 서장님! 박사과정 안 해요? · 260 /
경찰청장 허가 받고 미국에 가다 · 262 / 정신 줄 놓지 마라! · 265 /
경찰의 인권정책에 앞장서다 · 268 / 홀연히 떠나신 어머니 · 271 /
현장에 답이 있다! 현장에 그가 있다! · 274

8 아프리카! 부영그룹! 자치경찰!

정든 경찰 제복을 벗다 · 279 / 검은 대륙 아프리카를 가다! · 282 /
부영에 둥지를 틀다 · 285 / 인권으로 박사가 되다 · 288 /
한국사능력검정시험 도전 · 291 / 서울 자치경찰위원이 되다 · 294 /
사상 첫 자치경찰위원 부부 · 297 / 누구도 가보지 않은 자치경찰의 길 · 300 /
현장 속으로, 시민 곁으로 · 302 / 잘 쓰인 보고서는 없다? · 304

9 명품 반려견순찰대를 만들다

그때 경찰국은 없었다 · 309 / 지원하되 간섭하지 않는다 · 311 /
함께하는 명품 반려견순찰대 · 314 / 전국 최우수 사례로 선정되다 · 317 /
자치경찰 단계적 발전론 · 321 / 한강 살리고 관광 놓치다 · 324 /
세계 잼버리대회를 분산하라! · 328 / 때로는 감성경영이 필요해 · 332 /
누구나 생각은 다를 수 있지만… · 335 / 경찰의 미래를 짊어진 그대들 · 337

10 언젠가 해야 한다면 지금 한다!

일본에 가다. 도쿄를 보다 · 343 / 일본 경찰을 배우다 · 345 /
일본의 5無와 3有 · 349 / 자치경찰 참모습, LAPD에 가다 · 352 /
대한민국 위상에 놀라다 · 354 / 미국 경찰을 배우다 · 356 /
2028년 열리는 LA 올림픽 · 358 / 아름다운 두 영웅과 열린 부시장 · 360 /
상임위원 임기를 마치고 · 364 / 7년을 기다렸습니다 · 366 /
날쯤한 지앙바이의 추억 · 368 / 다시 이이지는 부영과의 인연 · 371 /
누군가 해야 한다면 내가 한다! · 373 / 꼭 남기고 싶은 이야기 · 376

에필로그   우리 모두 실록을 쓰자 · 382

추천의 글

박경서
대한민국 초대 인권대사

    김성섭 총경은 생각이 남다르고 역사를 두려워할 줄 아는 좀 특별한 경찰이다. 2005년 경찰청 인권위원장을 역임한 나는, 2016년 경찰청 인권센터장으로 부임한 그를 처음 만났다. 인권에 흠뻑 빠져있던 그에게 내 책 『그들도 나처럼 소중하다』를 건네고 얼마 뒤에 다시 만났을 때 고향 후배 회사인 부영에서 받은 선물을 건넸다. 그런데… 얼마 후 정년 퇴임한 그가 재취업을 하였는데 회사가 바로 부영이란다.

    남산 자락에 사는 나는 아침 산책으로 남산을 자주 걷는데, 남대문 근처에 근무하던 김 총경도 더러 남산에 올라와 우리는 또 우연찮게 만나곤 했다. 또 세월이 흘러 내가 2019년 대한적십자사 회장으로 근무하게 되었을 때도 그는 이따금씩 찾아와 세상사는 이야기와 인권 사랑 이야기를 나누곤 했다. 그렇게 시작된 우리의 인연은 더할 것도 없고 덜할 것도 없이 그저 그렇게 늘 변함없이 이어가고 있다.

    며칠 전 그가 책을 썼다 하여 원고를 보았더니, 책의 첫 부분에 '궁금한 게 많았던' 김 총경의 어린 시절은, 2025년 올해 내가 쓴 책의 제목 '세상은 질문에서 시작된다.'와 일맥상통한다. 나와 김성섭 총경의 인연은 그렇게 얽히고설켜 이어지고 있다. 이번에 김 총경이 사관의 심정으로 쓴 이 책을 통해 우리 대한민국 14만 경찰이 국가와 국민을 존경하고 사랑하는 인권 경찰로 거듭나기를 기대해 마지않는다.

2025년 10월

박경서 님은 광주일고 서울대 사회학과를 졸업하고 독일에서 석박사 과정을 졸업했다. 서울대 교수, 세계교회협의회(WCC) 아시아 국장, 대한민국 초대 인권대사, 건찰인권위원장, 경찰개혁위원장, 대한적십자사 회장, 동국대 석좌교수 등을 역임했고 현재 유엔인권정책센터 이사장을 맡고 있다. 사진첩을 찾아보니 인연이 이어진 귀한 흔적이 있어 추천사에 약력과 사진 한 장을 넣는다.

빈농의 막내, 전경이 되다

1

궁금한 게 많았던 코흘리개

충남 예산군 신양면 대덕리에서 음력 1956년 12월 19일 태어난 내 나이는 사실 애매하다. 양력으로 환산하면 1957년 1월 19일인데, 그 당시는 신생아 사망률이 높았던 때라 아버지가 혹시나 해서 보름이 지난 1957년 2월 2일에 출생신고를 하셨다.

그 때문에 나는 1956년생이자 1957년생이다. 학교에 다니던 때부터 젊은 시절까지는 거의 1956년 원숭이띠로 살았고, 지금 내 주변 사람들 모두 호적 나이인 1957년생으로 알고 있다. 친구들은 벌써 칠순이라고 떠들썩하지만, 나는 아직 조금 남았다.

내가 태어난 곳은 대덕리 칠성암(七星岩)[1] 또는 칠성바위였다. 이웃 동네 죽천리에는 박봉산(朴峯山 233.2m)이 우뚝 솟아있다. 박봉산은 옛날 전쟁 중에 군사들에게 밥을 지어 먹였다고 해서 밥봉산으로 불리다 박봉산이 되었다고 하고, 영해(寧海) 박씨 박헌영(朴憲永, 1900~1956) 집안의 산이라 박봉산으로 불렸다는 설도 있다.[2] 내가 어릴 적, 어른들의 말씀에 의하면 박헌영은 일제강점기 때 늘 감시당하던 인물이었고, 6.25 이후 북에서 처형당한 후 동네는 군경이 철저하게 감시한다고 들었다. 요즘도 어떤 사람들은 박헌영 생가터라며 답사를 다녀간단다.

이저럼 이웃 동네는 박헌영을 이유로 음산했지만, 우리 동네는 야드막한 산과 맑은 시내 그리고 미루나무가 길게 늘어선 신작로가 있는 잔잔한 곳이었다. 평산 신씨 집성촌이었고, 나주 김가는 우리 집 외에 한집이 더 있었는

---
1 바로 옆집 안마당에 널따란 암반이 깔려 있었고, 그 암반에 7개의 별 모양이 있어서 칠성암(七星岩)이라고 했다.
2 실제로 박봉산 아래는 동아일보와 조선일보 기자를 거쳐 독립운동가로 활동했고, 조선공산당을 창당해 활동하다가 8.15 광복 후에 남로당 당수를 지냈으며, 북한에서 부수상까지 올랐지만, 김일성과 갈등이 있어 처형당한 사회주의자 박헌영이 살던 곳이다.

데, 그 댁의 김성룡(金成龍 1941~2021) 형은 신양초와 예산중, 대전고, 서울대를 졸업하고 예산 최초로 사법고시에 합격해 판사로 근무하셨던 분이라 괜히 나까지 우쭐해지곤 했다. 실제 김성룡 형은 우리 집 사랑방에서 공부했는데, 한번 방에 들어가면 숨소리도 안 들릴 만큼 조용했고 식사 때가 되어 여동생이 찾아오면 그때 잠시 집에 가 밥을 먹고 왔다. 더욱이 그 형은 아버지를 일찍 여읜 탓에 어머니가 힘들게 키우셨지만, 시골에서 대성하여 댁에는 경찰서장과 군수가 다녀가고 온 동네가 떠들썩했다. 설이나 추석 때 한 번씩 집에 내려오면 동네 사람들은 판사 성룡 형을 한번 보려고 기웃거리기도 했다.

아버지 김 태(泰) 자 형(衡) 자는 7형제 중 장남이었고, 경주가 관향인 어머니 최 옥(玉) 자 단(丹) 자는 7남매를 낳았다. 나는 7남매 중 다섯째, 아들로만 따지면 3형제 중 막내다. 남아선호사상이 강할 때라, 두 여동생이 있었음에도 "막내아들" 소리를 많이 듣고 자랐다.

흔히 '쌍팔년도' 하면 1988년을 떠올리는 이들도 많지만, 사실은 단기 4288년, 즉 서기 1955년을 가리킨다. 6.25 전쟁 직후의 시대이니, 그 얼마나 어려운 시절이었겠는가. 나는 바로 그 무렵, 논 밭떼기 조금 있는 가난한 농부의 주렁주렁한 형제자매 중 막내아들로 태어났다. 굶지는 않았지만, 그저 겨우 끼니를 잇는 정도였으니 진정 가난한 농부의 아들이다.

여러 자서전을 보면 '가난한 농부의 아들'이 아니었던 사람을 찾긴 어렵다. 어떤 이는 유치원을 다녔다면서 자신을 그렇게 소개하던데, 모두가 가난했던 시절이었기도 하고 또 많은 자서전이 작가의 손을 빌려 쓰이다 보니 생긴 현상이 아닐지 짐작해 본다. 하지만 김동연 경기도지사나, 윤석열 대통령 탄핵 심판 당시 주문을 낭독한 문형배 헌법재판소장 권한대행 등은 정말 나 못지않게 가난한 유년기를 보낸 분들이었으리라.

우리 집은 어느 정도였을까? 시골에서도 더 깊숙한 시골. 집 앞엔 신작로

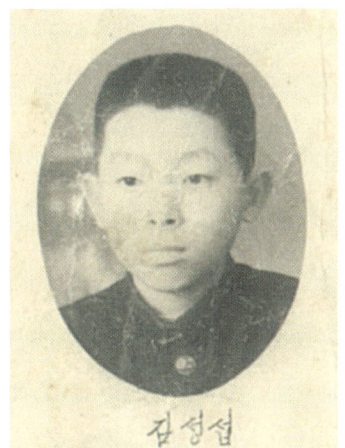

여기저기 이사 다니다가 우등상 등 귀한 사료를 많이 잃어버렸다. 유일한 흔적을 싣는다.

가 있었고, 기와집 두세 채와 초가집 스무 채 남짓이 옹기종기 모여 있는, 전형적인 농촌 마을이다. 엄마가 청양 친정에 가시던 날, 따라나서서 버스 정류장에서 목 놓아 울던 기억, 5·16 군사정변 이후인지, 행군하던 군인들 모습을 신기하게 바라봤던 기억, 초등학교 운동장에서 군인들이 천막을 치고 공연하던 모습도 떠오른다. 아마 대민 선무 공연이었을 것이다.

만 7살이 되던 해, 가슴에 손수건을 단 채 아버지 손을 잡고 국민학교 입학식에 갔던 날도 기억난다. 3월 초 쌀쌀한 날씨에 감기에 걸렸는지 콧물을 줄줄 흘리며, 그걸 손수건과 옷소매로 연신 훔쳤던 기억이 아련하다.

우리 집은 마당이 제법 넓었다. 여름이면 멍석 깔고 동네 사람들과 함께 누워, 옥수수나 다슬기를 삶아 먹으며 별을 헤아리기도 했고, 마당 한가운데 모닥불을 피워 감자를 구워 먹던 기억도 생생하다. 그 모닥불 주변을 신나게 껑충껑충 뛰다가 넘어져 손목을 데었던 일, 급히 간장을 바르며 치료했던 기억, 그리고 지금도 희미하게 남은 흉터는 그때를 떠오르게 한다.

그 무렵 나는 모든 게 궁금한 아이였다. "이건 뭐야? 왜 이래?" 하고 쉴 새 없이 묻다 꿀밤을 맞기도 했는데 이제는 그 시절 내 나이쯤 되는 손주들이 "이게 뭐야?" 하고 매달리면, 그때의 내가 보여 절로 웃음이 난다.

아버지는 휴머니스트

아버지는 청년 시절, 발목에 생긴 상처를 제대로 치료하지 못해 상처가 덧났고 급기야 발목을 제대로 쓰지 못하는 지경까지 이르렀다. 그로 인한 가장의 노동력 상실은 집안이 가세를 펴지 못하는 결정적인 역할로 작용했다. 집안 형편은 좀처럼 나아지지 않았지만, 아버지의 온화한 성품은 평생 변함이 없었다.

가난했으나, 오가는 길손들이 하룻밤 재워 달라고 요청하면 두말없이 방과 이부자리를 내주고, 없는 살림에 밥상까지 정성껏 차려 대접했던 분이다. 이웃 사람들은 "누구인지 신원도 불확실하고, 전염병에 걸렸을 수도 있고, 멀쩡해 보여도 자다가 무슨 일이 있을 줄 알고 왜 집안에 들여 먹여주고 재워주느냐"라고 걱정했지만, 아버지는 괘념치 않으셨다. '흉년에 남의 논밭

사지 말고, 사방 100리 안에 굶어 죽는 사람이 없게 하라'고 했던 경주 최 부잣집처럼 넉넉한 건 아니었지만 아버지의 인간 존중과 이웃 사랑만큼은 누구 못지않았다.

또 아버지는 자신의 형제에게는 물론, 우리 형제에게도 늘 '큰 재산은 없어도 우애롭게 지내야 한다'라고 강조하셨다. 아버지는 지금 생각해도 '더 이상의 휴머니스트(Humanist)가 없다'라고 할 만큼 인정이 많았다.

그때는 서리라는 것이 있었는데, 남의 밭에 참외나 수박, 자두 등을 몰래 훔쳐 따오는 것이다. 이웃 마을로 원정을 가기도 했고, 심지어 남의 닭을 잡아다 삶아 먹기까지 했다. 주인으로서는 절도 행위지만, 제법 용납이 되던 시기였다. 다만, '들키지만 않는다면'이라는 조건 아래 말이다. 아버지는 내 막내 삼촌이나 형들이 서리를 한 낌새를 알아차리기라도 하면, 당장 갖다주라고 불호령을 내리셨다. 남의 물건에 함부로 손을 대는 것은 큰 죄악이라는 이유였다. 그런 아버지는 주변으로부터 융통성이 없다는 소리도 간혹 들었다.

또 막걸리와 꽃을 좋아하셔서 집안에 갖가지 꽃나무와 화초를 기르며 우리에게 꽃이름을 알려주기도 했다. 발목이 성치 않아 생활력이 남들보다 강하지는 못했지만, 인문학적으로는 상당히 소양이 깊던 아버지로 나는 기억한다.

내가 경위로 승진해 청와대 101경비단에 근무할 때, 아버지는 70대 중반의 나이에 위암으로 돌아가셨다. 어렸던 시절, 아버지의 손을 잡고 시골 중학교에 어떤 행사를 보러 간 적이 있다. 당시 경감인 예산경찰서장이 백차(흰색 지프)를 타고 오는 걸 본 아버지는 흠칫 놀라며 한발 물러서신 후, 집으로 오셔서는 "오늘 모자에 금테 두른 경찰서장을 봤다"며 몇 번이나 자랑스럽게 이야기하셨다. 아버지는 막내아들인 내가 총경은커녕 경감 승진하는 것도 보지 못하고 돌아가셔서 너무 아쉽다.

어머니 나의 어머니!

고향에서 초등학교와 중학교에 다닌 나는 어머니 사랑을 많이 받았다. 수업을 마치고 집으로 돌아오면, 갓 낳은 달걀을 품에 안고 계시다가 젓가락으로 양쪽에 구멍을 뚫어 따뜻할 때 먹으라며 건네주셨다. 어린 마음에 날 것의 비릿함이 싫었지만, 몸에 좋다고 하는 데다 다른 간식거리도 없고 어머니가 챙겨주시는 정성이 고마워 눈 딱 감고 먹던 기억도 있다.

어머니는 나와 함께 집안일과 농사일을 많이 하셨다. 아버지는 다리가 불편해 힘든 농사일이 버거우셨을 테고, 달리 돈벌이할 수 있는 일이 없던 농촌이어서 가사는 물론 농사일이 오롯이 어머니 몫이었다. 나도 어머니를 도와 산에 나무하러 다녔다. 그때는 불을 밝히는 전등도 없고 전기밥솥도 없는 때라, 솥에 밥을 지으려면 땔감이 필요했고, 산에서 채취한 나무로 난방을 해야 했다. 밥을 해 먹기 위해 나무가 필요했고 얼어 죽지 않기 위해 나무가 필요했다.

집안일을 도우려고 산과 들을 헤맨 그때, 내 나이는 겨우 14~15살, 중학교 1~2학년 때였다. 그래도 엄마와 함께 해다 놓은 나무가 헛간에 가득 차면 얼마나 뿌듯하고 흐뭇했는지 모른다. 낫질도 했다. 아마도 마당 주위를 다듬었을 것이고, 소에게 먹일 꼴을 베어 와야 했을 텐데, 왼손잡이인 나는 낫질이 불편하고 여간 어려운 게 아니었다.[3] 어설픈 낫질로 생긴 흉터는 여전히 오른손 검지 첫째 마디에 남아 있다. 물고기와 개구리를 많이 잡았는데, 어느 날인가 작은 도랑을 막아 돌다리 밑의 물을 다 퍼냈더니 큰 메기가 여러 마리 나와 친구와 나눠 가졌는데 아버지는 그렇게 좋아하셨다.

농사일도 적극 도와야 했다. 벼와 보리 나락을 묶어 지게에 한 짐 지고 일

---

[3] 아버지는 왼손잡이는 밥 빌어먹는다며 오른손 쓰기를 강요하셨고, 아버지의 뜻에 따라 글쓰기와 밥 먹기는 겨우 오른손으로 하도록 적응했으나 친구들은 '짝 배기'라며 놀려댔다.

힘들게 엄마 사진을 몇 장 찾았으나 화질은 좋지 않다. 눈으로 보지 않고 가슴으로 봐야 한다. (맨 왼쪽이 어머니)

어나려면 다리가 휘청거렸고, 겨우 집에 와서 지게를 내려놓으면 양쪽 어깨에는 피멍이 들곤 했다. 그때마다 어머니는 어린 아들의 어깨를 어루만지며 안타까운 한숨을 짓곤 했다.

언젠가, 어떤 스님이 집으로 들어와 시주를 청해 어머니는 곡식을 한 움큼 주었다. 그 스님은 나를 쳐다보며 어머니께 "훌륭하게 될 아들이고 엄마하고 같이 살 팔자네요"라고 말했다. 어머니는 후에도 그 스님 이야기를 가끔 하셨는데, 우리 집에서 손주를 돌봐 주시며 사는 행복이 다 그 스님 덕이라며 즐거워하셨다.

결혼한 후 여름휴가를 맞아 바닷가라도 다녀오면 시골에 계신 부모님 생각에 마음이 쓰여 잠시라도 찾아뵈었다. 그때마다 어머니는 꼬깃꼬깃한 지폐 몇 장을 손에 쥐어 주셨는데, 분명 남의 집 농사일을 도와주고 받은 품삯

빈농의 막내, 전경이 되다

임이 틀림없었다. 차마 그 돈을 받을 수 없어서 한사코 사양했지만, 어머니는 막무가내였다. 아들에게 뭐든 주고 싶은 엄마의 마음을 알기에 마냥 뿌리칠 수 없어서 받곤 했다.

어머니는 맞벌이인 우리 부부를 위해 서울로 오셨고, 헌신적으로 가사와 육아를 책임져 주셨다. 그런 어머니께 한없이 고마워 가끔 경로당도 가시고 고스톱도 치시라며 동전을 한 봉투씩 모아 드렸다. 그러면 어머니는 다시 동전을 쏟아 같은 액면 동전끼리 나눠 쌓으시며 "5만 몇천 원이네~"하고 좋아하셨다. 어머니는 점당 10원 내기 고스톱을 즐겨 하시어 '잃으면 그만이고, 따면 돌려주라'고 늘 일러드렸다. 그러면 어머니는 "걱정 말게, 남의 돈 안 먹네~" 하셨다. 어머니 덕분에 우리 두 딸은 조기교육으로 일찍 고스톱을 배워 지금도 잘 활용하고 있다.

어머니 흉을 하나 봐야겠다. 장모님과 해외여행을 두어 번 보내드렸는데, 호텔 뷔페에서 어머니는 조금 드셨고, 장모님은 몇 접시 드셨단다. 장모님이 "사부인, 조금 더 드세요" 하면, "뭘 그리 많이 먹어요?" 하며 핀잔 섞어 말씀하시고, 관광버스로 투어 나갈 때도 나가지 않고 방에 있으셨단다. '아들 며느리가 힘들게 번 돈인데 뭘 그리 여러 번 먹고, 시원한 방에 그냥 있어도 좋은데 차 타고 어딜 나가냐'라는 생각이었다. 여러 번 먹고 투어 나가면 돈을 더 내야 하는 줄로 아셨던 거다. 이런 나의 어머니는 막내아들과 함께 오래 사셨고, 아들과 며느리가 모두 총경으로 승진해 경찰서장 하는 걸 보시고는 2017년 6월 12일, 저 하늘의 별이 되셨다.

찍힌 나무에 상처가 있다

내가 다닐 당시는 국민학교였던 '신양초등학교'의 1학년과 6학년 때 기억이 아직 선명하다.

1학년 때 담임은 성맥제 선생님이었는데, 당시 나는 공부를 제법 했는지 우등상을 몇 장 받았다.[4] 3학년 때는 주숙자 선생님이셨는데, 우리 반 담임을 맡으며 출산을 하셨다. 쉬는 시간마다 복도로 나가면, 아기를 안고 오신 분에게서 아이를 받아 젖을 먹이시던 엄마 선생님 모습이 선연하다. 6학년 때는 손세빈 선생님이셨는데, 까무잡잡한 피부에 단단해 보이셨다. 선생님은 졸업이 다가오면서 한 번씩 섭섭함을 드러내셨는데 특히 기억나는 말이 있다.

"얘들아! 이제 곧 헤어질 시간이 다가오는데, 너희들 부모님은 정말 대단하신 분 아니냐?"

무슨 말씀인가 싶어 귀 기울여 들어보았다.

"우리가 돼지 새끼를 사 왔는데 돼지우리가 없어서 이웃집 돼지우리에 우선 맡겼다고 치자. 그러면 부모님들은 돼지 새끼가 밥이라도 제대로 먹고 잠은 잘 자는지 궁금해서 최소 하루에 한 번은 들여다볼 것 아니냐. 그런데 너희 부모님들은 6년 동안 한 번도 학교에 안 나오시냐?"

자녀 교육은 학교에만 맡기지 말고, 가정에서도 함께 해야 하는데 농촌 실정을 이해한다손 치더라도 너무한 것 같아 속상해하신 말씀이다. 또 한창 까불며 속 썩일 나이의 애들이라서 잘 참으시다가 한번은 세게 매를 드셨다. 내나무로 된 빙밍이가 갈기갈기 디지고 친구들 엉덩이에 피멍이 들어 울고불고하니 때려놓고 괴로워하시던 손세빈 선생님의 모습이 또렷하다.

안타깝게도 그때 나는 학교폭력 피해자였다. 언제부터 당했는지 정확한 기억은 없으나, 학교에 가기 싫어서 집 안에 숨어 있다가 아버지께 들켜 혼나고 울며 학교에 갔다. 6학년 때의 학교폭력은 정도가 심했다. 뺨을 얻어

---

[4] 아버지가 나의 우등상을 소중히 간직하고 있다가 전해주셔서 잘 보관했는데, 자주 이사 다니다 보니 어디선가 사라져 버렸다.

맞고 나동그라진 일도 있었다. 그때는 지금처럼 피해자나 가족, 학교도 크게 관심을 두지 않을 때라 서럽지만 맞고 있을 수밖에 없었다.

지금도 당시 초등학교 친구들과 친하게 지내지만, 그때 아픈 기억은 쉽게 지워지지 않는다. 그런데 가해자 한 친구가 최근까지 "이 자식들, 옛날에 나한테 얻어터지고 질질 짜던 놈들인데…" 하는 말에 잘 참아왔던 내가 발끈했다. "야! 너 그 소리 그만해. 피해자가 말없이 참고 사는데 가해자가 무슨 자랑이라고 시도 때도 없이 그 얘길 해?"하며 소리쳤다. 아마도 유명 배구선수 자매의 학교폭력이 사회적으로 이슈였고, 때문에 사회적으로 민감한 분위기일 때라 그랬던 것 같다. 내 한마디에 모임 분위기가 일순간 냉랭해졌다. 나는 이어서 말했다.

"내가 아프리카에 갔었는데 거기에 이런 속담이 있더라. '나무를 찍은 도끼엔 상처가 없지만 도끼에 찍힌 나무는 평생 상처를 품고 산다' 피해자는 말이 없는데 가해자가 수시로 무용담처럼 언급하는 건 안 되지 않냐? 그 이야기는 이제 더 이상 하지 말자."

친구들 특히 아내들은 공감했고 그날 이후 학폭 이야기는 쏙 들어갔다.

시골에서 초등학교는 우등생으로, 중학교는 장학생으로 다녔고, 서울의 숙부님 댁에 와서는 힘들게 고등학교 과정을 공부했다. 고단한 날들이었다. 학업을 계속하면서도 한의원 등에서 이런 일 저런 일 해가며 스스로를 책임져야 했다. 다행히 숙부님 댁은 형편이 괜찮아서 얹혀사는 데 경제적 부담은 덜했다. 숙모님은 식사와 빨래까지 친아들처럼 챙겨주시며 진심으로 잘해주셨다. 부모님은 고마운 마음에 농사지은 쌀을 보내주시곤 했다. 물론 숙부모님 입장에서는 세 명의 사촌 동생들 공부에 내가 도움이 될까 하셨겠지만 내 공부도 벅찬데 동생들 지도는 어려웠다. 다만 동생들에게 열심히 하는 모습을 보여주려는 노력은 좀 했다.

그때는 몰랐지만 결혼해서 남의 식구와 잠깐 살아 보니 얼마나 불편한 일인지 알 수 있었다. 작은집에 얹혀살았던 3년이 작은아버지 작은어머니께 얼마나 짐이었을지 생각하니 고마움을 이루 다 말로 할 수 없다. 정년퇴직 무렵 친지들과 함께 유명한 식당으로 모셔 식사 한 번 대접한 것이 전부인데 숙부님은 돌아가시고 숙모님만 계신다. 잘 해야 하는데 많이 부족하다.

편지쓰기로 시작한 문학의 길

나는 학교에 다닐 때 영어나 수학 과목보다 국어, 국사, 지리 등에서 항상 높은 점수를 받았다. 국어와 국사는 지금도 재미있다. 국어는 특히 글쓰기에 취미가 있어서 학창 시절에 항상 문학반에서 활동했다. 그 무렵, 큰형은 제대를 얼마 남겨 놓지 않고 백마부대로 월남(베트남) 참전을 자원했다. 파병 용사로 전쟁터에서 생사를 넘나드는 형을 위해 가족의 안부를 전하고 형의 안녕을 비는 편지 한 통이 참 소중했을 때였다. 어머니는 매일 같이 장독대에 정화수(井華水) 한 그릇 떠 놓고 정갈한 모습으로 아들의 무사 귀국을 빌고 또 빌었다. 엄마만이 할 수 있는 지극정성이었다. 그런 정성이 있어서일까. 큰형은 베트콩으로부터 총 한 방을 맞긴 했으나 대퇴부를 살짝 스치고 간 덕분에 건강한 몸으로 돌아왔다.[5]

서두에 언급한 고향의 같은 나주 김가 집안의 판사 김성룡 형은 초임 판사로 진주 또는 부산으로 지방 근무를 하고 있을 때였다. 참전용사 큰형과 지방 근무 판사 형에게 보내는 편지는 모두 내 차지였다. 형들이 보낸 편지를 읽어 드리는 것도 보낼 편지를 쓰는 것도 모두 내 몫이었는데, 그렇게 청

---

5 당시 형은 귀국하며 캐리어가 아닌 큰 나무 상자에 커피 등 각종 미군 용품을 가득 담아 왔는데, 심지어 두루마리 화장지도 있었다. 이 물품들로 동네 사람들을 위한 잔치도 몇 번 했다.

소년 시절 어른스러운 문체의 글쓰기를 많이 한 덕분에 글솜씨가 많이 늘고 문학적 소양이 쌓이지 않았나 싶다.

지금도 월요일 저녁에 방송하는 KBS-1TV 〈우리말 겨루기〉는 내 단골 시청 프로이고, 2000년 창조문학 제30회 신인작품상을 수상하며 수필가로 등단한 것도 다 이런 과정이 있었기에 가능했다고 해도 과언이 아니다. 여전히 나는 틈틈이 수필과 시를 쓰고 있으며 고양문인협회 이사로 활동하고 있는데 큰 욕심 없이 사는 동네의 문인들과 교류하는 게 큰 즐거움이다.

사춘기 그 무렵의 시골 소년에게도 가슴 설렌 첫사랑일지 짝사랑인지 이제는 흐릿해진 추억도 하나 있다. 방학을 맞아 고향을 찾은 어느 여학생의 하얀 모습을 보고 가슴이 쿵쾅거렸고 안 보이면 동네를 한 바퀴 돌아 그 집의 열린 대문 사이로 힐끔 집안을 훔쳐보기도 했다. 댓돌 위에 가지런히 놓인 흰 운동화를 보고 서리하다 들킨 소년처럼 도망치듯 집으로 오면 어머니는 '어디 갔다 와, 소 풀도 안 먹이고…'하는 볼멘소리가 빈 하늘 바람결에 흩어지곤 했다. 누가 묻지도 않는 이야기를 입장 곤란해질 각오로, 사관의 심정으로 고백한다.

제126 전투경찰대, 도경 작전상황실

어떤 동기였는지는 기억나지 않지만, 아마도 경찰이 될 팔자였나 싶다. 우선 병역의무를 다하기 위해 군 입대를 고민하다가 전투경찰 지원을 결심하고 필기시험을 치렀는데, 무난히 합격했다. 다음 면접시험에서는 경감 경정급 면접관이 'OPEC(Organization of the Petroleum Exporting Countries)'에 대해 아는 대로 말해보라고 한다. 나는 "석유 수출국들이 서로 이익을 도모하기 위해 만든 석유수출기구로, 오스트리아 수도 빈에 본부

병역의무 이행을 위해 전투경찰에 입대하여 해안선 경계 임무를 수행하는 경남 고성 제126전투경찰대와 경남도경 작전상황실에 근무하며 경찰을 알게 되었고 아내를 만나 결혼하게 되었다.

가 있다"고 아주 똑 부러지게 대답했다. 면접관들은 고개를 끄덕이더니, "정몽주가 답한 단심가(丹心歌)에 앞서 이방원이 정몽주에게 보낸 시조는 무엇인가?" 하고 물었다. 순간 하여가(何如歌)가 생각나지 않아 '아 떨어지는 건가!' 싶었지만 이렇게 떨어질 수는 없었다.

갑자기 시조가 떠오르며 읊어질 것 같았다. "이런들 어떠하며 저런들 어떠하리 / 만수산 드렁 칡이 얽혀진들 어떠하리 / 우리도 이 같이 얽혀져 백년까지 누리리라, 입니다." 면접관은 더 질문하지 않았고 얼마 후 합격통지서를 받았다.[6]

1976년 2월 5일, 빡빡 깎은 머리로 어머니의 배웅을 받으며 논산행 버스에 올랐는데 눈물이 났다. 논산훈련소 생활은 그야말로 춥고 배고팠다. 행군이니 사격 등 쉬운 게 하나도 없었지만 그럭저럭 잘 참고 견뎠다.

4주의 군사기본훈련을 이수하고 경남도경으로 자대배치를 받았다.[7] 그리고 경남도경에서 다시 고성 제126전투경찰대로 배치되어 부임했고 마침 행정반에 결원이 있어 나는 교육 담당으로 발탁되었다.

---

6 당시는 전투경찰은 경쟁률이 높아 합격하기 꽤 어려웠고, 계급장이 검은색이어서 카추사(KATUSA)에 버금갈 정도로 인기가 있었다.
7 당시에는 경남도청과 경남도경이 부산에 있었는데 1983년 창원으로 옮겼다.

경남 고성은 남해안의 바닷가였고 솔밭 안에 부대가 있어 그림처럼 예쁜 곳이었다. 하지만 아름다운 풍경과 달리 부대 내에서는 밤마다 구타와 폭력이 난무했다. 100일 작전으로 훈련의 강도 역시 보통 센 것이 아니었다. 자칫 맞아 죽기 일보 직전의 상황까지 내몰린 적도 있으나 그럭저럭 견뎌냈고 부대 이동도 경험했다. 그때 인근 진주지원에 앞서 언급한 나주김씨 집안의 형인 김성룡 판사가 근무하고 있어 외출 때 한 번씩 찾아가면 용돈을 주시곤 했다. 몸도 마음도 낯선 타향에서 형의 각별한 아낌은 참 고마운 일이었다.

그렇게 본부 행정반에서 경력이 쌓여갔고 졸병 단계를 막 벗어날 무렵 경남도경에서 공문이 한 통 왔다. 수필가 박재식 경무관이 경남도경국장으로 부임해 군의 〈전우신문〉과 같은 신문을 창간할 예정인데 기자를 모집한다는 공고였다. 가능할까 싶은 생각이었지만 글쓰기에 워낙 취미가 있으니 한 번 도전해 보자며 응시했는데 합격했다.

신문 제호는 〈경남전경보〉였다. 선발된 기자는 4명이었는데, 내가 제일 고참이었고 서울대 학보인 대학신문 기자 출신이 막내였다. 그렇게 나는 20대 초반에 신문기자가 되었다. 그래서는 안 될 일이지만 군대라는 특성상 신문 만드는 일은 대부분 막내가 도맡아 했다. 그렇다고 나머지 대원들을 놀고 먹게 두지는 않았다. 경남도경 작전상황실 상황요원으로 근무했고 주말에는 당직사령의 보좌 역할도 했다.

눈이 오고 내 마음에 여경도 오다

1977년 말경으로 기억한다. 경남도경 4층 작전상황실에서 정문을 내려다보고 있는데 눈이 온다. 사람들이 아이처럼 깡충깡충 뛰며 신났다. 부산만 해도 눈이 거의 오지 않기 때문이다. 그때 정문을 지나 오는 세 명의 여순경이 있었다. 감색 제복에 계급장이 한껏 빛나는 그녀들을 보고 우리는 '누가 가장 예쁜가?' 하며 한 명씩 꼽았다. 3명이 왔지만 2명은 사복 부서로 배치되는 바람에 누가 누구인지 알 수 없었다.

그중 한 명이 정복부서인 민원실로 배치되었고, 사람들은 여경을 구경하려고 기웃거리곤 했다. 그때 경남도경에 처음 여경이 배치되었으니 그럴만도 했다. 나도 새로 부임해 온 민원실 여경에게 관심이 있었지만 방법을 찾지 못해 주변만 빙빙 돌고 있었다. 마침, 연말이라 친구들이 위문편지도 보내고 크리스마스 연하장도 보내던 터라 우편물 수령을 위해 민원실에 한 번씩 갔다. 아마 님도 보고 뽕도 따려는 심사가 아니었을까 싶다.

그런데 민원실에 갔다가 아주 귀한 정보를 입수했다. 명함 크기의 종이에 '민원실 근무 순경 구본숙입니다. 무엇이든지 말씀해 주시면 성실히 안내해 드리겠습니다'라고 적힌 안내문을 발견했다. 지금처럼 명찰을 달지 않을 때인데 서비스실명제를 했고, 그 덕분에 이름 석 자를 알았으니 얼마나 큰 수확인가?

그럭저럭 시간은 잘도 흘렀다. 경남도경 작전상황실 근무는 해안 경계 임무를 수행하는 일선 전투경찰대의 생활에 비하면 신선놀음이었다. 구타를 당할 일도 없었다. 내가 제일 고참인데 나를 때릴 사람은 없고 나 역시 그런 데는 관심이 없으니 때리고 맞을 일이 없다. 딱 한 번 기강이 너무 문란한 것 같아 단체 기합을 주기는 했다. 이른 아침이었는데 온갖 폼을 잡고 잔소리 성 훈시(?)를 하고 기합을 막 주는데 직원들이 출근하는 게 아닌가. 구본숙 순경 역시 옆을 지나는 걸 보고 2~3분 지난 후 기합을 끝냈다.

민원실에 근무하는 구본숙 순경은 가끔 오다가다 마주치기는 했지만, 그냥 스치고 말 뿐이었다. 따지자면 내 신분은 전투경찰 상경이었으니 상사였다. 뭔가 계기가 있으면 좋겠지만 그녀가 내 앞에서 맥없이 쓰러질 일도 없을 거고, 그렇다고 내가 괜히 시비를 걸 수도 없는 노릇이었다. 그래도 막연한 기대를 품고 한 번씩 민원실에 들러 나의 존재를 드러냈다. 그날도 민원실에 우편물이나 확인할 겸 들렀는데 마침 도착한 우편물을 탁자 위에 수북이 쌓아놓고 간다. 구본숙 순경은 그 우편물을 각 사무실 서류함에 나눠 넣기 시작했다.

"제가 좀 도와드릴까요?"

용기 있게 말을 걸었지만, 그녀는 살짝 웃기만 할 뿐이다.

나도 옆에서 말없이 우편물 분류를 시작했다. 그때 내 손에 쥐어진 편지 한 통의 수신인이 구본숙 순경이다. '어!'하고 자세히 보니 남자 글씨다. 순간 '아 벌써 누가 있구나' 싶은 생각이 든다. 당황하지 않은 듯하며 물었다.

"왜 당진에서 편지가 오지요?"

"아~ 고향이니까요."

"네에? 저는 예산인데!"라는 말에 그녀도 꽤 반가운 눈치다.

20대 중반에 부산이라는 낯선 곳에서 타향살이하고 있는데 동향 사람을 만나니 오죽 반가웠을까 싶다. 그런데 이왕 말문을 텄으니, 이참에 이야기를 조금 더 해야겠다는 생각이 들었다.

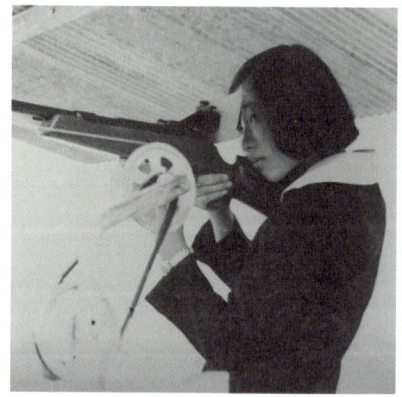

부산에서 만난 아내는 충남 당진 출생이고 나는 바로 이웃인 예산 출생이다. 신라는 삼국통일을 위하여 나당연합(羅唐聯合)을 했는데 우리는 이 나라 치안을 위하여 예당연합(禮唐聯合)을 했다.

"혹시 당진에서 학교도 다녔나요?"

"그럼요. 고등학교까지 당진에서 다녔죠."

"오, 그럼 혹시 김성진이라고 아세요? 제 사촌 동생인데…"

"그럼요. 중학교 때부터 같은 반이었어요."

"와~ 그럼 친구 사촌오빠니까 언제 한 번 뵙죠. 연락할게요."라고 말하니 살짝 웃고 만다. 더 이상 긴 이야기는 자칫 탈이 날 수도 있다는 생각에 얼른 사무실로 올라왔다. 쿵쾅거리는 마음을 간신히 가라앉히고 숨을 고르며 당진 사촌 동생에게 전화했다.

"성진아! 너 혹시 구본숙이라고 알아?"

"응 알지. 동창인 데다 우리 반 반장이었고 수석 졸업했을 거야 아마. 그런데 왜? 사귀나?"

"아니, 아니~ 그냥…"

"오빠, 그 친구 괜찮은 아이야. 사귀고 있다면 놓치지 마!"

아니, 잡지도 않았는데 뭘 놓치지 말라는 건지, 마음은 당장 민원실로 전화해 만나자고 하고 싶었지만 참아야 했다. 꾹 참아야 했다.

여경을 만나 사랑이 싹트고

그로부터 열흘을 10년처럼 지루하게 기다리다가 전화를 걸어 저녁에 만나기로 약속했다. 우리는 부산의 가장 번화가인 광복동에서 만나 600원짜리 오므라이스를 하나씩 시켜 먹고 돌고래 다방으로 들어가 커피를 주문했다.

이런저런 대화를 하는데 여고 동창생의 사촌오빠이고 또 내 사촌 동생 동창이다 보니 공통점이 있어서인지 금세 친해지는 느낌이다. 그녀가 손금을 봐준다며 손을 내밀어 보란다. '어?'하며 조심스럽게 손을 내밀었는데 손끝

뭐가 뭔지 아무것도 모르고 그저 좋아 사랑을 했다.

을 살짝 잡는다. 순간 손이 파르르 떨렸다. 그렇게 우리의 첫 데이트는 무난히 지나갔고 이후 만남은 잦아졌다. 싹을 틔우기가 힘들지 잎이 나고 그 잎이 무성해지는 건 그리 어렵지 않았다.

나중에 들은 이야기지만 아내는 나를 처음 만났을 때 내 엉덩이를 보았단다. 어디서 들은 이야기로 남자의 엉덩이가 뾰족한 사람은 바람둥이일 가능성이 높다는데 내 엉덩이는 펑퍼짐하더란다. 그래서 안도감이 들었던 모양이다.

그 후로 우리는 해운대, 송도, 범어사 그리고 여유가 조금 있을 때는 양산 통도사까지 가 데이트를 즐겼다. 남해에 전투경찰 동기생이 있어서 그곳도 가고 남해 인근 하동까지 원정 데이트도 다녔다. 사실은 몰래 데이트다. 도심을 피해 교외로 데이트를 갈 때는 팔짱도 꼈는데 그때마다 직장 상사들이 보여 황급히 팔짱을 풀곤 했다.

솜사탕같이 달콤한 연애 시절이 금세 지나고 어느새 나의 제대 날짜가 다가왔다. 제대는 분명 행복한 일인데 사랑하는 사람과 헤어질 생각을 하니 한

편으로는 심란해졌다. 하지만 정해진 날짜는 속절없이 빨리 오고야 말았다. 제대 전날 여친(구본숙)과 작별 데이트를 하고 숙소로 돌아오는데 눈물이 났다. 그렇게 정든 그녀와 부산을 등지고 고향으로 왔다.

부모님과 며칠을 보내고 서울로 와 무언가 일자리를 찾아야 했다. 몇 달 후 그녀가 휴가를 얻어 집에 온다는 소식에 천안역에서 만났다. 오랜만에 만난 우리는 헤어질 줄 모르고 붙어 있다가 당진까지 갔고 그러는 사이 시간은 자정 무렵이 되어 여자 친구 집으로 갔다.

예비 장모님은 썩 놀라지 않으시며 "그래 믿나?" 하고 물으신다. 무슨 말씀인지 알아들었지만 정직해야 한다는 마음에 "아뇨" 했더니 "그럼 안 되네"라고 하신다. 결혼을 허락해 주시면 믿겠다고 했는데 그 순간 예비 장인이 오셨다. 아버님은 많이 놀라셨고 "아직 직업이 신통치 않은데…" 하시며

여친 구본숙이 아내가 되는 과정에서 장인 어른은 꼼꼼함을 보여 주셨고 장모님은 오히려 호쾌한 모습을 보여 주셨다.

꽤 실망하신 눈치다. 특히나 당진은 시골이어서 소문이 나면 창피하고 시집도 못 가니 사랑방에서 자고 새벽에 일찍 떠나라고 하신다. 사랑방은 안 쓰던 방이라 완전 얼음골이다. 장작불을 지펴 주시겠다고 하지만 겨우내 비워둔 방에 장작을 지핀다고 금방 따뜻해지는 게 아니다. 내 마음처럼 방바닥은 차갑기만 했다.

밤새 추위에 떨다가 새벽에 버스를 타고 올라왔다. 아버님께서 시외버스 터미널까지 배웅 나오셔서 해장국이라도 한 그릇 먹고 가라는 걸 정중히 사양하고 그냥 버스에 올라탔다.

이후 출판사 편집국에서 잠시 일했다. 여건이 나쁘지는 않았지만 평생 직업으로는 안정감이 낮다는 생각에 공무원이 되기로 마음먹었다. 공무원 중 세무직과 경찰직으로 최종 압축하고 다시 고민했다. 가난한 어린 시절을 보냈으니, 세무공무원이 어떨지 고민하다가 시험 승진제도가 발달해 있고 사회적 약자를 도울 수 있는 경찰공무원이 되는 쪽으로 생각을 굳혔다.

우리가 돈이 없지, 가오가 없나?

갑자기 웬 '가오'를 말하는지 궁금할 것 같아 미리 설명하면 '가오(かお)'는 일본말로 얼굴(顔)이고 국립국어원 기준 외래어 표기법에도 있는 말이다.[8] 요즘은 '자존심을 지키려는 태도' 또 '멋있어 보이려는 모습'으로 변형되어 사용한다. 보통은 긍정적인 의미로 많이 쓰이지만, '고집' 또는 '허세'를 부린다는 부정적 의미로도 사용한다.

---

8 보통 얼굴 마담을 가오 마담이라고 하듯, '얼굴' 말고도 '가오다시(かおだし)'처럼 '자존심', '체면' 등의 의미로도 사용된다. '가오'는 영어로는 'Pride'로 해석할 수 있으나 속된 표현으로는 'Form'으로도 사용한다. 통용 표기는 카오라고 쓰나 국립국어원 외래어 표기법에 따라 '가오'라고 쓴다.

전투경찰로 경남 고성 제126전투경찰대에서 복무하던 중 경남전경보 기자로 선발되어 당시 부산에 있던 경남도경 작전상황실로 발령이 나 '가오 있게' 옮긴 이야기는 이미 앞에서 말한 바와 같다. 언론과 인연은 그렇게 시작되었고, 명색이 기자지만 우수한 후배들이 취재부터 편집, 제작까지 도맡아 하는 바람에 나는 상황 근무만 하면 되었다. 전경이라고는 해도 경찰의 일을 함께 하는 것이어서 사실 경찰이나 다름없었다.

그 무렵도 경찰의 수난은 계속되었다. 경찰이 될 팔자였는지 그때도 경찰이 수난을 당하면 비분강개해 했다. 1978년 2월 17일(혹은 16일) 경찰 출신의 구자춘 서울특별시장 때 구청장과 경찰서장의 연석회의가 있었다. 그 전까지는 구청장과 경찰서장을 나란히 배치했던 것과 달리 그날은 구청장은 앞에 경찰서장은 뒤에 배치했단다. 이에 화가 난 종로서장 최영덕, 서대문서장 조영덕, 서부서장 주병덕 등 20여 명이 의자를 집어 던지며 "야! 이 ××놈들아! 니들끼리 다 해 먹어라!" 하며 집단 퇴장했다. 신문 방송은 호재라고 기사화했고, 호사가들은 마침 주동 서장들의 이름이 모두 덕으로 끝난다고 하여 '삼덕(3덕)의 난'이라고 했다. 지금은 시장 군수 구청장들 위상이 많이 달라졌지만, 결코 간단하지 않은 일이 좌석 배치와 의전이다. 당시 TV 뉴스를 본 기억이 있지만 오래되어 정확한 사실을 확인하고자 서울도서관에서 서울 600년사도 보고 국립중앙도서관에서 한국경찰사도 보았지만, 서울시나 경찰청 어디에도 관련 기록이 없다. 기십기리일 뿐 역시적 기록은 아니라는 생각이었는지 아니면 좋은 이야기도 아닌데 기록으로 남길 이유가 없다고 판단했는지 모르지만 그건 아니다. 잘잘못을 가릴 여력이 없다면 사실 그대로의 기록을 남겨 후대의 평가에 맡기고 누군가의 잘못으로 벌어진 일이라면 두 번 다시 그런 일이 없도록 해야 하는데 그런 발상조차 못 하는 게 이 시대를 사는 우리 모습이다.

1989년 4월 27일, 제13대 국회 통일민주당 심완구 국회의원이 마창노련(馬昌勞聯)의 노사분규 진상 조사를 위해 창원에 방문했다가 당시 경남도경 교통과장 정우영 총경의 뺨을 때리는 불상사가 발생했다. 정 총경은 정당하게 공무집행 중이었는데 "부하직원들과 시위근로자 앞에서 경찰 간부의 뺨을 때리고 멱살을 잡은 것은 전체 경찰의 명예와 사기를 위해서 묵과할 수 없다"라며 사표를 냈다. 파문은 전국으로 확산되었고 정 총경은 끝내 심 의원을 고소했다. 검찰은 불구속기소 했다. 마산지법과 검찰은 정 총경을 증인으로 채택해 공판을 계속했지만 정 총경은 1년 4개월 후인 1990년 9월 5일 심 의원에게 "심기일전해 국정에 임하라"며 고소를 취하했다. 그 후에도 국회의원들이 경찰에게 폭력이나 망언으로 화풀이하는 일이 적지 않았다.

지위고하를 막론하고 많은 사람이 세 치 혀로 망가지는 경우가 많고 막말한 사람치고 잘되는 꼴 보기는 힘들다. 관에 들어가도 막말은 하지 말라고 했다.

2015년에 개봉한 천만 관객 영화 「베테랑」에서 형사 서도철(황정민)은 "우리가 돈이 없지, 가오가 없냐? 수갑 차고 다니며 가오 떨어질 짓 하지 말자"라고 했다.

할 말이 많지만 이쯤에서 마무리하자. 이 책은 나의 책이니 온전히 내 이야기를 쓰겠다.

'나도 가오 있게 살고 싶고 이 책도 가오 있게 쓰려고 한다.'

돋보기

座席배치에 不滿…경찰서장20명 會議중 "退場"

◇…17일상오 청상황실에서 열린 이회의 서울시 확대간부회의에 참석한 대통령 연두순시보고사항 및 지시사항을 전달하기 위한 모임이었던것. 했던 시내 20개 경찰서장 일부가 S서장등 일부의 도중 모두 회의장 자리를 비우는 소동을 빚었다.

◇…이들은 좌석배치에 불만을 표시하고 퇴장한것으로 알려져 더욱말썽.

◇…이날 상오 9시부터 연두순시 보고사항을 대통령 하려할때 모두 자리를 뜨고 말았다고.

◇…문제의 좌석배치는 구청장뒤에 경찰서장과 파출부회에 참석 본청국 장급을, 좌우에는 본청국 장들을 각각 배치했었는데 경찰서장들은 구청장뒤에 좌석을 배치한데불만 품은듯.

좌석 배치를맡은 시청의 한간부는 "종전에도 그와같이 좌석배치를 했으나 업무보고에 따라 회의장 면에 구청장을 앉도록하고 직급상 구청장이 경찰서 장보다 상위이기때문에 구청장뒤에 앉도록했다"고 설명.

(경향신문 캡처)

1970년대 당시는 연석회의가 많았다.

(경찰박물관 사진)

새내기
청년 경찰이 되다

2

경찰 인생 첫 장, 공항경찰대

전투경찰 의무복무를 마친 뒤 잠시 출판사 편집실에서 일하다가, 곧바로 경찰공무원 시험에 응시해 큰 어려움 없이 합격 통지서를 받았다. 색맹검사 항목이 좀 걱정되었지만 무사히 넘어갔고, 결혼을 앞둔 시점에 안정된 직장을 찾아야겠다는 생각에서였다.

그 무렵은 유신 말기였다. 경찰의 사회적 위상은 낮았고 근무 환경은 녹록지 않았다. 내심 갈등도 있었지만, 경찰로 살아온 작은아버지 모습이 떠올랐다. 대한민국 경찰로 자긍심을 갖고 근무해 오신 숙부님처럼 나도 그렇게 할 수 있으리라는 확신이 생겼다.

인천 부평 경찰종합학교 신임과정 제51기로 입교했다. 꽃샘추위가 맹위를 떨치던 이른 봄, 부평의 바람은 생각보다 매서웠다. 교육 기간 내내 성적은 상위권을 유지했고 졸업 성적은 300명 중 10등 안팎으로 새내기 경찰이 되었다. 당시는 졸업 성적에 따라 근무지가 정해졌는데 나는 희망대로 서울에 배치되어 다시 김포공항경찰대로 발령받아 서무를 맡았다.

함께 일하게 된 대원은 강원도 춘천 출신 백창현 일경이었다. 성실하고 인품도 훌륭한 그는 지금까지도 좋은 인연으로 이어져 늘 서로의 곁에 있다. 의무복무 후 외대에서 캠퍼스 커플이 되었고 졸업 후 한국경제신문 기자로 승승장구해 경기지역본부장을 맡기도 했다.

그 시절 공항경찰대 101전경대장은 김종언 대장이었다. 얼마 후 떠나고 구재태 대장이 부임했다. 김종언 대장의 아버지도 경찰 고위직이었는데 그의 철학과 일상은 좀 남달랐다. 김포공항 외곽을 순시하던 중, 이륙하는 비행기를 향해 차창을 내리고 진지하게 손을 흔든다.

"지인이 타셨습니까?"하고 묻자, 이렇게 말한다.

"그런 건 아니지만 그래도 먼 길을 떠나는 분들이잖아. 또 어떤 분은 이

나라를 영영 떠날 수도 있고, 해서 잘 다녀오시라고 인사라도 하는 거지."

별 이야기도 아닌 그런 한마디에서조차 여유와 품격이 있어 보였다. 김종언 대장은 경희대를 졸업하고 경찰에 들어와 경북·충북·인천청장을 지낸 부자(父子) 경찰관이다. 퇴직 후에는 캐나다로 이주해 제2의 삶을 보냈다고 들었다.

뒤를 이은 구재태 대장은 동국대 경찰행정학과 1기이며 학군단 장교로 해병대 입대해 베트남전에서 총상을 입어 발가락 일부를 잃은 자칭 '상이용사'였다. 두 분 모두 투 스타격인 치안감까지 오르며 경찰 발전의 한 축을 담당하셨으나 지금은 모두 고인이 되셨다. 리더십과 스타일은 서로 다르고 평가도 다르지만 잊을 수 없는 분들이다. 그분들이 있어 초임 시절 두려움보다는 설렘과 기대로 하루하루 경찰관으로서 배움을 익혀갈 수 있었다.

김포공항경찰대는 본대와 세 곳의 전경대로 나뉘어 있었다. 나는 가장 후방 경비를 맡는 101전경대로 배치되었는데 공항 청사 앞에 있는 본대에 비해 환경은 훨씬 열악했다. 본대는 공항의 중심부에 있어 공항다운 사치스러운 분위기를 느낄 수 있었지만, 외곽 경비를 맡는 101전투경찰대는 말만 공항이지 시골과 별반 다를 바 없었다. 철책 담장 안에서 외부와 단절된 채 지내야 했고, 4월의 김포 들녘엔 그렇게 찬바람이 몰려왔다.

일단 안정된 평생직장을 구했다는 안도감이 생겼고 그러던 중 경위로 임용되는 경찰간부후보생 시험에 관심을 갖기 시작했다. 기본서와 문제집을 사서 틈틈이 공부했고 인근 전경대 근무 중인 동기와도 자주 만나 시험 정보를 공유했다. 공부 방법과 출제 경향의 이야기를 나누며 서로에게 사기를 북돋웠다. 학업에 집중하면서도 20대 중반 청춘으로서 연애도 게을리하지 않았다. 연인과 함께 데이트를 하고 책방에 들르며 삶과 시험 준비를 함께해 나아갔다.

1년 뒤 친구는 간부후보생 시험에 합격했고 나는 떨어졌다. 경제학에서

실수가 많았던 게 패인이었다. 첫 도전이기도 했고 준비도 부족했다. 그전까지 시험에서 별로 낭패를 본 적이 없었기에 허탈감이 컸다. 합격한 친구는 미안한 듯 내 어깨를 두드리며 "1년 더 하라"고 응원해 주었다. 하지만 실무를 하며 공부한다는 건 쉽지 않았다. 그 친구는 간부후보생 29기로 입교해 1년의 교육과정을 무사히 마쳤다. 1981년 3월, 수석 졸업의 영예를 안고, 대통령상을 받는 영예를 누렸다. 지금은 3선 의원으로 활동 중인데 어느새 인연을 맺은 지 45년을 넘겼다. 바쁜 정치인으로 자주 보진 못하지만, 여전히 친한 친구인데 최근엔 구설도 있다. 그 후에도 친구 몇몇이 간부후보생 시험에 합격했으나 나와는 인연이 닿지 않았다.

신설 서울종암경찰서로

김포공항경찰대에서 1년간 경비부서 의무복무를 마치고 일선 경찰서로 옮겨갈 시점이 되었는데, 갈 곳은커녕 불러주는 곳이 없다. 고민이 깊어지던 차에 경남도경 작전상황실에 전경으로 근무하며 모셨던 김효은 총경이 서울 종암경찰서장으로 부임했다는 소식을 들었다. 「경남전경보」 기자로 근무하고 있을 때 당시 김효은 총경은 경남도경 작전과장으로 나를 많이 예뻐해 주셨다. 기건물에 개서한 종암경찰서를 찾아 조심스레 서장실 문을 두들기니 김효은 서장은 나를 반갑게 맞으며 말했다.

"이제 막 일선 근무를 시작하는 단계라면 아는 서장 밑에서 일하는 게 훨씬 낫지 않겠나."

그렇게 나는 종암경찰서로 전입하게 되었고 첫 부임지는 남종파출소였는데 근무 여건은 절대 만만치 않았다. 두세 달 남짓의 짧은 기간이었지만 현장은 상상 이상으로 거칠고 복잡했다. 때마침 박정희 대통령의 서거 이후 계엄령이 선포된 시점이라 집회와 시위는 물론 삼청교육대 입소 대상자 선별까지 시국 치안 전반의 일선 현장은 긴장감이 팽팽하게 흘렀다.

덩치가 제법 큰 동네 깡패와 치열하게 몸싸움을 벌이며 직접 체포한 일도 있었다. 112 신고를 받고 출동한 현장에서였다. 술에 취해 길 가는 행인들에게 시비를 걸던 젊은이를 제지하자, "너는 뭐냐?"라며 갑자기 달려들었고 결국 격투 끝에 수갑을 채워 파출소로 연행했다. 알고 보니 그는 지역에서 제법 이름 있는 집안의 자제였다. 폭력행위 피의자로 형사과에 넘겨졌지만, 그날 오후 늦게 풀려났다. 어떻게 왜 풀려났는지는 지금도 알 길이 없다.

얼마 후 경무계로 발령을 받으며 경찰서 행정 업무를 맡게 되었다. 야간근무가 잦은 파출소와 달리 경무계는 주간 위주 사무직이었기에 한결 여유가 생겼다. 일상도 일반 공무원과 크게 다르지 않은 근무였다. 그러던 어느 날 김효은 서장이 호출하셨다. 과장 계장을 거치지 않고 실무자인 순경을 직접 부르는 일은 좀처럼 없는 일이라 긴장해서 서장실 문을 두드렸다. 예상과 달리 서장님은 뜻밖의 지시를 하셨다. 독실한 기독교인이던 김효은 서장은 관내 유명 교회 목사님으로부터 제보 하나를 받았다. "경찰서 형사인데 삼청교육대 입소 대상자에게 세면도구를 사줄 수 있도록 후원금을 요구해 온 사람이 있다"라는 내용인데 좀 의심쩍다는 거다. 서장의 말투는 단호했다.

"그 사람이 진짜 형사면 감찰에 넘기고, 민간인이면 공무원자격사칭과 공갈 혐의로 형사과에 넘겨라. 누구든 봐주지 말고, 반드시 잡아 와라. 신임 경찰인 자네를 믿는다."

나는 곧장 교회로 출동했다. 목사님에게 상황 설명을 듣고 대기하던 중 전화벨이 울렸다. "목사님 계시냐?, 아침에 전화한 사람인데 바빠서 좀 늦을 것 같다." 전형적인 간 보기 전화였다. 범인과의 신경전이 시작되었다. 잠시 후 목사님이 일이 있어 외출하겠다고 하여 여직원은 목사님 방에서, 나는 그 옆 작은방에서 숨죽이고 잠복했다. 근처 어딘가에서 목사님의 외출을 지켜본 범인은 곧 멀쩡하게 교회를 찾아왔다. "목사님이 맡기신 게 있지요?" 하고 묻자 순간 당황한 여직원이 내가 있는 방과 연결된 비상벨을 누르기로 한 약속을 잊은 채 봉투를 건넸고, 범인은 태연자약하게 봉투를 받아 들고는 유유히 사라졌다. 나는 긴장을 늦추지 않고 비상벨을 기다렸으나 시간이 꽤 지나도 소식이 없어 문 열고 나오는데 여직원이 창백한 얼굴로 달려왔다. 말도 제대로 못 하고 "저기… 저기…" 하며 정문 쪽을 가리켰다. 그 순간 직감했다. 범인이 도주 중이라는 걸. 바로 출입문을 박차고 나가 200미터쯤 앞서 달아나는 범인을 보고 전력을 다해 추격했다. 젖 먹던 힘까지 내어 달려 거리를 좁혔다. 범인이 막다른 골목으로 들어 잡고 보니 50대 후반쯤 되어 보인다. 겉모습은 그리 위협적이지 않아 일단 안심했다.

"누구시오? 교회에서 뭐 받았소?"하고 따지자, 그는 아무것도 안 받았다고 시치미를 잡아뗐다. 하지만 남방셔츠 주머니엔 포개져 접힌 봉투가 보였다. "이건 뭐죠?"하고 낚아채자, 그는 고개를 떨궜다. 허리춤을 움켜잡고 교회로 끌고 와 경찰서장에게 보고하자, 수고했다며 순찰차를 보내겠단다. 혹시라도 도망칠까 싶어 사방을 경계하며 범인을 지키고 있는데 기다리던 순찰차는 좀처럼 나타나지 않았다. 긴장 속에 시간이 흐르고 마침내 30여 분 만에 순찰차가 도착해 그를 태워 경찰서로 연행했다. 범죄 경력을 조회해 보니 충격적이었다. 전과 즉 범죄 경력이 무려 50여 회에 달하는 온갖 잡범에 상습범이었다. 암튼 그 사건 해결로 경찰서장 표창을 받았고, 스스로도 처음 '혼자 힘으로 한 건 해냈다'라는 자신감으로 뿌듯해졌다.

김성은 전 국방부 장관의 동생인 김효은 서장은 그 후 승승장구해 경찰청장까지 올랐었다. 1980년대 어느 해 경찰의 날 기념식도 잊히지 않는다. 세종문화회관에서 열린 기념식에 당시 전두환 대통령이 유시(諭示)를 낭독하고 있었고 장내는 긴장감이 감돌았다. 그런데 갑자기 '탕!' 하는 소리가 울렸다. 바로 권총 소리로 들렸다. 순간 모두 숨을 죽였고, 나는 또 역사의 현장

새내기 청년 경찰이 되다

을 보게 되나 하는 생각이 들었다. 경호원들이 총을 빼어 들고 사방에서 나타났다.

대통령은 유시를 멈추고 뒤를 돌아보며 '뭐야?' 하는 표정을 지었다. 경호실장이 대통령에게 천장을 가리켰고, 그곳에서 연기가 모락모락 피어오르고 있었다. 나중에 확인해 보니, 전등이 과열되어 파열된 것이었다. 그 일로 세종문화회관 관장은 불려 올라가 많이 까였다고 한다.

나를 성숙시킨 목민회

이른바 '서울의 봄'으로 불린 1980년 초, 나는 서울 종암경찰서 경무계에서 격동의 시간을 보내고 있었다. 그 무렵 뜻을 함께하던 사회 친구들과 함께 '목민회(牧民會)'라는 이름의 봉사단체를 만들었다. 송추 쪽에 있는 한국보육원[1]을 찾아가 봉사활동을 했고, 지금은 사라진 버스 안내양들을 대상으로 숙녀교실이라는 야학을 운영하며 공부를 돕기도 했다.

목민회의 구성원은 대부분 대학생이거나 사회 초년생이었다. 얕은 주머니를 털어 십시일반 활동 자금을 모았고, 또 가끔은 일일찻집을 열어 기금을 마련하기도 했다. 봉사활동을 하면서 많은 것을 배우고 느꼈지만, 무엇보다도 절실하게 다가온 것은 사고 치지 말고, 사고 당하지 말아야 한다는 다짐이었다. 누구라도 어느 날 갑자기 사고를 당하면, 남겨진 아이들이 이런 시설의 보호를 받아야 한다는 생각이 들었다. 그런 상상을 할 때마다, 세상을 살얼음판 걷듯 조심스럽게 살아야겠다는 다짐이 마음속에 자리 잡았다.

---

1 한국보육원은 6.25 전쟁 당시, 제주도에서 전쟁고아를 보호하기 위해 유엔군의 지원으로 설립된 복지시설이었다. 전쟁고아의 어머니 황온순(1900~2004) 여사가 평생을 바쳐 가꿔왔고 한때 500~600명의 원생이 생활하던 곳이었다. 여러 지역을 거쳐 1970년 양주군 장흥면 진달래동산으로 자리를 옮겼다.

이 땅에 가난과 무지를 척결하겠다는 무모한(?) 목표로 젊은 친구들과 연합 서클 목민회를 만들어 버스안내양을 위한 야학 운영, 한국보육원 방문, 농촌봉사활동 등을 나름 열심히 했다.

보육원에서 마주한 풍경은 늘 가슴을 저릿하게 만들었다. 어느 날은 아주 어린 형제가 함께 들어왔다. 규정상 형은 보육원 수용이 가능했지만, 동생은 너무 어려 입소가 불가했다. 그래도 부모를 한꺼번에 잃은 형제를 갈라놓을 수는 없어, 예외적으로 함께 지낼 수 있도록 조치했단다. 코를 훌쩍이며 형의 뒤만 졸졸 따라다니던 그 아이의 모습을 지금도 잊을 수가 없다.

일요일 아침이면 불광동에서 시외버스를 타고 보육원으로 향했다. 처음엔 아이들이 서먹서먹해하며 우리를 피하려 들었지만, 하루 종일 물놀이와 배구, 축구를 함께 하다 보면, 어느새 정이 들고 만다. 해가 저물어 돌아올 때가 되면, 아이들은 보육원 입구까지 우리를 따라 나오며 꼭 잡은 손을 쉽게 놓으려 하지 않았다. 매달 한 번씩 간다고는 했지만, 형편상 우유 몇 팩, 빵 몇 개가 전부였다. 그럼에도 원장님은 늘 이렇게 말씀하셨다.

"먹을 것도 고맙지만, 아이들에게는 함께 놀아주는 형과 누나들이 더 필요합니다. 목민회가 오면 아이들이 금방 밝아져요."

우리는 더 정성을 다해 아이들을 대했다. 여름이면 보육원 앞 냇가로 아이들을 데려가 목욕시켜 주고 보육원 안팎 정리와 청소도 열심히 했다. 겨울에는 눈싸움과 얼음지치기도 하며 함께 웃고 놀았다. 그렇게 목민회는 보육원 아이들에게 조건 없이 사랑을 베풀고 함께해 준 건강한 청년들 모임이었고 진정 어려운 사람들을 돕고자 시작한 봉사활동이었지만 실은 얻는 게 더 많았다. 1980년대 초 어수선한 시국에, '일일찻집'을 한번 했는데 「목민회」라는 단체명이 의심스럽다며 남대문경찰서가 불순단체로 오인해 경찰조사를 받은 일도 있었다.

신대옥, 신영진, 정진철, 조명래, 오근배, 강영림, 배기선, 임경옥, 송현숙, 이지윤, 김실연, 신현신, 한창섭…. 그 시절 몇몇이 생각나 여기에 이렇게 이름 석 자를 적어 본다.

아내도 서울경찰이 되다

서울과 부산의 거리는 흔히 '천 리'라 표현되는데, 실제로는 488km에 이른다. 그 먼 거리를 오가며 사랑을 이어가던 청년 경찰 연인에게도, 어느 날 변화가 찾아왔다. 부산에 있던 경남도경 민원실에 근무하던 그녀가 대전 소재 충남도경으로 발령을 받은 것이다. 서울과 대전 사이의 거리는 약 175km. 절반 이하로 가까워진 거리만큼, 가난하고 시간에 쫓기던 젊은 연인들의 사정도 많이 나아졌다. 대전에는 충남도청 공무원으로 근무하던 큰오빠가 살고 있어, 그녀는 한동안 오빠 집에 얹혀 지냈다. 나 역시 한때 친척 집에 머물렀던 기억이 있었기에 그 생활이 얼마나 조심스러울지 짐작이 되곤 했다. 오빠는 공무원 봉급만으로는 살림이 빠듯해 퇴근 후엔 작은 문방구를 운영하며 생계를 꾸려오고 있었다. 아이 둘을 키우는 가장으로서의 책임감은 말로 다할 수 없었을 거고, 그럼에도 흔쾌히 동생을 받아준 오빠의 배려 덕분에 아직 결혼 전이긴 했지만 우리는 자주 얼굴을 볼 수 있었다.

오빠는 어느 날 조용히 우리에게 이렇게 당부했다.

"어느 집 아들이 담배를 피운다 해도 아버지 앞에선 절대 피우지 못하는 것처럼 우리도 어느 정도의 질서를 좀 지켜 주게?."

에둘러 이야기했지만 당연한 말씀이었고 조심스러운 배려 속에 깃든 진심도 헤아릴 수 있었다. 그렇게 서울과 대전을 오가며 사랑을 키우던 중, 양가 부모님의 걱정이 깊어지면서 우선 약혼식을 올렸다. 약혼식을 하고 나니, 절반은 결혼한 셈이었고 서로에 대한 책임감도 더해졌다. 이후 누군가의 권유로 혼인신고 먼저 하고 법적 부부가 된 상태에서 '부부 경찰'이 함께 근무할 수 있도록 해달라는 청원을 치안본부 인사과에 제출했다. 하지만 청원은 쉽게 받아들여지지 않았다. 아마도 서류만 덜렁(?) 제출한 탓이리라. 그 무렵 문득 떠오른 분이 계셨다.[2] 101전투경찰대 근무 당시 대장이었던 김종언 경감. 그분의 아버지 김재국 경무관께서 당시 치안본부 인사교육과장을 맡고 계셨다. 조심스레 연락을 드리고 여의도에 있는 김종언 경감 자택을 찾아가 사정을 말씀드렸다. 김종언 경감은 나의 이야기를 듣자마자 이렇게 말했다.

"부부 경찰은 서로 가깝게 근무할 수 있도록 해야 한다는 인사 규정이 있고 이미 청원도 들어갔으니, 아버지께 말씀드려 보겠다. 잘되도록 함께 노력해 보자."

일요일인 그날 김종언 대장은 교회 가야 한다며 자리에서 일어났고 웃으며 덧붙였다.

"교회에 가긴 가는데 아직 잘 모르겠어. 솔직히 하느님보다 엄마가 무서워 그냥 가는 거야."

---

[2] 그 시절은 지금과 달리 경찰에 대한 대우가 너무 열악해 경무관이 치안본부 과장이었고, 총경은 계장이었다. 물론 얼마 후 경무관은 부장으로 총경은 과장을 바뀌게 되는데 그 이야기는 뒤에 이어진다.

위선 없이 담백했던 그 모습이 눈에 삼삼하다. 2024년 일산 대화교회에서 느지막이 세례를 받은 지금의 나와 어딘가 닮아 있다. 결국 김재국 경무관과 김종언 경감 부자 경찰관의 도움으로 우리 부부는 함께 서울에서 근무할 수 있었다. 물론 정식 결혼식과 혼인신고를 모두 마친 후였고 결혼식 사진까지 첨부해 행정적인 절차를 완비한 상태였다.

그때나 지금이나 주변머리 하나 없던 우리 부부는 두 분께 정성스러운 선물 하나 못 사 드리고 따뜻한 식사 한 끼조차 대접하지 못했다. 물론 두 분이 무언가를 기대하고 도와주신 건 아니고 억지로 안 되는 걸 되게 해 주신 것도 아니다. 그렇지만 우리 부부에게 큰 힘이 되어주셨던 걸 생각하면 아쉬움은 있다. 김재국 경무관은 총경 시절 청와대 사정비서실에도 근무했고 1974년부터 1975년까지 제32대 서울 중부경찰서장으로 근무하셨다. 세월이 흘러 나는 2015년 1월부터 2016년 1월까지 제65대 서울 중부경찰서장으로 근무하게 된다. 참, 아이러니한 일이 아닐 수 없다. 사람과 사람의 인연은 그렇게 시간을 초월해 다시 이어지고 또 엮어진다.

소꿉장난 같은 신혼살림

우리 부부의 결혼은 그야말로 사랑 하나로 시작되었다. 여러모로 부족한 살림이었지만 서울과 대전에 떨어져 지내는 불편함을 덜고 결혼하면 함께 근무할 수 있을 거라는 기대에 서둘러 식을 올렸다. 아내는 요즘도 왜 그렇게 서둘렀냐고 묻는다. 나이도 많지 않았고 준비도 서툴렀지만, 굳이 늦출 이유는 없었고 주위에서 집적거리는 사람도 많았는데 자칫 나도 그녀도 천상배필을 누군가에게 빼앗길 수 있다는 불안한 생각이 들었던 것 같다. 그렇게 하여 지금은 진주웨딩홀로 바뀐 청량리 진주예식장에서 조촐하게 결혼식을 올렸다.

그때는 요즘처럼 이것저것 따져가며 집까지 마련해 두고 결혼하는 시대와는 달랐다. 자동차는커녕 집 없이 시작하는 부부도 많았다. 형편이 괜찮은 이들은 전셋집이라도 마련해 새살림을 차렸지만, 우리처럼 어려운 경우는 월세방에서 출발하는 경우도 꽤 있었다.

기억 속 첫 신혼집은 용산구 산천동 언덕 꼭대기에 자리한 5층짜리 시영 아파트였다. 장모님께서 친정 조카의 피아트 승용차에 이부자리와 혼수를 싣고 오셨다가 경사가 얼마나 가팔랐던지 하마터면 차 시동이 꺼질 뻔했단다. 그 집은 방 두 칸짜리 아파트였고 그중 한 칸에 신혼살림을 차렸다.

사랑과 꿈, 희망만으로 출발한 새살림이었다고 하면 너무 감성적으로 들릴지 모르겠다. 하지만 그 표현 말고는 당시 우리의 모습을 설명할 길이 없다. 장모님의 통 큰 지원 덕분에 1년이 채 안 되어 좀 더 넓은 집으로 옮길

아무것도 없었으나 순수한 사랑과 굳건한 믿음이 있었으며 넘치는 자신감도 있었다. 맨주먹으로 시작했으나 두 딸과 세 손주들을 얻어 남부럽지 않게 살고 있으니 그만하면 되었다.

수 있었지만 용산 산천동 꼭대기 작은 집에서 시작한 신혼살림의 힘들었던 기억은 아직 잊을 수 없다. 생각할수록 아내에겐 많이 미안하다.

그 좁은 방에 친구들이 왔고 심지어 함께 하룻밤을 자고 간 친구도 있었다. 그 친구는 훗날 지방경찰청장이 되었다. 아무것도 없는 가난한 신혼부부였지만 꿈도 있고 희망도 있었다.

"정녕 잘할 수 있어."

오직 사랑과 믿음으로 우리를 북돋아 주고 격려해 주던 우정이 지금도 여전히 고맙다. 돌이켜보면 그 시절 우리는 참 순수했고 그 순수함 속에서 세상을 살아갈 힘과 용기를 얻었다.

치안본부 감찰, 날개를 달다

뜻밖의 기회에 치안본부 감찰과로 인사 발령을 받았다. 그 배경엔 종암서 경무계에 근무 당시 감찰반 경장이었던 이상두 선배와의 인연이 있다. 키 크고 잘생긴 선배였는데 종종 차를 마시거나 식사를 함께하며 이런저런 이야기를 나누다 보니 자연스레 친분이 깊어졌다.

어느 날 상두 형과 함께 구내식당에서 점심을 먹고 있을 때 계산대로 전화가 걸려 왔다. 휴대전화가 없던 시절이고 계산대에서 통화하는 내용은 식당 안에 그대로 들렸다.

"네? 치안본부 감찰과? 아뇨, 그냥 여기 있을래요."

통화를 마치고 자리로 돌아온 상두 형에게 물었다.

"형, 치안본부 감찰과로 가요?"

"아니, 들었어?"

"네~ 그냥 얼핏…"

① 1926년 일제는 광화문 뒤에 조선총독부를 세웠다. ② 1910년 한성부가 경기도로 편입되었고 광화문 앞 오른쪽 의정부 터에 경기도청이 있었다. ③ 1946년 경기도와 서울특별시가 분리되었고 1967년 경기도청이 수원으로 이전한 후 치안국→치안본부가 별관으로 사용했다. 역사적인 건물이 누구도 관심 갖지 못한 채 헐려 지금은 「옛 의정부터」로 황량하게 남았다

그러자 형이 되물었다.

"너 혹시 치안본부 감찰과 가고 싶니?"

시경 인사과에서 형에게 의사 타진을 했으나 형은 가지 않겠다고 했는데 원한다면 바로 나를 추천해 주겠다고 한다. 평소 내심 가고 싶었던 상급기관이었기에 형의 말은 반가웠고 나는 주저 없이 부탁했다. 그리고 며칠 뒤 신기하게 치안본부 감찰과로 발령이 났다. 날아갈 듯 기뻤다.

그 시절 치안본부는 세 곳에 나뉘어 있었다. 정부서울청사에는 지휘부와 경무과·인사과·외사과가 있었고, 정부서울청사 맞은편 옛 경기도청 건물에는 정보과와 작전과 종합상황실이 자리했으며 지금의 경찰청 자리인 서대문구 미근동 옛 전매청 창고 건물에는 국립과학수사연구소와 수사지도과

(현 국가수사본부), 보안과(현 생활안전국), 치안감사담당관(현 감사관)이 있었다. 나는 조사과(현 감찰담당관)로 발령받아 서무 업무를 맡았고 근태 관리와 출장비 등을 챙겨주는 지원업무여서 허드렛일이 많았지만, 성실히 임했다. 그렇게 근무하던 중 첫 승진시험이 예상보다 빨리 다가왔다. 조건부 임용기간도 승진소요최저근무연수에 산입시켜 주는 승진임용규정이 개정되어 1년 빨리 도전했는데 수석합격이라는 과분한 결과를 얻었다. 이후 치안감사담당관 홍세기 경무관 부속실에 발탁되면서 경찰 인생의 전환점이 열리게 되었다.

자기 대신 나를 추천해 줬던 이상두 경장은 내가 경장 시험에 수석 합격한 이듬해 내 추천으로 내 후임 발령을 받았다. 일선에서는 승진 기회가 여의치 않지만, 본부에서는 비교적 유리하다고 판단했고 실제 선배는 본부로 옮긴 후 1년 만에 희망하던 경사 승진을 이뤄냈다. 그다음 발령받은 곳은 강남경찰서 교통사고조사반장, 부정 비리 유혹이 많아 바람 타는 자리였지만, 워낙 유능한 선배였기에 오랜 시간 상사들의 신뢰 속에 묵묵히 잘 해냈다.

상두 형은 의리 있는 선배였다. 종종 불러 밥과 커피도 사주고 때론 저녁 술자리를 함께 했다. 교통사고조사반장으로 근무하면서 사고 사례를 연구하고 분석해 여러 권의 책을 냈고 사법연수원, 법무연수원 등에서 강의도 했다. 잊으려야 잊을 수 없는, 내 인생의 귀한 선배다.

치안본부에 오기 전 우리 부부는 장모님의 지원 덕분에 용산 산천동을 떠나 종로구 구기동의 넓은 방으로 이사했다. 이후에도 구기터널 앞으로, 다시 신영동 삼거리 쪽 2층 단독주택으로 몇 차례 옮겨 다녔다. 당시만 해도 세입자 권리가 지금처럼 보장되지 않던 시절이라, 집주인 말 한마디에 "나가라면 나가고 있으라면 있는" 처지가 당연하게 여겨졌다.

아내 구본숙은 용산경찰서에서 서울시경 보안과(현 생활안전과)로 옮긴 뒤 경장 시험에 합격해 비리 예방을 위해 성적 우수자들을 배치하던 한남동

1983년 치안본부 근무 당시 연말에 모범공무원으로 선발되어 내무부 장관 표창을 받았다.

면허시험장으로 배치되었다. 우리 부부는 맞벌이를 하며 한 사람의 월급은 그대로 저축했고 장모님 도움까지 더해 서울과 경기도 경계인 안양시 석수동 백조아파트를 처음 마련했다. 아마 15평형으로 기억된다.

그런데 아내도 치안본부로 이동해 함께 치안본부에 근무하면서 부부가 같은 청사에 몸담게 되었다. 치안본부 청사는 전두환 대통령의 배려로 새로 신축해 멀끔한 새집이었지만 출퇴근이 만만치 않아 길에다 허비하는 시간이 너무 아까웠다. 결국 얼마 살지 못한 석수동 집을 팔고 사무실 근처 서대문에 전셋집을 구해 이사했다. 새로 이사한 곳은 다세대주택이었는데 여럿이 살다 보니 문단속이 제대로 되지 않아 사선이 벌어지기도 했다.

추석 연휴 때였다. 혼자 시골에 다녀온 나는 밤늦게 서울로 올라와 아내와 함께 잠자리에 들었는데 한밤중에 갑자기 "여보!" 하는 다급한 외침에 조심스레 일어나 잠시 생각을 정리하고 불을 켠 후 방망이를 들고 나와 보니 창문은 열려 있고 마루엔 커다란 신발자국이 남아 있었다.

아내 말로는 창문이 계속 덜컹거려 바람 탓인가 했는데 도둑이 문을 흔들어 열었던 모양이다. 정신이 번쩍 들었다. 그날 내가 올라오지 않았다면 아

새내기 청년 경찰이 되다 55

내 혼자 무슨 일을 겪었을지 모른다. 아내는 지금도 바로 튀어 나가 도둑을 잡았어야 한다고 말하지만 그건 무모한 일이 아닐까 싶고 그냥 쫓길 잘했다. 다음 날 밤 옆방 사는 학생 자매가 시골에서 올라왔다. 저녁 9시쯤 옆방에서 크게 놀라는 소리가 들려 달려가 보니 장롱 속 이부자리를 꺼내던 중 식칼이 나왔단다. 얼마나 놀랐을까. 우리는 전날 있었던 일을 이야기해 주며 "문단속 잘하고 혹시 무슨 일 생기면 바로 소리 질러서 함께 대처하자"라고 이르며 잠자리에 들었다.

그 일을 계기로 우리는 서울 생활의 또 다른 얼굴을 보았다. 마음 놓고 쉴 수 있는 집이 때로는 절대적인 위험 공간이 될 수도 있다는 현실, 동시에 서로를 지키고 함께 살아가는 지혜도 깨달아야 했다. 함께 사는 다세대주택에서는 특히 문단속 잘하고 스스로를 지켜야 한다고 생각해야 한다. 그렇게 또 우리는 삶의 또 다른 한 구석을 야물게 배워가고 있었다.

첫 승진시험 수석 합격

치안본부 조사과(현 감찰담당관)가 있던 청사는 앞서 말한 대로 서대문구 미근동, 지금은 통일로 97 옛 전매청 창고를 리모델링한 지금 경찰청 자리가 바로 그곳이었다. 당시 경무과 소속 감찰계와 기획감사과 소속 감사계를 합쳐 치안감사담당관이란 이름으로 독립한 부서다.

서무 업무는 낯설지 않아 큰 어려움 없이 곧 익숙해졌다. 하지만 이곳은 경위 이상 간부급이 주축을 이루는 센 부서였고 사복 부서였기에 타 부서나 지방에서 출장 온 이들이 나를 간부로 착각해 연신 고개 숙여 인사하곤 했다. 그런 모습을 보며 이 조직이 얼마나 강한 기강과 위계질서를 갖고 있는지 또 승진이 얼마나 중요한지도 실감할 수 있었다.

그렇게 업무가 차츰 손에 익고 학업과 승진에 대한 열망이 커지던 무렵, 관보를 정리하다가 경찰공무원승진임용 규정이 개정되었다는 공고를 보게 되었다. 1969년 1월 9일 제정 당시 이 규정 제4조 승진소요최저근무연수는 총경 4년/경정 경감 경위 3년/경사 경장 순경 2년으로 하고 조건부 임용 중의 기간은 산입하지 않는다는 조항이 있었는데 이 조건부 임용 중의 기간을 제외한다는 단서 조항이 삭제된 것이다. 이 말은 곧 나 역시 승진시험에 바로 응시할 수 있는 자격이 생겼다는 뜻이었다. 넉넉한 준비 시간은 아니었지만 이보다 더 큰 행운은 없었다. 경찰공무원이 된 이유 중 하나가 시험을 통해 스스로 승진의 길을 개척할 수 있다는 점이었기에 첫 승진시험에서 당당히 합격해 체면을 살리고 싶다는 욕심이 생겼다. 어쩌면 첫걸음이 중요하다는 생각도 들었다. 첫 단추를 제대로 끼워야 그다음 단추들도 자연스럽게 채

경찰 입문 첫 승진 시험에서 수석 합격의 영예를 차지했다. 아내도 잇달아 상위권의 성적으로 합격했다.

워질 테니 말이다. 최저근무연수는 이후 몇 차례에 걸쳐 대폭 단축되었다.

그렇게 의지를 불태우며 업무 시간에도 책상 서랍에 책을 넣어두고 틈틈이 공부를 했다. 아내도 함께 시험 준비를 했지만, 임신으로 인한 심한 입덧으로 중도에 포기해야 했다. 그때 나는 이미 기본서를 수차례 읽고 문제 풀이에 들어간 상태였다.

직속상관 김복현 경감은 내가 짬짬이 공부하는 모습을 지켜보다가 시험 공고가 나자 "그렇게 공부해서는 안 된다"며 집에 들어가 공부하라고 했다. 서무 일은 자기가 대신할 테니 마음 놓고 공부에 집중하라는 배려였다. 대신 수석 합격으로 보답해달라는 말에 사양할 틈도 없이 감사 인사를 드리고 바로 집으로 돌아왔다.

출근하지 않고 공부에만 전념하자 평소 공부한 분량의 두 배 이상 능률이

참 열심히 공부했던 자료들도 이젠 버려야 한다.

올랐다. 그러나 집에 있다 보면 눕고 싶을 때가 있고 누우면 금세 잠이 왔다. 이대로는 안 되겠다 싶어 아예 출근하듯 집을 나서 서대문에 있는 4.19 도서관에 틀어박혔다. 집보다 훨씬 집중도가 높았고 그렇게 마지막까지 시험 준비를 마칠 수 있었다.

   시험과목은 형법과 형사소송법이 객관식, 행정법과 경찰실무는 주관식이다. 객관식 두 과목은 각각 50문항이었는데 2~3문제를 제외하면 대부분 확신을 갖고 답안을 체크할 수 있었다. 오후에 치러진 행정법 주관식에서는 50점 배점의 논술형 문제로 '경찰상 즉시강제'가 나왔다. 예상 범위 안의 주제였고 25점 배점의 간기형 2문제도 예상 범위여서 술술 풀어낼 수 있었다. 이어진 경찰실무 과목도 논술형과 간기형 모두 막힘없이 써 내려가며 흐름을 놓치지 않았다. 시험을 치른 지 사흘쯤 지나 차관 비서실 파견 손호남 경감에게서 전화가 걸려 왔다. "경장 수석합격"이라는 짧은 한마디는 온몸을 전율케 만들 만큼 벅찼다. 믿기지 않아 한동안 숨을 가다듬어야 했다. 그날 이후 나는 '경장 시험 전국 수석 합격한 똑똑한 친구'로 별칭이 붙었고, 순경 출신으로 내무부 장관에까지 오른 안응모 장관님을 거론하며 '제2의 안응모'가 되라고 격려해 주었다. 그 평판은 경찰생활 내내 곳곳에서 나에게 든든한 힘이 되어주었다.

   첫 시험에서 수석합격이라는 뜻밖의 성과를 거두고 나니 세상을 바라보는 시각에도 자신감이 더해졌다. 월간 《경찰고시》사로부터 아담한 수석 합격패와 함께 합격 수기를 써달라는 청탁도 받았다. 흔쾌히 정성껏 원고를 써 보냈고 계급별 한 편씩만 뽑는 수기 선정에 당당히 이름을 올려 그다음 달인 1982년 2월호에 실리게 되었다. 전국 경찰관들이 대부분 구독하는 월간지였기에 여기저기서 축하 전화가 쏟아졌다.

직급 조정! 안병정 선배와 나

누가 뭐래도 난 나름 열심히 살아왔다고 자부하지만 감히 명함도 못 내밀 정도로 뛰어난 선배가 있다. 바로 2009년부터 2011년까지 제31대 서울 강남경찰서장을 한 안병정 총경이다.

안 선배는 역대 경찰총수들의 수행비서관 또는 비서실장으로 근무하며 경찰 조직 내에서 보기 드문 경력을 쌓아온 인물이다. 나 역시 경찰청의 전신인 치안본부 2차장 홍세기 치안감 비서실에 근무한 바 있지만 안 선배는 그보다 훨씬 앞선 1970년대 말 이광수 경남도경국장 비서실 근무를 했고 1985년 박배근 치안본부장 비서실에서 근무했다.

그에 얽힌 일화는 지금도 전설처럼 회자된다. 총수가 겨울철 사우나에 가면 갈아입을 속옷을 품에 안고 있다가 따뜻하게 만들어 건네드릴 정도로 세심하고 지극 정성을 다했다. 하지만 그 충성은 어디까지나 공적인 것이었다. 상사에 대한 절대적 예우를 지키되 누구의 '사병'으로 보이지 않도록 스스로 철저히 경계하고 절제했다. 여러 명의 총수를 모셨음에도 유독 누구 사람이라는 인상을 주지 않았다는 점은 결코 쉬운 일이 아니다.

안 선배는 상사에게 불편함이 생기지 않도록 사전에 자료를 챙기고 조직 내 여론과 분위기를 수시로 전달하는 보좌역에 능했다. 참모들이 보고하기 꺼리는 사안도 가감 없이 전하면서도 직원들 입장을 대변해주는 따뜻한 균형 감각이 있었다. 그래서 총수들은 종종 "안병정이가 있어서 내가 이 자리에 있다"라며 신뢰를 아끼지 않았다.

당시 치안본부 2차장은 치안감이었으나 지금의 치안감과는 다른 대단한 권한을 가졌다. 범죄예방, 생활안전, 경비, 교통 등 4~5개국을 관할했으니 말이다. 안 선배만큼은 못 하지만 나 또한 20대 후반 청년 경찰로 치안본부 2차장 비서실에서 열심히 일했다.

안병정 선배는 2010년 강남서장 근무 당시 G20 정상회의 경호를 완벽하게 수행했고 북한 노동당 황장엽 비서 사망사건 수사도 마무리했다. 노무현 대통령 추모분향소에 조문하고 있다.

그 무렵은 전두환 대통령 집권기였고 중앙행정을 총괄하는 총무처와 지방행정을 담당하는 내무부가 따로 있었다.[3] 그때 나는 총무처 젊은 사무관에게 흥미로운 첩보 하나를 입수했다. 경찰 직급 상향 조정을 둘러싼 내부 검토가 총무처에서 본격화되고 있다는 이야기였다.

당시 내무부에선 서기관이 과상 직위를 맡지만, 치안본부 총경은 계장 직위를 맡는 불합리한 구조였다. 지방에서는 군수와 경찰서장이 비슷한 위상으로 여겨졌지만, 중앙에 오면 이야기가 달랐다. 군수는 '큰 집'인 내무부 과장으로, 서장은 '작은 집' 치안본부 계장이나 담당으로 발령받았다. 심지어 어떤 총경은 부하 직원들이 자신을 '계장님'이라고 부른다며 분을 삭이지 못

---

3   1998년, 총무처와 내무부가 합쳐져 행정자치부, 안전행정부, 행정안전부 등으로 명칭이 바뀌어 왔다.

하고 화를 버럭 내기도 했다.

박배근 치안본부장은 이런 불합리한 직급 구조를 개선하고자 전두환 정권의 청와대와 긴밀히 교감하며 문제점을 전했다. 청와대도 이에 공감해 총무처에 본격적이고 긍정적인 검토를 지시했고 이에 따라 총무처는 즉시 T/F를 꾸려 젊은 사무관들 중심으로 연구에 착수했다.

그중 한 사무관은 나와 각별한 사이였다. 호방한 성격의 그 친구는 회의 동향을 틈틈이 내게 전해주었다. 그의 말에 따르면 1969년에 신설된 경정 계급으로 인해 총경 승진은 상대적으로 용이하다는 인식이 퍼져 있어 총경을 과장급 직위에 보임하는 안에 매우 회의적인 분위기라는 이야기였다. 총무처 T/F의 시각은 이랬다. 일반 부처 서기관은 사무관으로 10년 이상 길게는 15년을 근무해야 승진하는 자리인데 총경은 경정으로 6~7년만 근무하면 달 수 있는 계급이라는 거다. 실상은 달랐다. 경정은 순경이나 간부후보생으로 출발해도 보통 15~20년은 근무해야 오를 수 있고 고시 출신 경정들도 사시나 행시 합격 후 일반부처에서 수년간 공무원 생활을 한 뒤 특별 채용하는 경우가 대부분이었다. 결국 총경까지 승진하기엔 고시 출신일지라도 10년 이상은 걸리는 게 일반적이었던 셈이다. 물론 예외도 있다. 고시 출신 가운데 30대 초반 공무원 총 경력 10년 남짓에 총경으로 승진한 사람도 일부 있지만 극히 드물었다.

총무처 T/F 그 사무관은 자신의 행시 동기가 이미 총경으로 승진해 서울 남대문경찰서장으로 재직 중이라며 불편한 속내를 감추지 않았다. 하지만 남대문 서장 유병국 총경은 경찰 재직 중 경감 때인 1976년 행시 18회에 합격한 30대 후반으로 대학 재학 중 또는 졸업 직후 합격한 20대 안팎의 사람들과는 달리 동기지만 나이 차가 많았다. 총무처 T/F는 경찰은 권력기관으로 힘도 세고 승진도 빠른데, 거기에 직급까지 올려 주는 건 과하다고 했다. 그리고 이렇게 덧붙였다. "자고로 칼을 찬 사람은 직급이 낮아야 한다는 오랜 논거가 있다"며 "실제로 조선시대 사헌부 수장인 대사헌은 정2품인 육조 판서보다 한 단계 낮은 종2품으로 임명했다"라는 역사적 예시도 곁들였다.

그는 또 한 가지 흥미로운 사례를 들려주었다. 외교부 정보1과와 2과를 국가안전기획부(현 국가정보원)에 흡수통합하려는 움직임이 있었는데 외교부에서 "정보기능은 세계 각국 외교부에 모두 존재하는 공식 채널이므로 병립하는 게 옳다"는 논리를 펴 독립을 지켜냈다는 거다. 그러면서 대통령 검토 지시는 있었을지라도 결국 실무진 논리에 따라 결정될 거라고 강조한다.

총무처 내부의 이런 분위기를 간파한 나는 즉시 안병정 선배에게 이 내용을 전했다. 안 선배는 곧장 박배근 본부장에게 상황을 보고했고 박 본부장은 특유의 추진력으로 즉각 행동에 나섰다. 당시 박 본부장은 자신의 동향 고교 후배이자 총무처 장관이었던 박세직 장관이 집무실에 있는지를 확인한 뒤 정복으로 갈아입고 정부서울청사 아래층의 장관실로 향했다. 비서실 직원이 사전 예약이 없다며 만류했지만 그를 제치고 바로 장관실로 들어가 "이게 지금 뭐 하는 거요?"라며 언성을 높였다. 대통령 지시사항을 그렇게 부정적으로 검토하느냐는 다그침에, 박 장관은 주무국장을 불렀고 해당 국장은 그 자리에서 적극 협조를 약속했다.

결국 총경은 과장으로, 경무관은 부장으로 직급 조정이 이뤄졌고 그 조치는 1986년 10월 27일 공식 시행되었다. 한편, 비슷한 시기에 외교부도 전 세계에서 눈과 귀 역할을 하는 정보1과와 2과를 국가안전기획부(현 국가정보원)에 뺏길 뻔하며 혼비백산하여 '외교'를 붙여 '외교정보1과', '외교정보2과'로 확정해 존재 이유를 분명히 했다. 이 이야기는 지금껏 안병정 선배와 나, 단 두 사람만 알고 있는 일이다. 이제는 그 기록을 남겨둘 시점이라 판단해 이곳에 몇 자 적었다. 하지만 아직 끝난 이야기가 아니다. 총경 직급이 과장으로 격상되었음에도 불구하고 훈장은 여전히 5급에 머물러 있다. 서기관은 3등급 홍조근정훈장을 받지만, 총경은 여전히 4등급 녹조근정훈장을 받는다. 누구 탓할 일이 아니다. 경찰 스스로가 풀고 제 자리를 찾아야 한다.

2004~2005년 무렵에도 경찰공무원 승진임용규정 제4조, 즉 경찰 각 계급별 승진소요 최저 근무연수를 단축하기 위해 참 열심히 뛰었던 기억이 있다. 1969년 제정 당시 순경에서부터 총경까지 최저 근무연수의 합이 19년이었으나 지금은 13년으로 바뀌었고 자투리, 즉 마진 기간[4]을 포함하면 10년은 단축되었다. 세상 물정 모르던 어린 그때도 경찰 조직을 위해 일해야 한다는 사명감에 불탔고 언제 어디서든 내 몫은 제대로 하자고 다짐했다.

첫째 딸 외가 보내고 두 번 울다

아내는 첫 임신 사실을 확인한 뒤, 승진시험 준비도 중단하고 태아를 위해 조심조심 생활을 해 나갔다. 그럼에도 불구하고 한 번은 경찰서 계단에서 구르는 사고를 겪었다. 누구에게나 그렇겠지만 열 달 동안의 임신 기간은 매 순간이 긴장의 연속이었다.

생각해 보면 임신 초기에는 우리 부부 모두 그 사실도 제대로 알지 못했다. 그 무렵 친한 친구 결혼식에 참석했는데 주례는 정석모 전 내무부 장관이고 나는 사회를 보았다. 결혼식 사회를 무사히 마친 뒤 신랑이 별일 없으면 자기 친가인 동해에 함께 가자고 했다. 이유를 묻자, 신혼 첫날밤을 이 사람 저 사람이 잠을 잔 지저분한 호텔에서 보내기보다는 부모가 정갈하게 마련해 준 이부자리에 누워 자고 다음 날 신혼여행 떠나라고 말씀하셨단다. 워낙 간곡히 권하기도 했고 마침 주말이라 따로 잡힌 일정도 없어 함께 나섰다.

---
[4] 마진 기간이란 실무상 용어로, 예컨대 어느 해 7월 1일 임용된 경우 다음 해 1월 1일부터 승진소요최저근무연수를 기산함으로써 7월부터 12월까지의 기간은 소요연수 계산에 포함되지 아니하는 것을 말한다. 이 마진 기간으로 인해 승진소요최저연수가 2년인 경우에도 실제로는 3년이 걸리곤 했다.

맞벌이 엄마 아빠의 딸로 태어난 큰딸은 독립투사처럼 씩씩하게 커 줘 경영학을 전공하고 은행에 취업했다.

신랑이 운전하는 포니Ⅱ를 타고 대관령 아흔아홉 고갯길을 넘는데 아내가 갑자기 속이 울렁거린다며 차를 세워 달란다. 급히 갓길에 차를 세웠고, 아내는 내리자마자 연신 헛구역질을 해댔다. 그제야 비로소 아내가 임신했다는 사실을 실감하게 되었다.

그렇게 시작된 어설픈 임신부의 열 달은 쉽지 않았다. 결혼하고 임신하면 대개 퇴직했지, 승용차도 없어 대중교통으로 출근하며 근무하는 맹렬 여성 모습이 당시로서는 꽤 이례적이었다. 시선이 따가웠겠지만, 아내는 잘 견뎌 냈고 서울역 근처 목영자산부인과에서 첫딸을 낳았다.

근무 중 아내의 출산 소식을 듣고 모시던 홍세기 경무관께 말씀드리자 '축 순산'이라 적힌 봉투를 건네며 다녀오라고 하셨다. 아내는 딸을 낳아 섭섭하지 않느냐고 했지만 내게는 전혀 그런 감정이 들지 않았다. 그렇게 얻은 우리 집 첫 살림 밑천 큰딸은 씩씩하게 커 주었다.

학교에 들어가기 전까지는 당진과 대전 외가에서 자랐다. 격주로 주말에만 엄마 아빠를 만나다 보니 만나면 낯설어 울고 헤어질 땐 그 사이에 정이 들어, 또 울었다. 우는 아이를 떼어두고 돌아서야 하는 우리 부부도 눈물을 흘렸다.

1983년 8월 7일, 일요일. 대전 외가에 맡긴 큰딸을 보며 한가로이 프로야구 중계를 보고 있었다. 오랜만에 마루에 누워 뒹굴던 그날, TV 화면에서 갑작스레 '적기 출현, 실제 상황'이라는 자막과 함께 공습경보가 울려 퍼졌다.

순간 등줄기를 타고 서늘한 냉기가 스며든다. 전쟁 발발 직전일지도 모른다는 생각에 즉각 서울로 올라가야 한다고 판단했다. 하지만 몸은 이동하는데 마음은 편하지 않았다. 딸을 다시 보지 못할 수도 있다는 상상이 들자 작은 얼굴 하나하나가 전부 새삼스레 다가왔다. 눈 코 입 이마 머리칼 손톱 하나까지도 지금 이 순간에 기억해 두어야 한다는 절박함이 밀려왔다.

그렇게 딸의 구석구석을 살피다 발바닥 아래 조그맣게 자리 잡은 검은 점 하나를 발견했다. 혹여 이 전쟁으로 이산가족이 된다면 이 작은 점이 나중에라도 내 아이를 찾아낼 유일한 단서가 될지도 모른다는 생각에 가슴이 저며왔다. 나는 그 점을 눈에 새기고 딸을 꼭 한 번 더 안아주고 마음을 다잡으며 서울로 올라왔다.

다행히 그것은 중국 공군 소속의 한 조종사가 전투기를 몰고 우리 영공에 진입해 귀순 의사를 밝히며 벌어진 소동이었다. 공습경보는 곧 해제되었고, 전쟁은 일어나지 않았다.

그날 이후 외가에서 자란 까만 소녀 딸의 모습이 유독 마음을 아리게 했다. '호랑도 있다'라며 바지 호주머니를 가리키거나, 배추김치를 '짠지', 동치미를 '짐치', 토끼를 '토깽이'라 부르는 등 입에 밴 시골 말씨로 엄마 아빠 가슴을 찡하게 했다.

큰딸은 여덟 살이 되면서 엄마 아빠 집으로 올라와 친할머니와 친할아버지 보살핌 속에 초등학교에 들어갔다. 입학식 날 엄마는 바빠 내가 딸을 데리고 학교에 갔다. 홍제초등학교에 도착하니 교실 책걸상이 무척 낡아 보였다. 사립학교에 보내지 못한 미안함이 마음 한구석에 진하게 남아서 딸에게

딸은 항공사 조종사 남편과 결혼해 아들딸 낳고 예쁘게 살고 있다.

조심스레 말했다.

"우리 딸 학교가 많이 낡아서… 미안하네."

그러자 딸은 망설임 없이 말한다.

"아냐 아빠! 오래된 학교엔 훌륭한 선생님들이 많아."

딸의 그 한마디에 울보인 나는 딸 입학식 날 울고 말았다.

큰 딸은 공부도 곧잘 하고 리더십도 있어서 반장이나 어린이회 부회장 같은 역할도 척척 맡아냈다. 서태지를 좋아해서 그와 결혼하겠다며 춤도 잘 췄고, 문학에도 소질이 있어 조선일보 주최 어린이 글짓기 대회에 나가 입상도 했다.

중학교 진학 후에도 성적은 줄곧 상위권이었다. 2학년 1학기까지는 전교 1~2등을 다툴 만큼 성실했기에 동네 아주머니들이 '네가 진희지?' 하며 반가워했다. "요새는 잘 노는 애가 공부도 잘한다"라며 예뻐해 주셨다.

물론 중학교 2학년 2학기쯤엔 사춘기를 좀 격하게 겪었지만 큰 탈 없이 잘 지나갔다. H대 경영학과 다닐 때 교수가 사막에서도 커피를 팔 수 있는 학생이라고 했다. 졸업 후 은행에 들어가 차근차근 승진해 과장이 되었고 항공사 기장 남편과 아들딸 낳아 예쁘게 살고 있다.

홍세기 의원에게 배우다

치안본부 조사과는 수사 기능과 혼동되어 감찰과로 바뀌었다. 그 감찰과 근무 중 충북도경국장에서 감사담당관으로 부임해 오신 분이 바로 홍세기 경무관이다. 부속실 근무 경위가 일선으로 나가고 싶다 하여 전출을 희망했고 감찰과 막내였던 내가 우선 부속실로 내려가야 했다.

며칠 근무하면 새 직원을 뽑을 줄 알았는데 열흘이 지나도 별다른 조치가 없었다. 주변에서는 "분위기를 보니 계속 그 자리에 있어야 할 것 같다"라고 했다. 결국 시간이 흘렀고 내가 있던 서무 자리를 충원하기 위해 앞서 언급한 이상두 선배를 추천해 오게 된 것이다.

홍세기 경무관은 훌륭하신 분이다. 통신 순경으로 경찰에 입문했다가 6.25 전쟁 중 경찰간부후보생 5기로 들어오셨고, 조치원·예산·홍성·보령 등에서 경찰서장을 지내며 기획통으로도 이름이 높았다. 총경으로 승진해 보령·천안서장을 거친 뒤 서울로 올라와 지금의 기동본부장에 해당하는 기동대장과 동대문서장을 역임하셨고 이 시기 경찰의 다중범죄 진압체계를 처음으로 확립한 분이다. 그 공로로 경무관을 달았고 충북도경국장·감사담당관·경무과장을 거쳐 치안감으로 승진해 지금의 해양경찰청장인 해양경찰대장으로 영전하셨다.

해경은 인천에 본부가 있었는데 나는 따라가지는 않고 1~2차례 방문해 인사만 드렸다. 해경에서도 많은 일을 하신 후, 1년 정도 지나 치안본부 2차장으로 다시 발령이 났고 나에게 연락해 "인천에서 짐이 출발했으니 우선

사표(師表)이신 홍세기 의원님은 혜화경찰서장, 충북도경국장, 경찰청 감사관, 해양경찰대장, 그리고 치안본부 1.2차장을 거쳐 경찰대학장으로 영전했다가 제13대 국회의원이 되셨다. 홍세기 학장님을 두 번 모셨는데 2010년 81살에 돌아가셨다.

받아 놓으라."라고 하셨다.

그렇게 나는 2차장실로 가 짐을 정리했는데 이번에도 새로 직원을 뽑지 않으셨다. 내 근무 태도를 좋게 보신 덕인지 별다른 말씀 없이 자연스럽게 내가 그 자리를 맡게 되었다.

2차장실에서의 하루하루는 말 그대로 숨 돌릴 틈 없이 이어지는 격무의 연속이었다. 1980년대 중반, 시국 치안 수요가 치솟던 시기였던 만큼 사무실에서 아예 숙식을 하다시피 했다. 특히 1984년 여름, 전국적인 집중호우로 인해 곳곳이 물난리를 겪고 있었는데 홍 차장님은 종합상황실을 수시로 오가며 상황 관리에 여념이 없으셨다.

그러던 어느 날, 저녁 7시 30분쯤 "대통령이 치안본부 종합상황실에 들를 것 같다"라는 정보가 전해져 즉시 차장님께 보고했다. 그러자 차장님은 곧바로 정부서울청사 맞은편 지금은 헐린 옛 경기도청 청사 건물인 치안본부 별관으로 건너가셨다.

2~30분 지나지 않아 검은 캐딜락 차량 여러 대가 일제히 도착했고 전두환 대통령이 현관에서 하차해 홍 차장님의 안내를 받아 상황실로 이동하는 걸 맞은편 정부서울청사 15층 멀리서 지켜봤다. 그리고 한참이 지나서야 차

장님이 사무실로 돌아오셨다.

알고 보니 대통령은 원래 건설교통부 재난상황실과 내무부 민방위재난상황실을 방문할 예정이었다. 그러나 전국 피해 상황이 아직 제대로 집계되지 않아 보고 준비가 안 되어 결국 보고 준비를 철저히 한 치안본부 종합상황실이 방문지로 결정되었고 홍 차장님 보고는 깔끔하고 완벽했단다. 그 자리에서 대통령은 오랜 군 생활 동안 브리핑을 많이 해 보기도 했고 또 받아도 봤는데 이렇게 꼼꼼한 브리핑은 처음이라며 임시국무회의 소집을 지시했다.

"이러한 전국적인 엄청난 수해 상황을 대통령만 알아선 되나?"

그 말 한마디에 장관들이 부랴부랴 모여들었지만 어디서 무엇을 하고 있었는지 2시간이 지나서야 모습을 드러낸 장관도 있었다고 한다. 그날 이후 홍세기 차장님에 대한 대내외의 신뢰는 한층 높아졌고, '역시 홍세기'라는 말이 조직 안팎에서 흘러나왔다. 차장님은 이후 1차장을 거쳐 경찰대학장으로 영전하셨고 제13대 국회에서 비례대표로 국회의원이 되어 법사위 간사로 활동하셨다. 임기 종료 후 전기안전공사 이사장을 역임하기도 하셨다.

장충동 자택에 거주하다가 국회의원 시절에는 잠시 압구정 현대아파트로 이사했었는데 그해 설 연휴에 아내와 두 딸을 데리고 세배를 드리러 갔던 적이 있다. 차장님은 반갑게 맞아 주시며 어린 두 딸에게 당시로선 고액권이었던 만 원권 지폐를 몇 장씩 쥐여 주셨다. 큰딸은 그 액수가 꽤 컸다며 지금도 생생히 그 기억을 간직하고 있다.

홍 차장님은 나에게 많은 가르침을 주신 분이다. 무엇보다 기억에 남는 것은, "어떠한 경우에도 성심성의껏, 최선을 다해 준비하라"는 그분의 일 처리 방식이었다. 모시는 입장에서는 혹독하게 느껴졌지만, 그 빈틈없고 치밀한 근무 수행 능력은 1980년대 그 혼란스럽던 시절 여러 시국 치안 현안들을 안정적으로 이끌 수 있었던 원동력이었다.

나 또한 그 영향 속에서 업무와 공부를 병행하며 노력했는데 뜻밖에 경사로 심사 승진하는 행운을 얻었다. 틈틈이 공부를 해 왔고 시험 열흘쯤 앞두고 차장님께 말씀드려 남산도서관에서 막판 스퍼트를 내고 있는데 심사 승진 발표가 나서 '하산하라'는 연락을 받았다. 하지만 순위가 뒷순위라 해를 넘겨 임명되었고 "차라리 시험을 쳤으면 이렇게 밀리진 않았을 텐데"라는 건방진 생각도 했었다.

숨 막히는 차장실 근무를 이어가던 나는 늘 마음에 두고 있던 학업을 계속하기 위해 전출을 희망했고, 차장님도 흔쾌히 허락해 주셨다. 그렇게 옮기게 된 곳이 바로 정보기록실이었다. 지금은 사라진 광화문 앞 정부서울청사 맞은편 옛 경기도청 자리에 있던 치안본부 정보기록실에서 나의 정보 업무가 시작되었다.

그 사이에 홍세기 차장님은 1차장을 거쳐 치안정감으로 승진해 경찰대학장으로 영전하셨는데 두 딸을 두신 분답게 여성에 대한 인식과 배려가 깊으셨다. 경찰대학장 시절 여러 가지 개혁적인 조치를 단행하셨는데, 그중 지금도 기억에 남는 것은 경찰대 여학생 모집을 추진하신 일이다. 참고로 여군의 첫 모집은 여경보다 한참 뒤인 1950년 6.25 전쟁 중인 9월 6일에야 이뤄졌고,[5] 경찰대는 홍세기 학장님의 결단으로 1989년, 9기생부터 여학생을 선발하기 시작했다. 그야말로 열린 사고로 한국 여성사에 한 획을 그으신 분이었다. 국군은 공군사관학교가 1997년부터, 육사는 1998년부터, 해사는 1999년부터 여성에게 문을 열었다. 그러니까 경찰대학보다 8~9년씩 늦게 여성에게 문호를 개방했다.

---

[5] 1945년 10월 21일 국립경찰 창설 이듬해인 1946년 7월 1일, 이미 여자 경찰관을 임용했다. 해외 유학파였던 조병옥 경무부장과 장택상 수도청장이 경찰의 지휘부를 주도했기에 가능했다. 도산 안창호 선생 조카인 안맥결 등 여경들은 건국 초기부터 경찰의 일원으로 활동하며 많은 역할을 수행했다.

둘째 딸과 함께 온 민주화 함성

1980년대의 대한민국은 그야말로 역사의 소용돌이가 휩몰아친, 격동의 시간이었다. 1980년 '서울의 봄'과 5.17 비상계엄 확대 조치, 5.18 광주민주화운동, 제5공화국 출범, 1986년 아시안게임 개최, 1987년 박종철 고문치사 사건과 이한열 열사의 희생, 6.10 민주항쟁과 6.29 선언, 노태우 정권의 등장, 1988년 서울올림픽 개최, 그리고 폴란드·헝가리 등 동구권과의 수교까지 굵직한 사건들이 줄줄이 이어졌다.

경찰로서도 매우 힘겨운 시기였다. 아내와 나는 치안본부 소속이었기에 일선보다는 조금 덜 고생했지만, 치안본부 직원들도 수시로 일선 지원 근무를 나가야 했다. 지금 돌이켜보면, 그 힘든 순간들을 어떻게 견뎌냈는지 그저 감사하고 고마울 뿐이다.

그 와중에 둘째 딸이 태어났다. 숙부님과 숙모님이 오셔서 신생아였던 딸을 보시곤 이목구비가 뚜렷해 아주 예쁘다고 칭찬하셨다. 처음에는 작은 형네 등 여러 곳에서 맡아 키워주시기로 했으나, 아이를 돌본다는 게 보통 일이 아니지 않은가. 거기다 '아프지 않고 크는 아이는 없다'라는 말처럼, 둘째

모처럼의 휴일을 맞아 두 딸과 함께 나들이에 나섰다.

1986년 태어난 둘째는 비혼을 선언한 언니를 결혼시킨 공이 있다. 은행 입사 동기와 결혼, 딸 하나를 낳고 육아에 전념하겠다며 다니던 은행을 그만 두었다. 딸과 친구처럼 잘 지내는 둘째를 늘 응원한다.

도 어린 시절 아플 때가 많았다. 병원에 업고 달려야 할 때가 많았고, 그때마다 우리 부부가 번갈아 긴급히 출동하곤 했다.

지금도 쉽지 않은 일이지만, 그 당시엔 사무실 직원들 눈치가 유난히 더 보였다. 가끔 나가도 그랬는데 수시로 자리를 비워야 했던 아내는 오죽했을까. 결국 큰딸이 있던 대전 처갓집에 둘째도 함께 보내 자매를 맡기기로 했다. 둘째 딸은 외할머니와 외할아버지(나의 장인 장모), 그리고 언니와 함께 장인 장모님의 따뜻한 보살핌 속에 잘 자랐다.

어릴 적엔 머리숱이 적어 남자아이처럼 보이기도 했는데 남아선호사상이 강하던 때라 자매를 데리고 외출하면 큰딸을 향해 "넌 남동생 봐서 귀여움 받겠네!?"라는 말을 자주 들었다. 상아시를 유난히 좋아하던 둘째는 디리 개집 안에 들어가 강아지와 함께 놀기도 했다. 그 모습 그대로 다정하고 귀엽게 커 줬다. 두 딸이 한창 예쁘게 자라던 어느 날, 한 모임 자리에서 누군가가 아내에게 이렇게 물었다.

"그 집은 두 딸을 어떻게 키워요?"

"대전 친정에서 봐주고 계세요."

"아, 그래? 그럼 매주 주말에나 보러 가요?"

"아니요, 2주에 한 번씩 가요."

"그래요? 어휴 어떻게… 엄마가… 참 독하다."

옆에 있던 나는 그 말을 그대로 들었다. 독한 것은 애 엄마가 아니라 그런 말을 아무렇지 않게 던진 바로 그녀였다. 아내는 눈물을 삼키고 있었다. 무심코 던진 30초짜리 말 한마디가, 듣는 이의 가슴엔 30년 넘게 응어리로 남을 수 있다는 사실을 사람들이 알았으면 좋겠다.

초등학교에 입학하는 언니를 따라 서울 엄마 아빠 집으로 온 둘째 딸은 그림도 잘 그리고 시(詩)도 잘 써 큰 대회에서 상장을 받아오곤 했다. 서울대는 아니지만 서울에 있는 S대 영문과 4학년 때 성적우수 장학금을 받아와 할머니, 엄마·아빠께 배포 있게 나눠주던 모습이 선하다.

재학 중 언니가 다니는 은행에서 아르바이트하다가 언니처럼 은행원 되겠다며 졸업 전 채용시험에 합격해 연수를 들어가려는데 미국인 교수가 "아직 졸업도 안 했는데 회사에 들어가면 어떡하느냐"라며 학점을 주지 않았다. 설득 끝에 겨우겨우 학점을 받고 졸업예정증명서를 발급받아 연수에 들어갔고, 그곳에서 입행 동기였던 지금의 남편을 만나 연애를 시작했다.

언니보다 먼저 시집을 가겠다고 선언하는 바람에, 언니를 마치 등 떠밀리듯 결혼하게 하는 혁혁한 공을 세웠다. 그렇게 언니 동생은 한 해 걸러 차례대로 혼인했다. 둘째는 결혼 후 딸 하나를 낳고 은행 일 그만두고 지금은 가사와 육아에 집중하며 잘 지내고 있다.

1987년 6월, 그 격동과 경찰

둘째 딸 첫돌이 지날 무렵인 1987년, 전두환 대통령은 개헌을 요구하는 국민적 여론을 무시한 채, 임기 내 개헌은 불가능하다며 논의 중단을 선언했다. 그러자 대학생들을 중심으로 '호헌 철폐'를 외치는 집회 시위가 시작되었고, 이후 넥타이 부대까지 가담하며 전국적 규모의 6.10 민주항쟁으로 번져갔다. 서울에서 시작된 시위는 연일 강도를 더해가며 전국으로 확산되었고, 경찰은 이를 막기 위해 최루탄을 연신 발사했다. 도시 곳곳은 늘 최루탄 가스로 메케했다. 우리 부부도 연일 시위 현장에 동원되어 하루하루를 거리에서 보냈다.

명동성당 앞은 학생은 물론 일반 시민들로 가득 찼고, 밀고 밀리는 치열한 공방 속에서도 일부 여성 시위대가 경찰에게 꽃을 건네는 일도 있었다. 하지만 경찰의 최루탄 재고가 바닥이 드러나자, 도시는 일촉즉발의 긴장 상태에 놓였다. 결국 전두환 대통령은 부산과 서울의 시위 양상을 보고받고 군 투입을 지시했다. 보병 제26사단 병력이 부산행 열차를 타기 위해 트럭에 탑승했고, 일부 군 수뇌부 즉 민병돈 특전사령관 등은 유혈사태를 우려해 반대 의사를 표했다. 그 무렵, 전두환 대통령이 경찰 수장인 권복경 치안본부장에게 전화를 걸어 "상황이 어떤가?" 하고 물었고, 권 본부장은 "심각하긴 하지만 경찰이 책임지고 막아 내겠다"라고 대답했다. 그 말 한마디로 군 출동은 일단 저지되었다.

이후 조종석 서울시경국장은 명동성당 농성과 관련해 단호히 대처하겠다는 특별 담화를 발표했고, 대통령은 6월 14일 아침에도 권 본부장에게 명동성당 신압을 지시했다. 그러나 권 본부장이 "명동성당에는 들어갈 수 없습니다"라며 완강히 반대해 결국 명동성당 진압도, 군 투입도 이루어지지 않았다. 안 된다고 할 줄 아는 경찰 수뇌부였다.

권력이 절대적이던 시절, 대통령의 지시에 '안 됩니다'라고 말한다는 것은 결코 쉬운 일이 아니다. 권 본부장뿐 아니라 서울시경국장과 치안본부 간부들의 뜻도 같았기에 가능한 일이었다. 그렇게 1987년 6월, 경찰은 군 투입을 막아냈고, 결국 국민적 승리로 이어진 6.29 선언을 이끌어냈다.

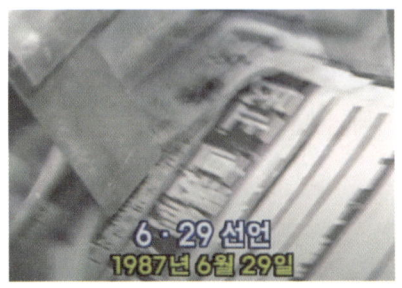

1987년 박종철군 고문치사사건에 이한열군 피격사건까지 발생하자 시민 학생시위는 전국으로 확대되었고 경찰은 최루탄이 동날 지경이었으나 슬기롭게 군의 출동을 막아 결국 6.29선언으로 이어졌다.

　당시를 되짚어가며 이 글을 쓰던 중 인터넷을 검색해 보니, 2007년 6월 2일 자 중앙일보에서 신동영 기자가 생전의 권복경 치안본부장을 인터뷰해 기사를 쓴 것이 있었다. 기사에 따르면, 권 본부장은 당시 대통령의 형 전기환 씨에게 조종석 서울시경국장과 함께 부탁해 전 대통령을 설득했다고 한다. 전기환 씨는 전두환 대통령의 셋째 형으로, 경찰관 출신이었다. 용산경찰서 등에 근무하며 큰 구설수 없이 친정 조직인 경찰 발전을 위해 언로(言路)의 창구 역할을 했던 것으로 알려져 있다. 인터뷰 말미에서 권 본부장은 "계엄령이 선포되지 않은 것이 천만다행이었다."고 술회했다. 6년 뒤인 2013년 6월 10일, 동아일보의 신광영 기자 역시 같은 주제로 권복경 치안본부장을 인터뷰했다. 그 인터뷰의 핵심을 한 문장으로 요약해 본다.
　"부산 등 전국 치안 상황이 매우 위급했고 군 투입이 결정되었으며 관계 기관 대책 회의 직전, 전두환 대통령의 전화를 받고도 경찰이 책임지고 막겠다며 명동성당도 못 들어간다고 버텼다."

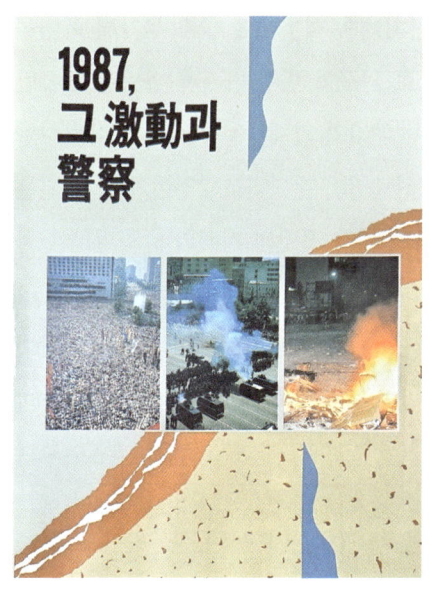

1987년 초부터 시작된 격동의 나날은 6월에 이르러 최고조에 달했으나 경찰은 슬기롭게 사력을 다해 시국 수습에 앞장 섰다. 그후 나온 책인데 경찰에서 만든 책 중 제일 낫다는 평이다.

그 시기를 함께 살아온 나로서는, 이 기사를 몇 번이고 곱씹어 읽게 된다.[6] 읽을 때마다 가슴 한편이 먹먹해지고, 그때의 숨 막히던 치안 일선의 모습이 다시 떠오른다.

한편, 1988년 3월, 치안본부는 특별기획단을 꾸려 『1987, 그 격동과 경찰』이라는 단행본을 출간했다. 6~7명의 필진이 원고를 작성했고, 지성우 총경이 집필 주간을 맡았다. 경찰이 펴낸 책 중 가장 잘 만든 책으로 기억하고 있으며, 지금도 한 권을 소중히 간직하고 있다.

그 책을 통해 알게 된 새로운 사실도 있다. 부산 시위가 격화되어 최루탄이 바닥나자, 치안본부는 헬기를 동원해 부산 수영공항까지 최루탄을 공수했다. 하지만 진압부대는 시위대에 포위되어 보급조차 어려운 상황이었다. 이에 부산시경은 새벽 5시, 구청 쓰레기 청소차와 민간 봉고차로 위장해 최

---

6 대통령과 권복경 치안본부장의 전화 통화 시점은 중앙일보·동아일보 등 매체마다 약간의 차이가 있다.

루탄을 전달했으나, KBS 부산총국 근처에서 시위대에 들켜 무차별 폭행을 당하기도 했단다. 광주에서는 사복으로 위장한 여경이 사제 가방에 최루탄을 넣고 민간 차량을 이용해 보급했다. 대전역 앞에서는 시내버스를 탈취한 시위대가 진압부대를 향해 돌진해 전경 1명이 순직하고 2명이 중상을 입는 사건도 벌어졌다. 이처럼 부산을 비롯한 전국 곳곳의 시위가 악화일로로 치달으며, 경찰의 고뇌는 극에 달했다.

전두환 대통령의 확인 전화가 이어졌고 치안본부장이 경찰력으로 진압이 가능하다고 보고했다는 내용이 담겨 있다. 권 본부장은 종교가 없었지만, 밤잠을 이루지 못하던 어느 날 무릎을 꿇고 "용기를 달라"고 하느님께 기도했다고 한다. 그 간절한 기도가 통했던 것인지, 다음 날 부산과 일부 지역에는 폭우가 쏟아졌고, 시위는 자연스럽게 소강상태에 들어갔다.

『1987, 그 격동과 경찰』은 이렇게 글을 마무리하고 있다.

"하나 가운데 모든 것이 있고, 모든 것 가운데 하나가 있듯, 경찰 가운데 국민이 있고 국민 가운데 경찰이 설 수 있다."

그렇게 그해 6월이 지나갔다. 이어진 7월부터 9월까지는 봇물 터지듯 터져 나온 노사분규의 소용돌이 속에서 경찰은 또 다른 홍역을 치러야 했다. 그리고 10월 27일, 국민투표를 통해 제6공화국 헌법이 제정되었고, 12월 16일 치러진 제13대 대통령 선거에서 노태우 후보가 당선되며 새로운 정권이 출범했다. 다시 2025년 6월이 막 지나고 있다. 우리는 계엄과 탄핵의 강을 건너 새 시대를 맞고 있다. 국내외적으로 상황이 엄중한 2025년이지만 부디 이 나라의 무궁한 발전이 있기를 소망해 본다.

1987년 격동의 나날을 보내고
88서울올림픽이 개막되었다.

사정에 있다?
사정이 있다!

3

청와대를 지켜라! 101경비단

1989년 경위 시험에서 낙방했다. 경찰 조직은 경정까지 시험 승진이 보장되어 있지만 누구도 불합격할 수 있는 게 시험이다. 그럼에도 자신에 대한 원망스러움은 감출 수 없었다. 순경 출신으로 내무부 장관까지 오른 안응모 선배님을 흠모하며 '제2의 안응모'가 되고자 로드맵을 마련했었는데 그야말로 낙심천만이다.

물론 나름의 이유는 있었다. 1988년, 제24회 서울올림픽을 성공적으로 마친 경찰은 대규모 특진을 단행했는데 관계 당국과 협의 없이 이뤄진 특진이라 TO를 확보하지 못해 이듬해 1989년 정기 승진시험은 바늘구멍 사태를 초래했다. 결국 치안본부에서 경위는 6명만 합격했고, 나는 그 안에 들지 못했다.

주관식 문제지가 유출되었다는 흉흉한 소문까지 돌기도 한 시험 당일 부평 경찰종합학교로 가는 지하철에서 '국가경찰제와 자치경찰제를 비교 설명하라'는 경찰법 책 일부분을 찢어 읽는 사람을 보았으나 대수롭지 않게 생각했다. 그 문제는 2년 전 이미 출제되었고 최근 3년 이내에 출제된 문제는 다시 나오지 않는다는 관례를 믿고 막판에 제친 문제였다. 그런데 시험에서 이 문제가 무려 50점짜리 논술형으로 출제되었다. 아뿔싸 크게 당황했지만 어쩔 수 없었다. 꼼꼼히 쓰지 못하고 횡설수설했던 것 같다.

몇 달이 지나고 낯선 전화가 걸려 왔다. 감사원 특감반인데 6층으로 오란다.

"지난 1월 정기 승진시험 때 의심나는 일이 없었나요? 귀하가 낙방자 중 1등인데…"

당시 같은 교실 수험생 40명 중 합격자 2명은 뒷자리에 앉았고 둘은 친한 사이이며 그중 한 명이 시험 관련 부서여서 의심이 들긴 했지만, 물증도

30대 초반에 경위로 승진하여 청와대를 지키는 제101경비단으로 발령받아 갔다.

없고 확신이 없어 없다고 했다.

짧은 대화를 끝낸 얼마 뒤 돈을 받고 문제를 유출한 담당자가 구속되었다는 소식을 들었다. 경찰 승진시험에 부정이 있었던 거다. 나에겐 유혹 자체도 없었던 걸 다행스럽게 생각하며 다음 해 승진시험에 재도전해 다섯 손가락 안에 드는 성적으로 당당히 합격했다. 그간의 속상함이 한 번에 날아가는 순간이었다. 경위 승진은 경장이나 경사 승진과 달랐다. 요즘은 경위 승진이 심사나 근속 등 다양한 경로가 생겼지만, 당시는 오직 시험만으로 승진하던 때다. 형사소송법에 따르면 경위부터를 '사법경찰관'이라 하고 경위 아래인 경사까지는 '사법경찰리'라 한다. 즉 사법경찰관은 사법경찰리와 달리 많은 권한을 인정받는다. 이러한 규정으로 경찰 내부에서는 경위 이상을 간부라 하고 경사 이하를 비 간부라 불렀으나 최근 이러한 명칭 구분이 위화감을 준다며 사용하지 않고 있다.

치안본부에서 경위로 승진한 후 서울시경으로 전출되었다. 경찰관 임용

10년 만에 경위로 승진한 후 어디든 가겠다며 시경으로 갔는데 그곳은 인사철답게 북새통이었다. 모두가 연줄을 찾아 부지런히 움직이는 이들을 보니 어디든 가겠다던 나의 자신감은 온데간데없고 심란함만 가득했다. 마침, 아는 선배가 시경국장 비서관으로 있어 대기 시간에 시경국장실에 가보았다. 선배는 반가워하면서도 치안본부 근무 때부터 국장님을 잘 안다는 내 말은 애써 못 들은 척했다. 시기가 시기인 만큼 인사 청탁에 예민할 수밖에 없었을 선배의 마음도 충분히 이해한다.

그래도 선배가 차 한 잔 줘 마시고 있는데 이종국 국장님이 비서실로 나오셨다. 연쇄 방화 사건으로 끊었던 담배를 한 개비 얻자고 나오셨다가 나를 보고 반가워하며 안으로 들어가자고 하신다.

"치안본부에서 고생했는데 마침 내가 시경국장이니 원하는 곳으로 보내주마. 어디 갈래?"

"신설 예정 송파로 가고 싶습니다. 신설서는 3년간 기동대 차출이나 감사가 없으니 차분하고 꼼꼼하게 신혼살림 꾸리듯 열심히 해보겠습니다."

조심스레 건넨 내 말에 국장님은 "좋아, 아주 자세가 됐어!"라고 하시며 메모지에 일필휘지로 '전입 경위 김성섭 송파서로'를 쓰신 뒤 인사계장에게 전하란다. 송파서로 발령이 났다.

송파서 개서(開署) 준비에 열중해 있을 무렵, 청와대 101경비단장이 잠시 다녀가라는 연락이 왔다. 무슨 일인지 알아보니 안내1계장을 맡고 있던 안병정 경위가 치안본부장실로 발령이 나 공석이 되었고 몇몇 사람이 그 자리에 나를 추천했다는 것이다. 시경국장님 배려로 송파서로 발령 난 지 한 달이 채 안 된 때였다. 우선 101경비단을 찾아가 상황을 들어보니 이미 내 발령은 정해진 일이라는 말만 들려왔다. 1990년 당시 청와대 인사는 대체로 그런 식이었다.

그렇게 팔자에 없는 청와대 근무를 2년 반이나 하게 되었다. 20여 명의 부하 직원은 외모도 번듯하고 늠름한 친구들이었다. 청와대 근무는 궂은 일도 있었지만 좋은 일도 참 많았다. 촌놈이 청와대 구석구석을 내 집처럼 다니니 얼마나 폼이 났겠는가?

그러다 동료 1계장이 승진해서 지방으로 가 공석이었는데 단장이 후임으로 이철성 경위는 어떤지 물었다. 세 가지 정도 예를 들며 적임자라고 하니 얼마 후 발령이 났다. 그러나 단장이 박수영 경무관에서 이의호 경무관으로 바뀌고 1년 정도 더 근무한 후 나는 자의 반 타의 반(아는 사람은 알지만…)으로 서울시경 전출을 희망하며 2년 6개월의 청와대 근무를 마감했다. 여기서 청와대 관련 이야기를 하나 해보려 한다. 청와대라는 공간의 폐해는 대선 때마다 빠지지 않고 등장하던 단골 메뉴였다. 역대 대통령 대부분이 퇴임 이후 불행한 결말을 맞이했고 그 원인을 청와대의 폐쇄적 공간에서 찾아 광화문 쪽으로의 이전 주장에 많은 국민이 공감했다. 문재인 정부는 마땅한 대안이 없다며 이전 계획을 백지화했는데 윤석열 정부는 당선 직후 "공간이 의식을 지배한다"라며 청와대 이전을 구체적으로 추진했다. 이전 논의는 자연 큰 논란을 불러왔다. 청와대에서 벗어나야 한다는 말에는 어느 정도 공감하면서도 굳이 용산으로 그렇게 졸속으로 가느냐는 여론이 분분했고 나 역시 같은 생각이었다. 평소 잘 알고 지내던 잘나가는 몇몇 인사들에게 내 의견을 조심스럽게 전했다.

함부로 바꿀 일이 아니다. 나라 체면도 생각해야 하고 국민적 자존심도 생각해야 한다. 세계 어느 나라 대통령궁도 다 번듯하다. 이전이 불가피하면 여론을 듣고 중장기 계획을 세워 새집을 마련해야 하고 더더욱 국방부 청사와 외교부 장관 공관을 뺏는 건 아니라고 했다. 공간도 중요하지만, 더 중요한 것은 열린 마음이라고 했다. 그간 답장을 잘해주던 누구도 답장은 없었다. 결국 대통령은 청와대를 벗어나 용산 시대를 열었으나 2025년 4월 4일 헌법재판소의 탄핵 결정으로 용산 시대는 사실상 막을 내렸다.

그로부터 일주일이 채 안 된 2025년 4월 10일, 동아일보 횡설수설 코너 제목이 눈에 띈다.

'차기 (대선)주자들, 너도나도 "용산 안 간다."' 다른 언론들 역시 용산(대통령실)은 '불통의 상징'이라는 의견이 대다수다. 지난 윤 정부에서의 이전 이유는 공간이 의식을 지배한다는 것이었다. 청와대 문을 여는 것도 중요하지만 그보다 사는 사람이 마음을 열어야 한다. 세계 어느 나라도 대통령궁은 번듯하다. 프랑스 엘리제궁부터 필리핀 말라카냔 궁까지 영어로는 모두 'Palace'를 사용한다. 대통령이 예쁘고 잘나서가 아니다. 나라와 국민의 자존심이기 때문이다. 3년을 되돌아와 결국 다시 청와대란다.

요새 이야기를 끝내고 다시 1992년 말로 돌아가자. 청와대를 나온 나는 이제 일선 현장에서 새로운 길을 찾아야 했다. 아는 상사들은 많았지만, 인사문제를 이야기할 만큼 편한 사람은 없었다. 강남이나 서초에서 형사반장 또는 파출소장을 한번 해 보고 싶다는 막연한 생각만 했다.

서울 정보1과장 서재관 총경을 찾아가니 반가워하며 어디로 갈거냐고 묻는다. "강남이나 서초로 가고 싶습니다"라는 나의 말에, "강남 서초는 아무나 가는 곳이 아니야. 너한테 어울리지 않아"라며 웃으신다. 그러고는 정보 2과장 이상업[1] 총경에게 전화를 거셨다.

"여기 경위 한 명이 왔는데 정보외근 언론 담당이 아직 공석이면 이 사람 한번 보세요"라고 하시어 그길로 이상업 정보2과장을 찾아가 몇 가지 질문에 답하니 흔쾌히 받아주며 잘해보자고 하셨다. 그렇게 언론 담당 정보외근을 시작하게 되었다.

당시 KBS는 정보관 출입에 부정적이었다. 사찰 목적이 아니고 집단 민원인들 점거 농성 등이 있을 때 경찰과 협력이 필요할 것이라고 설명해 겨우

---

[1] 이상업 총경은 국회의장을 지낸 문희상 의원의 매제이자 배우 이하늬의 아버지이고, 경찰대학장을 거쳐 국가정보원 2차장을 역임했다.

묵시적 동의를 받아 몇 달 다녔다. 경찰청 조사과로 발령이 났다.

아내는 '여자형사기동대장'

아내는 내가 경위로 승진한 다음 해인 1991년에 역시 경위로 승진했다. 경장과 경사 시험에서도 늘 상위권으로 합격했는데 이번에도 변함없이 수석 합격이었다.

승진 후 아내는 서울시경 한남동 운전면허시험장에서 근무했고, 이어 비리 예방과 적발 업무를 맡는 감찰 부서를 거쳐 1995년에는 제2대 여자형사기동대장에 임명되었다. 여자형사기동대는 피해 여성 보호를 목적으로 신설된 부서로 활약이 두드러져 언론의 주목도 많이 받았다.

아내가 근무하던 때, 기막힌 수법의 사기 사건이 접수되었다. 모 항공사 기장·부기장이라며 자신을 소개한 남자들이 결혼 적령기 여성에게 접근해 사랑을 약속한 뒤 성관계를 맺고, 급박한 교통사고 수습 등을 핑계로 금전을 편취한 뒤 종적을 감췄다. 피해자는 점점 늘고 있었다.

항공사에 확인해 본 결과, 사용된 이름은 실제 조종사의 것이었고, 도용된 신분이었다. 그나마 수사 단서는 당시 연락 수단으로 쓰이던 '삐삐'(무선호출기) 번호뿐이었는데, 이마저도 명의가 도용된 것으로 드러났다. 범인들은 단속을 피하기 위해 피해 여성 2~3명에게 한 대의 삐삐를 사용한 뒤 버리고, 또 다른 번호로 갈아타는 식으로 교묘히 흔적을 지웠다. 신고가 들어왔을 땐 이미 해당 삐삐를 사용하지 않고 있어 추적은 헛바퀴만 돌았다. 심지어 부산, 대구 등 지방에서도 유사한 피해 사례가 잇따랐고, 사건은 전국적인 주목을 받기 시작했다.

아내와 여자형사기동대 대원들은 이 사건을 추적하며 놀라운 집중력과

끈기를 발휘했다. 연일 이어지는 잠복근무로 귀가가 늦어질 때가 많았고, 나 역시 걱정이 컸지만 내 일도 있었기에 그저 지켜볼 수밖에 없었다. 그래도 부부가 함께 수사 기법을 놓고 이런저런 의견을 나눌 수 있다는 건 참 다행스러운 일이었다.

결국 그 '짝퉁 조종사'들은 끈질긴 여형사들에게 덜미가 잡혔다. 검거 당일 아내는 숨넘어가는 목소리로 "피의자 신문조서 작성하고 구속영장 신청해야 해서 오늘 못 들어간다"라고 했다.

나는 혼자 저녁을 챙겨 먹고 TV를 켰지만 걱정만 밀려왔다. 잠은 오지 않고 이리저리 뒹굴다 결국 차를 몰고 서울시경 앞 치킨집으로 향했다. 통닭

경위로 승진한 아내 구본숙은 서울청 감찰을 거쳐 대여성범죄를 수사하는 여자형사기동대장으로 발령받았다.
(월간조선 캡처)

몇 마리와 콜라 몇 병을 들고 여형기대 사무실을 찾아갔다. 그곳에서는 여형사들이 피의자들을 매섭게 추궁하고 있었다. 가슴이 뭉클했다. 입구에 있던 젊은 여형사에게 간식거리를 건네고 조용히 돌아섰다. 시경을 나와 올려다본 밤하늘엔 별이 총총 빛나고 있었다.

사건이 방송을 타고 알려진 이후 여형기대 활약은 계속되었다. 서울 시내 유명 백화점에 근무를 나가면 여러 건의 실적들이 이어졌다. 그중에서도 특이한 사건이 있었다. 습관성 절도 특히 생리 기간 중 발생하는 도벽 사건들. 피의자들 중에는 대학교수 부인, 현직 차관급 고위 인사의 부인, 심지어 결혼을 보름 앞둔 예비 신부도 있었다. '생리도벽'은 여전히 논란의 여지가 있다. 충동조절장애로 보고 심신장애로 판단하는 판례도 있지만 대부분은 유죄 판결을 받는다. 그럴 때마다 안타까움이 컸다.

여형기대의 이런 활약상은 1995년 7월호 『월간조선』에 구본숙 대장의 사진과 함께 실렸다.

늦깎이 대학생, 장학생으로

학업에 대한 열정을 놓지 않았던 나는 경사 시절 서경대학교 법학과에 입학했다. 최고령일 거라고 생각했던 것과 달리 나보다 더 나이 많은 형들도 몇몇 있어 위안이 좀 되었다. 당시 경위 승진시험 준비 중이었는데 법학과 수업과 겹치는 과목들이 있어 공부에 도움이 되었다. 열심히 수업에 임했지만, 2학년을 마치고 청와대 101경비단으로 발령이 나면서 부득이하게 수업에 빠지는 일이 생기곤 했고 그것이 가장 큰 아쉬움이었다.

한 번은 수업을 마치고 집에 오니 처제가 막 웃는다. 이유를 물으니, 우편물을 하나 내놓는데 학교에서 보낸 '장학생 통지서'였다. 암만 생각해도 희

늦깎이 대학생으로 열심히 주경야독하여 평점 3.40(백분율 88/100점)으로 장학생에 선발되었다.

한했다. 나는 영어나 수학은 약했지만, 암기과목은 항상 자신 있었다. 입학할 당시는 국제대학이었는데 졸업 무렵에 교명이 서경대학교로 바뀌었다.[2] 동문 사이에선 북경에는 북경대학교, 동경에는 동경대학교, 서울에는 서경대학교라는 뜻이라며 학교의 발전을 간절히 기원했다. 그렇게 4학년을 마치고 졸업했는데 학부 과정이지만 논문도 썼다. '경찰의 정치적 중립화 방안 연구'였는데 지도교수 칭찬을 받았다.

늦은 나이에 규모도 크지 않은 대학을 다닌 나는 직장이나 사회에서 활발하게 운영되는 대학 동문회를 볼 때마다 부러웠다. 그래서 경찰에 동문이 얼마나 있을지 찾아보니 예상외로 10여 명이 있었다. 그중 유봉안 총경은 과천경찰서장, 경찰청 감사관, 제주경찰청장을 역임한 선배였다. 한참 후배인 김원태는 나를 졸졸 따라다니던 시절이 엊그제 같은데 서울혜화경찰서장과 강서경찰서장을 거쳐 인천국제공항경찰단장으로 근무하고 있다. 우리는 재직 중인 동문들끼리 가끔 모여 식사도 하고 학창 시절 이야기를 나누며 서로

---

2 가난으로 제대로 진학할 수는 없으나, 학업에 열정이 가득한 우수한 학생들이 많이 모인다고 해 야간 서울대학교라고 칭하며 자부심을 갖기도 했다.

의 인연을 이어갔다.

나는 이 모임을 확대해 경찰과 검찰, 언론계와 금융계 동문들을 찾아 '청야회'를 만들었다. 청야(靑夜)는 서경대학교 축제 명칭을 딴 것으로 초기 회장은 임희동 변호사였고 나는 총무를 맡았다. 기억에 남는 동문으로는 반장식(전 기획예산처 차관), 성백영(전 상주시장), 김동연(현 경기도지사), 신직수 전 법무부 장관, 최병구 전 노르웨이 대사, 서영훈 전 대한적십자사 총재, 국회의원을 지낸 박유재, 민봉기, 김남순 선배, 기상청 김동완 통보관 등이 있었다.

사정에 있다? 사정이 있다!

서울시경 정보2과 외근정보관으로 근무하던 1993년 봄, 경찰청 조사과로 발령이 났다. 조사과는 옛 치안본부 특수1대에서 '특수'라는 용어가 우월의식이 느껴진다고 하여 부서명을 변경했지만, 업무 자체는 여전히 청와대 하명사건 내사와 고위직 비위 첩보를 수집해 보고하는 부서였다. 이른바 '통치사정'이라며 청와대 민정수석실 사정비서관이 관장하는 조직이었다.

나는 연줄도 없고 경력도 별 볼 일 없는 시골 촌놈인데 어떻게 발령이 났는지 모르겠다. 조사과는 보안을 생명처럼 여기는 부서로 외부와 단절된 곳이다. 자기소개서를 제출하고 면접을 보기 위해 한두 번 찾아갔지만, 통제가 엄격해 정문 안으로는 들어가지도 못했다. 기억에 '목화'라는 이름의 찻집이 근처에 있었는데 거기서 서류 제출하고 면접을 본 후 발령을 받았다.

마침, 김영삼 대통령 취임 이후 첫 인사였기에 직원들은 나를 두고 'YS 1기'라고 했다. 부임하자마자 박ㅇㅇ 법무부 장관 자녀 이중국적 및 대학 특례입학, 박ㅇㅇ 보사부 장관 부동산 투기 의혹, 그리고 40대 나이에 임명된 김ㅇㅇ 서울특별시장 그린벨트 내 불법 건축 문제 등 굵직한 사안들이 잇따라 터졌다. 선배들은 사안 검증에 여념이 없었고 갓 부임한 나는 '이렇게 중대한 일을 감당할 수 있을까?' 하는 걱정이 들었다. 그러면서도 '대한민국 조사과이지 무슨 미국 FBI라도 되나'라며 스스로를 다독였다. 경위 경감이 중심이 되어 일하는 곳이니 비록 경험은 부족하더라도 선배들보다 두세 배 더 노력하면 따라갈 수 있으리라 마음먹었다.

동분서주하는 선배들과 달리 신출내기인 나는 우선 그동안의 사건 서류를 하나하나 들춰보며 업무의 흐름과 분위기를 익혀갔다. 이미 오래된 일이지만 그 시절 이야기를 자세히 할 수 없다. 기억의 한계도 있고 무엇보다 업무상 지득한 사실은 보안 사항이므로 무덤까지 가져가야 할 몫으로 배웠기 때문이다.

재미있는 이야기 하나 하자면 어느 장관실에 "청와대 사정에 있다"라며 몇 번 찾아온 사람이 있는데 좀 미심쩍다고 했다. 그날도 그는 장관과 면담 중인데 무슨 청탁을 한다. 장관실에서 나오는 그 사람에게 우리 조사과 선배가 다가가 사정 어느 팀에 있냐고 다그치니 "나는 사정(司政)에 있는 게 아니고 사정(事情)이 있다"라고 하더란다. 참 비상한 사람이 아닐 수 없다.

한 번은 경기도 모 시장이 청와대 민정수석에게 전화해서 "수석님께서 말씀하신 아무개, 곧 발령 납니다"라고 하더란다. "무슨 소리냐?"라고 물으니 "엊그제 전화로 아무개를 동장 시키라고 하지 않으셨습니까?"라고 말하더란다. 수석은 즉시 우리 사무실로 전화했고 나는 혼자 서류를 보다가 전화 지시를 받고 바로 현장으로 달려가 시장으로부터 자초지종을 들었다. 당사자 임용 서류도 검토하고 여비서로부터 걸려 온 전화의 특징을 물었다. 목소리가 매우 굵직했다는 말만 듣고 아무개 집을 찾아갔다. 우선 그를 만나야 단서를 찾을 수 있다고 생각해 그의 집을 찾아가니 그곳에는 젊은 새댁이 혼자 있고 시아버지는 경로당에 가셨단다. 다시 경로당으로 가 아무개를 찾으니 "누구세요?"하며 나타나는데 목소리가 아주 굵직하다. 순간 '앗, 이 사람!'이라는 직감이 떠오른다.

마침, 점심때라 근처 식당으로 가 소머리 국밥 두 그릇과 소주 한 병을 주문했다. 이런저런 이야기를 나누며 그를 압박했고, 심리적으로도 완전히 제압되었다 싶을 때 본론으로 들어갔다.

"시장에게는 집 전화로 했습니까, 아니면 공중전화로 했습니까?"

"처음엔 집 전화로 했고, 또 한 번은 공중전화로 했구먼요."

충분히 제압하고 설득해 자백했으니 이제 호송만 하면 된다. 그를 차에 태워 오는 길에는 무슨 신호등이 그렇게 많고 일일이 다 걸리는지 정차할 때마다 그가 문을 열고 도주하다가 다치지는 않을지 좌불안석해야 했다. 다른 생각할 겨를이 없도록 자녀는 몇이죠? 6.25 전쟁 때는 뭐 했죠? 질문을 퍼부으며 사무실에 도착하니 그제야 안도의 식은땀이 흐른다.

사무실에 앉아 범죄경력조회(전과 조회)와 기본사항 몇 가지를 확인한 후 민정수석에게 미수범이니 엄중히 경고해 훈방하겠다고 보고했다. 민정수석은 새 정부 출범 초기라 비슷한 유형의 범죄가 많이 발생할 수 있으니 유사 사례 방지를 위해 구류처분이라도 하라고 하셨다. 그를 종로경찰서에 넘기

1993년 5월 15일 민정수석 전화를 받고 출동하여 해결한 첫 사건인데 실명으로 보도되었다. 여기서는 익명으로 처리한다. (조선일보 캡처)

고 언론에도 알렸는데 민정수사대가 민정수석 사칭 범인을 적발해 처벌했다고 그럴듯하게 보도되었다. 전두환, 노태우 정부 시절인 5~6공화국에는 사정수석이 따로 있었으나 김영삼 정부 때 민정으로 흡수 통합되었다.

사정기관을 사정한다

그 시절 나는 시사상식에 뒤처지지 않기 위해 각종 시사잡지를 탐독했다. 시사 감각이 있어야 사람을 만나거나 정보를 수집하고, 수사를 진행할 때도 통찰력과 설득력을 가질 수 있다고 믿었기 때문이다. 그때 즐겨 읽던 잡지 중 하나가 『월간조선』이었다. 특히 1993년 6월호(324쪽~375쪽)에는 '사정의 칼자루를 쥔 핵심 인물 50명, "그들은 깨끗한가?"'라는 제목의 심층 특집(350매 분량)을 다뤘고, '司正기관을 司正한다'라는 상징적 부제를 달고 있었다.

당시 청와대 민정수석 아래에 사정1, 사정2 비서실이 따로 있었는데 이들은 서로를 감시하고 견제했다. 기사는 경찰청 조사과와 수사2과를 포함해 감사원 제5국, 청와대 민정수석실, 대검찰청 중수부(2013년 폐지)와 서울지검 특수부, 국세청 조사국 등 여섯 곳을 대한민국 최고의 사정기관으로 꼽으며, 이들 기관의 내부 소식과 실무 부서를 집중 조명했다.

기사의 분량이 워낙 방대하여 여기에 내용의 모두를 옮기기는 어렵고 간략히 요약하기에도 한계가 있다. 따라서 여기서는 6개 사정기관의 핵심 부서를 소개한 기사 제목과 부제 그리고 해당 기사를 집필한 기자 이름 정도만 정리해 두고자 한다. 기사의 구성은 다음과 같다.

1. 이회창의 감사원-스스로도 깨끗한가?(엄지도 강효상)

2. 사정사령탑 김영수 민정수석-마스터 플랜은 없다(강철원)
3. 대검 중수부 서울지검 특수부-큰 사건에 강한 엘리트검사 총집합(이준)
4. 경찰청 조사과 수사2과-청와대 직할 수사대(이철민)
5. 국세청 조사국-경제계의 안기부(국가안전기획부 약칭 현 국정원, 이종태)
6. 은행감독원-수사기관의 보조자 역할만 하나?(박대호)

제목과 부제를 보니 윤곽은 그려진다. 『월간조선』 보도 후 다른 언론에서도 자연스레 관심을 갖기 시작했다. 비노출 암행 활동이 원칙인 경찰청 조사과가 청와대 직할 수사대 운운하며 처음 언론에 등장했을 때 요원들은 '어디서 누가 노출한 건가?' 하고 다들 놀랐다. 하지만 대부분 사실 위주 보도이고 다른 기관 사정 부서들과 형평성 있는 보도여서 살짝 알려지는 것도 나쁘지 않다는 생각이 들었다.

『월간조선』 기사에 따르면 조사과와 수사2과는 청와대 민정수석 직할 수사대로서 경찰청의 여러 과 중 하나로 생각하기에는 무리가 있다고 적었다. '한국의 FBI, 명성과 악명 교차, 대통령 딸 관련 과잉수사, 특수수사대 출신의 출세가도, 청와대 사설수사대란 비판, 특수수사대 폐지론' 등을 언급하며 치안본부 특수1·2대의 후신인 두 조직이 다시 명성을 얻으려면 경찰 조직의 오랜 관습과 구조를 깨뜨려야 한다고 썼다.

마침 해당 호를 구입해 읽었고, 조사과에 소속된 사람으로서 충분히 숙고해야 할 내용이라 생각해 서가에 꽂아 두었는데 어느덧 30년이 훌쩍 지났다. 세월만큼 누렇게 변한 『월간조선』을 다시 한번 꺼내 읽어본다.

경찰청 조사과와 수사2과 기사 외에 '감사원은 검찰 의식 않는 감사원 하지만 안기부는 아직 성역, 민정수석은 대통령이 하루에 2회 이상 불러, 정보수사기관 사실상 총괄, 대검 중수부는 검찰총장의 직할부대로 검찰의 얼굴, 서울지검 특수부는 슬롯머신 수사로 검은돈과 비호세력 실체 규명, 국세청

1993년 6월호 월간조선 목차이다. 사정기관을 사정한다며 사정을 칼자루를 쥔 핵심인물 60명에 대해 '그들은 깨끗하냐?'는 질문을 던져 언론 나름의 검증에 나섰다. 몇 번이고 읽어본다. (월간조선 캡처)

조사국은 조사국이 차지하는 비중 엄청 나, 투서 비리 정보 다 모이는 곳, 은행감독원 검사6국은 금융계의 중수부, 은행감독원이 경고 주면 은행 임직원은 해임되어' 등의 상징적인 소제목들이 다시금 눈에 들어온다. 또한, 이른바 특수수사대 출신으로 출세가도를 달린 이해구, 김화남, 조성빈, 조석봉, 김형진 등 전 대장을 언급하고 있다.

 1998년 2월, YS 정부는 DJ 정부로 교체되고 나는 경감으로 승진해 조사과에서 만 5년 근무를 뒤로 한 채 사직동을 떠났다. 이후 조사과는 'DJ 비자금 수사' 관련 파문에 휩싸였고 이에 따라 적잖은 파문이 있었다. 또 '옷 로비 사건'과 '한빛은행 대출 사건' 때도 한동안 운영되던 조사과는 2000년 10월 김대중 대통령 지시로 결국 해체되었다.

 조사과에 몸담았던 사람으로 한마디 하고 싶다. 어디든 조직 자체 문제보다는 '국리민복(國利民福)을 위해 역사 앞에 정의롭고 투명하게 운영하겠다'라는 조직 책임자의 소신과 철학이 전제되어야 한다. 1972년 창설되어 28년 동안 통치권자의 눈과 귀, 국가 사정 업무의 첨병 역할을 했던 청와대 민정직할 경찰청 조사과는 2000년 해체되었다. 지나친 비약일지 몰라도 『월간조선』이 언급한 6개 사정기관이 서로 견제와 균형의 원리, 또 최고 운영권자가 사심 없이 투명하게 조사과를 운영했더라면 이 나라가 그토록 험난한 길에 들지는 않았을 것이다.

결은 좀 다르지만, 조선의 대동법은 1608년 시작해 강원도(1623), 충청도(1651), 전라도 해안(1658), 전라도 산간(1662), 함경도(1666), 경상도(1678), 황해도(1708)로 100년 동안 제도와 정책을 함부로 바꾸지 않은 채 확대 시행했다. 전임자 때 시행했더라도 간과하지 않고 진지하게 받아들이되 더욱 갈고 닦아 '명품'으로 만들었다. 한마디로 '진득함'이 만든 결과물이다.

유홍준 교수와 한국문화유산답사회

1990년대에 온 국민에게 큰 인기를 끈 책이 있다. 바로 유홍준의『나의 문화유산답사기』이다. 나 역시 푹 빠져 밑줄까지 쳐가며 정독했다. 나는 한국사 공부와 글쓰기를 좋아하니 그럴 수 있지만 인문학 위기라는 이 시대에 온 국민을 몰입하게 한 이유는 참 불가사의하다.

당시 문화일보에는 주말 답사 안내 코너가 있었다. 문화일보답게 각종 문화예술 공연 일정과 함께 전국의 답사 일정도 소개했는데『나의 문화유산답사기』의 인기로 인해 '답사'가 하나의 문화 장르로 자리 잡은 덕분이었다. 그러나 경찰관에게 주말은 온전히 쉴 수 있는 날이 아니다. 참여하고 싶은 마음은 굴뚝같았지만, 근무 여건상 늘 멀리서 관심만 가질 수밖에 없었다.

그러다 1998년 경찰대학 근무를 시작으로 이듬해 서울시장실 파견 근무를 하게 되면서 주말을 주말답게 보낼 수 있는 때가 생겼다. 그렇게 2년 가까이 벼르기만 하던 답사에 마침내 참여할 수 있게 되었고, 기회는 유홍준 영남대 교수가 대표로 있는 '한국문화유산답사회'를 통해 찾아왔다. 1998

년에는 백양사와 내소사, 1999년에는 오대산 일대를 답사했는데 그때의 감동과 눈맛은 여전히 생생하다.

오대산 답사는 1999년 1월 30일부터 이틀간 진행되었다. 먼저 월정사를 둘러보고 흰 눈이 소복한 숲길을 걸어 상원사에 도착했다. 마냥 답사 자체가 좋아 멋모르고 따라나선 나와 달리 다른 일행들은 미리 상당한 공부를 하고 온 듯 사전 정보가 풍부했다.

상원사 동종과 목조문수동자좌상 등 국보급 문화재를 살펴보고 조선 7대 임금 세조의 목숨을 구한 고양이를 상징하는 묘석상도 보았다. 물론 스토리 자체도 알차지만, 유홍준 교수의 감칠맛 나는 설명은 이야기 속으로 더욱 빠져들게 한다. 오대산 중턱에 부처님 진신 사리를 모셨다는 적멸보궁을 답사한 날 밤, 우리 부부는 젊은 부부와 한방에 묵으며 답사회의 여러 가지 이야기를 소중한 정보로 얻을 수 있었다.

이튿날에는 폐사지 강릉 굴산사 터와 신복사 터를 방문했다. 운전하지 않고 함께 대형 관광버스로 이동하니 편한 데다 조망권 역시 탁월했다. 틈틈이 유 교수의 맛깔난 설명과 일행들의 다양한 소감도 들을 수 있어 더없이 좋았다. 고기 맛을 보고 사족 못 쓴다는 옛말처럼 답사의 맛을 본 나는 여유가 있는 주말이면 무조건 답사에 참여했다. 소정의 회비만 내면 태워주고 먹여주

역사를 좋아했으나 먹고 살기(승진) 위해 법학 행정학을 전공할 수밖에 없었고 우리 문화유산답사에 관심을 갖기 시작한 것은 1990년대 초 유홍준 교수를 만나면서부터이다.

고 재워주고 심지어 마음의 양식까지 채워주니 이보다 좋을 수가 없었다.

이후에도 전남 월출산 일대 답사와 경주 남산 창림사 터와 주변 불교 문화유적 답사, 전북 고창 선운사와 전남 강진 백년사 답사 등을 통해 평생 잊지 못할 아름다운 추억을 새겼다.

서울로 활동 무대를 옮긴 유 교수는 한층 더 왕성한 강연과 집필 활동을 이어갔고 여러 권의 저서를 연달아 펴내며 대중적 인기를 휩쓸었다. 덕분에 예전보다 자주 얼굴을 볼 수 있었다. 명성은 날로 높아갔고 노무현 정부 때 지금의 국가유산청장인 문화재청장에 발탁되었다. 그가 청장일 때 노무현 대통령에게 정조대왕과 닮은 점 세 가지를 언급했단다. 첫째 개혁 군주였고 둘째 사대부(교수 출신)를 중용했고, 셋째 수도 이전 즉 '천도'를 구상한 공통점이 있다고 했다. 아마 노 대통령 기분이 좋았을 것이다.

답사 다니며 배운 것을 일일이 다 나열할 순 없지만 조선의 문인 유한준(兪漢寯, 1732~1811년)의 '사랑하면 알게 되고 알게 되면 보이나니 그때 보이는 것은 전과 같지 않을 것'이라는 이야기를 '아는 만큼 보인다'라고 한 것과, 김부식(金富軾, 1075~1151)이 삼국사기에서 '검소하되 누추하지 말고, 화려하되 사치하지 말라'는 '검이불루 화이불치(儉而不陋 華而不侈)'를 대중화한 건 빼놓을 수가 없다. 언젠가 유 교수가 '보잘것없는 나를 지켜주는 집'이라는 이름의 사택 수졸당('守拙堂')에 한 번 불렀다. 부부가 만찬도 하고 고민거리가 있으면 함께 의논도 하는 돈독한 관계를 유지했는데 2025년 국립중앙박물관장이 되어 축하 화분을 하나 보냈다.

법무부 직원 경찰수사권 제한

김영삼 대통령의 문민정부는 출범과 동시에 행정쇄신위원회를 꾸려 가동을 시작했다. 행정학의 대가로 꼽히는 박동서 서울대 교수가 위원장을 맡았고 김광웅 교수 등 내로라하는 명망가들이 위원으로 참석했다. 이 위원회는 1993년 4월 20일부터 1998년 2월 13일까지 5년간 무려 143차 회의를 개최하여 크게는 경제기획원과 재무부를 재정경제원으로 통합한 사안부터 작게는 경찰관서 입초근무 및 경찰지휘관 근무형태 개선 등 약 2,500건의 다양한 불합리한 행정 과제의 대대적인 쇄신을 이뤄냈다.

문민정부 시기의 대표적 성과로 흔히 '금융실명제 실시'와 군사 조직 '하나회 척결'을 꼽지만, 더욱 내실 있는 성과를 꼽으라면 단연 '행정쇄신위원회 운영'이라고 할 수 있다.

그 무렵 행정쇄신위원회에 친한 친구가 근무했는데 수시로 전화를 걸어와 "쇄신이 필요한 과제가 있는지" 혹은 "접수된 민원에 대해 경찰로서 또는 개인적으로 어떻게 생각하는지" 등을 묻곤 했다. 당시에는 운전면허와 관련된 민원이 특히 많았다. 면허 시험을 보려면 반드시 서울 시내 4개 시험장(강남, 서부, 도봉, 강서) 중 한 곳에 가야 했는데, 오가는 데 하루가 꼬박 걸린다는 불편이 제기되었다. 이에 나는 31개 경찰서 교통과에서도 면허 관련 업무를 처리할 수 있도록 하면 좋겠다는 의견을 전달했고 곧바로 쇄신 과제로 채택되었다. 이처럼 가벼운 민원 외에 무게감 있는 과제도 종종 주요 과제로 채택되곤 했다.

그러던 중 당시 경기도 포천 인근의 한 유원지에서 법무부 소속 운전기사들이 단체로 야유회를 하던 중 만취해 서로 집단 패싸움을 하는 걸 본 주민들이 112에 신고를 했다. 즉시 출동한 경찰이 이들을 현행범으로 체포하려 했지만, 결과는 다른 방향으로 흘러갔다. 〈법무부 관계 직원 사건처리 예규〉 중 '검사 및 검찰 직원 그리고 법무부 소속 공무원의 범죄 사건이 발생한 경우 시급히 관할 검찰청에 보고하고 각급 검사장 또는 지청장은 사건의 경중을 불문하고 경찰 등에 수사 지휘함이 없이 시종일관 검찰에서 수사토록 한

검찰을 포함하여 법무부 직원 사건은 아예 경찰에서 처리하지 못하던 때가 있었다. 때문에 법무부 소속 운전요원들이 술 먹고 싸운 사건도 무조건 검찰에 넘겨야 하는 시대가 있었다.
(네이버 캡처)

다.'라는 규정이 있어 현행범임에도 경찰이 아닌 검찰에 이들을 넘겨야 했다.

이뿐만 아니다. 1990년 9월 19일 새벽에도 서울지검 공안부 소속 직원이 음주 운전으로 교통사고를 내고 달아나다 경찰에 붙잡혔다. 이 사람은 경찰의 뺨을 때리며 난동을 부려 관악경찰서에 연행되었지만 위 예규에 따라 신병이 검찰로 넘겨져 마무리된 사례가 있다. 이 사건은 특히 도서 수집광인 내가 간직하고 있는 월간 옵서버[3] 1991년 1월호, '검찰과 경찰의 낯 뜨거운 싸움(178~189쪽)'에 실려져 있으며 당시 한겨레신문 사회부 성한용 기자

---
3   월간 옵서버는 1990년부터 1993년까지, 통권 42호를 마지막으로 발행한 바 있다.

가 썼다.

이처럼 법무부 직원 수사권 제한과 이를 빌미로 벌이는 행패와 난동은 묵인되면 안 되는 사례이므로 구시대적 규정을 철폐해야 할 것이라고 행정쇄신위원회 친구에게 말했다. 이야기를 들은 친구는 혹시나 해 확인하니 실제로 그런 예규가 있다며 황당해했다. 시대에 한참 뒤진 이 예규는 1958년 법무부에서 신속하고 효율적인 수사를 위한다고 만들었으나 본래 취지에 어긋나고 오해의 소지가 있다며 1995년 3월 11일 자진 폐지한다고 발표했다.

사실 1980년대와 1990년대는 경찰이나 검찰의 음주 운전이 비일비재했다. 경찰은 음주 운전에 단속된 검사 등 검찰 명단을 직접 조사하지 못했고, 어쩌다 겨우 통보하면 검찰에선 벌 당직으로만 끝냈다고 한다. 입건도 못 한 것은 물론 제대로 처벌하지 못해 중대한 범죄인 음주 운전이 끊임없이 발생하고 있는 것은 모두에게 부끄러운 흑역사가 아닐 수 없다.

경감 달고 경찰대학으로 가다

어느 계급이든 수월한 승진은 없다지만, 경감은 특히 좁은 문으로 유명했다. 경위에서 경감으로 승진하는 비율은 승진 대상자의 10% 정도에 불과했다. 1998년 김세옥 경찰청장 이후 모든 경찰 모자에 금테가 둘러 있지만, 그 이전 경사 이하는 은테, 경위 이상은 금테였고 경감부터는 모자챙(차양, 遮陽)에 월계수 잎을 깔아주어 간부의 느낌이 제대로 나게 했다.[4]

나는 경찰청 조사과 근무 때, 경감 승진시험을 준비하다가 업무가 과중해 시험 준비를 포기한 적이 있다. 청와대 사정비서실 직속이던 경찰청 조사과

---

4   세계명작에 등장하는 경찰 계급은 대개 경감이다. 자벨(Javert), 셜록 홈즈(Sherlock Holmes), 콜롬보(Columbo) 모두 경감(경위라는 설도 있지만)이다.

는 실적 관리가 철저했는데, 성과 기반의 승진을 보장한다고 해서 최선을 다했지만, 결과는 녹록지 않았다.

그러던 중 김영삼 정부가 막을 내리고 김대중 정부가 출범해 대통령직 인수위원회가 가동될 때, 나는 실적은 앞섰지만 10살씩 더 먹은 선배가 있으니 한 번 양보해 주라는 이야기를 두 차례 듣고 만 8년 근무 후인 9년 차에 승진했다. 경감 심사승진치고 늦은 건 아니지만 연공서열에서 밀리지 않았을 뿐 실적에 의한 발탁은 아니었다.

경찰청 조사과는 나의 이력 중 가장 오래 근무한 부서다. 경위로 승진한 후 송파신설요원을 잠시 거쳐 101경비단에서 2년 6개월, 그리고 서울경찰청 정보 외근에서 5개월 근무하고 조사과에선 5년 2개월을 근무했다.

당시 청와대는 조직이 개편되면서 사정비서관이 법무비서관으로 바뀌었다. 후임 법무비서관은 대검 중수부 수사기획관을 거친 박주선 검사였다. 비서관은 그동안 고생했다며 "승진하면 지방에 가야 할 텐데 경찰청과 협조해 보겠으니 희망 보직을 이야기하라"고 했다. 성균관대에서 석사과정을 공부하던 나는 경찰대학을 희망했고, 그간의 수고를 인정받아 원하는 발령을 받았다. 그렇게 조사과[5]를 떠났는데 존폐 논란이 있던 중 국민의 정부 때인 2000년 10월 해체되었다.

경찰대학에서 이무영 경찰대학장을 만났다. 이무영 학장은 1978년 경감 때 일본 경찰대학에 유학한 보기 드문 해외 유학파였다. 그래서인지 열린 사고와 개혁 마인드가 대단했고 개혁 방향도 역시 나와 잘 맞았다.

한번은 이런 일이 있었다. 서울대학교 모 유명 교수가 당시 경기도 용인에

---

5 시사상식사전에는 '경찰청 조사과'가 이렇게 기록되어 있다. '경찰청 조사과는 1972년 6월 당시 김현옥 내무부 장관이 정석모 치안본부장에게 미국의 FBI와 같은 조직을 만들라 하여 치안본부 특수수사대로 창설되어 청와대 특명에 따라 정치인 고위공직자 기업인 등에 대한 정보수집 및 내사를 벌였고 사직동에 위치하며 은밀히 활동한다고 하여 일명 사직동팀으로 불렸다.'

있던 경찰대학에 〈피해자학〉을 강의하러 왔다가 정문에서 제지를 당했다.

"어떻게 오셨습니까?"

"강의하러 왔습니다."

"무슨 강의를 하러 오셨습니까?"

"피해자학 강의하러 왔습니다."

'피해자학'이라는 용어가 생소했던 의경(의무경찰)의 되물음에 시간이 지체되었고 이런 일이 반복되자 강사료는 적어도 즐거운 마음으로 강의하러 왔던 교수들은 마음이 상한 채 강의를 해야 했다. 나는 강의 전 해당 강사에게 차량번호와 차종을 미리 확인한 후 정문에 전달해 제지 없이 곧바로 통과하도록 했다. 또 강사 소개 안을 정성껏 직접 써서 학생들 앞에 나서서 강사 소개를 했다. 학생들은 강의도 강의지만 1분간의 강사 소개가 맛깔스럽다며 좋아했다.

학장님은 대학을 갤러리(Gallery)처럼 멋지게 꾸몄다. 현관 로비 복도가 썰렁한 것을 보고 소장하고 있던 많은 서예 미술 작품을 내놓아 게시하고 관리번호를 붙여 관리토록 했다. 이전부터 걸려 있던 오래되고 촌스러운 액자들을 전부 수준 있는 작품들로 교체했다. 대학의 품격이 달라질 만큼 분위기가 크게 개선되었다.

이무영 학장은 또 "경찰대학도 엄연한 대학인데 토요일 수업을 해야 하나?"라며 놀자주의로 오해받을 수 있어 당상 수업을 안 할 순 없으니, 토요일은 각계 유명 인사를 모셔 특강을 진행하잔다. 즉시 시행에 들어가 만화가 이현세, 유홍준 교수 등 많은 인사를 초청했다. 특히 유홍준 교수는 친분이 있었지만 특강 후 〈명강의 선집〉을 만들어 전하며 더 가까워졌다.

무엇보다 큰 업적은 경찰대학 학부생들이 공부하는 경찰학 전 과목 교과서를 새로 집필한 일이다. 이를 위해 먼저 교관들을 해외 유학파와 석박사들로 전원 교체했다. 교수부장 유광희 경무관을 중심으로 교관 한 사람이 한

과목씩 맡아 교과서를 집필했다. 교수부장실에 한 번씩 결재를 가면 교과서 감수에 여념이 없던 유광희 경무관의 모습이 눈에 선하다.

이처럼 학장님은 젊은 교관들이 집필한 교과서 원고를 양장으로 제본해 총 11권을 한 질로 엮어 국회 행정안전위원 등에게 보내 경찰의 학문적 노력을 대외에 알렸다. 30년 전에 집필한 교과서인데, 지금의 교과서보다도 훨씬 더 높은 수준이라고 자랑할 만하다.

1998년~1999년에 경찰대학에서 신입생 모집을 할 때다. 당시 신입생 중 검찰고위간부 아들이 있어 아버지와 입학을 의논했는지 물으니 "경찰의 미래는 밝다며 허락하셨다."라는 말을 들었다. 또한 사관학교 수석 합격자가 경찰대학에 동시 지원했고 경찰대학에도 합격하여 입학했는데 사관학교에서 자기네 수석합격자를 빼돌렸다며 항의 전화를 한 일도 있었다.

이처럼 경찰대학 발전을 위해 노력한 이무영 학장은 1991년 1월, 경찰대학장으로서는 처음 서울경찰청장으로 영전했다가 그해 11월 경찰청장으로 다시금 영전해 '생각을 바꾸면 미래가 보인다'는 슬로건을 내걸고 경찰 개혁에 박차를 가했다. 그런 연유로 이무영 청장은 한 학술 세미나에서 한국 경

경감 승진 후 성균관대 대학원 석사과정 마무리를 위해 경찰대학을 희망해 발령이 났다. 거기서 열린 마인드의 이무영 경찰대학장을 만나 많은 걸 배우고 경찰 개혁에 참여했다.

찰연구학회장 임준태 동국대 교수가 발표한 '바람직한 한국 경찰의 리더십' 연구에서 10년 이상 재직한 전국 경찰관 500여 명이 뽑은 '가장 존경하는 경찰청장' 조사(복수 응답)에서 응답자 49.9%의 높은 지지를 받아 1위에 올랐다.[6] 한편, 이무영 학장이 서울청장으로 영전한 뒤 나도 서울특별시장 비서실로 자리를 옮겼다.

고건 서울특별시장 비서실로

오래전부터 서울시장 비서실에는 경감 한 명이 파견되어 근무하고 있었다. 치안 행정을 수행하는 서울시경찰국은 지방행정을 수행하는 서울시청 보조기관이었다. 따라서 가교역할을 위해 경감 한 명을 파견했으나 2021년 이후 파견경찰관 자리는 없어졌다. 감시자라고 여겨 불편했는지 모르겠지만 시정의 투명성 확보 등 긍정적 역할이 있었을 텐데 아쉽다. 아무튼 고건 서울시장실로 발령받아 출근한 첫날 여비서 이승연 님이 나에게 "방영 중인 MBC 드라마 〈허준〉의 주인공 전광렬과 닮았다"라고 해서 기분 좋게 시작한 비서실 파견 근무는 잊지 못할 추억 몇 가지를 남겼다.

1999년 4월 19일 김대중 대통령 초청으로 영국 엘리자베스 2세 여왕 내외가 우리나라를 방문했다. 1883년 한영 수교 이래 영국 국가 원수로는 첫 3박 4일 방한인데 하필 그때 지하철 노조가 파업 중이었다. 여왕의 방한 준비로 몹시 분주한데 지하철 파업이라니 엎친 데 덮친 격이었지만 경호는 경호대로 집회 시위는 또 그대로 대비해야 했다.

여왕 방한 2일 전 이무영 서울경찰청장으로부터 전화가 걸려 왔다.

---

6 당시 조사에서 2위는 43%를 받은 허준영 경찰청장이었다. 하위 2명도 있었다고 한다.

"지금 회의 중인데 부장들 의견이 반으로 갈리고 있네. 군자기지에 집결한 지하철 노조를 해산시킬지 말지를 두고 참석자들의 의견이 분분한데 자네 생각은 어떤가? 시장님 의견도 궁금하고."

이무영 청장 질문에 나는 조심스럽게 입을 열었다.

"지금 세기의 진객인 영국 여왕이 우리나라를 찾습니다. 전 세계 언론의 시선이 서울에 집중되는 상황에서 무리하게 지하철 노조 해산 작전을 강행하는 건 큰 부담입니다. 특히 군자 기지는 경사가 심한 오르막 지형이라 작전 수행 자체가 어렵고 자칫 불상사라도 발생한다면 국빈을 맞는 입장에서 큰 부담이 될 수 있습니다. 사고는 물론 작전을 하려면 최루탄 사용도 불가피한데 경사스러운 날 서울을 메케한 최루탄 가스로 뒤덮이게 할 순 없습니다."

내 말을 들은 청장은 "시장님 생각은 어떤가?" 하고 다시 물었다. 나는 여쭤보지는 않았지만 충분히 같은 생각일 거라고 답하고 곧 시장님께 보고했더니 시장님도 "김 경감 생각과 같아요."라고 하셔서 서울청장에게 그대로 전했다.

그날 진압 작전은 유보되었고 73세였던 영국 여왕은 인사동과 미동초등학교, 이화여대, 안동 하회마을까지의 일정을 모두 마친 뒤 무사히 한국을 떠났다.

이후 경찰 진압작전은 최대한 기다리며 자진 해산을 유도하는 방향으로 전개되었다. 소위 헬기를 띄워 돌풍을 일으키는 〈흑선풍 작전〉이었는데 덕분에 단 한 명의 부상자도 없이 안전하게 해산시킬 수 있었다. 지휘관이 인내하며 기다릴 줄 아는 건 대단한 힘이다.

경찰대학 고급간부과정 교육 중, 『협상조정론』을 들었다. 그때 강의에서 들은 두 가지 조언이 기억에 남는다. 하나는 '상대에게 빚진 기분이 들게 하라', 또 하나는 '시간은 우리 편이다'였다. 이후 공직 생활에서 내가 직접 지휘관으로 상황을 통제하고 판단해야 할 순간이 오면, 이 두 말씀은 늘 지침이 되었고 복잡한 상황 속에서도 중심을 잃지 않게 해주었다.

이쯤에서 고건 서울시장 이야기를 잠시 꺼내보자. '행정의 달인'으로 불리던 고 시장에게도 의외의 약점(?)이 있었다. 바로 "시장님은 누구의 부탁도 들어주지 않는다"라는 거다. 서울시라는 방대한 조직을 보호하려면 때로는 정치권의 부탁을 수용해야 할 때도 있는데 시장은 원칙을 중시한 나머지 그러한 요청들을 단호히 거절한다는 것이다. 주변에서는 "너무 원칙대로만 하면 오히려 조직 전체가 위험해질 수 있다"라는 우려도 있었다. 시장님은 그런 위험을 감수하면서까지 원칙을 지키는 분이었지만 무조건 거절하지 않고 명분이 있는 요청이라면 들어주는 분이었다. 1999년 인터폴 서울총회 때 참석자들을 위해 1억 상당의 만찬을 베풀어 주셨다.

서울시장 비서실에서 근무하며 특히 신경 쓴 부분은 시청과 시경 간 유기적인 협조 체제였다. 앞서 언급한 '삼덕의 난' 같은 의전 및 좌석 배치 불만 사례는 여러 행사 때 언제든 발생할 수 있다. 민선시대인 지금은 구청장 위상이 많이 달라졌고, 의전도 체계화가 많이 이루어졌지만, 별거 아닌 일로 서로 민감할 때가 있다. 행여 그런 일이 있어서는 안 된다며 노심초사해야 했다. 매년 1월이면 중앙 또는 시도별 통합방위협의회가 열리는데 이때도 민관군경 간 좌석 배치는 좀 민감하다. 서로 존중하고 배려하며 상식을 벗어나지 않도록 노력해야 한다.

그렇게 1년간 서울특별시장 비서실에서 근무하고 경찰청 정보국으로 자리를 옮기게 되었다.

성대 우수논문상, BEST CS논문상

1999년에 파견 근무했던 서울시장 비서실은 일선처럼 비상 상태를 유지

해야 하는 건 아니어서 석사 논문 마무리에 큰 도움이 되었다.

특히 당시는 IMF 구제 금융을 신청했던 때이고 한보, 진로, 한신공영, 쌍방울, 기아, 극동 등 굴지의 대기업이 부도나 법정관리에 들어가는 등 한 치 앞을 내다볼 수 없는 암울한 시기였다. 집권 2년 차인 김대중 정부도 '온 국민 금 모으기 운동'을 하는 등 금융위기를 벗어나고자 사력을 다했다. 나 역시 두 딸의 백일과 돌 반지를 모두 내놓으며 동참해야 했다.

석사과정 전공은 행정학이었지만 사회적 분위기도 감안하고 이왕이면 나라 살리기에 작은 보탬이라도 되고자 경제학이나 경영학 관련 주제를 정하기로 했다. 장고 끝에 선택한 논문 주제는 '고객만족경영이론'을 빨리 경찰행정에 접목하자는 거였다. 훌륭하고 존경스러운 허 범 교수님도 처음에는 경찰의 고객만족경영이론 도입 시도가 낯설다고 하셨지만, 두서너 차례의 미팅 끝에 내 취지를 이해하시며 적극 지도해 주셨다. 공동 연구에 가까울 만큼 교수님의 각별한 지도 덕분에 논문을 힘겹게 완성했고 그 순간 날아갈 듯 뿌듯했다.

항공사 호텔 은행 등 서비스 산업 전반에서 '고객을 왕처럼, 신처럼 모셔야 한다'는 고객만족(CS: Customer Satisfaction) 경영이 강조되던 때였다. 경쟁력 확보를 위해서는 고객 만족이 필수라는 인식이 확산되었고, 기업들은 앞다퉈 CS 경영에 전력을 쏟고 있었다. 나는 이 흐름 속에서 경찰 특히 교통경찰에게도 같은 개념이 적용되어야 한다고 보았다. 교통사고를 낸 사람이나 교통법규를 위반한 운전자는 단지 단속이나 규제 대상이 아니라 교통경찰의 '고객'이라는 논리를 폈다. 그들이 없다면 교통경찰의 존재 의미 역시 사라지는 것 아닌가 하는 문제의식에서 출발한 관점이었다.

이러한 주장들을 하나씩 정리하며 이론적 완성도를 높여갔고 마침내 알찬 내용을 담은 논문으로 완성되었다. 고객을 만족시키거나 감동시키기 위해서는 먼저 '고객'이 누구인지 어떤 유형이 있는지를 정확히 정의하는 게

고객만족경영이론을 치안행정에 접목시키자는 석사논문은 우수논문상, BEST CS 논문상 수상 등 상복이 터졌고 기사화도 되었다.

출발점이었다. 나는 논문을 쓰며 고객의 개념을 다각도로 분류해 보았다.[7] 고객의 개념을 명확히 할 수 있어야 비로소 '어떻게 만족시킬 것인가'에 대한 전략도 나올 수 있다는 확신이 들었다.

　이렇게 정성을 다해 쓴 논문 제목은 『교통경찰의 민원접점에서 운전자들이 인식한 고객만족도에 관한 연구』였다. 심사 과정도 무난히 통과했고, 우수 논문으로 선정되어 상까지 받았다. 중앙도서관에 동판으로 새겨 보관한다는 이야기는 들었지만, 졸업 후 한 번도 가보지 못해 실제로 존재하는지는 아직 확인하지 못했다.

　우수 논문으로 선정되어 푸짐한 상과 부상을 받고 학위수여식을 마친 후 그해 연말에 〈한국고객만족경영학회〉로부터 한 통의 전화를 받았다.

　"귀하의 논문이 올해의 BEST CS 논문으로 선정되었습니다. 시상식에 꼭 참석해 주세요."

---

[7] 외부고객과 내부고객, 특정고객과 일반고객, 직접고객과 간접고객, 개별적 고객과 집단적 고객, 현재고객과 미래고객, 단기적 고객과 장기적 고객, 정기적 고객과 간헐적 고객, 자발적 고객과 피동적 고객, 서비스 수혜고객과 피규제적 고객, 우호적 고객과 적대적 고객, 산출위주 고객과 투입위주 고객 등 다양한 기준에 따라 고객을 체계적으로 정리했다.

바쁜 업무 탓에 참석이 어렵다며 상장과 부상은 택배로 보내 달라고 정중히 요청했지만 소정의 연구 지원금도 지급되니 꼭 와달라는 부탁이 이어졌다.

그렇게 참석한 시상식장에선 뜻밖의 장면이 펼쳐졌다. 대한항공 아시아나항공 등 여러 기업 서비스 아카데미 관계자들이 앞다투어 내 논문 한 권씩을 요청하며 다가온다. 나는 "그렇게 잘 쓴 논문이 아니다"라며 사양했지만, 그들은 "이제 경찰도 고객만족경영을 한다는데 우리가 가만히 있을 수 없다"라며 교재로 활용할 수 있게 도와달라고 한다. 결국 논문을 추가 인쇄해 배포했고 2000년 2월 1일에는 논문 내용이 한국경제신문에 남궁덕 기자의 기사로 소개되기도 했다.

중국 대륙을 밟다

2000년 가을쯤이었을까. 경찰청에서 연말에 해외연수를 시행한다는 공문이 왔는데 정보외근팀에 근무하던 나도 포함되었다. 내 나이 40이 넘도록 해외에 한 번도 나가 보지 못했는데, 그 소식을 듣고 얼마나 마음이 들떴는지 며칠 동안 잠을 이룰 수 없었다. 지금 생각하면 이해가 되지 않을 수 있지만 그때는 나뿐만 아니라 대부분의 사람들에게 특별한 일이었다. 설렘과 기쁨이 큰 나머지, 중국 공안에 끌려가는 꿈을 꾸다 깨기도 할 정도였다.

해외연수는 중국 상하이(上海)에서 출발해 쑤저우(蘇州), 항저우(杭州), 구이린(桂林)을 거쳐 베이징(北京)을 보고 귀국하는 여정이었다. 상하이에서 임시정부 청사와 윤봉길 의사가 물통 폭탄을 던져 일본군 수뇌를 처단한 홍커우(虹口) 공원에 방문했을 때 남다른 마음으로 옷깃을 여미었다. 유독 남다른 생각이었던 이유는 윤봉길 의사가 나와 같은 충남 예산 출신이고 어릴

2000년 이후 내 나이가 40이 넘어서 처음 해외의 땅을 밟았는데 중국 대륙이다. 형언할 수 없는 감동이 밀려왔다. 상하이에서 윤봉길 의사 의거 현장인 훙커우(虹口) 공원을 찾았다.

적부터 윤 의사 이야기를 많이 들어왔기 때문이다.[8]

해외에 처음 나간 나는 쑤저우의 옛 정원과 전통 건축물, 항저우의 서호, 구이린 리강의 유람선 탐험 등 모든 일정이 이색적이었다. 하나하나가 눈부셨고 마음 깊이 새겨둘 만한 장면들로 가득했다. 관광버스를 타고 몇 시간씩 달려야 하는 광활한 대륙도 놀랍지만 새로 건설된 고속도로를 따라 똑같은 크기와 모양의 가로수가 끝없이 이어지는 장면은 정말 경이로웠다.

그중에서도 가장 강렬한 인상이 남는 곳은 쑤저우에 있는 삼성전자 현지 공장이었다. 공장을 견학하던 중 30대 초반 공장장이 "나는 공산당입니다"

---

8 그 덕분인지 매헌 윤봉길 의사를 숭모하는 사람들의 모임인 '매헌포럼'에서 활동하며 윤봉길 의사에 대해 많이 알게 되었고, 특히 2023년부터 2년간 회장직을 맡기도 했다. 많은 사람은 혹시 도시락 폭탄이 아니냐며 반문도 하지만, 그가 던진 것은 물통 폭탄이고 도시락 폭탄은 자결용으로 알려진다.

라고 소개해 처음에는 깜짝 놀랐다. 그러나 인솔자가 "중국에서는 공산당원이 되어야 행세할 수 있고 신뢰할 수 있는 핵심 인물인 것입니다"라고 설명해 비로소 고개를 끄덕일 수 있었다.

그는 조선족 4세쯤으로 보였고, 우리말도 유창하게 구사했다. 공장 안내를 받으며 제법 가까워진 우리는 다양한 이야기를 나누었는데 문득 2년 뒤 열릴 2002년 한일 월드컵 때 "남북한 또는 한일전, 그리고 한중전의 경기가 열린다면 어느 팀을 응원하겠느냐"고 묻자, 그는 남북 대결에서는 남한, 한일전은 당연히 한국이라고 답했다. 하지만 한국과 중국의 경기에 대해서는 선뜻 말을 잇지 못하고 머뭇거렸다. 그 분위기를 감지한 인솔자가 한마디 덧붙였다.

"처음엔 한국을 응원한다고 해서 정말 대단하게 생각했어요. 그런데 알고 보니 그냥 말뿐이더라고요. 실제로 한중전이 열려 함께 TV 중계를 보는데 한국이 골을 넣으면 '에이~' 하며 아쉬워하고 중국이 골을 넣으면 '와아~' 하고 기뻐하더라고요. 이 사람들은 중국에서 나고 자란 말 그대로 완전 중국인입니다. 우리말을 잊지 않고 있다는 사실만으로 감사해야 해요."

그 말에 고개를 끄덕이고 생각에 잠긴 순간 인솔자의 또 다른 이야기는 놀라움을 금치 못한다.

"지금 우리가 본 이 쑤저우 국제 IT 공단은 끝이 보이지 않아 그 넓이를 짐작하기도 어렵죠? 그런데 이곳은 전체 조성 계획 면적의 4분의 1밖에 되지 않습니다."

말 그대로 압도적인 위압감이었다. 끝없이 이어지는 부지 위에 IT 산업의 기반이 질서정연하게 들어서는 모습을 보며 중국이 달려가는 산업 발전의 속도를 실감할 수 있었다.

또 하나 지금도 잊히지 않는 인상 깊은 기억은 중국의 위안화 이야기다. 중국 정부는 1980년대 제4차 위안화를 발행하면서 국민 통합과 포용을 위한 상징으로 화폐에 소수 민족의 얼굴을 넣었다.[9] 2각(貳角) 지폐 속의 조선족 초상을 보며 중국이라는 큰 틀 안에서 다양한 소수민족이 지지고 볶지 않고 함께 살아가는 방식을 다시금 생각해 본다.

어쨌든 생애 처음 나가본 해외 그것도 광활한 대륙 중국에서 받은 감동은 한동안 마음속 깊이 이어졌다. 이후 공적 출장이나 사적 여행을 통해 해외를 찾을 기회가 잦아지기 시작했다.

창조문학 제33회 신인작품상

앞서 말한 것처럼 나는 영어와 수학 과목은 부진했으나 국어와 국사를 좋아했다. 특히 월남(현 베트남)에 참전했던 큰형에게 쓴 위문편지와 판사 형께 쓴 편지로 글쓰기가 익숙해졌다.

경찰이 되어서도 글을 많이 썼다. 승진시험 수석 합격기를 썼고 여러 잡지에 투고도 많이 했다. 이러한 경험에는 잊지 못할 순간도 꽤 있었다.

1984년 첫딸을 얻은 기쁨을 당시 『월간 신세계』 9월호에 수필로 썼는데 제법 얘깃거리가 된다 싶어 '신세계백화점 사보'에 투고했다. 나의 글이 활자화되어 나오니 신기하면서도 자랑스러워 시골 친가와 처가에 책을 보냈다. 마치 자랑하는 셋만 같아 다른 이야기 없이 책만 보냈는데 이를 받은 시골에서는 무슨 영문인지 몰랐단다.

"아니, 무슨 백화점에서 책이 왔는데 특집이라 추석 선물을 잔뜩 소개하네. 이거 뭘 사라는 건지 아니면 우리에게 보내주겠다는 건지 알 수가 없더라고. 무슨 연락이 오겠지 하고 한참을 기다려도 아무런 소식이 없어서 버

---

9   이 화폐는 2018년 이후 유통이 정지되어 현재는 사용이 불가능하다.

리려다가 혹시나 싶어 한 번 더 살펴보니 동생이 쓴 글이 실려 있네. 그제야 '글이 실렸다고 보라는 것이구나?' 했어."

이후로도 나는 자주 글을 썼고 대부분 당첨되어 크지 않은 액수지만 원고료를 받는 소소한 기쁨이 있었다. 경감으로 승진한 후 경찰대학에 근무할 때 국어 담당 박경현 교수가 차 한잔하자며 불렀다.

"김성섭 경감 글을 몇 번 보았는데 제법 잘 쓰더군. 혹시 등단해 볼 의향이 있어?"

"등단이 뭐 의향 가지고 되는 겁니까?"

"내가 한번 추천해 보려고 하니 써 놓은 수필 한 5편 보내 주세요."

예상치 못한 제안이었지만 결국 나는 '경찰서에 근무하는 형사 신랑에게 우산을 들고 온 신부의 풋풋한 사랑 이야기'를 써 2000년 1월 22일 계간 창조문학 제33회 신인작품상을 받았다.

그렇게 등단 문인이자 수필가가 되었다. 또 경찰문인회와 고양문협에도 가입해 활동했다. 덕분에 문인들과 교류가 빈번해졌고 문학 관련 행사 참석도 잦아졌다. 업무적으로 경찰들과 만나면 최근 범죄 동향이나 대응 방안 등을 논의하는데 문인들과는 순수 문학 이야기를 하게 되니 마음이 정갈해

틈틈이 글쓰기를 계속해 창조문학 제33회 신인작품상을 타며 등단했다.

지는 듯했다. 원고 청탁을 받아 기고도 하면서 글쓰기가 제법 일상이 된 듯하다.

이 부분을 쓰며 기억에 남는 일화가 있어 소개한다.

언젠가 충남 예산 추사고택에서 열린 유홍준 교수 특강에 참석하려고 여유 있게 출발했다가 너무 일찍 도착해 인근 화순옹주 묘에 가본 적이 있다. 화순옹주는 영조의 딸이고 남편은 추사 김정희의 증조부 김한신(金漢藎)이다. 그곳에서 동네 분들에게 민담 한마디를 들었다.

바느질 솜씨가 뛰어난 옹주는 아버지 영조 대왕의 옷을 손수 지어드렸고 영조 역시 옹주를 몹시 예뻐했다. 어느 날 영조가 궁 밖을 외출하고 돌아오던 중 종로구 통의동 근처 옹주의 집에 잠시 들렀는데 마침 옹주가 아버지의 곤룡포를 짓고는 체형이 비슷한 남편에게 잘 맞는지 가봉(假縫)하던 중이었다. 늘 역모의 불안감을 느꼈고 아들 사도세자도 뒤주에 가둬 죽일 만큼 성격이 급했던 영조가 그 모습을 보고 "이 무슨 해괴한 일이냐?"라며 대노했다. 당황한 사위 김한신이 "그것이 아니오라…"하며 당황해하는 순간 목침이 날아와 김한신의 이마를 정통으로 가격했고, 그는 피를 흘리며 쓰러졌다가 얼마 후 사망했단다. 아버지와 지아비 누구도 원망할 수 없던 옹주는 14일을 굶어 죽었고, 열녀로 봉하자는 신하들 주청에 영조는 '남편에게는 정절이 뛰어났으나 아비에겐 생으로 말라 죽은 불효막심한 딸이었다'라며 끝내 거부했다. 이후 정조 때에 예산의 합장묘에 열녀문을 하사했다고 한다.

집에 돌아와 이야기를 정리하며 끝에 '일산의 밤하늘엔 별이 총총히 떠 있다'라고 썼는데 그 글이 꽤 감명 깊었나 보다. 사람들은 "일산 밤하늘엔 지금도 별이 총총한가요?"라며 묻는다.

모진 말이지만 영조는 아들 사도세자를 뒤주에 가둬 8일 만에 죽게 했고 사위 김한신은 목침을 던져 죽게 했으며 딸 화순옹주는 14일을 굶어 죽었다. 민담이고 야사라지만 상당 부분이 그럴듯하다. 때로는 민심을 담은 야사가 정사보다 더 정확할 수도 있다.

또 하나 정말 죽기를 작정한 단식이라면 뒤주처럼 밀폐된 공간에서 남자는 8일 밀폐되지 않은 공간에서 여성은 14일을 버틸 수 있다는 거다. 사람들은 날 보고 별의별 걸 다 기억한다며 '움직이는 잡학사전'이라고 하는데 기왕이면 '인문학 사전'이라고 해주면 좋겠다. 한마디 더 보태자. 종일 컴퓨터와 스마트폰만 들여다보지 말고, 가끔은 사람의 눈을 보며 진심 어린 대화를 하자. 그리고 말은 입으로만 하지 말고 때론 가슴으로 해야 할 때도 있다는 걸 잊지 말자.

유럽 5개국, 새 세상을 보다

중국을 다녀온 그 다음 해, 나에게 다시 한번 뜻깊은 기회가 찾아왔다. 당

중국 대륙에 이어 유럽 5개국 연수 기회가 주어져 영국과 프랑스 독일 스위스 이탈리아 등 선진 5개국을 둘러보고 왔다. 많은 걸 보고 듣고 느끼며 비로소 눈을 뜨는 계기가 되었다.

시 손해보험협회와 경찰청이 공동 주관한 보험범죄 척결 유공자 시상식에서 수상자들에게 해외시찰의 기회가 주어졌다. 나는 그 무렵 금융위원회와 금융감독원을 담당하고 있었고 그중에서도 보험분야에 관심이 많았다. 보험은 은행이나 증권에 비해 상대적으로 주목을 덜 받는 약세 분야였고 업계 사람들은 "증권 쪽 인연은 반년도 어렵고 은행은 1년 넘기기 힘들지, 보험은 평생 간다"라고 했다. 꼭 그 말 때문은 아니더라도 나는 보험분야를 돕고 싶다는 생각을 하고 있었다.

실제로 보험업계와는 원만한 소통이 이어졌고 보험범죄 척결을 위한 아이디어도 수시로 제안했다. 그러한 노력 덕분이었는지 2002년 말 보험범죄 척결 유공자로 선정되어 해외연수 기회를 얻게 되었다. 이번 연수는 독일 영국 프랑스 스위스 이탈리아 등 유럽 선진 5개국을 돌아보는 일정이었다. 명분상으로는 각국 보험범죄 조사기관 방문 연수였지만 실제로는 프랑크푸르트 시경 방문을 제외하면 대부분 선진국의 문화와 시스템을 견학하고 체험하는 여정이었다.

물론 이 모든 기회는 주변의 도움 덕분이었지만 유럽 5개국을 방문한다니 그 기쁨은 이루 말할 수 없었고 처음 중국 땅을 밟았을 때 느꼈던 감동과는 또 다른 설렘과 기대가 생겼다.

독일 프랑크푸르트와 하이델베르크, 영국 런던, 프랑스 파리, 스위스 인터라켄과 융프라우, 이탈리아 밀라노·피렌체·베네치아 그리고 바티칸까지 가는 곳마다 감탄이 절로 나왔고 경이로움에 눈을 뗄 수 없었다. 마치 전혀 다른 세계, 완전히 새로운 별천지에 발을 들인 듯했다.

첫 방문지였던 프랑크푸르트에서의 기억은 지금도 생생하다. 당시 우리나라는 시내 도로나 공원에 CCTV를 설치하는 문제를 두고 찬반 논란이 뜨거웠다. 범죄 예방과 질서 유지를 이유로 설치를 주장하는 경찰과 지자체, 반면 사생활 침해와 주민을 잠재적 범죄자로 보는 시선이 걱정된다는 시민

사회 반발이 팽팽히 맞서고 있었다. 프랑크푸르트 시경의 CCTV 모니터링 센터를 방문했을 때 나는 궁금한 마음에 질문을 던졌다.

"우리나라도 CCTV를 도입하는 초기 단계인데 사생활 침해 논란이 큽니다. 독일에서는 처음에 어떤 반응이었나요?"

질문을 들은 독일 경찰은 다소 의아한 표정으로 나를 바라보다 이렇게 되물었다.

"아니, 도로와 공원에서 대체 무슨 행위를 한다고 사생활 침해라는 말이 나오는 건가요?"

그 한마디에 더는 아무 말도 덧붙일 수 없었다. 고개를 끄덕이며 조용히 입을 다물었다.

스위스의 풍경도 아직 눈에 선하다. 어디를 둘러봐도 엽서처럼 아름답고 깨끗했다. 특히 융프라우를 오르내릴 때 탔던 빨간 산악열차는 세계적인 관광 명물이라는 명성에 걸맞게 인상적이었다. 그 산악열차 덕분에 단 몇 시간 만에 해발 4,158m의 융프라우 정상까지 다녀올 수 있었다. 자연과 환경을 보호하는 관광 강국의 그 장면은 지금도 잊히지 않는다.

지금 우리나라도 이와 같은 장면을 떠올리며 진지하게 고민해야 할 때다. 우리나라가 설정한 외국인 관광객 유치 목표는 연간 3,000만 명이다. 외국인 1인당 300만 원 소비, 7일 이상 체류, 70% 재방문을 이끄는, 이른바 '3377 서울관광 미래비전'이 그것이다. 그러나 2024년 실제로 입국한 외국인 관광객 수는 1,636만 명에 그쳤다. 목표의 절반 수준에도 미치지 못한 셈이다. 하루가 멀다고 열리는 시위, 심지어 계엄 선포까지 벌어지는 살벌한 분위기 속에서 어느 누가 맘 편하게 이 나라를 여행하고 싶었을까 싶다.

대부분의 외국인 관광객들은 서울 중심의 2박 3일, 길어야 제주나 경주를 포함한 6박 7일 일정으로 한국을 찾는다. 이 정도 일정으로는 서울 북한산, 강원도 설악산, 제주도 한라산을 오르기는 쉽지 않다. 이 산들에는 스위스처럼 산악열차나 케이블카, 곤돌라 같은 접근 수단이 없어 오로지 두 발로 걸어야 한다. 외국인 관광객 입장에서는 시간도 체력도 허락되지 않는다.

각 지자체에서는 이런 접근성 문제를 해결하고자 산악 케이블카나 곤돌라 설치를 추진하지만 환경단체 반대에 가로막혀 번번이 무산되고 있다. 그러나 시선을 돌려보면 외국에선 산을 오르는 수단이 다양하다. 2017년 남아공 케이프타운에서 Table Mountain에 오른 적이 있다. 해발 1,094m의 이 산은 케이블카로 5분 만에 정상에 닿는다. 걸어서도 오를 수 있지만 관광객의 99.9%는 케이블카를 이용한다. 전문 산악인이 아니면 도보 등정은 불가능에 가깝다.

이제 우리도 발상의 전환이 필요하다. 환경 보존은 후손을 위한 소중한 책임이지만 관광과 환경이 반드시 대립해야 하는 것은 아니다. 자연을 훼손하지 않으면서도 많은 이들이 함께 즐길 수 있는 방법 즉 '공존의 기술'에 진지한 고민이 절실하다.

이 점포는 방범에 취약하니 유의하시오

2002년 연말연시를 전후로 전국 각지 금융 점포에서 은행 강도에 의한 대형 현금 피탈 사고가 잇따라 발생했다. 당시는 한일 월드컵을 불과 두세 달 앞둔 때라 경찰과 금융당국은 극도로 예민해져 있었다. 그때나 지금이나 대한민국이 세계 어느 나라보다 자신 있게 내세울 수 있는 건 단연 '치안'이다. 하지만 현금 피탈 사건이 언론에 연일 보도되자 국민 불안은 물론 월드컵을 앞둔 한국 치안을 우려하는 해외 시선까지 더해져 걱정이 컸다.

실제로 2002년 한 해 동안 발생한 금융 관련 사고는 총 377건에 달했으며 피해액은 무려 3,737억 원에 이르렀다. 이 가운데 현금 피탈 사건만도

21건 피해액은 45억이 넘었다. 심지어 굴착기를 동원해 현금지급기(ATM)를 통째로 파내 가는 대담한 범행도 벌어졌다.

이에 김대중 대통령은 치안 상황을 엄중하게 보고 직접 치안 관계 장관회의를 소집해 대응책을 논의했다. 당시 나는 경찰청 정보국에서 금융 정보 수집관(IO)으로 근무했는데 금융위원회와 금융감독원의 걱정도 컸다. 그때 경찰청장 이팔호, 금융감독원장 이근영, 검찰총장은 김각영이었다.[10] 금융 관련 범죄가 잇따르자, 경찰청과 금융감독원도 대책 마련에 분주히 움직였다. 2002년 3월 19일에는 은행연합회 주관으로 금융당국과 치안 당국의 고위급 인사들이 모인 합동회의가 열렸다.

이 자리는 이근영 금융감독원장과 이팔호 경찰청장을 비롯해 각 금융협회장, 은행장 등 관련 인사들이 대거 참석했다. 회의에서 이근영 금융감독원장은 강도 높은 메시지를 전했다. 그는 "현금 피탈과 같은 금융사고는 금융시스템 전체에 대한 신뢰를 떨어뜨린다. 월드컵 같은 국제행사를 앞두고 대한민국이 치안에 취약한 나라라는 인식을 줄 수 있다"라며, 감독 당국으로서 불시 점검은 물론 감독과 문책을 강화하겠다고 경고했다.

이어 이팔호 경찰청장도 발언에 나서 모든 금융회사에 전문 경비 인력을 배치하고 현금 수송 체계 개선 등 범죄 예방을 위한 적극적인 노력을 촉구했다. 또 "수익자 부담 원칙에 따라 각 금융회사는 자기 점포를 스스로 지킨다는 자위 방범 의식이 필요하다"고 강조했다. 특히 이팔호 청장은 자위 방범 체계를 제대로 갖추지 못한 금융 점포에는 경찰청이 방범 진단을 실시한 후, "이 점포는 방범상 취약하오니 이용하시는 고객들께서는 유의하시기 바랍니다"라는 경고문을 부착하겠다고 말해 회의장에는 웃음과 긴장이 교차했었다.

---

10 세 분의 고향이 모두 충남 보령이었고, 청와대 이태복 복지노동수석까지 있었기에 김대중 정부 시절임에도 몇몇 호사가들은 국민의 정부는 '보령공화국'이라고 할 정도였다.

이날 배성수 방범국장(현 범죄예방국장)은 구체적인 개선 방안을 제시했다. 그는 금융 점포별로 CCTV 등 방범 시설을 정비하고 위치 추적이 가능하며 원격 조종 또는 개폐 시 폭발 장치가 가능한 현금 호송용 가방 등 첨단 장비의 적극 도입 필요성을 강조해 큰 호응을 얻었다.

이후 금융기관을 대상으로 한 현금 피탈 사고는 눈에 띄게 줄어들었다. 이를 위해 많은 경찰이 보이지 않는 곳에서 애썼고 나 역시 큰 관심을 가지고 대응책 마련에 부지런히 공부했던 기억이 있다. 그 시절 갈고닦은 지식과 경험은 훗날 총경으로 승진해 경남 하동, 경기 파주, 서울중부경찰서장으로 근무할 때 큰 자양분이 되었다. 관내 금융 점포들을 효과적으로 관리하고 범죄가 발생했을 때는 신속히 대응해 해결할 수 있었던 것도 모두 그 기반 덕분이었다.

당시 경찰청 방범국장이던 배성수 치안감은 이후 전북경찰청장을 지내고 2005년에 퇴직했다. 그리고 세월이 흘러 2024년 8월, 내가 서울특별시 자치경찰위원회 상임위원 임기를 마치고 부영으로 다시 왔을 때 배성수 청장은 부영의 계열사 무주리조트 사장으로 근무하고 있었다. 하지만 곧 무주리조트 곤돌라 운행 중단 사고와 덕유산 정상 누각 상제루 화재 사고의 책임을 지고 사장직에서 물러났다. 아쉬운 일이다. 배성수 사장은 경찰에 몸담는 동안 선후배들 신망이 두터웠고 특히 후배들 사이에서는 '덕장 중의 덕장'으로 꼽혔던 몇 안 되는 선배였다.

유럽 5개국을 돌아보며
세상을 보는 눈이 달라졌다.

**외교부 파견관,
세계를 가다**

4

경찰 직급 구조를 바꿔라!

서울시장 비서실에서 1년 근무를 마친 후 경찰청 정보국 외근팀으로 발령이 났다. 당시에는 '정보2분실' 또는 경제부처를 담당한다며 '경제 분실'로 불렸다. 사직동팀이라 불리던 경찰청 조사과가 해체된 후여서, 사정기관으로서 경찰청의 역할은 꽤 왜소해졌지만, 위상 제고에 대한 염원이 공존하는 분위기였다.

나를 비롯해 함께 배치된 몇몇 요원들은 담당 부처도 없이 사정 첩보 수집에만 심혈을 기울였다. 그러던 중 이무영 청장이 자리에서 물러나고 최기문 경찰대학장이 청장으로 취임하면서 지휘부의 대대적인 교체가 이뤄졌다. 이에 더해 늘 바람을 좀 타는 정보 외근, 즉 분실 역시 개편이 필요했는지 나는 유윤상 경감 등 몇 사람과 함께 사회부처 담당 정보3분실로 발령이 나면서 행정안전부와 중앙인사위원회를 담당하게 되었다.

경찰 정기 인사는 보통 1월이고 늦어질 경우 2월까지 이어지는데, 날씨마저 추운 계절에 좌천 인사로 짐을 싸려니 마음에도 찬 기운이 가득했다. 서운한 마음이 좀 있었지만 애써 떨치려 노력했고 어디든 가서 열심히 하면 된다고 마음먹었다.

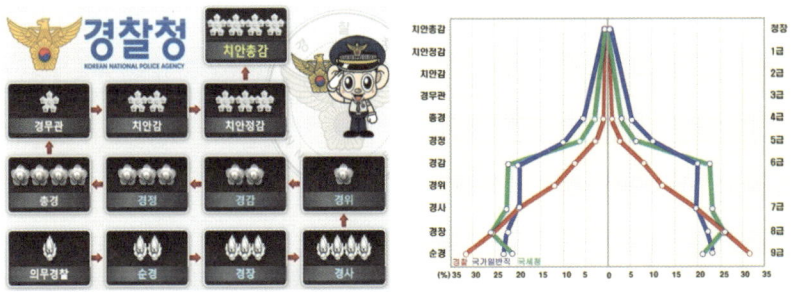

경찰 직급 구조는 끝이 예리한 에펠탑 구조(빨강)라 국가일반직(파랑)과 국세청(초록)과 차이가 있다. 계급 구조도 일반직은 9급→1급까지 9등급인데 경찰은 순경→치안정감까지 10등급이다. (NAVER 캡처)

그때 특명이 떨어졌다. 기획 조직 담당 부서와 협업해 경찰의 조직 구조를 개선하라는 거다. 밀렸다는 생각이 들 만큼 서운한 인사였지만, 낙심하고 있을 수만은 없었다. 내가 맡은 임무는 아주 중요하다고 스스로 최면을 걸며 정신 무장을 단단히 했다.

당시 경찰청에서는 경찰 조직의 구조가 예리한 첨탑형, 즉 에펠탑 느낌의 구조여서 안정적인 피라미드 구조로 바꾸어야 한다는 구상이었다. 쉬운 일은 아니지만 당연한 판단이었고 올바른 방향이었다.

조직 업무는 행정안전부 김호영 행정관리국장이 담당하고 있었다. 평소에 좀 소통하던 분이자 존경하는 사이여서 심적으로 편안했다. 물론 공과 사는 분명히 구분하는 사이지만, 서로 잘 알고 소통이 되니 최선을 다하면 분명 도움이 될 거라고 생각했다.

먼저, 경찰청 기획담당관으로부터 조직 개편의 골자를 입수해 탐독했고 수시로 부지런히 다가가 조직 개편의 필요성을 여러 차례 설명하며 긴밀한 지원을 요청했다. 그러나 행정안전부 조직 개편 업무는 예산이 수반되는데다가 타 부처청과 형평성을 고려해야 하는 업무여서 담당 국장을 잘 안다고 해도 쉽지 않은 일이었다. 경찰청은 모두 매진하며 과업 완수를 위해 노력했다. 지극정성을 기울인 결과 좁은 문인 경감과 경정 승진의 폭을 확대했고 계급별 승진 소요 최저 근무연수를 대폭 단축하는 등 적잖은 성과를 거뒀다. 즉 순경으로 시작해도 총경 이상 고위직 승진이 가능하게 된 것이다.

노력한 만큼의 보답을 내심 기대했지만 같은 1998년 경감 승진자 중, 나만 탈락하는 고배를 마셨다. 감내하기 힘들었지만 받아들여야 했다. 행정안전부 김호영 행정관리국장 역시 한해 더 근무하기로 했다는 게 그나마 천만다행이었다. 김호영 국장의 세심한 배려로 나는 새로운 한 해 동안 또 그만큼 노력했다.

그리고 2005년 1월 승진 발표에서 나는 3위로 승진했다. 순위가 중요한 건 아니지만, 임용은 결원이 생기는 대로 이뤄지기 때문에 빨리 임용될 수 있겠다는 확신이 섰다. 실제로 전 해에 나보다 먼저 승진한 경감 동기들은 후 순위여서 해를 넘기고 2005년 1월 중순에 임용되었고 나는 한 해 늦게 승진했지만, 그해 3월에 임용되었으니 결국 같은 해에 임용된 셈이었다.

대통령 발령, 고향 아닌 고양

힘들게 경정으로 승진했지만 이제 또 어디로 갈지를 걱정해야 한다. '어디든 못 갈까!' 하는 마음으로 스스로를 다독이고 있을 때, 인사 업무 담당 선배에게서 전화가 왔다.

"승진한다고 수고했다. 3위로 순위도 빠르니 원하는 지역으로 보내줄게. 어디 갈래?"

이게 웬일인가 싶어, 고향으로 가고 싶다고 슬쩍 의향을 비쳤다. 나중에 고향인 충남 예산에 가서 지방의회 의원이나 지자체장 한번 하게 될지 모르는데 미리 고향에 가서 분위기를 살펴보려는 생각도 있었나 보다.

고향으로 가고 싶다는 말에 선배는 "알았다"라며 순순히 대답했다. 오매불망 나의 발령 소식을 기다렸는데 어떤 영문인지 발령지는 경기도였고 경기노청의 발령에 따라 고양경찰서 생활안전과장으로 가게 되었다. 나는 선배에게 항의했다.

"내가 어디를 보내달라고 했나요? 갑자기 어디 가고 싶으냐고 물어서 분명히 '고향'으로 보내달라고 했는데, 이게 뭡니까?"

"아니, 자네가 언제 '고향'이라고 했어? 나한테는 '고양'이라고 했잖아. 그래서 집이 일산이니 가까운 데 가려는구나 싶어서 어렵게 보낸 거야. 잔소리 말고 가서 근무 잘하도록 해."

'그래, 이왕 발령 났으니 고맙게 생각하고 기분 좋게 가자'는 마음으로 고양경찰서로 향했다. 과장으로 부임하니 독방도 있고 부하 직원도 많아 크게 출세한 것 같은 기분이었다.

지금은 인사혁신처로 바뀐 중앙인사위원회 정진철 인사정책국장[1]이 전화를 걸어와, 임명장에 대통령 직인과 국새에 인주(印朱) 진하게 잘 찍어 보낸다고 했다. 경찰의 경정부터는 임명권자가 대통령이기 때문에 임명장 역시 대통령의 직인과 대한민국 나라 도장 국새를 찍어준다. 역시 경감 이하 때의 임명장과는 크게 달랐다. 옛날로 치면 임금으로부터 4품 이상 벼슬아치들이 받던 사령장 '교지(敎旨)'와 같다. 실제로 받아보니 정말 큼지막한 직인과 국새가 아주 선명하고 반듯하게 찍혀 있다. 신경 쓴 성의가 보이는 듯해 고마운 생각이 들었다.

고양경찰서에 부임한 후, 치안 여건을 파악하기 위해 관내를 둘러보고 있는데 '배다리 술 박물관'이 보인다. 궁금해서 들러보니 4대째 고양양조장을 가업으로 이어오는데 특별한 이야기가 있는 곳이었다. 1966년 어느 날 박정희 대통령이 근처 한양CC에서 김현옥 서울시장 등과 함께 운동을 마치고 돌아가는 길이었다. 이들은 삼송리 한 실비집에서 막걸리를 마셨는데 박정희 대통령이 "이 막걸리는 트림 나지 않고 뒷골을 패지 않는 좋은 술"이라고 칭찬했다. 그 후 경호실은 이 고양막걸리를 대량으로 주문해 각종 행사 때마다 사용했고 1979년 10월 26일 박 대통령의 마지막 행사 삽교천 준공식 행사 때 마신 막걸리 역시 고양막걸리였다고 한다.

고양경찰서 정보과장은 청와대에서 막걸리 주문이 있을 때마다 양조장에 진출하여 양조 과정을 엄밀히 관찰하고 완성된 막걸리를 경찰 백차로 전달

---

[1] 정진철 국장은 앞서 언급한 가난과 무지를 척결하겠다며 창설한 연합 서클 '목민회'의 3대 회장을 맡아 많은 활동을 함께 했고, 부부가 함께 자주 만나며 우정을 나누는 사이이다.

하곤 하였단다. 덕분에 고양경찰서는 수시로 청와대와 소통할 수 있는 기회가 주어졌고 승진 인사 등에서 꽤 쏠쏠한 성과를 거뒀다고 한다. 박 대통령 서거 후 박정희가 즐겨 마신 술이라고 소문날까 봐 오히려 영업활동도 자제하고 지냈다는 후문이다.

그 후 1998년 정주영 현대 회장이 소를 몰고 북한을 방문했을 때, 김정일 위원장은 고양막걸리를 찾았고 또 22년이 지난 2000년 6월 15일, 김대중 대통령과 김정일 국방위원장이 참석한 남북 정상회담 때 6.15 남북공동선언을 준비하며 많은 선물을 준비해 간 우리를 보고 김정일은 "고양막걸리는 좀 안 가져 왔습네까?"하더란다. 정확한 이유는 모르지만, 박정희 대통령이 즐겨 마시던 술이니 본인도 한번 맛을 보겠다는 치기(稚氣)였는지, 아니면 그 정도의 소소한 정보까지도 다 알고 있다는 과시(誇示)였는지 그 속내는 알 수 없다. 여하튼 김정일 위원장의 한마디에 고양막걸리를 긴급 수배했고 겨우 찾아내 작은 트럭 한 대에 막걸리를 가득 싣고 육로로 밤새 올라간 끝에 남북 정상회담 건배주로 고양막걸리를 사용했다는 이야기도 전해진다. 내 눈으로 직접 보지 않고 전해 들은 이야기라 진실은 알 수 없지만, 〈박정희 대통령이 즐겨 드신 술, 김대중 대통령이 남북정상회담 때 건배한 술〉이라는 문구를 담은 라벨을 판매용 고양막걸리 병에 붙여 홍보한 걸

고양막걸리는 박정희 대통령이 청와대에서 즐겨 마셨고, 김대중 대통령이 2000년 남북정상회담 때 평양에 간 술로 유명하다.

보면 믿을 수 없는 이야기는 아니다.

이후 나는 고양막걸리 열렬한 팬이 되어 무보수 홍보대사 역할을 꽤 했다. 스토리도 충분하고 트림이 나지 않는 데다 뒷골 안 패는 우수성을 갖췄고 착한 가격에 무엇보다 우리 것을 아끼는 애정 또한 담겨 있으니 이보다 더 다양한 팔방미인 우리 술이 또 어디 있겠나?

'토요일이 신나요', 등서하는 아이들

고양경찰서 생활안전과장으로 부임한 2005년 초는 토요휴무제가 막바지 논의를 끝내고 시범적으로 운영되던 시기였다. 그 무렵 MBC 9시 뉴스데스크에서 나의 뇌리에 박히는 뉴스 한 꼭지를 보도하였다. 백승규 기자는 정부가 성급하게 시범운영 중인 토요휴무제로 맞벌이 가정 등의 학생들이 토요일에 선생님도 친구들도 없는 학교에서 쓸쓸히 맴돌다 돌아간다는 내용이었다. 무엇보다 아이들이 범죄에 무방비로 노출된다는 백승규 기자의 지적에 순간 '정말 그렇겠구나?' 싶었고, 즉각적인 대책이 필요하다는 절박함이 밀려왔다. 곧바로 경찰서 차원에서 관내 학생들을 위한 보호 대책을 고

2005년 4월 23일 토요휴무제 시범 실시 날, 아이들을 맡길 데 없는 맞벌이 부부 가정 학생들을 교육청 추천으로 경찰서가 맡아 태권도, 도예공방, 예절교실 운영 후 역사탐방을 실시했다. (사진: MBC 뉴스데스크 캡처)

민했고, 결국 학교에 가지 않는, 이른바 '놀토'를 경찰서가 책임지기로 했다. 우선 고양교육지원청과 협의해 맞벌이 가정 자녀 등 돌봄이 필요한 초등학생 60명을 추천받았다. 이 아이들은 노는 토요일 오전, 학교가 아닌 경찰서로 '등교'가 아닌 '등서'를 하게 되었다.

학생들을 15명씩 4개 반으로 나누어 프로그램에 참여시켰다. 한 반은 시드니올림픽 태권도 금메달리스트인 이선희 순경이 담당하는 태권도반으로 편성했다. 나머지 반은 고양노인회와 협의해 개설한 한자 교실과 예절 교실, 그리고 관내 도예공방과 함께 운영한 도자기 체험실로 구성했다. 태권도반의 이선희 순경은 배너 제작부터 시작해, 자신의 금메달을 비롯해 다양한 메달들을 가져와 아이들 목에 직접 걸어주고 사진도 찍어주었다. 그 사진은 책받침으로 만들어 사인도 해 주니 아이들은 그야말로 영웅을 만난 듯 눈을 반짝이며 기뻐했다. 도자기반에서는 아이들이 물레를 돌려 찰흙으로 잔을 만들며 즐거워했고 흙을 만지며 집중하는 모습 속에 웃음이 끊이지 않았다.

점심시간이 되어 아이들과 함께 경찰서 구내식당으로 이동해 짜장밥 한 그릇씩을 먹었다. 3천 원짜리 소박한 한 끼였지만 아이들의 표정은 그 어느 때보다 밝았다. 식사를 마친 뒤 방범순찰대 버스를 타고 모두 함께 행주산성으로 향했다. 이제부터는 내 차례였다. 학생들을 앞에 두고 나는 이야기를 꺼냈다.

"임진왜란 내 이곳 행주산성에서는 권율 장군이 몰려드는 왜군들과 사력을 다해 싸우고 있었죠. 어느덧 화살이 바닥나자, 부인들이 앞치마에 돌을 담아 날라다 줘 그 돌로 적을 물리쳤고 그래서 '행주치마'란 말이 생겼으며 오늘날 '행주질 한다'는 말도 여기에서 비롯된 거랍니다."

설명을 이어가는 동안 아이들의 눈빛은 반짝이고 있었고, 작은 숨소리 하나조차 느껴질 만큼 집중하는 모습이었다.

그날 MBC 9시 뉴스는 헤드라인부터 "학교 운동장을 외롭게 맴돌다 간

지난 토요일보다 경찰관 아저씨들과 함께한 이번 토요일이 훨씬 즐거웠다"라는 클로징 멘트까지 이 프로그램을 거창하게 소개해 주었다. 뉴스가 끝나자마자 허준영 경찰청장은 직접 전화를 걸어오셨다.

"뉴스 아주 잘 봤어! 수고 많았네. 경찰의 역량을 유감없이 보여줬어. 역시 김 과장 최고야!"

입이 마르도록 칭찬을 아끼지 않으셨고, 그날 저녁부터 이튿날까지 전국 각지에서 축하 전화가 끊이지 않았다. 장관님도 뉴스를 보셨다며 비서관을 통해 따로 격려가 전해왔다.

하지만 세상 모두가 박수 치는 일은 없지 않은가? '한국 사람은 배고픈 건 잘 참지만, 배 아픈 건 못 참는다'라는 말처럼 일부에서 경찰서 행사를 개인 홍보 기회로 활용했다며 터무니없는 비난도 퍼붓는다. 어처구니없었지만, 굳이 대꾸할 가치가 느껴지지 않았다. 그날 아이들의 웃음과 반짝이는 눈빛, 그리고 전국 곳곳에서 전해진 격려의 말들. 그 모든 것이 이미 충분히 값지고, 오래도록 남는 추억이었다.

고양경찰서에서는 6개월이라는 짧은 기간 몸담았지만, 다양한 일이 많았다. 그중에서도 아직도 생생히 기억나는 일이 하나 있다.

아이 둘을 키우는 군인 부부가 있었다. 어느 날, 부부는 100일 갓 지난 둘째를 차에 태운 채 시동을 켜 놓고, 세 살배기 큰아이를 어린이집에 데려다주기 위해 잠시 차에서 내렸다. 그런데 차에 돌아와 보니 둘째 아이가 자고 있던 차를 누군가가 몰고 사라져 버린 거다. 아이 부모는 말할 것도 없고, 경찰서 전체가 발칵 뒤집혔다.

즉시 인근 경찰서와 지방청에 긴급 수배를 내리고 수색에 총력을 기울여 10시간 만에 아이의 행방이 확인되었다. 인천의 한 병원 응급실에 "아이가 아픈 것 같다"라며 나타난 어떤 남성이 아이를 맡기고, "의료보험증을 가져오겠다"라는 말을 남긴 채 그대로 사라진 것이었다. 다행히 아이는 무사했고 마침내 부모 품으로 돌아올 수 있었다. 긴장으로 굳어 있던 온몸이 한순간에 녹아내렸다. 부모에게는 다시 한번, 아무리 짧은 시간이라도 시동을 켠 채 자리를 비우는 건 절대 안 된다고 단단히 일러두었다.

이 일이 막 정리되고 나서, 경찰청 외사국으로부터 한 통의 전화가 걸려왔다. 외교부 파견관 1명을 선발 중인데 내가 유력한 후보로 검토되고 있다는 소식이다. 자세한 내용은 몰랐지만 '외교부 파견', '국제무대'라는 단어만으로도 가슴이 뛰었다. 새로운 세계를 향한 동경 그 자체로 날 자극하기에 충분했다. 나는 망설임 없이 "선발되면 즉시 가겠다"라고 답했고 그날 이후 설렘 가득한 기다림이 시작되었다. 얼마 후 발령이 났고, 경찰청에 들러 허준영 경찰청장에게 신고한 뒤 외교부로 부임했다. 이제 새로운 세계가 내 앞에 열리고 있었다.

고양서에 근무하면서 노르웨이에도 다녀왔다. 처제가 노르웨이로 시집갔고 착한 신랑 만나 아들딸 낳고 행복하게 잘 살고 있다. 노르웨이 시집 식구

하나 밖에 없는 처제는 좀 늦게 노르웨이로 시집가 아들 딸 낳고 오순도순 살고 있다. 가끔씩 한국을 찾는 노르웨이 식구들은 여행 경비의 5%를 떼어 결식아동 돕기 기부부터 한다.

들이 몇 차례 다녀가기도 했는데 볼 때마다 진정 선진국 사람들이라는 생각이 들었다. 한번은 입국하자마자 시내 어디 좀 가잔다. 힘들게 찾은 그곳은 결식아동 돕기 운동협회. 한국 여행경비 5%를 기부부터 하고 시작하겠단다. 노르웨이에 갔을 때 오슬로에서 노벨상 시상식을 하는 시청을 둘러보고 시댁이 있는 베르겐으로 향했다. 렌트한 승합차로, 또 바다 같은 피오르를 건널 때는 여객선으로, 산 정상의 명승지를 오를 때는 기차를 수시로 바꿔 타고 베르겐까지 가며 노르웨이 전국을 둘러보았다. 여행 중 기차역을 묻는 한국인 청년을 만났는데 동서는 역까지 데리고 가 기차표까지 끊어 준다. 처제는 배꼽 잡고 웃는다. '마누라가 예쁘면 처갓집 말뚝 보고도 절한다'라는 이야기를 했더니 그 후 한국인만 보면 사족을 못 쓴단다. 베르겐은 노르웨이 옛 수도이며 동화 같은 무역항인데 수산시장에서 처제에게 반갑게 인사하는 사람이 있다. 누군가 했더니 갓 시집온 한국 새댁인데 사연이 있었다. 서울대 격인 오슬로 대학 한 교수가 노벨경제학상을 타 안식년 휴가를 얻었고 그 조교도 덩달아 휴가를 얻었는데 한국에서 입양된 친구였다. 1년 휴가 때 어머니를 찾겠다며 한국에 왔으나 기록이 없어 어머니는 찾지 못하고 서울대에 놀러 갔다가 경제학과 여학생을 만나 사랑이 싹텄고, 결혼까지 해 3년째 살고 있는데 향수병에 많이 힘들어한단다. 선배인 처제는 옛날이 생각나서 새댁에게 틈틈이 전화라도 하며 챙기고 있단다. 서로 의지하며 사는 그녀들이 예쁘고 가상하다. 분실한 지갑 회수율이 가장 높고 세계에서 제일 정직한 나라 노르웨이, 하루빨리 다시 가고 싶다.

해외주재관 100명 시대의 꿈

외교부 파견을 지시받고 곧장 경찰청으로 향했다. 당시 외사1과장은 이

철규 총경, 외사관리관은 조현오 경무관이었고 경찰청장은 허준영 치안총감이었다. 이들과는 인연이 깊다. 이철규 총경은 나와 경찰 동기이자 친구로 그의 결혼식 사회를 내가 맡아 했고 허준영 청장은 오래전부터 각별히 나를 아껴주셨던 분으로 내가 특히 존경하는 분이다. 경찰에 남다른 애정으로 근무하며 외교관 출신답게 어휘력과 표현력이 탁월해 말솜씨도 정평이 나 있었다.

허준영 청장이 외교부에서 치안본부로 자리를 옮겼을 때 일이다. 어느 날 장모님이 친구들과 전화 통화를 하던 중 "허 서방은 요즘 어디 근무하나?"라는 질문을 받았단다. 이에 장모님은 우물쭈물하며 "응? 내무부로 옮겼어~"라고 얼버무렸다. 그 장면을 곁에서 지켜보던 허 청장이 "장모님, 제가 치안본부에서 근무하는 것은 엄연한 사실인데 왜 사실대로 말씀 안 하십니까?" 하자, 장모는 "그래도~" 하며 말을 흐렸다. 그러자 이렇게 정색했다고 한다. "장모님 제가 따님과 결혼해서 함께 사는 건 온 세상이 다 아는 사실인데 그걸 인정하지 않을 수 있나요?"

또 한 번은 2005년 어느 날이었다. 내가 경찰의 수사권 독립과 관련해 『내일신문』에 기고한 직후 저녁에 지인의 상가에서 허 청장을 마주쳤다. 나를 보자마자 그는 반갑게 말을 건넸다.

"김 과장 보도된 신문 기사 잘 봤어요."

"아, 네. 내일신문 기고 보셨군요."

"아니, 오늘 신문."

이렇게 말하며 활짝 웃는 그때의 표정이 아직도 선명하다.

그는 또 "이 지구상에 다케시마(たけしま·竹島)는 없다. 오직 독도가 있을 뿐이다."라는 말로 일본의 주장을 단호히 일축했다. 나는 그런 허 청장을 진심으로 좋아했고 깊이 존경했다. 참고로 허준영 청장과 조현오 청장은 고려대학교 선후배 사이이고 외무고시를 거쳐 외교부에서 근무하다 경찰 조

직에 들어온 흔치 않은 경력의 소유자들이었다.

외교부 파견이 공식 발령 난 날, 영어 실력이 부족한 나를 보완하기 위해 토익 만점에 가까운 경찰대학 출신 강경한 경감과 함께 허 청장에게 신고하러 갔다. 그 자리에서 허 청장은 "주재관 100명 시대"를 열겠다는 비전을 밝히며 큰 기대감을 내비쳤다.

나는 강경한 경감과 함께 참 열심히 근무했다. 먼저 외교부에서 인정을 받아야 한다는 생각이 들었고, '이왕이면 한 식구가 되어야 한다'라는 마음으로 매사 성실히 임했다. 크고 작은 행사나 회의, 어느 자리든 빠지지 않고 참석하려 노력했다.

한 번은 영사국 전체 워크숍에 참석한 적이 있다. 혹시 발언 기회가 주어질까 싶어 고민을 거듭하던 끝에, 집에 있던 접이식 '정조대왕 화성능행 반차도'를 준비해 갔다. 아니나 다를까, "한마디 해보라"라는 요청이 있었다. 나는 준비해 온 반차도를 펼치며 말을 꺼냈다.

"이 그림은 개혁 군주 정조대왕이 아버지의 사갑, 즉 돌아가신 사도세자의 회갑을 기념해 화성 융릉으로 행차했던 모습을 담은 반차도입니다. 정조는 효심이 지극했던 임금이었습니다. 선두에 가마를 타고 가지 않고, 어머니 혜경궁 홍씨 뒤에 말을 타고 따랐죠. 어머니를 지키겠다는 강한 의지와 자신감의 표현이었습니다.

행렬 맨 앞에는 격쟁(擊錚), 즉 커다란 징을 매달아 억울한 백성이 있으면 누구든 그 징을 울려 하소연할 수 있도록 했습니다. 또 안양의 만안교 근처에서 하룻밤을 묵으며 백성과 직접 대화도 나눴습니다. 사전에 준비된 칭송 일색의 주민 대표 이야기가 아닌 평범한 민초들의 이야기를 들었습니다. 열린 행정의 실천이었죠.

더불어 정조는 백성들이 1,779명에 달하는 장엄한 행렬을 직접 볼 수 있도록, 고개를 숙이지 말고, 얼굴을 들도록 지시했습니다. TV도 스마트폰도 없던 시절, 백성들은 그런 장면을 얼마나 보고 싶었겠습니까? 정조는 진심으로 백성 가까이 다가가려 했던 애민 군주였습니다.

그뿐만 아니라, 8일간 1,779명과 말 779필이 먹은 곡식과 양념까지 하나도 빠짐없이 기록으로 남겼습니다. 지금 기준으로 봐도 놀라운, 투명 행정의 본보기라 할 수 있죠."

준비한 이야기를 마치자마자, 박수가 터져 나왔다. 그렇게 색다른 방식으로 데뷔전을 치른 나는 외교부 직원들과도 자연스레 가까워졌다. 경찰청이 '친정'이라면, 외교부는 '시댁' 같은 존재였다. 어느 쪽도 소홀히 할 수 없었다. 나는 주어진 역할을 원만히 수행하며, 경찰 주재관 100명 시대를 위한 주춧돌 하나를 단단히 놓았다고 자부한다. 2006년 당시 주재관 수는 파견 초기의 두 배가 넘는 53명으로 늘었고, 2025년 현재는 73명에 이른다.

이쯤에서 경찰 해외 주재관 제도의 역사를 간략히 되짚어 보자. 이 제도는 1964년 1월, 일본 경찰청이 한국 경찰청에 양국 고위 경찰관을 상호 교환해 주재하자는 제안을 하면서 시작되었다. 이후 외사경찰 활동에 대한 조정 권한을 가진 중앙정보부 등과 약 2년에 걸쳐 협의를 진행했고, 1966년 7월 11일 내무부 직제 개정을 통해 외사과장 1명과 해외 주재관 2명의 정원

경찰 주재관 제도가 처음 실시된 1960년대 초, 해외에 나간 선배들 즉 안응모, 이순구, 유내형 님들은 모두 서울 중부경찰서를 거쳤다.

이 확보되었다. 당시 주재관 직급은 치안서기관이었다.

이에 따라 1967년 7월 13일, 이순구 총경이 도쿄 주재관, 유내형 경감이 오사카 주재관으로 임명되었고, 이어 1968년 12월 12일엔 안응모 총경이 월남(현 베트남) 주재관으로 임명되었다.

흥미로운 사실은, 이들 모두가 서울중부경찰서장으로도 근무했다는 점이다. 이순구 총경은 1964년 제23대 중부서장을 역임한 뒤 도쿄 주재관을 거쳐 서울시경국장까지 올랐고, 안응모 총경은 베트남 주재관 근무 이후 1972년 제30대 중부서장을 지낸 뒤 치안본부장, 충남도지사, 내무부 장관까지 역임했다. 유내형 경감 역시 오사카 주재관을 지낸 뒤 총경으로 승진해 1970년 홍콩 주재관에 임명되었으며 1975년 제33대 중부서장을 거쳐 경찰대 학장으로 퇴임했다.

그리고 2015년, 나는 제65대 서울중부경찰서장으로 부임하게 되었다. 이렇게 신기하게 인연은 세대를 건너 이어지고 있었다.

울란바토르의 어글리 코리안

외교부 파견관 생활은 내 적성과 놀랍도록 잘 맞았다. 새로운 업무를 접하는 순간마다 호기심이 솟구쳤고 모든 것에 흥미와 열정을 느꼈다. 물론 조직의 문화가 전혀 다르다 보니 적응에는 시간이 필요했다. 특히 생소한 용어들은 처음엔 이해하기 어려운 부분이 많았다. 예를 들어 '어변'이나 '파편송부' 같은 표현은 외교부에선 일상적으로 쓰지만 처음 듣는 나로서는 도통 무슨 말인지 감이 오지 않았다. 물어보자니 괜히 촌스럽게 보일까 봐 일단은 조용히 지켜볼 수밖에 없었다. 나중에 알게 되었는데, '어변'은 본래 '업무연락'을 줄여 '업연'이라 하고, 이를 빠르게 발음하다 보니 내 귀엔 '어변'으로

외교부에 파견 나가 부여 받은 첫 임무는 몽골 등지로 원정 성매매를 떠나 볼썽사나운 행태를 보이는 추한 한국인(Ugly Korean) 추방을 위해 현지 출장을 다녀오는 등 많은 노력을 해야 했다. (사진: MBC 뉴스데스크 캡처)

들린 거다. 공문서가 아닌 단순 업무 연락으로 하라는 뜻이다. '파편송부'는 해외 공관에서 도서나 물품 등을 보낼 때 DHL 같은 국제 운송편을 이용하지 말고, 외교부 문서행랑, 즉 '파우치'로 보내라는 의미였다. 알고 나니 별 것 아닌 용어였지만, 처음 접했을 땐 어찌나 낯설고 어색하던지 한동안 적응이 필요했다.

그렇게 외교부 문화에 익숙해질 즈음, 몽골의 수도 울란바토르에서 기이한 사건이 발생했다. '추한 한국인(Ugly Korean) 사건'이라 불린 사건의 배경은 이렇다. 2004년 9월 23일, 정부는 「성매매알선 등 행위의 처벌에 관한 법률」을 공포하고 시행에 들어갔다. 당시 일부 남성들 사이에서는 당혹과 불만 섞인 반응이 나왔다. 강간도 간통도 아닌 '내 돈 주고 하는 일'까지 단속하느냐는 항변이 이어졌고, 어떤 이는 2001년 9월 11일 뉴욕에서 일어난 테러 사건을 빗대 "9.23 테러"라며 조롱하기도 했다. 물론 이는 극히 일부 몰지각한 사람들의 언행이었고, 정부의 법 제정 방향과 정책적 판단은 분명히 옳았다. 지금은 그 제도가 완벽하다고 말할 수는 없더라도, 성매매 문화가 예전보다 훨씬 줄어들었다는 데는 많은 이들이 공감한다. 다만 시행 초 풍선효과 등 부작용도 적지 않게 나타났었다.

그 때문이었을까. 성매매특별법 시행 이후, 해외 원정 성매매가 기승을 부리기 시작했다. 몽골의 수도 울란바토르 역시 유력한 원정 성매매지 중 하나로 떠올랐다. 그 배경에는 몇 가지 이유가 있었다. 우선 비행시간이 짧다. 서울에서 울란바토르까지 가는 데는 약 3시간 40분, 돌아올 때는 3시간 10분이면 충분하다. 거리도 부담 없고, 술값은 서울보다 훨씬 저렴했다. 강남에서 한 잔 마실 비용이면 비행기를 타고 몽골로 가서도 한잔 마실 수 있을 정도였으니, 일부 졸부들이 그곳을 '돈으로 으스대기 좋은 놀이터'쯤으로 여겼던 모양이다.

현지에 가서 진탕 마시고, 태권도를 자랑하며 허세를 부리는 것까지는 그렇다 치자. 그러나 문제는 그다음이었다. 돈이면 뭐든 된다고 여겼는지 심지어 몽골의 한 국립 사범대학 강의실에서 이른바 '섹스 비디오'를 촬영하는 일까지 벌어졌고 이 충격적인 사건은 현지 언론에 대대적으로 보도되었다. 'Ugly Korean', 즉 추한 한국인이라는 말이 현지에 퍼지기 시작했다.

정부는 즉각 진상 조사단을 구성해 현지에 급파했고, 나 역시 조사단 일원으로, 울란바토르로 향했다. 출장 목적이 워낙 황당하고 비상식적이었기에 그랬는지 비행기에서 내려다본 울란바토르 풍경은 어딘지 모르게 어둡고, 칙칙해 보였다.

낯선 땅 몽골에 도착한 우리는 정부 기관과 언론사를 찾아다니며 연신 고개를 숙였다. "이런 일이 벌어져 정말 죄송합니다." 머리를 조아리는 우리의 모습에 몽골에선 뜻밖에도 따뜻하게 반응했다. 이렇게 와줘서 고맙다, 진정성이 느껴진다, 이제 그만하자는 등 대부분의 반응이 이해와 용서의 말들이었다. 하지만 이후에도 '태권도 사범을 시켜주겠다'라며 사기를 친다든가, 크고 작은 사건이 끊이지 않았다. 결국 이 문제는 국무회의 안건으로까지 올라갔고, 외교부와 경찰청은 협의 끝에, 주 몽골 대한민국 대사관에 경찰 주재관을 파견하기로 결정했다.

임무를 마치고 귀국하는 날, 공항 고속도로를 달리며 양옆에 펼쳐진 초록

빛 논과 밭을 바라보았다. 그 평화롭고 따뜻한 풍경이 그 어느 때보다 아름답게 느껴졌다.

이스탄불 실종 대학생을 찾아라

지금은 국명이 튀르키예(Türkiye)로 바뀌었지만, 그 당시에는 터키(Turkey)였다. 터키 제2의 도시이자 유럽 최대 규모의 대도시인 이스탄불에서 우리 대학생 임ㅇㅇ 군이 실종되는 사건이 발생했다.

다 큰 아들이 외국 여행 중 실종되었다는 소식에 그의 부모는 경악한 채 곧바로 이스탄불로 날아갔다. 그러나 인구 천만 명이 넘는 이스탄불에서 아무런 단서 없이 아들을 찾는다는 건 말 그대로 사막에서 바늘을 찾는 일이었다. 가족은 청와대에 진정을 넣었고, 진정은 외교부로 이첩되었다. 하지만 외교부는 "실종 사건은 외교 사안이 아니라 경찰 사안"이라며 다시 경찰청 외사국으로 재이첩했다. 그러나 경찰청은 "국외 실종은 경찰의 수사 권한 밖의 일로 외교적으로 해결해야 한다."라며 다시 반송했다.

어느 쪽도 틀린 말은 아니었지만, 사건은 제자리걸음을 반복하며 시간만

임ㅇㅇ군을 찾는 벽보가 이스탄불 시내 곳곳에 걸려있었으나 안타깝게 보스포루스 해협에서 주검으로 발견되었다. 이스탄불에서 고국으로 운구하기 직전 교민 및 현지 6.25. 참전용사들의 전송을 받고 있다. (사진 YTN 캡처)

흐르고 있었다. 그 사이 일부 언론에서 먼저 이 사건을 보도하기 시작했고, 국민 걱정은 점점 커졌다. 그 무렵, 영사국장이 나를 불러 말했다.

"김 경정이 좀 다녀오시오. 원소속은 경찰청이고 현재는 외교부 파견관이니 두 기관을 모두 대표하는 셈이죠. 게다가 김 경정은 외교부 해결사 아닙니까?"

나는 곧 "다녀오겠습니다."라고 답한 뒤 곧 비행기에 올랐다. 이스탄불에 도착하니 도시 곳곳에서 울려 퍼지는 코란 독송 소리와 향냄새가 낯설다. 뭔가 알 수 없는 불길함이 밀려왔다.

다음 날부터 교민대책본부를 찾아가 대책을 논의했고, 임ㅇㅇ 군이 마지막으로 사용한 카드 기록이 남아있던 AK BANK ATM에도 직접 가 보았다. 다음 날 이스탄불 시경 부청장을 만나 실종자 수색 협조를 요청하고 있는데 갑자기 보스포루스 해협에서 시신이 발견되었다고 한다.

혹시 하고 현장으로 달려갔는데 사실이었다. 바닷가에 떠오른 시신은 임ㅇㅇ 군이었다. 그 순간 그의 부모는 절규했다. 나는 그들을 진정시켜 가며 현지 경찰과 함께 국과수로 시신을 이송한 후 주변을 샅샅이 살펴보기 시작했다. 현장은 늘 '증거의 보고'다. 그때 인근 정신병원 경비원이 다급히 달려왔다. "어디서 왔느냐"라고 묻기에, 한국 경찰이라고 답하니 그는 말했다.

며칠 전 한국인 명의의 여권을 주워 경비반장에게 전달했고, 반장은 그 여권을 복사한 뒤 사본은 경비근무일지에 붙이고 원본은 파출소에 제출했다고 했다. 나는 곧바로 정신병원 경비실로 가 여권 사본 1부를 복사해 확보했다. 작지만, 분명 의미 있는 성과였다.

국과수에서 시료 채취를 마치고 교민대책본부로 돌아오니, 현장은 예상과 달리 술렁이고 있었다. 교민들은 두 무리로 나뉘어 시끌벅적하게 논쟁 중이었다. 한쪽에서는 "정부 관계자(필자)가 이스탄불까지 와서 그나마 시신이라도 찾게 되어 다행"이라는 반응과, 다른 쪽에서는 "정부가 너무 늦게 도착해 납치된 학생이 결국 살해된 것 아니냐"라며 비판하고 있었다.

사건의 정황을 추리해 보면 이랬다. 귀국을 하루 앞두고 이스탄불 시내를 여행하던 대학생은 한 공원에서 현지인의 호의를 받았다. 음료수를 권하는 친절을 무심코 받아 마신 게 화근이었다. 그 음료에는 마취제가 들어 있어 그는 의식을 잃은 채 어딘가로 끌려갔다. 서너 시간이 지난 후 정신을 차렸지만, 강도들은 그에게 돈을 요구했고, 학생은 "현금은 없고 누나가 준 카드가 있으니 누나에게 전화해 비밀번호를 알아보겠다"라고 말했다. 그러나 불행하게도 학생은 현지어를 몰랐고, 강도들은 영어를 알아듣지 못했다. 그렇게 말이 통하지 않은 상황에서, 강도들은 학생이 경찰에 신고하는 것으로 오해했고 결국 비극적인 살해로 이어졌다. 이후 범인들은 피해자의 카드를 들고 ATM에서 최고액을 인출하려다 실패했다. 이 와중에, "왜 더 일찍 오지 않았느냐"라며 항의하는 교민과 또 "살해된 피해자가 왜 한 달이나 지나서야 시신으로 떠올랐느냐"라는 질문도 있었다. 쉽게 단정 지을 수 없는 사안이라 양해를 구하고 경찰청 익사 사고 전문 수사관과 국과수에 문의해 보았다. 한 달 만에 시신이 떠오른 경위를 설명하기엔 누구도 자료도 근거도 부족했다. 그때 경찰청 동기가 국립과학수사연구원 법의학부장 서중석 박사를 추천하며 연락처를 알려주었다. 전화로 자초지종을 설명하니, 서 박사는 현재 MBC 9시 뉴스데스크에서 "파견 경찰관 김성섭 경정이 현지에서 조사를 벌이고 있다"라는 보도가 막 나왔다고 한다. 이어서 그는 익사체가 보통 2~3일 후 수면 위로 떠오르지만, 반드시 그렇지만은 않다고 한다. 시신이 언제 수면 위로 떠오르느냐는 다양한 변수에 따라 달라질 수 있고[2] 시신이 떠오르기까지 길게는 한 달이 걸릴 수 있다는 설명이었다.

---

2 물의 성질(바닷물인지 강물인지), 수온의 높고 낮음, 피해자가 옷을 입었는지 여부, 옷을 입었다면 속옷만 입었는지, 겉옷도 입었는지, 또 겉옷이 여름옷인지 겨울옷인지, 피해자의 체형이 마른 체형인지 비만 체형인지, 수면 아래 바닥이 모래인지 진흙인지 자갈인지, 해초나 수초가 얽혀 있었는지 등 모든 요소가 복합적으로 작용한다고 한다.

서중석 박사와의 통화 내용을 정리한 뒤 곧장 교민대책본부로 향했다. 유족과 교민들이 이해할 수 있도록 가능한 한 차분하고 명확하게 설명을 했다. 그때 학생 아버지가 조용히 다가와 말했다.

"아이가 귀국 하루 전날 비행기표까지 끊어 놓았는데 결국 이렇게 변을 당했습니다. 그런데 시신을 특수 냉동 화물로 운송하려면 2천만 원이나 든다고 하니 도와주실 수 없겠습니까?…"

나는 그 안타까운 사정을 가슴에 새기며 "최선을 다해보겠습니다"라고 답한 뒤 곧 대한항공과 아시아나항공 이스탄불 지점장을 찾았다. 두 항공사 모두 사건을 알고 있었지만, 화물운송료 감면은 본사 승인 사항이라 시간이 필요하단다. 하루가 지나서 대한항공에서 연락이 왔다.

"안타까운 사정을 감안해 시신은 무료로 운송해 드리기로 본사 승인을 받았습니다."

말 그대로 눈물이 날 만큼 고마운 결정이었다. 나는 정중하게 한 가지를 더 부탁드렸다.

"부모님이 현지에서 한 달 가까이 머물며 고생이 많았습니다. 혹시 좌석 업그레이드가 가능할까요?"

지점장은 그건 자기 소관이라며 확인해 보겠다고 했고 잠시 후 연락이 왔다. 학생의 부모님 두 분, 그리고 나까지 총 3명을 비즈니스 클래스로 업그레이드해 주겠다고 한다.

그렇게 우리는 손을 맞잡은 채 비즈니스 클래스에 나란히 앉아 13시간의 긴 여정을 함께했다. 한국에 도착하자 공항은 이미 기자들로 인산인해를 이루고 있었다. 한 기자가 다짜고짜 내게 물었다.

"자살입니까, 타살입니까?"

그 순간 숨이 턱 막혔다. 자살이라고 하면 유족이 대체 무슨 근거냐며 항의할 것이고, 타살이라고 하면 "관광도시 이스탄불에서 무슨 일이냐"라며 외교 문제가 될 수 있다는 생각이 머릿속을 스쳤다. 나는 심호흡을 하고 짧게 답했다.

"어느 쪽도 단정하지 않고, 하나씩 확인하고 있습니다."

그 말은 사실이었다. 이후 현지 국립과학수사연구소의 부검 결과가 외교문서 형식으로 도착했지만, 내용은 명확하지 않았다. 플랑크톤이 사망자의 장기에서 검출되었는지를 기준으로 익사 여부를 판단하는데 살아 있는 상태에서 물에 빠졌다면 플랑크톤이 장기에 침투해 검출되고 반대로 살해 후 유기된 경우라면 검출되지 않는다. 그런데 이번 사건에서는 플랑크톤이 '아주 소량' 검출되었다는 것이다. 그렇다면 살아서 익사했을 가능성도 사망 후 유기되었을 가능성도 모두 열려 있는 셈이었다. 판단은 여전히 쉽지 않았다.

그로부터 몇 달이 지난 후 학생의 아버지가 나를 몇 차례 찾아왔다. 아들이 여행을 떠나기 직전 가입한 보험이 있었는데 자살일 경우에는 100만 원, 타살일 경우에는 1억 원의 보험금이 지급되는 약관이었다. 유족으로서는 절박한 심정이었지만 보험사 측은 단호했다. "타살임을 입증할 수 있는 이스탄불 수사당국의 공문서가 있어야 한다"라는 것이다.

나는 외교 채널의 공문을 통해 여러 차례 이스탄불 수사당국에 요청했다. 타살로 보인다는 문장을 넣어달라고 부탁했지만, 현지 당국은 "입증할 만한 증거가 없다"라며 거절했다. 유족들은 답답해했고, 외교부도 난처했지만, 누구 하나 쉽게 나설 수 있는 문제는 아니었다.

마침, 경찰청은 이집트 카이로와 이탈리아 로마에 경찰 주재관 파견 요청 공문을 보내 왔다. 영사국장은 두 지역을 함께 방문해 주재관 파견의 타당성도 검토하라며 다시 한번 다녀오란다. 그렇게 2차 이스탄불 출장을 떠나며 선물로 쓸 홍삼 세트 몇 개를 준비했다.

현지에 도착 확인해 보니, 사건은 이미 경찰에서 검찰로 송치된 상태였다. 나는 교민회장을 로비스트 겸 통역으로 앞세워 이스탄불 검찰청의 담당

검사를 찾았다. 다행히 대화는 잘 풀렸고 다음 날 다시 만난 자리에서 그는 검사장 명의의 공문은 어렵다면서 자신이 직접 작성한 소견서를 내밀었다. 그 문서에는 "타살 정황이 의심된다"라는 문장이 있었다. 비록 공식 공문은 아니지만 이 정도면 가능할 거라고 판단했다.

나는 그 길로 이스탄불을 떠나 출장의 또 다른 목적지 카이로와 로마를 거쳐 귀국했다. 곧바로 학생 아버지를 만나, 이스탄불 검찰청 검사로부터 받은 소견서를 전달했다.

얼마 후 다시 아버지로부터 연락이 왔다. 보험사는 "검사장 명의의 공문이 아닌 개인 소견서는 효력이 없다"라며 보험금 지급을 거부했다는 것이다. 나는 유족들에게 설명했다.

"검사는 개별적으로도 행정관청 역할을 수행하는 수사 주체입니다. 따라서 검사의 소견서는 공문서로서의 법적 효력을 갖습니다. 이 점을 분명히 하고 다시 보험사에 청구해 보시죠."

시간이 흐른 뒤, 마침내 보험금이 지급되었다는 연락이 왔다. 유족들은 뒤늦게나마 안도의 숨을 내쉴 수 있었고 카이로와 로마 모두 경찰 주재관 파견이 결정되었다는 소식도 들려왔다.

동원호를 납치한 소말리아 해적들

2006년 어느 봄날 일요일, 동네에서 쉬고 있던 중 이영호 영사과장에게서 전화가 걸려 왔다. 4월 4일, 선원 25명이 탑승한 우리나라 참치잡이 어선 동원 628호가 아덴만 해역에서 조업 중 해적에게 납치되었다는 내용이었다. 외교부는 즉시 본부 대사를 단장으로 4~5개 관계부처 공무원들로 정부 차원의 협상팀을 구성해 인접 제3국인 아랍에미리트 두바이로 급파한단다.

소말리아 해적에게 납치된 동원호 석방을 위해 두바이로 날아가 측면 지원을 했다. 지원 단장을 맡은 조희용 대사와는 열린 사고로 소통이 잘 되었다. 해적들과의 협상 및 언론 뒤치다꺼리 등의 비하인드 스토리를 책으로 출간하며 내(김성섭 경정) 이야기를 많이 썼다.

그렇게 떠난 협상지원팀 제1팀은 먼저 한 달간 협상 지원 업무를 수행하고, 제2팀과 교대해 또 한 달 근무, 다시 제3팀과 교대하는 방식으로 운영되고 있었다. 당시까지 1~3팀이 임무를 마친 상태였고 제4팀이 파견되어 근무 중이었는데 그중 한 사람이 급한 집안 사정으로 귀국하게 되어 나에게 협상 지원 4팀에 합류해달라는 요청이 온 것이다. 원래는 다음 달쯤 제5팀에 합류할 것으로 예상하고 있었지만 갑작스러운 상황 변화로 파견이 앞당겨진 셈이었다.

사실 해석과의 협상 지원은 극도의 긴장과 위험이 따르는 임무이기에 많은 이들이 꺼리는 출장 중 하나지만 나는 오히려 빨리 가고 싶은 마음을 애써 눌러왔던 터였다. 흥분된 마음을 가라앉히며 두바이로 향했고, 그곳에서 지원단장 조희용 대사를 처음 만났다.

막상 도착해 하루이틀 지내보니 그곳은 말 그대로 감옥살이와 다름없었다. 4성급 호텔이긴 하지만, 사용할 수 있는 공간은 개인 룸과 협상 상황실 단 두 곳뿐이었다. 시내는 물론, 호텔 내 사우나, 커피숍, 수영장, 헬스장 등 어떤 부대시설도 이용할 수 없었다. 납치 사건으로 온 국민이 가슴을 졸이고 있는 터에, 협상지원팀이 한가롭게 편의시설을 이용하다 언론에 노출되면 그 자체로 엄청난 비난과 조롱의 대상이 될 수 있기 때문이다. 듣고 보니 백 번 옳은 말이었다.

나는 협상지원단의 일원으로서 실질적인 도움이 되고자 마음을 다잡았고 어떤 경우에도 실수하지 않겠다고 굳게 다짐했다. 그렇게 살얼음판을 걷듯 긴장된 근무가 계속되었다. 순간순간은 지루하고 답답했지만, 하루하루는 또 놀랍도록 빠르게 지나갔다. 협상은 어느 날 급진전되다 가도, 다음 날이면 또 미궁에 빠져드는 일의 연속이었다. 우리는 수시로 전략을 논의했고, 협상 경험이 풍부한 영국인 자문가로부터 전문적인 조언도 받았다.

협상의 가장 중요한 요소는 첫째, 인질로 잡혀 있는 선원 안전이었고, 둘째는 협상금의 규모, 셋째는 협상금의 지급 시점이었다. 우리는 선원이 무사히 석방된 것이 확실해진 후 돈을 주겠다는 입장이었고, 해적 측은 돈을 먼저 받아야 인질을 풀 수 있다는 태도였다. 결국 양측의 입장은 전혀 좁혀지지 않은 채 평행선을 달렸다.

치열한 논의 끝에, 우리는 결국 협상금을 지급하기로 결단을 내렸다. 그것이 유일하게 생명을 지킬 수 있는 현실적인 선택이었다.

해적에게 먼저 돈을 건네기로 결정한 이유는 간단했다. 그들 역시 나름 '직업윤리'나 '상도의'가 있을 거고 그것이 있어야 해적질도 지속할 수 있지 않겠느냐는 판단에서였다. 어렵게 합의를 본 끝에 우리가 먼저 그들을 신뢰하고 돈을 지급하자는 쪽으로 협상이 정리되었다.

수표로 입금할 경우 실제 인출까지 하루 정도가 소요되므로 해적들이 돈만 챙기고 달아나는 것을 방지할 수 있었지만, 해적들이 거부해 결국 현금 지급 방식이 결정되었다. 하지만 현금을 호텔에 보관할 수 없어 인근 은행에 미리 예치해 두었는데 호텔 외출이 엄격히 금지된 상황에서 답답함을 느끼던 중 '협상이 타결되면 돈은 어디서 찾아 어떻게 포장해 전달하지?' 하는 생각이 들었다.

나는 007 가방이 필요하겠다 싶어 정말로 가방을 사러 시장에 나갔다. 출퇴근도 없는 감금 생활에서 그 작은 외출로 기분 전환이 되었다. 돌아온 뒤에는 100달러 100장 묶음의 가로·세로·두께를 측정해 전체 예상 금액이 어느 정도 부피가 되는지 계산해 보니 사 온 007 가방은 좀 작았다. 한 가방에 모두 넣기보다는 분산하는 게 낫겠다는 판단에 다시 시장에 나가 가방 하나를 더 구입하며 러시아워(Rush Hour)와 일반 시간대의 이동 시간도 비교해 보는 등 현금 인출의 시뮬레이션까지 직접 해 보았다. 단장은 이런 내 세심함을 보며 놀라는 눈치였다.

협상의 가장 결정적인 순간은 현금 전달 과정이다. 언제 어디서 어떤 돌발 상황이 발생할지 모르기 때문에 철저한 준비와 상호 간 신뢰가 전제되지 않으면 한 치 오차도 용납될 수 없다. 협상의 기본 틀이 서서히 갖춰졌다. 현금의 전달 장소는 두바이로 하고 구체적인 장소는 우리가 묵고 있는 호텔방, 상호 교환은 양측에서 각 2명(우리는 회사 임원과 영국인 협상 전문가) 그리고 전달 화폐는 US달러로 정했다.

하지만 해적들은 본인들 집에서 전달받고 싶다고 주장하며 인원도 1명으로 줄이고 지불 화폐도 아랍에미리트 디르함(AED)으로 바꾸자고 억지를 부렸다. 협상 줄다리기는 계속되있고, 인콘의 입박도 거세졌다.

2006년 7월 25일, MBC 『PD수첩』은 '피랍 100일, 소말리아에 갇힌 동원호 선원들의 절규 — 조국은 왜 우리를 내버려두는가'라는 제목의 방송을 내보냈다. 하지만 우리는 그들을 내버려둔 것이 아니었다. 노심초사 암중모색의 협상 중이었다. 하지만 그 사실을 언론에 하나하나 해명할 수도 없는 노릇이었다.

7월 20일, 납치된 지 117일 만에, 우리 선원 전원이 무사히 석방되었다.

사실 확인 후, 우리는 묵고 있던 호텔에서 조촐하게 쫑파티를 열었다. 그 자리에서 알게 된 뜻밖의 일화 하나. 호텔의 웨이트리스들이 한국인이었다. 우리는 그래서 반가웠고 그들 역시 반가워했다. 나중에 들은 이야기인데 그들은 우리가 처음부터 한국인일지도 모른다고 생각했지만, 너무 조용하고 말이 없어서 확신하지 못했다고 한다. 그 와중에 호텔 지배인은 "혹시 음식값 내지 않고 도망갈 수 있으니 조심하라"고 했단다. 그러자 한국인 웨이트리스들이 "괜찮습니다. 만에 하나 그런 일이 생기면 저희 급여에서 공제하십시오."라고 답했단다. 역시 피는 물보다 진하다.

협상이 마무리되자, 조희용 대사는 외교부 장차관에게, 나는 영사국장에게 인질의 무사 귀환을 즉시 보고했다. 그러자 국장이 나에게 물었다.

"언제 귀국하나요?"

"내일 아침 첫 비행기로 들어갈 예정입니다."

그러자 국장은 웃으며 말했다.

"두바이 처음 갔는데, 굳이 급히 올 필요가 있나요? 다음 비행기로 오세요."

나는 그러겠다고 한 후, 다음 비행기를 검색해 보니 무려 4일 뒤였다. 그렇게 여유로운 시간이 생겨 그제야 처음으로 두바이박물관 등 문화 체험을 하며 시간을 보낼 수 있었다.

두바이에서 돌아와 일상으로 복귀한 뒤 경찰청 외사국에서 경찰의 날을 기념해 전 세계 각지에서 활동 중인 경찰 주재관들의 체험 수기를 모집해 책으로 엮는다는 소식이 들렸다. 나 역시 『동원호가 석방되었습니다.』라는 제목으로 글을 집필해 제출했고, 그 원고는 2006년 10월 21일, 경찰의 날을 맞아 출간된 『당신이 대한민국입니다.』라는 책에 실리게 되었다.

그런데 뜻밖의 문제가 발생했다. 해당 책을 본 MBC 뉴스데스크에서 관련 내용을 보도하며, 내가 체험 수기에 '해적에게 건넨 돈의 액수'를 명시한 것을 문제 삼은 것이다. 보도는 "국가기밀에 해당하는 협상금을 외부에 노출한 것은 심각한 실책"이라는 취지였고, 이에 따라 경찰청은 발칵 뒤집혔다. 곧바로 감찰 조사가 진행되었다. 나는 즉시 해명했다.

"그 금액은 실제 액수가 아니라, 체험수기에 현장감을 더하기 위한 가상의 수치였습니다."

감찰 역시 나의 설명을 수긍했고, MBC도 추가 보도 없이 사태는 일단락되었다.[3]

그렇게 두바이에서 해적단과의 협상이 성공적으로 마무리된 후에도, 우리 어선이 해적에게 납치되는 사건은 몇 차례 더 발생했다. 그중에서도 국민의 뇌리에 깊이 남은 사건은, 아덴만의 영웅으로 불리는 석해균 선장 구출 작전이었다. 이후 우리 해군은 청해부대를 아덴만 해역에 상시 파견해 우리나라 참치잡이 어선과 선원들을 직접 보호하고 있다.

한편, 당시 협상단장이었던 조희용 대사는 이후 스페인과 캐나다 주재 대사를 역임했고 퇴임 후에는 그 협상 과정을 정리해 책으로 출간하기도 했다.

협상의 달인과 시애틀의 밤

한-미 자유무역협정(FTA) 제3자 협상이 시애틀에서 열릴 것이라는 뉴스가 언론에 보도되자, 국내 각 NGO들이 참여한 한-미 FTA 저지 범국민운동본부(범국본)는 협상 저지를 위한 대표단을 시애틀에 파견하기로 결정했다. 이른바 '원정 시위대'였다. 외교부를 비롯한 관계 부처들은 신속히 대응책을 논의했고 정부 차원의 신속대응팀을 꾸려 현지에 파견하기로 결정했다. 나

---

[3] 훗날 들은 이야기로는, 당시 서울 경찰청과 MBC 간에 카드깡 관련 오보 논란이 있어, 전반적으로 예민한 분위기 속에서 빚어진 일이었다고 한다.

역시 팀의 일원으로 2006년 8월 말 미국행 비행기에 올랐다.

시애틀에 도착한 우리는 주 시애틀 총영사를 찾아 인사를 했다. 총영사는 반갑게 맞이하며 "시애틀은 처음이냐"라고 물었다. 나는 "시애틀이 처음이 아니라, 미국이 처음"이라고 말하자 모두 웃었다. 그러며 긴장이 풀렸고 분위기가 한결 부드러워졌다.

이번 원정 시위대 규모는 약 60명 정도였으며 그중에는 제17대 국회의원이었던 강기갑 의원, 범국본 집행위원장 박석운 위원장 등 이름만 들어도 알만한 인사들이 포함되어 있었다. 박석운 위원장은 "평화롭고 창조적인 시위를 하겠다"라고 했지만, 시애틀 경찰 당국은 긴장된 분위기였다. 시애틀 서부경찰서장 스티브 브라운은 9월 5일 기자회견을 열어 다음과 같이 경고했다.

"합법적이고 평화로운 집회는 보장합니다. 하지만 시민의 안전을 침해하거나 도로를 점거할 경우 즉시 해산명령을 내릴 것이고, 이에 따르지 않으면 체포할 수 있습니다."

처음 온 미국은 매사 낯설었다. 주말 없이 근무하는 한국 경찰과 달리, 미국 경찰은 쉬는 날은 확실히 쉰다는 느낌이었다. 다행히 시애틀엔 친구가 살고 있어서 오랜만에 친구에게 연락하여 함께 식사도 하고 근교 짧은 여행도 다녀왔다. 그렇게 며칠 보내다 보니 시애틀이라는 도시도 조금씩 익숙해졌다. 시애틀 경찰 중에는 교포 출신 경찰관도 여럿 있었다. 그들과 가까워지면서 미국 경찰에 대한 이해도 깊어졌다. 나는 키 크고 체격이 좋은 미국 경찰에게 물어보았다.

"미국 경찰은 채용 시 신장이나 체중 제한이 있습니까? 우리는 국가인권위원회 권고로 제한을 두지 않고 있습니다."

그는 웃으며 말했다.

"기본적인 제한은 있지만, 대신 채용 과정에서 약 80kg의 모래주머니를 메고 2미터 높이의 담을 넘는 체력 테스트가 있습니다. 또 부업(two jobs)도 가능하고, 휴가를 갈 때 순찰차를 타고 가는 것도 권장됩니다. 휴가지에 순찰차가 있으면 치안 유지에 도움이 되거든요."

"실용적인 방식이긴 한데, 한국에서 순찰차 끌고 휴가지로 갔다간 바로 징계감입니다."

내 말에 미국 경찰들은 함께 웃었다. 낯선 타국에서 오가는 유쾌한 대화는 현장의 긴장감 속에서도 작은 쉼표가 되었다.

시애틀 출장 중 특히 기억에 남는 일화가 있다. 한-미 FTA 3차 협상 당시, 우리 측 대표단은 김종훈 수석대표를 중심으로 재경부, 외교부, 농림부, 산업자원부, 해양수산부, 보건복지부 등 26개 부처와 13개 국책 연구기관에서 무려 218명이 참석했다. 반면, 미국 측은 수석대표인 웬디 커틀러(Wendy Cutler)를 포함해 98명에 불과했다. 대표단 규모에 이처럼 큰 차이가 난 이유는 알 수 없지만, 분명한 건 웬디 커틀러가 매우 유능한 협상가였

시애틀에서 열린 한미 FTA 3차 협상 저지를 위한 원정 시위대가 떠났고 정부는 신속 대응팀을 파견했는데 나도 합류했다. 미국을 처음 갔는데 총영사가 '혹시 시애틀은 처음 인가요? 하고 묻는다.

다는 사실이다.

어느 회담 때, 우리 측 대표단 중 과장급 한 명이 개인 사정으로 회의에 불참한 적이 있었다. 다음 회의 때 웬디 커틀러는 미역 한 톳을 들고 나타나더니 그 과장에게 다가가 건넸다.

"자녀 출산을 축하합니다."

미소와 함께 건넨 그 미역 한 톳은, 협상가로서 그녀의 치밀함과 센스를 동시에 보여 주는 장면이었다.

미국은 모든 게 신기했다. 낯선 문화를 보고 배우려 했고, 그중에는 잊지 못할 일도 있다.

당시 시애틀에는 미국 전역에서 모인 시위대와 한국을 포함한 여러 나라에서 온 원정 시위대가 합류해 최대 3,000명 규모의 대규모 집회가 이어졌다. 나는 국내에서도 다수의 집회·시위 현장을 경험해 온 터라 두려움보다는 오히려 익숙함을 느꼈다.

그중에서도 특히 인상 깊었던 장면은 기마경찰 활동이었다. 우리나라에서는 술에 취해 소란을 피우는 사람을 '주취자', 또는 속된 말로 '주정뱅이'라 부른다. 시애틀에서도 주취자는 큰 문제였다. 대낮 공원에서 소리를 지르고, 산책 중인 시민들에게 행패를 부리는 등 무질서한 상황이 반복되었다. 어느 날 그런 상황이 벌어졌고 곧바로 신고가 접수되었는데 곧 기마경찰이 출동했다. 말을 탄 경찰이 나타나는 순간, 조금 전까지 난동을 부리던 주취자는 순식간에 무릎을 꿇고 두 손을 모아 빌며 용서를 구했다. 극적인 반전이다. 미국 기마경찰은 그렇게 시민들에게 인기가 많았다.

우리 원정 시위대 역시 미국 경찰의 대응과 명성을 익히 들어서인지 한국에서와는 다른 차분한 태도로 시위를 하고 있었다. 특히 북과 장구를 치며 걷는 3보 1배 시위는 미국인들의 눈길을 끌었고, 경찰들도 기마경찰이나 자전거 경찰을 배치해 시위대를 안정적으로 관리했다. 자전거 경찰은 시위대를 따라다니며 폴리스라인을 넘지 못하도록 안내했고, 많은 인원을 투입하지 않고도 질서를 유지하는 방식은 인상적이었다. 나는 상상해 보았다. '내가 만약 경찰청장이 되어 큰 재량을 갖는다면 기마경찰이나 자전거 경찰 운영을 좀 더 적극적으로 추진할 텐데…'

하지만 나는 경찰서장으로 공직 생활을 마무리했고 몇 차례 건의만 해보다 흐지부지되었다. 그나마 위안이 되었던 건 평소 좋아하고 존경하던 자전거 마니아 조용연 선배가 울산경찰청장으로 취임한 뒤 '자전거 순찰대'를 운영하며 골목길 치안을 강화했다는 소식을 언론에서 접했을 때였다. 안타깝게도 후임 청장들이 부임해 오면서 더 이상 관련 소식은 들려오지 않았다.

원정 시위대는 별다른 충돌 없이 평화롭게 활동을 마무리하는 듯했지만 어느 날 긴급한 첩보가 들어왔다. 시애틀 총영사관을 점거 농성하겠다는 첩보였다. 물론 첩보란 정제되지 않은 초기 정보로 신뢰성은 낮지만 일단 보고받았기에 관할 경찰서에 통보하고 경비 보강을 요청했다.

잠시 후, 총영사관에 도착한 경비 인력은 고작 두 명뿐이었다. 그것도 남녀 각 1명. 심지어 두 시간 후 교대 조는 여경 2명으로 편성되어 있었다. 당황한 나는 1층 로비 안내데스크에서 근무 중이던 2명의 여경에게 말했다.

"여경 2명으로 경비하겠다는 겁니까? 한국 원정 시위대를 만만히 보면 큰코다칠 수 있어요."

그러자 그 경찰관은 언짢은 표정으로 나를 바라보며 내 말 중 "겨우 여경 2명"이라는 표현이 성차별적 발언처럼 들린다고 눈을 흘겼다. 나 역시 급박한 상황에서 나온 말임을 깨닫고 곧바로 수습했지만 지금 생각해도 참 아찔한 순간이었다.

와중에 원정 시위대가 결국 선을 넘는 사건을 일으켰다. 의도는 알 수 없지만 반응을 떠보려는 듯 폴리스라인을 살짝 넘어선 것이다. 이에 따라 시애틀 경찰은 즉각 연행 조치를 취했다.

우리나라에서는 연행 시 경찰이 피의자의 양쪽 팔을 끼고 앞으로 끌고 가는 방식이 일반적인데, 미국 경찰은 달랐다. 말 그대로 '개 끌듯' 뒤에서 팔을 꺾어 질질 끌고 가는 장면은 충격적이었다. 결국 우리는 경찰서장을 찾아가 선처를 요청했고 우여곡절 끝에 시위대는 풀려났는데 한나절 이상은 낯선 땅 유치장에 갇혀 있어야 했다.

그날 밤, 나는 시위대 수감 및 석방 상황을 실시간 메일로 외교부에 보고하고 석방을 위해 동분서주하며 최선을 다했다. 하지만 이후 돌아온 반응은 씁쓸했다. 고생했다는 말 한마디 없이 상황 확인만 하는 분위기였다. 나중에 한 관계자는 이렇게 말했다.

"그 시간엔 한국이 밤이라 다들 자고 있었죠. 아침에 일어나 보니 석방되었다는 전문이 도착해 있더라고요."

황당한 순간이 아닐 수 없었다.

경찰청 외사국과 외교부 영사국

외교부 영사국 파견근무는, '우물 안 개구리'에 불과했던 내게 글로벌 마인드를 넓힐 수 있는 소중한 기회였다. 특히 잊을 수 없는 기억은 이준규 영사국장의 배려로 한·미, 한·일, 한·중, 한·몽골 영사국장 회담에 배석했던 일이다. 외교부가 영사업무의 고도화를 위해 경찰청 간부를 파견해 운용하고 있다는 사실 자체를 자랑스럽게 여기고 있었고 나를 특별히 배려한 것도 그같은 인식 속에서 비롯된 일이라 생각한다.

이준규 국장은 탁월한 능력을 지닌 외교관이었다. 경찰서장을 지낸 아버지의 권유로 서울대 법대에 진학했지만, 사법시험이나 행정고시를 통해 검사가 되거나 공무원이 되라는 아버지의 뜻은 따르고 싶지 않았다고 한다. 다만 아버지 뜻을 완전히 거역할 수는 없다고 판단해 외무고시에 응시해 외교관의 길을 택한 것이다.

그는 영어는 물론, 일본어와 중국어까지 능통했다. 들리는 말로는 아내가 재일교포여서 일본어를 익히게 되었고, 중국 베이징 공사참사관으로 근무하면서 중국어 실력도 갖추게 되었다고 한다. 키 크고 성격이 시원시원했으며 무엇보다 회의를 주재하는 능력이 탁월했다. 각국 영사국장들과의 회담 자리에서 예상치 못한 질문에도 매끈하게 답하는 모습을 보고 여러 번 감탄한 기억이 있다.

무엇보다도 인상 깊었던 점은, 경찰청이 추진하는 '주재관 100명 시대의 개막'이라는 정책에 대해 열린 자세로 적극 협조하고자 하는 진정성 있는 태도였다. 나는 그런 분을 위해 무언가 의미 있는 보답을 하고 싶었다.

그래서 경찰청 외사국에 이준규 국장을 경찰공로장 수여 대상자로 제의했다. 원래 경찰 훈장은 외국 경찰에게 수여하는 것이 원칙이지만, 논의 끝에 내국인 최초 수여라는 이례적인 결정을 내렸다. 뜻깊은 일이었다.

훈장 수여는 만찬 자리에서 이루어졌다. 경찰청 외사국장이 훈장을 수여했고, 이준규 국장은 만찬 내내 훈장을 목에 걸고 흐뭇한 표정으로 식사를 이어갔다. 이처럼 나는 파견 기간 동안 외교부 직원들과 한 식구가 되고자 진심을 다해 노력했다.

수시로 함께 경복궁을 거닐며 우리 역사에 대해 이야기하고, "역사는 과거가 아닌 현재이며, 곧 미래다"라는 메시지를 함께 나누었다. 점심시간에는 간송미술관을 찾기도 했다. 그곳에서 문화유산을 함께 둘러보며 우리 문화의 진정한 가치를 설명해 주었다.

'우리 역사를 알고 문화의 우수성을 깊이 공감하며 외교 최전선에 선다면 얼마나 멋진 외교관이 될까?' 그런 마음에서 시작한 작은 나눔이었다. 아마도 이들은 치열한 외무고시 준비로 인해 우리 역사와 문화에 관해 깊이 공부할 시간이 많지 않았을 것이다.

외교부 근무를 통해 맺은 인연은 지금도 소중하게 이어가고 있다. 이준규 국장은 이후 뉴질랜드 대사, 재외동포영사 대사, 외교안보연구원장, 인도 대사, 일본 대사를 역임했다. 이영호 대사는 내가 파견관으로 있을 때 영사과장이었는데 태국, 남아공, 카자흐스탄, 영국 등지에서 근무했으며 베이징 부총영사, 주 예멘 대사를 지냈다. 20년이 흐른 지금도 우리는 부부 모임 등을 통해 여전히 인연을 이어가고 있다.

또 한 사람 홍상희 서기관을 잊을 수 없다. 그는 내가 파견관일 때 채용되었는데, 부모님이 중남미에 거주하고 있어 혼자 한국으로 와 고려대에서 공부하고 외교관이 되었다. 막 공직 생활을 시작한 그녀가 고맙고 가상해 항상 도와주고 싶은 마음이었고 그런 마음이 통했는지 그녀 또한 무슨 일이든 나와 의논하고 싶어 했다. 언젠가 과장이 외부 강의로 한나절 자리를 비운 날이었다. 공직 생활을 갓 시작한 홍 서기관은 내게 "아무리 편한 과장님이라도 안 계시니 좋네요"라며 밝게 웃던 모습이 지금도 눈에 선하다. 내가 먼저 외교부를 떠나고 그녀는 프랑스 파리에 있는 OECD 대표부로 발령 났다. 한번은 연락이 와서, 대표부 사무실에 걸린 한국화 몇 점을 사진 찍어 보내며 설명을 해달란다. 언젠가부터 대표부에 걸려 있었는데 누가 언제 그린 무슨 그림인지 아는 이가 없다는 거다. 고서화 전문가에게 조언을 받아 설명문을 만들어 보냈더니 흡족해한다. 얼마 후 사무실로 커다란 박스 하나가 도착했다. 프랑스 파리 OECD에 있는 홍상희 서기관이 보낸 선물이었다. 예닐곱 가지 맛있는 과자와 손 편지가 들어있었는데 지금도 편지를 간직하고 있다.

강경한 경감도 잊을 수 없다. 경찰대학을 졸업한 그는 영어 실력이 뛰어났고, 나와 함께 외교부로 파견되어 1년 6개월을 근무했는데 특히 호흡이 잘 맞았다. 그는 내근 나는 외근 중심이었다. 강 경감은 그 후 영국 유학을 다녀와 경정으로 승진해 영등포와 종로 경비과장 근무 후 총경으로 승진했다. 2024년 4월, 나는 서울 자치경찰위원회 상임위원으로 근무하던 중 미국 LA를 방문한 적이 있다. 마침, 강경한 총경이 LA 주재관으로 LA시청과 시경 방문 때 큰 도움을 주었다. 아직 앞길이 창창한 그의 앞날에 하나님의 가호가 있기를 진심으로 기원한다.

결은 다르지만, 파견관 시기이므로 여기에 덧붙인다. 호주 연방의회 대표단이 우리 국회를 방문하고 돌아가는 길에 기자회견을 했다. '한국 의회를 보고 느낀 소회를 한 말씀 부탁드린다.'라는 기자의 질문에 그들은 이렇게 답변했다.

"이곳을 방문해 3번 놀랬다. 우선 호주의 50분의 1밖에 안 되는 나라의 국회의사당이 크고 호화로움에 한번 놀라고 그 국회의사당에서 늘 싸움만 하는 것을 보고 두 번 놀랐으며 그 싸움질 하는 의원들이 2~3번씩 당선된 다선의원임에 세 번 놀랐다."

문제는 다음이었다. 동행한 카메라 기자들이 국회의사당에서 멱살잡이하며 싸우는 국회 모습을 촬영해 방송에 내보냈는데, 한 셔츠 제조회사가 이 장면을 활용해 광고 문구를 만들었다.

「우리 셔츠는 이래도 찢어지지 않습니다.」

외교부는 이를 문제 삼기 위해 현지 공관에 훈령을 내려 법적 대응을 했으나 결국 패소했다. 이유로는 허리 부분만 캡처했기에 그 영상이 한국 국회의원들이 싸우는 장면이라 특정할 수 없다는 거였다. 두 번 망신당한 부끄러운 흑역사다.

정보의 전설! 그 비결을 말하다

2007년 1월 시행된 정기 인사 때, 외교부 파견 근무를 마치고 경찰로 복귀했다. 운이 좋게도 선호도가 높은 서울시경 정보1외근팀장(분실장)으로 발령이 났다. 물론 우여곡절도 있었다.

인사 때마다 느끼지만, 오라는 데는 없고, 갈 데도 막막하다. 경찰청 정보분실장 자리가 3개 있어서 혹시나 해 한 자리 욕심을 내 봤지만, 언감생심이다. 갈 만하다는 생각에 꾸준히 소통해 온 고향 선배 정보국장을 통해 지원했는데 역시 쉽지 않았다. 무리하지 않아야 했고 무리해서 될 일도 물론 아니었다. 다시 모ㅇㅇ 서울 정보부장을 찾아갔다. 굳이 인사 이야기를 꺼내지 않았지만 말하지 않아도 알 수 있는 사이다. 걱정을 해 줬지만, 인사는 인사권자 고유 권한인 만큼 그에게 확답을 받을 수는 없는 일이었다.

그러던 중 인사권자인 서울 경찰청장한테 전화가 왔다.

"외교부에서 나온다는데, 특별히 가려는 데가 있나?"

"아니요, 없습니다."

"그럼, 자네가 정보1분실장을 맡아 주게."

나는 망설임 없이 감사하다며, 흔쾌히 수락했다.

그런데 얼마 후, 경찰청에서 연락이 왔다. 3개 분실장 중 한자리를 맡으라는 것이다. 이미 서울 경찰청의 제안을 수락했기에 적잖이 당황했지만, 서울청장과 약속했으므로 서울에 남겠다는 분명한 태도를 보였다. 이에 경찰청은 다소 자존심이 상했는지 강제 발령이라도 내겠다고 했고 나는 더욱 난감했다. 이 사실을 알았는지 서울청장이 다시 전화가 와서, "경찰청에 자리가 생겼다고 마음을 바꾸면 안 된다"라고 말한다. 나 역시 단호하고 분명한 태도를 서울청장에게 밝혔다.

"지금 서울청 소속이고 서울청장 발령 사항이니 우리가 먼저 발령을 내겠네."

서울청장의 한마디가 참 고마웠다.

그렇게 나는 서울에 남게 되었는데, 결국 돌아보면 잘된 일이었다. 굳이 비유하자면, 왕 아닌 세자 편에 줄을 선 꼴이다. 임기 2년의 왕(청장)은 곧 바뀌었고, 새로운 왕의 등극으로 경찰청은 거센 풍파를 겪어야 했다. 일단 인사 풍파는 피했으나, 얼마 후 서울에도 느닷없는 폭풍이 불어왔다. '한화그룹 보복 폭행 사건'이었다. 사건의 '당사자 책임'은 발단이었던 남대문 경찰서를 넘어 서울청으로 불똥이 튀었다. 결국 홍영기 서울청장이 취임 6개월 만에 물러났고, 후임 청장으로 어청수 경찰대학장이 취임했다.

어청수 학장은 강골(強骨)로 정평이 나 있던 분이다. 경감 승진 후 경찰대학에서 근무할 때, 총경으로 학생과장을 역임했는데 1~2차례 식사한 정도의 인연에 불과했다.

외교부 파견관 무렵, 경기경찰청장을 맡고 있을 때 수원에 볼일이 있어 잠시 들렀다가 마침 자리에 안 계셔서 준비해 간『화성능행반차도』책 한 권을 놓고 나왔는데 곧 전화가 걸려 왔다.

"역시 김성섭답다. 책 잘 받았다."

그 정도의 인연뿐이었기에 서울 경찰청장 부임 소식은 뜻밖이었다. 어청수 청장은 취임식 직후 열린 간부회의에서부터 남달랐다.

"정신들 똑바로 차려! 내가 경기청장과 경찰대학장을 하며 보니, 서울 치안을 맡은 총경들 중 일부가 경기도로 골프 치러 다니는 사람이 있더군. 서울 치안 그렇게 녹록지 않아. 내게 딱 걸리면 골프 8학군인 용인으로 보내 평생 편하게 끌프나 치게 해 주겠다."

회의장 안은 한순간 시베리아처럼 얼어붙었다. 그때 나는 뒤쪽에서 여느 때처럼 편안한 자세로 경청하고 있었는데, 청장님과 눈이 딱 마주쳤다.

"어이, 거기 이리 나와."

청장님 부름에 순간 움찔했지만, 머뭇거릴 수는 없었다. 놀라지 않은 척 당당히 앞으로 걸어 나갔더니 청장님이 내 귀에 대고 조용히 말씀하셨다.

"비서실 가서 담배 좀 가져와."

당황스러웠지만 곧장 비서실에 가서 "청장님이 담배를 찾으신다"라고 전하고 다시 회의실 뒷문으로 조용히 들어갔다. 청장님은 "음~" 하고 고개를 끄덕이셨다. 담배를 잘 받았다는 의미였다. 회의가 끝난 후 간부들이 나를 에워쌌다.

"야, 아까 청장님이 귓속말로 뭐라고 하시던 거야?"

"별 이야기 아니었습니다."

"그러지 말고, 다 봤잖아. 조용히 속삭이고 고개까지 끄덕이던데 뭔 이야기였는지 말해봐."

"정말 별 이야기 아니었어요."

나는 사실 그대로 말했지만 다들 어지간히 궁금했던 모양이다. 그 일이 계기가 되어 나도 모르게 청장님 오른팔로 인식되기 시작했다. 이후에는 청장님께 중요한 정보를 부담 없이 보고할 수 있었고, 때로는 자연스럽게 정책적 판단에 필요한 상황 파악을 맡기도 했다.

한번은 이런 일도 있었다. 한국노총 집행부와 소통을 위한 조촐한 만찬 자리가 마련되었다. 마주 앉은 양 측 간부 중, 노총 사무총장이 "오늘 결혼 20주년 기념일인데 청장님과 약속을 지키기 위해 이곳에 왔다"라는 말이 귀에 꽂힌다. 다른 사람들은 단순히 감사한 마음을 전했으나 나는 그걸로는 부족하다고 생각했다. 대화가 무르익을 무렵 살며시 방을 나와 급히 꽃집을 찾아 꽃바구니 하나를 주문해 식당으로 배달을 요청했다. 만찬이 끝날 무렵 도착한 꽃바구니를 청장에게 드려 사무총장에게 전달하도록 했다. 모시기 어려워하는 어 청장이지만 나는 사소하면서도 눈치 있는 행동으로 과분한 사랑을 받았다.

나는 한국노총은 물론이고 민주노총과도 필요하다고 생각한 최소한의 소통은 누구를 통하지 않고 직접 했다. 현장을 뛰다 보면 자신의 입장에서 상대방과 꼭 소통하고 싶을 때가 있다. 각자에겐 레드라인과 데드라인이 있어 결정적인 상황에서 소통하려면 핫라인이 필요했다. 현장에서 인간적으로 진정성 있게 소통한 어느 노동계 고위층 인사는 국무위원이 되기도 했다.

그렇게 경찰청에서 또 서울청에서 정보 업무를 담당하며 선후배 동료들 간에 이른바 〈정보의 전설〉로 칭송을 받았다. 힘들었지만 보람 있던 정보외근팀장 시절, 또 하나의 일이 기억난다. 국회 출입도 하던 그때, 가장 큰 부담은 국정감사였다. 소소한 기념품 하나라도 받지 않는 의원이 있었는데, 작은 선물 하나를 준비했다. 아니나 다를까, 벌컥 화를 낸다. "포장이나 한번 풀어보시고 화를 내시라"며 겨우 설득했더니 독기 서린 표정으로 포장지를 푼다. 준비한 선물은 흰 눈이 소복이 내린 화순의 운주사 사진을 넣은 조그만 액자다. 그분 고향이 화순임을 알고 준비한 거다. 그렇게 진심으로 다가갔고 국감 끝나면 각 의원 방을 돌며 식사 약속을 잡아 된장찌개 한 그릇이라도 같이했다. 이후 그들의 반응은 "국감 전에는 누구나 다 밥 한번 사겠다고 난리인데, 국감 끝나고 밥 먹자는 사람은 당신밖에 없다"라고 입을 모았다.

서울청 정보1분실장 시절, 1년 동안 2분실장으로 잠시 밀렸던 적이 있다. 그때 힘이 있으니 복수하라는 주변의 권유도 있었지만, 끝까지 참았다. 용서만큼 큰 복수는 없다고 생각했다.

이제 '정보의 전설' 결론을 내자.

'궁금해하기 전에 먼저 보고하라.'

'인연을 중시하라.'

'평소에 잘하라.'

이 세 가지로 정리할 수 있다. 보통 남들은 '성실하고 부지런해라! 연구하고 공부하라! 적극적이고 진지해라!' 등을 말한다. 누구나 하는 말은 감동은커녕 기억조차 희미하다. 물론 정답은 아니고, 정답도 없지만 남과 조금은 달라야 한다.

김석기의 길, 김성섭의 길

어청수 서울청장이 승진해 경찰청장으로 가고, 한진희 서울청장이 부임해 광우병 파동의 촛불집회를 막다가 다시 경찰대학으로 발령 나면서 경찰청 차장이던 김석기 청장이 부임했다.

일방적일 수 있으나 나는 김석기 청장을 잘 안다. 그는 영남대 재학 중 군복무를 위해 시험을 통해 전투경찰이 되었고, 경남 고성의 126전경대에서 근무했다. 나는 전경 24기이고, 김석기 청장은 10기여서 나하고는 교체 기수였다. 함께 근무하지는 못했지만 바로 이어 근무한 덕분에 선배 이야기를 많이 들었다. 대학을 졸업하며 경찰간부후보생 시험에 합격했고 1등을 해 대통령상을 수상했다는 소식을 듣고 박수를 쳤다. 김 선배가 걸은 경찰의 길은 파란만장했다.

경감과 경정을 연이어 승진하면서 30대 초반의 아주 젊은 나이에 경정으로 승진해 지금은 동작으로 개칭한 노량진 경비과장으로 근무했다. 당시 전직 경찰관들의 신문인 '경우신보'에 경찰의 정치적 중립화와 수사권 독립을 주장하는 장문의 기고를 냈다. '조용히 있으면 경찰서장은 할 텐데'라며 주변 사람들이 선배 장래를 걱정했다. 나도 그 기고문을 읽었는데, 글솜씨가 뛰어나 감탄한 기억이 있다.

하지만 선배는 주변의 우려와 달리 총경을 달고 인천 연수서장과 서울외사과장을 거쳐 1998년 서울 수서경찰서장으로 발령 났다. 선배는 어디에서나 오직 경찰의 정치적 중립과 수사권 독립을 끝없이 강조했다. 수서서장 당시에도 그런 노력을 많이 했는데, 외부에서의 압력이 있었는지 서울시경 방범지도과장으로 이동하게 되었다. 자세히는 알 수 없지만, 와신상담의 날들을 보냈을 선배는 결국 일본 도쿄 주재관으로 발령 났다. 도쿄 주재관은 경무관 보직이긴 하지만, 경무관 승진이 아닌 총경으로 발령이 나, 발걸음이

용산 참사로 숨진 김남훈 경사 영결식에 참석한 김석기 서울경찰청장이 침통한 표정으로 고인을 보내고 있다. 경주에 내려가 국회의원이 되었고 국회 외교통일위원장을 맡고 있다.

가볍지만은 않았을 것이다. 그렇게 도쿄에서 근무 중 선배는 경무관으로 승진했고, 서울시경 경무부장을 거쳐 치안감으로 승진해 다시 경찰청 경무인사기획관으로 발령 났다. 경북청장과 대구청장을 거쳐 승진해야 할 무렵, 선배는 경찰종합학교장으로 옮겨갔다. 이곳은 신참 치안감이 가는 자리다. 경찰종합학교에 교육을 간 후배가 교육을 마치고 나오는데, 교장님이 정문에서 손을 흔들며 인사하던 모습이 짠하더라는 이야기가 기억난다.

그러던 중 2008년 2월, 노무현 정부가 이명박 정부로 바뀌면서 치안정감으로 승진해 경찰청 차장을 거쳐 서울 경찰청장으로 영전해 왔다. 내가 근무하는 정보1분실을 방문한다는 소식을 들은 나는 선배에게 진심을 담아 선물을 해야겠다고 마음먹었다. 고민하던 중 번뜩 떠오르는 게 있었다. 선배가 동작 경비과장 때 경우신보에 투고한 '세계에서 가장 피곤한 한국 경찰'이라는 제목의 경찰 중립화와 수사권 독립에 대한 염원을 담은 특별 기고를 찾아냈다. 시간이 흐른 만큼 종이의 색은 노랗게 변했고 접혔던 부분에는 작은 구멍이 송송 뚫려 있다. 소중히 들고나와 충무로로 가서 정성스럽게 액자에 넣고 포장했다.

당일 업무보고를 마치고 "선물을 하나 준비했다"라고 하니 의아한 눈빛

외교부 파견관, 세계를 가다   165

을 보내신다. 정성스럽게 가져간 선물 포장을 천천히 풀러 액자를 드렸다. 순간 "아, 이거!" 하시며 눈가가 촉촉해진다. 선배는 기고를 한 뒤, 주위에서 "잠자코 있어라. 모난 돌이 정 맞는다"며 말리는 통에 정작 기고문이 실린 경우신보를 직접 보지도 못했다고 한다. 그 신문을 20년 동안 내가 소중히 간직하다가 액자에 넣어 전달하니 감개무량하단다. 그 액자는 청장 집무실의 한 자리를 차지하고 있다는 소식을 누군가에게 전해 들었다.

김석기 청장은 서울청장의 임무를 마치고 경찰청장으로 내정되었으나, 2009년 1월 20일 용산 철거구역 화재 현장인 남일당에서 경찰 김남훈 경사와 철거민 등 6명이 사망한 참사의 책임을 지고 자리에서 물러났다.

이 단락의 제목인 '김석기의 길'은 2011년에 선배가 쓴 자서전 제목이다. 나 역시 자서전을 쓰며 다시 그의 책을 천천히 읽어보니, 역시 문장의 대가답다.[4] '김성섭의 길'은 김석기의 길에서 한참 뒤의 길이고, 또 한참 아래의 길이지만 방향은 비슷하다 싶어 제목으로 남겼다.

불심과 농심의 차이는?

김석기 경찰청 차장이 서울청장으로 발령이 나서 부임한 때는 2008년 5월 초부터 시작된 광우병 촛불시위가 한창이던 그해 7월 24일이다. 따라서 취임식 분위기는 매우 무거웠다. 이 무렵까지 광우병국민대책회의가 주도한 집회 시위에서는 염산 병 투척과 쇠구슬 발사 및 쇠 파이프를 휘두르던 폭력 양상의 촛불집회가 격해져 가고 있었다. 일부 학생 및 국민행동본부 반

---

4 특히 김석기 선배는 일본 경찰에 대해 자세히 알고 있었다. 일본 경찰은 순경으로 입직해 경찰서 또는 파출소에 근무할 때 숙소를 제공한다. 복지 차원이기도 하지만, 언제 무슨 일이 발생할지 모르는 상황에서 관내에 젊은 경찰관 2~30명이 거주하고 있다면 얼마나 든든할까 싶다.

대 집회도 생겨났고 경찰특공대가 투입되어 살수차가 사용되면서 과잉진압 논란도 있었다.

시위가 차츰 소강 국면에 들기 시작했고 핵심 주동자들은 조계사로 잠입해 농성을 이어가고 있었다. 경찰이 조계사 안으로 진입하지 못하고 외곽을 포위하고 있던 중, 10월 29일 새벽 1시경 그들이 조계사를 빠져나간 것이 확인되었다. 서울 경찰 수사와 정보부서에서 계속 추적했고 마침내 11월 6일 강원도 동해 묵호항 인근 한 숙박업소에서 핵심 주동 세력인 수배자 5명을 검거했다. 이는 수사부서의 실적이었다.

지휘부에서는 이제 정보부서가 한 건 할 차례라며 독려했는데 당시 정보 외근팀장을 맡고 있던 나에게는 큰 부담이었다. 노심초사하고 있던 그때 유력 첩보가 간간이 입수되어 현장 출동까지 했으나 보안이 누설되고 빗나가는 등 답답함만 더해갔다. 그렇게 한 달이 덧없이 흘러갔다.

농민단체 담당 정보관으로부터 전국농민회총연맹(전농) 사무실에 핵심 주동자인 수배자 2명이 나타난다는 첩보가 입수되었다. 그날이 11월 13일 정오쯤이다. 문제는 보고와 보안이었다. 줄줄이 계선을 따라 보고하자니 보안이 심히 우려되었고, 청장에게만 보고하자니 월선보고의 시비가 발생할 수 있었다. 그야말로 슬기로움이 필요한 순간이었다.

체포를 위한 수사부서와 공조에 있어서도 마찬가지였다. 심사숙고 끝에 최종 목적지인 전농 사무실이 아닌 인근 여의도문화광장을 선정해 거기서 광수대와 만나기로 하고 현장으로 갔다. 나름 짐작한 광수대는 먼저 근처 민주노총 쪽으로 가 있었다. 전화로 상호 위치를 확인한 후 동행해 전농 쪽으로 이동했다. 또한 예상 도주로에 수사관을 배치하고 정보부장과 서울청장에게 상황 보고 후 전농 사무실에 체포영장이 발부되었으니 수배자들 스스로 내려오라고 전했다.

알았다고 답했지만 내려오지 않는다. 서울청에서는 주요 간부들이 한자리에 모여 우리 검거 소식만을 학수고대하고 있었다. "체포영장이 발부된 주요 수배자들인데 뭘 그리 망설이나 빨리 들어가서 잡아 와"라며 몇 번의 독촉이 있었지만 나 역시 고집스럽게 버텼다.

"조계사에 이 수배자들이 은거해 있을 때도 경찰은 진입하지 못했습니다. 불심을 우려해서죠."

"그렇지만, 지금 그곳은 조계사와는 다르지 않나."

"아닙니다. 여기는 전국농민회총연맹입니다. 불심을 우려하듯 농심 자극도 걱정해야 합니다."

나의 말에 수사부장이 현장으로 나왔다. 그는 영등포경찰서장 출신으로 현장을 잘 아는 조ㅇㅇ 경무관이다. 수사부장도 전농 사무실 진입을 독촉했지만, 나는 조금만 더 참자며 버텼다. 독촉이 끊임없이 빗발쳤고, 결국 전농 사무실에 전화를 해 "이제 내려오지 않으면 진입하겠다"라며 최후통첩을 하니 약 먹고 내려오겠단다. 그러면서도 그들은 내려오지 않았고 시간이 또 흘렀다. 지휘부의 독촉이 다시 빗발쳤다. 결국 주저하는 정보관 2명에게 진입을 명했고 정보관들이 올라가다가 황급히 내려와 "지금 내려오고 있다"고 말한다.

그렇게 수배자 2명을 수사부서에 인계해 체포토록 했다. 채상욱, 김필수 두 정보관과 나는 서울청으로 가서 지휘부 격려와 푸짐한 상을 받았다. 김석기 청장은 이후 경찰청장으로 내정되었으나 용산 남일당 참사로 사퇴했다. 그 후 일본 오사카 총영사와 한국공항공사 사장 등을 역임하며 능력을 인정받아 3선 의원이 되었고 2025년 국회 외교통상위원장을 맡고 있다.

김석기 서울청장이 경찰청장으로 내정되며 어청수 경찰청장은 사의를 표했고 김석기 청장도 전격 사퇴하면서 경찰청장과 서울청장이 동시에 공석이 되었다. 경찰청장으로는 강희락 해경청장이 왔고, 서울청장은 주상용 대구청장이 부임했다. 그야말로 대 격변기였다.

조현오 청장은 외교관의 꽃길을 버리고 가시밭길인 경찰의 길을 걸으며 경찰청장의 자리에 까지 올랐다. 우여곡절이 있었으나 누가 뭐래도 경찰의 위상 강화와 조직문화 개선에 힘쓴 공은 남다르다.

 새 청장이 부임하면서 나를 흔드는 사람들이 있어 하마터면 밀려 날 뻔했지만, 다행히 정보2분실로 옮겼다. 흔들어 댄 사람은 밝히지 않는다. 처음부터 이 책은 미래지향적이고 희망적인 내용을 담겠다며 시작했고, 힘이 없어 밀려났는데 원망할 필요도 되돌아볼 필요도 없다.
 비록 잠시 비켜나긴 했지만, 주상용 서울청장도 나를 신임해 주었고 어느 날 이런 말을 했다.
 "명동파출소는 우리나라 최고 번화가를 관할하는데, 너무 허술하지 않나? 다시 지어야겠어."
 하지만 문제는 예산이었다. 간단한 리모델링만도 3억 원이 드는데 예산이 없다. 궁여지책으로 나는 채상욱 정보관과 함께 서울시에 예산 지원을 요청했다. 서울시도 도와주곤 싶지만, 원칙적으로 지자체가 국가기관에 예산 지원을 할 수 있는 법적 명분이 없다며 난색을 보였다.
 "명동파출소는 단순한 치안 거점이 아닙니다. 수많은 외국인 관광객들이 방문하는 장소이고, 실질적으로는 관광안내소 역할까지 겸하는 공간입니다."

이렇게 여러 차례 설득한 끝에 겨우 예산 지원을 받아냈고, 그 덕분에 보람 있게 1년을 보냈다. 어느덧 다시 인사이동 시즌이 찾아왔다.

후임 서울청장으로는 조현오 경기청장이 부임했다. 조 청장은 내가 외교부 파견 당시, 경찰청 외사관리관이었다. 당시 경찰 해외 주재관 증원 등 업무 수행을 위해 매주 정례 보고를 다니며 인간적인 신뢰와 유대를 쌓았다. 조 청장은 누구보다도 편하게 정치·사회·언론·재야 등 어떤 주제도 격의 없이 이야기할 수 있는 상사였다. 어느 날 내게 묻는다.

"왜 정보2분실장으로 갔죠?"

나는 속된 말로 쪽팔렸지만 솔직하게 답했다.

"발령이 나서 옮겼습니다. 사회·언론·종교·재야를 담당하는 2분실도 중요한 부서입니다."

하지만 며칠 뒤, 나는 다시 정보1분실장으로 복귀 발령을 받았다. 운명적이다.

2012년 4월 30일
조현오 경찰청장
이임식, 수사·기소 분리
주장 현수막이 보인다.

마침내 경찰의 꽃!
총경으로 피다

5

초과근무수당 1조를 확보하라

누구에게나 공과는 있기 마련이다. 제16대[1] 조현오 경찰청장 역시 예외는 아니며 나는 여기서 보고 느낀 대로만 기록하고자 한다. 2010년 11월, 경찰청장으로 재임 중이던 조현오 청장에게서 연락이 왔다. 정부 예산안이 거의 마무리되어 국회 예결위로 넘어가기 직전 기획재정부 예산실장 한 번 만나보자는 이야기였다. 예산이 마감 단계에 이른 11월에 예산실장을 만나는 일은 사실상 불가능에 가까웠지만 그래도 '할 수 있다'라는 의지로 방법을 찾기 시작했다.

끊임없이 소통하며 인연의 소중함을 잊지 않고 살아온 덕분일까. 마침내 만남이 성사되었다. 서초동의 조용한 음식점에 조현오 청장과 반장식 전 차관, 김동연 실장, 그리고 나 김성섭 경정이 마주 앉았다. 그 자리에서 조 청장은 수사·형사부서 초과근무수당 문제를 조심스럽게 꺼내 집요하게 물고 늘어졌다. 사건 수사를 맡은 형사들이 사건 관계자와 식사하며 설렁탕값까지 걱정하는 현실을 개선하고 싶다는 거다. 그러면서 다른 예산을 1~2년 미루더라도 이번 해에 꼭 수사형사부서 초과근무수당을 반영해 달라고 간곡히 요청했다.

식사 자리가 아니라 사실상 업무 설명회에 가까웠다. 김동연 실장은 정부 예산 사정을 자세히 설명하며 가능한 부분과 어려운 부분을 분명히 짚어주었다. 경찰 예산을 관철하려는 조 청장과 국가 재정을 책임지는 김 실장 사이에 팽팽한 긴장감이 흘렀지만, 끝까지 서로를 존중하며 품격을 잃지 않았다. 밤늦도록 이어진 긴 계수조정 회의. 마침내 어느 정도의 윤곽이 잡힌 뒤

---
1 조현오 청장은 62代 경찰 총수이다. 역대 경찰 총수는 1945년 미 군정청 경무국장→경무부장 1명, 1949년 치안국장 1~30代, 1974년 치안본부장 1~15代, 1991년 경찰청장 1~24代로 이어진다. 2025년 9월 기준 현 조지호 경찰청장은 24代 경찰청장이며 70代 경찰 총수이다.

행시 21회 반장식 전 차관은 경제기획원 예산실에서 잔뼈가 굵었으며 기획예산처 차관과 청와대 일자리 수석을 거쳐 한국조폐공사 사장으로 근무했고 서강대 교수로 재직 중이다.

에야 비로소 식사를 주문할 수 있었다. 나는 그 무렵까지만 해도 폭탄주 1~2잔 정도는 즐겼지만 세 분 모두 비주류라 겨우 반주 한 잔씩을 곁들였다.

그렇게 자리를 마련해 마무리하고 보니 당시 확보된 13만 경찰의 초과근무수당 규모는 무려 1조 원에 달했다. 그때도 지금도 이런 생각이 든다. 과연 역대 어느 경찰청장이 예산 확보를 위해 그렇게 애를 썼을까? 어렵게 성사된 예산실장과의 만찬 자리는 사실 서경대학교 동문인 반장식 선배의 역할이 컸다. 나, 반장식 전 기획예산처 차관, 그리고 예산실장 김동연 선배까지 셋이 모두 서경대 출신이다.[2] 반장식 선배와 김동연 선배는 덕수상고 동문이며 외환은행과 신탁은행에서 근무한 전직 은행원이라는 공통점도 있다. 두 분은 주경야독하며 야간 국제대학을 다녔고 1956년생인 반 선배는 1977년 행정고시 21회에, 1957년생 김동연 선배는 1982년 행정고시 26회와 입법고시에 동시에 합격했고, 나는 1957년생이다. 생각해 보면 두 분은 서로 앞에서 끌고 뒤에서 밀어주는 진정한 동반자였을 것이다. 나 역시 두 선배에게 보이지 않게 또 때로는 드러나게 적잖은 도움을 받았고, 지금까지 롤 모델로 마음속 깊이 새기고 있다.

---

2 호적은 1956년 1957년이지만 김 지사는 1월, 나는 2월로 음력으론 56년 원숭이 띠이고 학교는 내가 좀 늦게 다녔다.

두 예산실장의 지원과 응원

앞서 말했듯 반장식 선배와는 국제대 동문 모임인 청야회에서 자주 만났다. 어느 날, 미국 위스콘신대학교(University of Wisconsin) 유학을 마치고 돌아온 선배의 귀국 환영 모임이 국방부 구내식당에서 열렸다. 동문들과 둘러앉아 유학 생활 이야기를 들으며 인사를 나눴다. 그때 반 선배는 위스콘신대에서 공공정책학 석사학위를 받았고 전 과목 A 학점을 받았다. 언어장벽이 만만치 않았을 텐데 비결을 묻는 동문들 앞에서 쑥스러워하던 모습이 눈에 선하다.

2007년 여름, 정부는 전투경찰 제도를 폐지하고 일반경찰로 전환하는 정책을 추진하고 있었다. 그 무렵 조현오 청장은 경찰청 경비국장으로 반 선배는 기획예산처 예산실장으로 재직 중이었다. 나는 그 시기 예산과 관련된 민감한 협의를 위한 오찬 자리에 동석했는데 반 선배가 시간을 내주어 어렵게 성사된 자리였다. 하고 싶은 말과 듣고 싶은 말을 서로 격의 없이 주고받았고 실질적인 논의가 이뤄진 뜻깊은 자리였다.

언젠가 운동을 하러 가던 길에 반 선배의 자택을 가 본 적이 있다. 집 안으로 불러 줘 편히 들어갔는데 조금 놀랐다. 경기도 군포시 고가 차도 아래쪽의 소박한 아파트, 고위 관료 집이라고는 느껴지지 않을 만큼 검소했다. 지금도 한 번씩 만나는데 세상 돌아가는 이야기를 편히 나눌 수 있어 좋다. 항상 반듯하고 청렴하며 강직한 모습에 한 치의 흐트러짐도 없다.

김동연 선배와의 인연은 그보다 조금 늦게 시작되었다. 또렷이 기억나는 첫 만남은 2011년 여름 내가 경남 하동 경찰서장으로 있을 때였다. 이성규 서울경찰청장으로부터 전화가 왔다. 기획재정부 김동연 예산실장을 만나야 하는데 중간에서 연결해 줄 수 있겠느냐는 요청이었다.

사실상 어렵다고 느껴졌지만 일단 움직여 보기로 했다. 조심스럽게 이야기를 꺼냈더니 의외로 흔쾌히 일정을 잡아줬다. 나는 휴가를 내고 상경했고, 서초동에서 점심 식사를 함께했다. 그 자리에서 서울청장은 노후 경찰서 2~3곳의 신축 예산 문제를 꺼냈다. 김 선배는 성의 있고 진지하게 검토해 보겠다고 했다. 그 후 김 선배는 기재부 2차관을 거쳐 장관급 국무조정실장으로 영전했고 나는 경기청 정보과장을 거쳐 파주서장으로 이동했다.

그러던 어느 날 한 통의 부음(訃音)이 날아들었다. 김동연 실장의 27세 된 큰아들이 백혈병으로 세상을 떠났다는 것이다. 남의 일 같지 않았다. 다 큰 아들에게 어떻게 그런 비극이…. 남의 일 같지 않은 먹먹한 슬픔이 밀려왔다. 서울대병원 빈소를 찾았다. 부의함조차 보이지 않았고, 선배는 깊은 슬픔을 억누른 채 조문객들을 정중히 맞고 있었다. 그 모습을 보고 끝내 눈시울을 붉히고 말았다. 며칠 뒤 '김성섭 서장님께'로 시작되는 편지 한 통이 도착했다. 조문에 대한 감사 마음을 담은 정성스러운 손 편지였다. 편지에는 세상을 떠나기 전 아들이 "우리 네 식구 중 누군가가 하느님의 부름을 받아

김동연 지사는 춥고 배고픔을 겪었으며 꾸밈없고 진솔하다. 훌륭한 많은 공직자를 보아왔으나 그처럼 반듯하고 청렴 강직한 공무원은 아직 만나지 못했다. 대통령의 꿈은 아직은 먼가 보다.

야 한다면 그건 나일 거다"라고 했다는 내용이 담겨 있었다. 그 편지를 나는 지금도 간직한 채 마음이 갈 때마다 한 번씩 꺼내본다.

그 후 김 선배는 공직을 떠나 아주대학교 총장으로 취임했다. 총장 급여의 절반을 장학금으로 내놓았고 문재인 정부 초대 경제부총리 겸 기재부 장관으로 재직한 1년 6개월 동안의 급여 40%인 1억 4천만 원을 사회 취약계층에 기부했다.

"나는 가난하게 살아봐서 잘 안다. 공무원 봉급이면 충분하다. 그 이상은 필요하지 않다."

그 말이 오래 마음에 남는다. 2018년 12월 8일, 주말 근무를 마치고 광화문 교보문고에 들렀다가 우연히 김 선배를 만났다. "웬일이요?" 하고 물었더니 선배는 씩 웃으며 말했다.

"모레(12월 10일) 퇴임식인데 퇴임사 준비하려면 책 한 권은 읽고 싶어서 사러 나왔어."

정말 김 지사다운 말이었다. 말 한마디에도 품격이 있고 평생 배움의 끈을 놓지 않았던 철학이 느껴졌다. 누군가가 '김 지사는 진보 아니냐'고 해도 나는 진보 보수냐를 떠나 여전히 김동연 선배를 진심으로 존경하고 사랑한다.

경찰 잔존 부조리는 아직도?

앞에서도 조현오 경찰청장을 몇 차례 언급했지만, 아직 남은 이야기가 있다. 우선 말하고 싶은 부분은 강직하고 유능한 분이라는 점이다. 물론 보는 시각에 따라 평가가 다를 수도 있겠으나, 내가 겪어 본 바로는 그렇게 깔끔하고 자기관리에 철저한 사람도 흔치 않다. 다른 사람들에게 전해 들은 평도 비숫했다. 인권 연대 오창익 사무국장은 조 청장이 뇌물수수 사건으로 재판을 받고 있을 때, '5만 원권 지폐가 발행되기 전에 5만 원권으로 뇌물 받았다'라는 혐의에 무죄 판결이 내려지자, 인권연대에서 만난 나에게 이렇게 말했다.

"조현오 청장이 그렇게 함부로 돈을 받아 챙길 사람은 아니다."

나 역시 선천적으로 누군가에게 뭘 받을 줄도 모르고 줄 줄도 모른다. 경감으로 승진했을 때 생색내는 사람들이 있었지만, 그냥 감사하는 마음만 있었다.

경찰 조직 내 부패나 비위 사건은 지금도 간간이 언론에 오르내린다. 때로는 같은 경찰이라는 이유만으로 얼굴 들기 민망한 때도 있었다. 하지만 내가 가까이서 지켜본 바로는 진심으로 강직한 분들도 많았다. 선명하게 기억나는 일화 몇 가지를 적어 본다.

그 언젠가 누군가가 승진하고 난 뒤 고마움을 전하고자 상사 댁에 케이크를 사 들고 갔단다. 상사는 반갑게 문을 열어주며 차를 권했고 케이크 상자를 받으며 말했단다.

"고맙다. 잘 먹을게. 그런데 케이크 안에 뭐 들었지?"

말을 잇지 못하고 얼굴이 발개진 그에게, 상사는 케이크 상자를 열어 봉투를 꺼내더니 지폐 몇 장만 받아 들고는 나머지를 돌려주며 말했다.

"빨리 가지고 가. 이만하면 됐어."

며칠 뒤 경찰청 복도에서 그 상사를 마주쳤을 때, 뒤에 수행원들이 줄줄이 따라오던 중이었는데, 미소를 머금고 이렇게 말했다고 한다.

"그래, 아무개. 자네가 우리 어머니 용돈 줘서 사탕 사드렸더니 아주 좋아하시더라."

또 다른 일화도 있다. 어느 직원이 승진한 후 감사 인사로 10만 원짜리 수표 20장을 봉투에 담아 상사를 찾아갔단다. 가족들과 식사나 한 끼 하시라며 건넸지만, 상사는 조용히 봉투를 열어 한 장 두 장 세기 시작하더란다.

당황해하는 부하에게 수표 두 장만 꺼내 들고 말했다.

"우리 가족 식사는 이 정도면 충분해. 성의로 알고 이것만 받을 테니 두말 말게."

내가 겪고 본 경찰의 현실은 그 정도였다. 벤츠니 아파트니 하는 뇌물은 애초에 주는 사람도 받는 사람도 없었다. 혹여 누가 받았다면 그는 분명 경찰이 아니고 그저 범인일 뿐이다.

하지만 최근의 일을 보면 장담할 수도 없다. 2024년 10월, 서울 용산서와 강남서에서 각각 수사 중이던 압수물 중 수억 원을 유용했다가 쇠고랑 찬 경찰관이 있었다. 창피하다. 내가 경찰 생활을 시작한 1980년대 감찰부서 사명은 '잔존 부조리 척결'이었다. 그런데도 지금까지 남아있다는 말인가. 맑고 깨끗한 경찰, 한 점 티 없는 경찰의 길은 아직 먼 것일까? 마음이 편치 않다. 어디선가 언젠가 또 어떤 추악한 부패가 드러날지 모르니 장담하긴 어렵다. 나 역시 유혹이 없었던 건 아니다. 그럴 때마다 아내와 다짐하곤 했다.

"한눈팔지 말고, 똑바로 살자. 두 사람 월급이면 밥은 먹고 살 수 있다. 퇴직 후엔 우리 둘의 연금으로 최소한의 생활은 가능할 거야. 그러니까 우리는 끝까지 이렇게 살자."

우리 모두 정신 바짝 차려야 한다. 패가망신하지 않으려면…

마침내 경찰의 꽃으로 피다

경찰 조직의 승진 문턱은 생각보다 높다. 특히 나처럼 순경에서 출발한 경찰관에게 총경은, 말 그대로 하늘의 별과 같다. 2024년 기준 전체 경찰관 수는 131,158명. 그중 총경 이상은 807명으로 전체의 0.6%밖에 되지 않는 고위직이다.

경찰공무원 채용시험에 합격해 인천시 경찰종합학교에서 신임 과정을 받을 때만 해도, 교관들 계급은 경위 경감 정도였고 그 모습이 그렇게도 근사해 보였다. '저 정도만 되어도 괜찮을 것 같다'라고 생각을 했다.

그랬던 내가 6번의 승진을 거쳐 다섯 번째 높은 총경을 달았다. 경무관이 '경찰의 별'이라면, 총경은 흔히 '경찰의 꽃'으로 불린다. 꽃 중에서도 무궁화가 네 송이 만발한 거다. 많은 사람들이 경찰서장이라는 자리에 호기심을 갖는다. '한 번쯤 해보고 싶은 자리'로 여긴다. 가끔 만나는 어느 대학 총장님도 경찰서장 한번 해보고 싶다는 이야기를 종종 한다. 실제 서장으로 근무해 보니 그 말이 이해되었다. 주민들과 함께 호흡하고 관할 지역의 치안을 책임지며 자신의 역량을 발휘할 수 있다는 점에서 분명 보람 있는 자리였다.

그러나 동기생 300명 중 총경으로 승진한 사람은 나를 포함해 고작 3명. 그나마 지방에서 경찰서장 1~2곳 거치고 퇴직한 게 전부다. 나는 초임 시절부터 경장 승진시험을 수석으로 통과하며 두각을 나타냈고, 그때부터 제2의 안응모 장관[3]이 되겠다는 꿈에 부풀기도 했다. 물론 장관은커녕 경찰청장 근처도 못 갔다. 하지만 서울 중부경찰서장을 포함해 3곳의 경찰서장을 했고 3차례 주요 참모직을 수행할 수 있었던 건 결국 꿈이 있었기에 가능했다고 생각한다.

그리고 운도 좋았다. 좋은 분들을 많이 만났고 훌륭한 가르침도 받을 수 있었다. 허준영 청장의 '해외주재관 100명 시대' 프로젝트에 첨병으로 참여했고, 조현오 청장이 경찰 사기진작을 위해 초과근무수당 확보에 절치부심할 때 굳건한 신뢰 관계를 유지하고 있던 그 인연들로 공을 세워 승진에도 도움이 되었다. 기획재정부 예산실장 반장식, 김동연 두 대학 선배가 경찰 조직에 대한 깊은 이해와 애정을 가지고 여러모로 성원해 주신 것은 잊을 수

---

[3] 경찰의 전설로 순경에서부터 시작해 치안본부장을 거쳐 충남도지사, 내무부 장관까지 올랐던 분이다.

피해가는 경찰서가 아니고 놀러 오는 경찰서를 만들겠다는 꿈이 실현되었다. 경찰서 앞 마당에 놀러온 어린이들을 본 순간이 가장 보람있었던 시간이다.

가 없다. 많은 이들의 노력 덕분임에도 그 과실을 나 혼자 차지한 듯해 마음 한구석이 늘 죄스럽다.

사실 경찰은 늘 치안 일선에서 위험을 감수하며 일하는 조직이다. 사건 사고 위험뿐 아니라, 자칫하면 징계 책임까지 떠안을 수 있다. 나 역시 여러 사건에 직접 혹은 간접적으로 연루될 뻔한 일들이 있었다. 그럴 때마다 가장 먼저 한 건 매사 진심을 다하는 일이었다. 진정성 있게 지극 정성을 다하면 탈 날 일은 별로 없다.

지주막하 출혈[4]로 큰 수술을 겪기도 했지만, 불굴의 의지로 견뎠고 결국 이겨냈다. 무엇보다 중요한 건 한눈팔지 않고 바른길을 걷겠다는 각오였고 그런 다짐이 끝내 총경 승진으로 이어졌다. 하지만 그런 노력은 일과성으로

---

4 1/3은 사망, 1/3은 장애, 나머지 1/3만이 정상 회복 가능하다고 한다.

끝날 일이 아니다. 앞으로도 변함없이 이어져야 한다. 방심하는 그 한순간에 모든 것이 무너질 수 있다.

하동 쌍계사와 왕오천축국전

총경 승진으로 한껏 들떠 있던 때였다. 보직이 어디가 될지 다소 걱정되었지만, 어디든 좋다는 마음으로 담담하게 기다리고 있었다. 제주청 경무과장과 경남청 하동 경찰서장으로 검토되고 있다는 소문이 들려왔다. 속으로는 '기왕이면 하동서장이면 좋겠다'고 생각했는데 소망대로 하동서장 발령이 났다.

부임할 때 자동차를 보내겠다는 연락을 받았지만, 정중히 사양하고 내 차를 직접 몰아 하동으로 향했다. 창원 경남경찰청으로 가는 길은 예상보다 멀었고 신고를 마친 뒤 하동으로 이동하는 길은 험하고 멀었다. 진주라 천리 길이라고 하는데 진주에서도 백 리는 더 가야 하니 지루함이 느껴질 만했다.

하동에 도착해 가장 먼저 충혼탑을 찾아 참배한 후[5] 경찰서에 도착하니 여경 한 명이 꽃다발을 건넨다. 지금은 이런 풍습이 사라졌다고 들었지만, 그때는 어색하지 않았다. 경찰서 건물은 새로 지은 지 얼마 되지 않아 깨끗했고, 건축적으로도 세련되고 아름다웠다.

취임식을 마치고 각 과를 돌며 업무보고를 받는 데 정보과장은 내일부터 관내 주요 기관을 방문해야 한다며 일정을 안내해 준다. 그러나 쌍계사는 정부의 템플스테이 예산 전액 삭감에 불만을 품고 출입 통제 중이란다. 어떻게

---

[5] 시계를 보니, 2011년 1월 11일 오전 11시. 우연히도 숫자가 겹친 시각이었다.

누구보다도 열심히 하동을 아끼고 사랑하며 하동의 안전을 위해 노력했다. 쌍계사 주지 성조 스님이 특강을 해주셨다. 하동 군수님과 각 기관장들은 그러한 나의 노력을 가상히 여겨 명예 군민으로 위촉해 줬다.

든 찾아뵙고 싶은데 난감했다. 그날 오후 늦게 군수님에게서 전화가 왔다.

"부임 축하드립니다. 내일 새벽 쌍계사 올라가는데, 함께 가실까요."

나는 흔쾌히 응했다. 이튿날 새벽 쌍계사에 도착하니 곳곳에 산문 폐쇄 현수막이 걸려 있다. 주지 스님 방으로 향하니 불이 켜져 있다. 문을 두드리자, 스님께서 반갑게 맞아주셨다.

차 한 잔을 마시며 대화를 나누던 중 스님께서 "마침 부산에서 조실 스님이 와 계시는데 인사하실래요?" 하신다. "물론입니다" 하고 곧 안내받아 조실 스님을 찾아뵈었다.

"우리는 호국불교라 다른 종교를 배척하지 않는데 왜 다른 종교는 불교를 밀어내려 할까요."

말씀 끝엔 쓸쓸한 웃음이 뒤따랐다. 스님께서는 저서를 내어주시고 벽장문을 열어 곶감 한 상자와 '仁者無敵'이라 쓰신 휘호도 주셨다. 그렇게 쌍계사와 인연이 시작되었다.

사실 나는 하동 부임 직전인 2011년 1월 8일경, 국립중앙박물관에서 혜초의 『왕오천축국전』 특별전을 관람하고 내려온 참이었다. 그 이야기를 했더니 스님들 표정이 확 달라졌다. 신라의 고승 혜초가 인도를 여행한 뒤 서기 727년에 남긴 세계 최고 여행기, 1283년 만에 프랑스에서 고국 대한민국으로 일시 돌아온 국보급 문화재를 친견했다는 말에 스님들은 놀라움과 반가움을 감추지 못했다.

그 따뜻한 분위기를 그대로 경남경찰청에 정책 보고를 했다. 중국에서 기록되어 프랑스로 넘어간 문화재가 일시 돌아왔고 돌아선 불심을 다독이기 위해 고위 인사들이 직접 중앙박물관을 찾아보면 좋겠다는 제언을 보고했다.

보고하고 보름이 지났을 무렵, 이명박 대통령이 설 연휴 첫날인 2011년 2월 2일, 국립중앙박물관을 방문해『실크로드와 둔황-혜초와 함께하는 서역기행』전시를 관람했다는 뉴스가 언론에 떴다. 하동 정보관들은 "하동에서 올린 정책 정보가 실제 반영된 것"이라며 크게 기뻐했고 나는 그 일이 불교계와의 관계 회복과 소통에 상당한 보탬이 되었다고 믿는다.

그해 석가탄신일을 즈음해 주지 성조 스님께서 '인연'을 주제로 경찰서에

하동은 티 없이 맑고 깨끗한 청정지역이다. 절친한 아산의 이명수 국회의원 부부가 하동을 둘러보고 갔다.

서 특강을 해주셨고, 식당에서 점심 공양도 함께 했다. 또 여름에는 서울과 부산에서 찾아오는 신도들로부터 "쌍계사 방향 교통 표지판이 여기저기 빠져 있어 찾기 어렵다"라는 민원이 많다며 개선이 가능한지 물으셨다. "그것도 경찰의 책무 중 하나입니다"라고 답하고 즉시 전수조사를 지시했다.

조사 결과, 총 23곳의 교통 표지판이 미비하거나 누락되어 있었다. 표지판이 아예 없는 곳은 새로 설치하고 누락된 지명은 보완 표기하며 하동군청과 부산지방국토관리청 지원도 받았다. 작업을 마친 후 개선 전과 후의 사진을 담은 보고서를 만들어 쌍계사에 전했다. 주지 스님은 조실 스님께 이렇게 전하셨단다.

"김 서장께 이야기해서 전체 교통표지판을 개선했습니다."

그러자 조실 스님은 웃으며 말씀하셨다고 한다.

"나도 주지 시절에 몇 번 이야기해 봤지만, 경찰서장들 임기가 너무 짧아서 매번 그냥 지나가더라. 그런데 이번 김 서장이 속 시원하게 해결해 줬네. 감사한 일이네."

2011년 12월 임기가 끝나갈 무렵 쌍계사와 함께 한 1년의 시간들을 담은 사진들을 정성껏 모아 사진첩을 만들어 스님께 전했다. 그걸 받아 든 주지 스님은 "이렇게 귀한 선물은 처음이다" 하시며 눈시울을 붉히셨다. 지금은 남해 보리암 주지로 옮기셨는데 "언제 한 번 내려오라"고 하셨지만, 아직 가뵙지 못했다. 문득 그 인자한 얼굴이 떠오른다. 뵙고 싶다.

내 사랑 하동 남자 조영남

하동 경찰서장으로 부임한 직후 마음을 다잡고 본격적인 업무를 시작하려던 참인데 읍내파출소장이 급한 상황 보고를 한다. 설 연휴 특별방범활동

중 강도미수 사건이 발생했다는 것이다.

부임 직후 금융점포장들을 불러 모아 CCTV 설치와 자위 방범 강화를 논의한 뒤 설 연휴를 앞두고 긴장을 늦추지 않고 있던 터였다. 시골이라 방심할 법도 했지만, 신임 서장을 시험하려는 일이 벌어질지도 모른다며 예의주시하고 있던 터였다.

사건은 저녁 7시쯤 발생했다. 보석상 여사장이 퇴근하려고 승용차에 막 오른 순간 강도가 차 문을 열고 핸드백을 낚아채려 했다. 여사장이 핸드백을 빼앗기지 않으려 필사적으로 저항하자 여사장의 얼굴을 수차례 가격하고 그대로 도주했단다.

여사장은 자신의 가게 옆 산림조합 주차장에 차를 세워두고 있었고 그 산림조합은 서장 당부에 따라 CCTV를 설치했지만, 보안등을 설치하지 않아 어둠 속 용의자 뒷모습 일부만 희미하게 찍혔을 뿐 얼굴은 물론 신체 윤곽조차 제대로 포착되지 않았다. 상황은 암담했다.

경남청장에게 즉시 보고하자 그는 "서울에선 잘 나가더니 별수 없네"라며 조롱인지 위로인지 모를 말을 던지고 전화를 끊었다. 난 그냥 곧 범인을 잡겠다는 자신감을 내비쳤다.

하루하루가 길게만 느껴졌다. 그렇게 2~3일이 지나고 마침내 읍내 파출소에서 범인을 검거했다는 소식을 전해왔다.

"앗 정말입니까? 파출소장과 검거 유공자 서장실로 오세요. 지금 바로 표창수여식 할 테니…"

그날 표창장을 받은 경찰관은 경위 조영남이었다. 가수 조영남이 아닌 경찰 조영남과의 인연은 그렇게 시작되었다.

검거 경위를 들으니 감탄이 절로 나왔다. 열정과 실력이 그대로 녹아든 수사였다. 어둠 속에 잠시 잡힌 용의자의 걸음걸이를 보고 '뒤뚱뒤뚱 오리 같다'는 특징이 있었다는 것. 이를 단서로 '뒤태 수사'에 착수했고 산림조합

하동 출신 여상규 국회의원에게 쌍계사를 관할하는 하동 남자 조영남 화개파출소장을 소개하고 있다

에서 연결된 반경 100미터 이내의 모든 CCTV를 샅샅이 분석했다. 그 결과 범행 열흘 전쯤 낮 시간대에 현장을 사전 답사하듯 지나가는 오리 궁둥이의 뒷모습이 또렷이 잡혔다. 그렇게 용의자 얼굴은 물론 외형까지 특정했고 끈질긴 탐문 끝에 신원 확인 후 자택을 수색하니 방 안에 절도 물품들이 가득 숨겨져 있었다. 이로써 최근 2~3년 사이 발생했던 미제 절도 사건까지 모두 해결되었다. 나는 곧장 경남청장에게 보고했고 "수고 많았어. 역시 김성섭 서장이야"하는 칭찬을 들었다.

조영남 경위에게 근무 경력을 묻자 2년째 근무 중이라 정기 인사 대상이 된단다. 하동경찰서의 명예를 높인 그에게 "희망하는 부서로 보내주겠네. 어디로 가고 싶은가?" 하고 묻자 조영남 경위는 깅력계장이나 화개파출소장을 희망했다.

"조영남은 어디든 갈 수 있지만 서장 생각은 화개파출소장이다."

나는 즉석에서 분명히 뜻을 전했고, 그는 고개를 끄덕이며 따랐다. 그렇게 조영남은 화개장터를 관할하는 화개파출소장으로 부임했다. 그는 특유의 성실함과 추진력으로 파출소 주변 환경을 정비하고 오래된 돌담장을 다시 쌓았으며 주민들이 다니는 농로를 넓혀 경운기 운행을 편리하게 했다. 화개장터를 찾는 외지 관광객들을 위해 파출소 주차장도 개방했다.

이러한 활동은 언론을 통해 알려졌고, MBC 라디오 '조영남 최유라의 2시에 데이트'에도 종종 출연해 남녘의 재해·재난 소식과 꽃소식을 전하기도 했다. 경찰 조영남은 가수 조영남에게 화개장터에 CCTV를 설치하자고 제안했고 실제로 설치가 이뤄졌다.[6]

그 후에도 조 소장은 크고 작은 사건에서 존재감을 드러냈다. 섬진강에서 대학생이 실종되었을 때는 어부들에게 물길을 자문한 끝에 정확한 시간과 지점에서 시신을 수습해 유족에게 인계했고 여름철 집중호우로 산사태가 발생했을 때는 야영객과 차량을 신속히 대피시킨 뒤 지붕 위로 피신해 있던 할머니를 등에 업고 안전하게 구조하기도 했다. 그의 이야기를 모두 적자면 책 한 권이 모자랄 정도이다.

2011년 말 군수님과 의장님 등이 뜻을 모아 하동의 안전을 위해 헌신한 이들을 격려하고자 '하동안전대상'을 제정했으며 그 영예로운 제1회 수상자는 바로 조영남 소장이었다.

하동 '송(松) 투어'를 만들다

하동에는 '소나무 투어', 일명 송(松) 투어라 불리는 여행 코스가 있다. 하동 곳곳에 자생하는 소나무들을 둘러보는 길 그 코스를 내가 직접 만들었다. 가장 먼저 소개하고 싶은 곳은 하동읍 광평리에 자리한 천연기념물 '하동송림'이다. 영조 21년, 하동부사로 부임한 전천상은 섬진강에서 불어오는 모래바람으로 고통받던 백성을 위해 방사 방풍림 조성을 마음먹었고, 그가 심

---

6 두 조영남이 함께 손잡고 화개장터 순찰을 하기로 했으나, 아쉽게도 성사되지는 않았다.

은 소나무들이 오늘날까지 300년 세월을 견디며 살아남았다. 송림 안에는 750여 노송들이 빽빽이 서 있다. 한 그루 한 그루가 귀하게 이름표를 달고 보호되며 절반씩 나누어 격년제로 개방하고 있다. 껍질은 거북등처럼 갈라져 갑옷과 같고 이순신 장군의 백의종군 길이 인접해 있어 철갑송, 혹은 장군송이라고도 한다. 경찰서에서도 가까운 이 숲은, 백성을 생각한 애민 사또의 뜻이 깃든 장소처럼 느껴져 내게도 각별한 의미가 있었다. 손님이 오면 꼭 모시고 갔고 혼자서도 틈틈이 찾아가곤 했다.

악양면 축지리에 있는 문암송도 빼놓을 수 없다. 600년 넘게 바위틈에 뿌리를 내리고 자란 이 소나무는 마치 집채만 한 바위 위에 걸터앉은 모습으로 보는 이를 압도한다. 2008년 천연기념물 제491호인 이 문암송은 그 위에 올라 평사리 들판을 내려다보는 순간 말로 표현하기 어려운 장관을 선사한다.

한때 이곳에서는 시인 묵객들의 모임이 열리기도 했고 마을 주민들이 제사를 지내기도 했다. 강인한 생명력, 바위 위에서 자라는 불가사의한 존재감은 하동을 찾는 손님들에게 언제나 큰 인상을 남겼고 나 역시 매번 안내를 빼놓지 않았다.

평사리 들녘의 '부부송'도 하동의 상징 중 하나다. 두 그루의 소나무가 나란히 서 있는 모습이 마치 서로를 의지하는 부부처럼 보여 누구나 발걸음을 멈추게 만든다. 문암송에서 내려다보는 풍경도 훌륭하지만, 최 참판 댁에서 바라보는 뷰도 특별하다. 60만 평 무딤이 들판 한가운데 정답게 나란히 서 있는 두 그루의 이 부부송에 얽힌 이야기는 여러 버전이 전해진다. 그중 하나는 산사태로 부모를 잃은 자식이 부모 시신을 발견한 자리에 소나무 두 그루를 심었다는 그럴듯한 이야기고, 또 어떤 이는 수나무와 암나무로 남매송이라는 이도 있다. 실제 유래는 잘 모르겠지만 나름의 의미를 품고 있어 애틋하게 느껴진다.

하동에는 소나무와 관련된 곳이 많다. 평사리 부부송과 천연기념물인 하동 송림공원이 있고 11그루의 소나무가 모여 있는 11송, 그리고 언제 내려올지 모른다고 해서 이름 붙여진 김일성 소나무가 있으며 축지리에 문암송이 유명하다. 경찰서 앞마당에 소나무 한 그루를 심고 공감송이라 했다.

나는 하동을 찾는 사람들과 수없이 부부송을 찾았다. 멀리서 아련히 내려다보기도 하고 가까이 다가가 껴안아 보기도 했다. 최 참판 댁에서 부부송을 바라보면 성냥개비처럼 작게 보이지만 실제로는 어른이 팔을 벌려야 안을 수 있는 아름드리다. 방문객들에게 나는 종종 물었다.

"두 나무 사이의 거리가 얼마나 되어 보이십니까?"

대답은 천차만별이다. 2미터, 3미터라 답하는 부부가 있는가 하면 50미터쯤 된다는 이도 있다. 나는 웃으며 말했다.

"3미터 이내라면 금슬 좋은 부부고 50미터라면 냉전 중인 부부일 수 있다."

그저 웃자고 던진 말이지만, 의외로 꽤 들어맞는다고 했다.

하동 노전마을에는 또 하나의 명물, '11송'이 있다. 멀리서 보면 잘생긴 한 그루의 나무처럼 보이지만 가까이 다가가면 11그루의 소나무가 둥글게 원을 이루고 있다. 사람이 11명이 모이면 다툼이 생기기 마련인데 나무들은 나란히 모여 조화를 이루는 모습이라 참 예뻐 보였다.[7] 기관장 모임에서 이 이야기를 꺼냈더니 하동에서 나고 자란 조유행 군수님이 "그런 소나무 군락이 있었느냐"라며 의아해하셨고 며칠 후 직접 전화를 주셨다.

"아이고 우리 서장님! 일전에 말씀해 주신 11송, 직접 가보니 정말 대단하더군요. 보호수로 지정하겠습니다."

그렇게 열린 마음으로 군정을 이끌던 군수님 결단으로 11송은 2011년 12월 11일 보호수로 지정되었고 2019년 2월 1일에는 문화 자산으로도 등재되었다. 그 뒤로 군수님은 나를, "하동 사람보다 하동을 더 사랑하는 분"이라 부르셨다. 정말 보람 있는 일이 아닐 수 없었다.

또 의신계곡 위쪽으로 올라가면, '김일성 바위송'이라 불리는 소나무도

---

[7] 한 신문사 지국장에게 이야기를 듣고 직접 찾아갔는데, 실제로 보니 그 신비로움에 감탄했다.

있다. 양쪽의 큰 바위 사이 계곡에 작은 바위 하나가 우뚝 얹혀 있고 그 위에 소나무 몇 그루가 자라고 있는데 사람들은 이 바위가 언제 내려올지 모른다며 붙여진 이름이다. 이를테면 언제 쳐내려올지 모른다는 위태로운 느낌에서 유래한 하동식 풍자인데 설명을 듣는 이는 대개 웃는다.

나는 이 모든 소나무들을 잇는 여정을 하동 경찰서에서 시작하도록 했다. 경찰서 정문 옆에 소나무 한 그루를 심고 '공감송'이라 불렀다. 주민과 함께하는 치안을 상징하며 모두가 다녀갈 수 있는 송 투어의 출발점이 되길 바랐다.[8]

문학수도 공감마루를 아시나요?

2009년 하동[9]은 '문학수도'를 선언했다. 하동의 문학적 자산이 배경이 되었다고 할 수 있다.

박경리의 대하소설 『토지』는 하동을 공간적 배경으로 했고 『지리산』 저자 나림(那林) 이병주 선생도 여기서 나고 자랐다. 때문에 하동엔 토지문학관과 이병주국제문학관이 자리하고 있다.

하동은 또 판소리 동편제의 본고장이다. 동편제는 구비문학이자 서사문학이고 하동은 유성준과 이선유 같은 명창을 길러냈다. 그들의 계보는 강도근 박봉술을 거쳐 오늘날 안숙선 신영희에게로 이어졌다.

---

8   하동 경찰서 주차장은 당연히 모든 방문객에게 무료로 개방했다.
9   하동(河東)은 이름 그대로, 섬진강 동쪽에 자리한 고장이다. '섬(蟾)'은 두꺼비, '진(津)'은 나루를 뜻하며, 섬진강은 그 지명 자체에 생명력과 역사성을 품고 있다. 고려 말 왜구가 침입했을 때, 수없이 울어대던 두꺼비 소리에 왜구가 불길함을 느끼고 물러갔다는 이야기가 전설처럼 전해진다. 그런 연유로 하동은 두꺼비를 수호신처럼 여겨왔고, 경찰서 현관 양쪽에도 두꺼비 상이 놓여 있다.

문학수도 하동에 번듯한 도서관이 없어 경찰서에 도서관을 만들어 365일 개방했고 공감마루라 했다.

『등신불』의 저자 김동리는 화개장터에서 『역마』를 집필했고 『풍경 달다』의 시인 정호승 역시 하동 출신이다.[10] 그의 시는 양희은, 안치환, 김광석, 이동원 등에 의해 노래로 불리며 대중의 가슴 속 깊이 각인되었다.

또한 3,500여 곡의 대중가요 가사를 쓴 작사가 정두수도 하동이 고향이다. '덕수궁 돌담길', '흑산도 아가씨', '마포종점' 등 그의 노랫말은 세대를 건너 전해지고 하동 땅에 잠들어 있다.

그렇게 문학의 향기를 품은 하동에 2011년 나는 62대 경찰서장으로 부임했다. 부임 이튿날 쌍계사를 다녀오며 함께 아침 식사를 하던 조유행 군수께서 농담처럼 말씀하셨다.

"경찰청 인사가 참 과학적입니다. 하동이 문학수도인 줄 알고, 문단에 등단한 문인 총경을 서장으로 보내주시니 이렇게 고마울 수가 없네요."

순간 깜짝 놀랐다. 10여 년 선 문단에 등단했지만 '문약해 보이면 손해 본다'라는 선배 조언에 따라 입도 벙긋하지 않고 지냈다. "그걸 어떻게 아셨어요?" 물었더니, 군수님은 "나도 정보통이요" 하며 웃는다.

그때부터 마음속으로 하나의 결심을 새겼다. 문학수도 하동에서 경찰서장으로서 작지만 의미 있는 흔적 하나를 남기고 싶다는 생각이다. 그래서 경찰서 안에 도서관을 만들기로 했다.

---

10 2011년 정호승 시인을 직접 만나 그의 친필 서명이 담긴 시집 한 권을 선물로 받았다.

 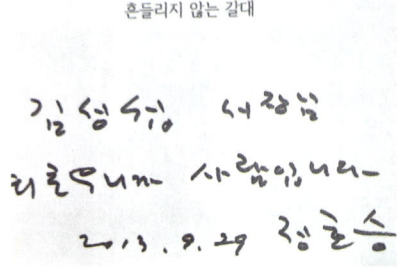

2011년 10월 31일 문학수도 하동에, 이 시대를 대표하는 시인 3분이 북 콘서트에 오셨다. 그 중에서도 특히 정호승 시인은 하동 출신이다. 남다른 생각이 들어 귀한 인연을 이어가고 있다.

"문학수도 경찰관이 1년에 책 1~2권도 읽지 않는 건 너무 부끄러운 일 아닙니까?"

그랬더니 돌아온 대답은, "읽을 책이 없다"라는 거다. 그렇다면 책을 마련하겠노라고 약속했다.

나는 지인들에게 손 편지를 써 책 1~2권씩 보내달라고 정중히 부탁했다. 그중에는 1~2권만 보내 준 사람도 있었고, 10~20권을 보내온 분도 있었다. 그렇게 모은 책이 1만 권에 달했다.

경찰서 2층 종합상황실 옆 공간을 도서관으로 꾸미고 '공감하는 공간'이라는 뜻을 담아 '공감마루'라는 이름을 붙였다. 우진영 국립중앙도서관장이 직접 내려와 e-book 시스템을 설치해 줬다. 그 후 공감마루는 학생과 주민 모두에게 인기 만점 공간으로 자리 잡았다. 1년 365일 열고 종합상황실 옆에 위치해 24시간 개방하다 보니 '세상에서 가장 안전한 도서관'으로 꼽히게 되었다.

이 작은 도서관에서의 에피소드 하나는 그냥 지나갈 수가 없다. 문학수도 하동의 격에 걸맞게 조성된 공감마루에는 날마다 주민과 학생들이 들렀다. 풀빵이나 군밤을 나누며 책 이야기 공부 이야기를 나누는 시간은 시골 서장이 누릴 수 있는 최고의 행복이었다. 주로 학생들이었지만 간간이 어른들도 눈에 띄었다.

그중 한 분은 어린 딸과 함께 거의 매일 도서관을 찾아 책을 보고 계셨다. 궁금했지만 실례될까 싶어 묻지 않았는데 어느 날 그 어머니가 조심스레 말을 건넸다.

"내일부터 3일 정도 경찰서 도서관에서 밤늦게까지 공부를 좀 하고 싶은데…. 가능할까요?"

나는 망설임 없이 답했다.

"그럼요. 당연하죠."

직원들에게 말했더니 어렵다고 하더란다. 민간인이 야간에 머무는 게 부담스러웠을 테지만, 공감마루는 누구에게나 열린 공간이니 안 될 이유가 없다며 직원들에게도 일러 놓겠다고 말씀드리고 명함도 건네며 언제든 이용하시라고 했다.

그렇게 도서관을 이용하시던 어머니가 나중에 다시 연락을 주셨다. 세 아이의 엄마이고 어떤 시험을 준비하고 있어 도서관 공감마루에서 공부 좀 하겠다고 했다. 나는 응원했고 누구든 도서관에서 불편함 없이 공부할 수 있도록 배려를 아끼지 않았다.

하동을 지독하게 사랑한 덕분에 명예 군민 증서를 받았다. 그 어느 상보다도 크고 훌륭하다.

하동 근무 1년을 마치고 떠나기 전날도 도서관에 들렀다. 아이가 혼자 책을 보고 있다.

"오늘은 너 혼자 왔구나. 이제 나는 떠난다. 공부 열심히 해라."

작별은 누구에게든 섭섭해 짧은 말을 남기고 돌아섰다. 며칠 뒤 어머니한테 연락이 왔다.

"그날 딸아이가 집에 와선 제 품에 안기더니 '엄마, 서장님 내일 서울 가신대…' 하며 엉엉 울었어요."

그렇게 새겨진 기억 하나는 지금도 마음 한구석에 남아있다. 공감마루 이야기를 쓰다 보니 문득 그 생각이 나 전화번호를 찾아 연락해 봤다. 농촌에서 살며 세 아이 대학 보내느라 정신없이 지낸단다. 학교에서 근무하신다는 그 어머니에게서 울었다던 어린 딸은 이제 경제학도가 되었다는 소식을 들을 수 있었다. 언니는 교육학을 또 막내는 정치외교학을 공부하고 있단다. 진심으로 그들의 앞날에 축복이 가득하기를 손 모아 빈다.

기억의 공간, 하동 역사박물관

하동은 문학뿐 아니라, 격동의 현대사를 품고 있는 곳이다. 6.25 당시 이 지역에서 공비 토벌 작전이 전개되었고 차일혁 총경 같은 인물이 활동하며 하동의 역사에 큰 흔적을 남겼다.[11]

---

11 차일혁 총경은 충남 금산(전북 김제 설도 있음) 출신으로, 독립운동을 거쳐 경찰 간부가 되었다. 6.25전쟁 당시 전투경찰대 대대장으로서 구례 화엄사를 불태우라는 명령을 "천년 고찰은 하루 만에 태울 수는 있어도, 다시 세우는 데는 천년으로도 부족하다"며 거부하고 보호했다. 이후 하동 화개면 의신계곡에서 빨치산 수괴 이현상을 사살한 뒤, 유족이 시신 인수를 거부하자 이를 화장해 유해를 M1 소총 개머리판으로 곱게 빻아 섬진강에 뿌려주는 방식으로 '적장에 대한 예우'를 표했다. 이 사건으로 인해 차일혁은 사상을 의심받았고, 결국 승진에도 불이익을 받은 것으로 전해진다.

하동 경찰의 뿌리를 찾겠다며 만든 박물관은 주민들과 선배 경우들의 협조로 귀한 자료를 많이 모아 전시했다.

그러나 안타깝게도 그 역사를 제대로 기억하고 전하는 사람이 없었고 깊이 들여다보려는 노력도 드물었다. 그래서 결심했다. 하동 경찰의 역사라도 제대로 남겨두자. 지역 전체를 대표하는 박물관이 없던 하동에, 경찰서라도 그런 공간을 만들고 싶었다.

계획을 알리자, 주민들이 호응해 줘, 전시 자료 수집에 나섰다. 역대 서장님들에게도 편지를 보내 발령장이나 표창장, 계급장, 복제 같은 자료가 있다면 보내달라고 요청했다. 그러던 중 경찰서에 노년 신사 내외분이 찾아왔다. 큰 박스 하나를 들고 오셨는데 그 안에는 훈장, 임명장, 지휘봉, 정복, 모자, 근무복 등, 오랜 세월 가보처럼 간직해 온 귀중한 물품이 가득 담겨 있었다. 그분은 제41대 하동서장으로 근무하셨던 정동근 선배님이었다.

"이제는 개인의 영예가 아니라, 하동 경찰의 기억으로 남겨야 할 것 같습니다."

마음이 뜨거워졌다. 소박하지만 진심을 담아 꾸민 공간, 그것이 하동 경찰 역사박물관의 시작이었다. 요즘도 가끔 경남청장이나 인근 경찰서장들에게서 전화가 온다.

"하동경찰서 다녀왔는데, 김 서장님이 박물관 만드시느라고 얼마나 애를 썼는지가 느껴지더군요."

어설프고 부족한 전시일지라도 그 안에 담긴 정성과 역사 존중 정신은 전해졌으리라 믿는다. 무엇보다 감사한 건 후임 서장들 역시 박물관 가치를 잘 이해하고 보존하고 있다는 점이다.

10여 년이 흐른 어느 날, 부영그룹 근무 중 여수와 순천을 들를 일이 있어 잠시 하동경찰서를 찾았다. 박물관은 여전히 자리를 지키고 있었다. 다만 먼지가 수북이 쌓여 있었다. 팔 걷어붙이고 청소라도 해 주고 싶었지만, 직원들이 불편해할까 조용히 발길을 돌렸다.

하동 경찰의 역사는 곧 하동의 역사다. 비록 번듯한 시립박물관은 없을지라도 경찰서 안에 마련한 이 조그마한 공간이 하동을 이해하고 하동을 사랑하는 데 작은 역할을 해주기를 바란다. 물론 언젠가 역사에 대한 감수성이 없는 서장이 부임해 "귀신 나올 것 같은 이게 다 뭐냐"라며 치워버릴 가능성도 없진 않다. 하지만 제발 그런 날은 오지 않기를 빈다. 이 하동 역사박물관은 하동이라는 땅 위에서 묵묵히 살아간 그들의 피땀 어린 자취와 기억, 그 모두가 모인 한 조각 역사이기 때문이다.

모든 경찰차는 주민 방향으로

앞서 언급했듯 하동 부임 초기에 강도미수 사건이 발생한 바 있다. 범인은 잡았지만, 이 일은 시골이라도 결코 방심할 수 없다는 사실을 절감하게 해준다. 긴급 상황은 예고 없이 찾아오고 현장 대응 속도는 생사를 가를 수도 있다. 하동뿐만 아니라 전국 어디든 교통망이 사통팔달로 뚫려 있어 범죄 발생 초기 '어~' 하는 순간에 범인이 관할을 벗어날 수 있다. 범죄의 기동화·광

모든 순찰차가 주민 방향을 향하고 있으면 신속 출동하여 생명 구조, 범인 검거의 골든 타임을 확보할 수 있다.

역화에 대응하려면 경찰의 출동 태세 또한 완벽해야 했다. 나는 작은 것부터 체질화하자는 방향으로 접근했다. 지구대 파출소를 돌며 유심히 관찰해 보니 순찰을 마친 경찰관들이 피곤하고 귀찮다는 이유로 순찰차를 진행 방향으로 그대로 세워두고 사무실로 들어가는 경우가 많았다. '별일 없겠지' 하는 안일한 인식이 깔려 있었다. 실험 결과 진행 방향으로 주차해 놓은 순찰차는 출동하기까지 평균 42초가 소요되었다. 하지만 주민 방향으로 차를 돌려 세워놓으면 시동을 걸고 곧장 출동하는 데 5초밖에 걸리지 않았다. 무려 37초 차이가 났다. 37초. 그건 범인을 잡을 수도, 놓칠 수도 있는 시간이었다. 한 사람의 생명을 구하거나 잃을 수도 있는 시간이고 범인은 이미 남해고속도로를 타고 한참을 벗어날 수 있는 시간이었다. 곧바로 지시를 내렸다.

"형사, 수사, 지구대, 파출소 모든 경찰자는 반드시 주민 방향으로 주차하라. 언제든 출동할 수 있도록 차의 전면은 주민을 향하고 있어야 한다."

하지만 오랜 습관은 하루아침에 고쳐지지 않았다. 그래서 열 번 스무 번 끈질기게 반복하며 자발적 실천을 유도했다. 주민들께도 말씀드렸다.

"경찰차가 여러분을 향해 주차되어 있는 건 긴급할 때 더 빨리 달려가기 위해서입니다."

그러자 어르신들은 "백번 천번 맞는 말"이라며 엄지를 들어 올렸다. 사소한 일처럼 보였지만 결코 사소한 게 아니었다. 주민들은 그 작은 변화에서 경찰의 정성을 읽고 고마워했다.[12]

하동을 떠난 뒤에도 지역 주민들로부터 "여전히 잘 지켜지고 있다"라는 전화가 오곤 했지만, 최근 들려온 소식은 마음이 무겁다.

"서장님 떠나신 지 10년이 지나니 요즘은 좀 느슨해졌어요."

결국 우려가 현실이 되고 말았다. 2024년 8월, 하동에서 가슴 아픈 사건이 발생했다. 한여름 폭염이 기승을 부리던 8월 16일 새벽 2시 12분, 지적장애 2급인 40대 여성이 파출소를 찾아왔다. 무슨 이유였는지 그녀는 3분간 출입문을 두드렸지만, 그 시각 근무 중이던 4명의 경찰관은 모두 수면 또는 휴식 중이었다. 문이 열리지 않자, 여성은 파출소 앞에 세워져 있던 순찰차 뒷좌석에 탑승했고, 특유의 잠금 구조로 인해 차 안에서는 문을 열 수 없었다. 그녀는 무려 36시간 동안 차량에 갇혀 있다가 이튿날 오후 2시경 숨진 채 발견되었다. 그사이 순찰이 7차례 배정되어 있었지만 제대로 이뤄지지 않았고 교대 중에도 순찰차 안을 확인한 이는 없었다. 사고는 언제 어디서든 발생할 수 있다. 원칙은 평소에 지켜야 하는 것이지 사고 후에 되짚는 게 아니다. 경찰은 늘 긴장을 놓지 않아야 하고 일상의 모든 순간이 '대비' 시간이어야 한다.

하동 손님과 왕의 녹차

하동에 많은 손님들이 다녀갔다. 박명재 전 행정자치부 장관도 그런 손님 중 한 분이었다. 하동 경찰서 전 직원을 대상으로 특강을 해 주셨고 자리가

---
[12] 나는 이 원칙을 파주경찰서, 서울중부경찰서 등 근무한 모든 곳에서 강조했고, 전국의 친분 있는 서장들에게도 전달했다.

남아 군수와 소방서장에게 귀띔했더니 군청과 소방서 직원들까지도 함께 참석했다. 강당은 200여 명으로 가득 찼고, 장관님의 철저한 준비와 달변은 모두의 귀를 사로잡았다.

그 외에도 하동을 찾아온 손님들이 많았다. 충남 아산 출신 이명수 국회의원이 부부 동반으로 다녀갔고, 행정안전부 안양호 차관도 다녀가셨다. 형님처럼 인자하고 따뜻한 안 차관은 군청보다 경찰서를 먼저 찾는 배려를 보여 주셨다.

내 고향 친구들 모임인 예신회 친구들도 부부 동반으로 왔고 일산 테니스 모임 각성커플즈[13]도 하동을 찾았다. 소정회, 목민회를 비롯해 매헌포럼의 김형철 회장과 정구학 총무, 총경 동기인 윤희근·우철문 부부도 다녀갔다. 이 두 친구는 훗날 각각 경찰청장과 부산청장으로 재임하며 변치 않는 우정을 이어갔다.

그날 저녁 윤희근·우철문 두 가족과 함께 하동의 다도(茶道) 체험을 했다. 초등학생 자녀들도 지루해하지 않고 교장 출신 고운 할머니 선생님의 인자한 지도 아래 의젓하게 참여했다. 다도 체험은 인상 깊었다. "남의 방석 밟지 말 것", "찻잔은 왼손 중지 첫째와 둘째 마디 위에 얹고 오른손 엄지·검지·중지로 받들어 들 것", "차는 고개를 숙이지 말고, 두 손으로 입가에 가져갈 것", "세 번에 나누어 음미할 것" 등 세심한 예절이 소개되었다. 차를 만드는 과정도 신기했다. 연한 찻잎을 그늘에서 말렸다가 큰 가마솥에 '덖는다'는데, 이는 볶는 것도 삶는 것도 아닌 고유의 방식이다. 완성된 차는 끓이지 않고 '우린다'라고 한다.

하동은 차의 왕국으로 '왕의 녹차'로 불린다. 신라 흥덕왕 3년(828년), 대렴공이 당나라에 사신으로 다녀오며 가져온 종자를 지리산 자락에 시배한

---

13 4쌍 8명으로 구성된 이 모임은 모두 성씨가 다른 각성받이이고, 각자 한 성깔씩 하며 '각성(覺醒)'할 게 많은 사람들이라는 뜻으로 '각성커플즈'라 불렸다.

하동의 야생 녹차는 '왕의 녹차'라고 한다. 어머니들의 한복이 차의 색깔 못지않게 곱고도 아름답다.

것이 하동 차의 시작이다. 하동 차는 대부분 지리산 자생 야생차로 다른 지역 차가 거름을 먹고 자란다면 하동 차는 이슬을 먹고 자란다고 한다. 그래서 어떤 이는 "타지역 차가 인삼이라면 하동 차는 산삼이다"라고 한다.

하동 사람들의 차에 대한 자부심도 남다르다. 차나무는 직근성(直根性)이라 옮겨 심을 수 없다. 그래서 하동에서는 시집가는 딸에게 차의 종자를 지참케 하는 풍습이 전해진다. 시가(媤家)에 뿌리 깊게 내리고 오래도록 살아가라는 의미다.

조선시대, 하동의 관아에는 일반 6방(이방, 형방, 호방 등) 외에 '다방(茶房)'이라는 별도의 기구가 있었다. 차의 생산과 관리를 맡았고, 왕에게 진상하는 차를 지키는 '다군사(茶軍士)'도 있었다고 전해진다. 또 차나무는 전년도 열매와 올해의 꽃이 함께 맺히는 희귀한 나무로, '실화쌍봉수(實花雙逢樹)'라 불리기도 한다. 그처럼 하동 차는 늘 과거와 현재가 함께 공존하는 은은한 빛과 향을 머금고 있다.

손님들 대부분은 관사에 머물렀다. 숙박비도 아낄 수 있고 비어 있던 공간에 사람의 온기를 불어넣어야 했다. 관사엔 차향이 감돌고 나와 하동 손님 사이엔 따스한 인연이 우러났다.

잊을 수 없는 하동의 추억

연말이 되자, 정기 인사에 대한 관심이 고개를 들기 시작했다. 하동에서의 1년은 참 열심히 그리고 정성을 다한 시간이었다.

노상강도 검거 외에도 기억에 남는 일이 많지만, 그중에서도 한 초등학생 실종 사건은 잊지 않는다. 당시 초등학교 5학년이던 소년은 게임과 TV에만 빠져 부모의 말은 잘 듣지 않았는데 걱정이 컸던 부모가 하동군 청학동의 한 대안학교에 맡기기로 했다.

조선시대 서당처럼 예절 가르치고 TV나 컴퓨터는 아예 없는 곳, 부모가 훈장선생님과 이야기하는 모습을 보고 자신을 한 달간 여기에 맡기려 한다는 사실을 눈치챈 아이는 몰래 빠져나왔다. 그러고는 한참을 걸어 도망쳤다.

뒤늦게 아이가 없어진 걸 안 부모는 경찰에 신고했고 나는 즉시 비상소집을 발령했다. 낯선 곳에서 길을 잃은 아동은 아직 쌀쌀한 날씨에 자칫 저체온증으로 위험할 수 있기에 현장 주변을 수색하고 탐문하는 한편 부모와 수시로 통화하며 상황과 정보를 공유했다.

토요일 오후에 사라진 아이는 자정이 지나고 새벽이 되어도 나타나지 않았다. 불길한 상상들이 머릿속을 스치고 입은 바짝바짝 말라갔다. 부모는 결국 "하동에선 더 이상 방법이 없다"라며 부산 집으로 가겠다고 했다. 그러던 중, 아침 6시경 아이의 어머니로부터 기적처럼 전화가 걸려 왔다.

"아이 찾았습니다."

숨을 내쉬며 안도한 나는, 어떻게 된 일인지 물었다. 아이는 부모가 자신을 낯선 곳에 떼어놓으려 한다는 생각에 화가 났고, 대안학교가 무섭고 싫어 도망쳐 큰길까지 걸어 나갔단다.

그때 마침 지나가던 승용차가 손을 드는 아이를 태워주었고 "버스터미널까지 태워 달라"는 말에 아이에게 부산 갈 버스비는 있느냐 물음에 없다고 하자 차비로 오만 원을 줬고 그 돈으로 버스 타고 부산까지 갔다. 부산 도착 후 아이는 PC방부터 찾았다. 오만 원 중 차비로 쓰고 남은 돈으로 게임 몇 판 즐긴 뒤 돈이 떨어지자 동래에 있는 이모 집을 찾아갔다. 집으로 가면 혼날 게 두려웠던 게다. 이모는 새벽부터 찾아온 조카가 수상해 부모에게 전화를 걸었고, 덕분에 무사히 아이를 찾을 수 있었다. 그날 하루는 얼마나 길고 숨 막혔던지 다행히 해피엔딩으로 마무리되긴 했지만, 만약 그렇지 않았더라면…. 지금도 가슴이 철렁한다.

그렇게 1년 근무를 마치고 떠나는 날. 하동의 각 기관장들이 송별식을 마련해 줬고, 조유행 군수께서는 "5만 군민의 뜻을 모았다"라며 '명예 군민패'를 수여해 주셨다. 그 어떤 상보다 마음속 깊이 새겨지는 상이었다. 쑥스럽고 겸연쩍어하는 나에게 군수님이 말씀하셨다.

"서장님은 하동의 그 누구보다 하동을 사랑하셨습니다. 영원히 하동을 잊지 말아 주세요."

이임식을 마치고 떠나는데 자꾸만 눈물이 흐른다. 울보가 참느라고 애를 먹었다. 경기청에서 내려온 차를 타고 하동을 막 벗어나려는 그때 하동 문화원장의 전화가 걸려 왔다.

"서장님! 하동을 문화경찰서로 만들어 주신 감사 표시로 감사패를 만들

이해인 수녀님은 군수 서장 다잡았다며 환하게 웃으셨다. 하동을 떠나며 부부송을 찾아 작별 인사를 했다.

주민의 안전을 기원하고 하동을 떠난다. 박경리 토지길은 영원히 잊을 수가 없다.

었는데 들러 주시죠."

하동에 근무하는 동안 나는 하동의 문화를 이해하려고 애썼다. 어느 날 서예대전이 열린다고 해서 문화예술회관에 들렀다가 깜짝 놀랐다. 작품 하나하나 수준이 국전 출품작 못지않았다. 넋을 잃고 바라보는데 누군가 다가와 말을 걸었다. 자신의 작품이라며 설명을 해 주는데 그 작가는 곱게 그을린 시골 할머니였다. 작품은 감탄을 자아냈다. 그렇게 하동의 문화예술인들과도 참 가깝게 지냈다. 문화원장과 친하게 지낸 경찰서장이 흔치 않을 텐데 내가 그중 한 명일 것이다.

날이 저물어 갈 때 악양을 지나는데 멀리 부부송이 눈에 들어왔다. 함께 탄 경기청 직원들에게 "잠깐 들렀다 가자"고 부탁했다.

부부송 앞에 섰다.

"덕분에 하동에서의 1년이 덜 외로웠고 행복했어. 고마워."

작별 인사를 건네고 다시 차에 올랐다. 밤새 달려 수원에 있는 경기경찰청에 부임했다. 그러나 하동에서의 그 시간은 언제나 '잊을 수 없는, 따스한 봄날 같은 추억'으로 남아 있다.

2011년 5월 21일 행정안전부 안양호 2차관이 하동경찰서를 방문했다.

언론 대응 말고
언론 협력하라

6

화성 속으로, 정조 곁으로

수원에서 경기경찰청 근무를 시작했다. 화성을 모르는 건 아니지만 제대로 아는 것도 아니었다. 관사에서 사무실까지 걸어서 30분 정도 걸리는데, 특별히 바쁜 상황이 아니면 늘 걸어서 출근했다. 그리고 출근길에 만나는 화성을 무수히도 걸었다. 출퇴근 때는 물론 점심 식사 후나 주말 오후 산책도 어김없이 화성이었다. 혹여 서울이나 외국에서 손님이 오면 또 화성이었다.

어느 날 점심 식사 후 직원들과 화성으로 향했다. 시간이 부족한 탓에 1/3 정도만 돌고 오려고 신나게 설명하는데 사람이 하나둘 늘어난다. 시간이 다 되어 사무실로 돌아가려는데 이제 막 설명을 듣기 시작한 한 사람이 "왜 설명을 그만하느냐?"라고 항의한다. "점심시간이 끝나 사무실에 돌아가야 한다"라는 내 설명에 그제야 문화관광해설사인 줄 알았다며 미안해한다.

대개 아는 것처럼 화성은 1796년, 정조 대왕이 아버지 사도세자 묘(현릉원→융릉)를 이곳에 옮기면서 다산 정약용을 현장 책임자로 하여 축성한 5.74㎞ 성곽이다. 우리에게는 '화성'이지만 영문 표기는 城(Castle)이 아니고 요새를 뜻하는 'Hwaseong Fortress'로 쓴다.

화성은 정조의 꿈이 서린 도시다. 당초 10년은 걸릴 것으로 예상되었던

수원에는 정조와 화성 행사가 많다. 정조대왕 화성능행반차 행사에 참여한 이방인 외국인들은 신이 났다.

화성 축성 공사는, 놀랍게도 34개월 만에 완공되었다. 성과의 배경에는 정조의 백성을 향한 배려와 혁신적 철학이 있었다. 당시에는 나랏일에 동원된 백성들에게 보수를 지급하지 않아 도망가거나 대충 일하는 폐단이 흔했다. 정조는 이를 근본적으로 해결하고자 모든 인부에게 일한 만큼의 정당한 보수를 지급하라고 명했다. 반나절만 일한 경우에도 합당한 임금을 지급했고 작업 중 다친 인부에게는 치료와 함께 임금의 절반을 지급하도록 했다. 또 정조는 혹서기와 혹한기에는 작업을 일시 중단하라는 명을 내렸다. 하지만 생계가 어려운 인부들은 자발적으로 공사장에 나와 일했고 그 결과 더위와 추위에 쓰러지는 사람들이 속출했다. 이에 정조는 여름에는 '척사단(滌邪丹)'이라는 약을 하사해 서병(暑病)을 예방하도록 했고, 겨울에는 털모자를 하사해 추위를 막도록 했다. 일부 신하들은 "털모자는 정3품 당상관 이상만 사용하는 것이니 하사는 부적절하다"라고 반대했지만, 정조는 "백성의 생명이 무엇보다 우선이다"라며 뜻을 굽히지 않았다. 그 결과, 불가능할 것 같던 화성 축성이 불과 34개월 만에 완공될 수 있었다.

정조는 1795년 음력(윤) 2월 9일부터 16일까지 8일간 화성으로 성대한 행차를 단행했다. 이 행차는 어머니 혜경궁 홍씨의 회갑을 기념함과 동시에 아버지 사도세자의 사갑(60주기)을 추모하기 위한 것이었다. 수원시 장안구 파장동에는 지금도 '지지대(遲遲臺)' 고개가 있다. 정조가 행차 중 사도세자의 능을 가까이 두고도 도착이 지체되는 상황에 "왜 이리 지체되느냐?"라고 말하며 안타까워했다는 데서 유래했단다. 또 한양으로 돌아가는 길에 고개를 넘으면 아버지의 묘가 더 이상 보이지 않으니, 정조는 가마꾼들에게 지체하라 즉 천천히 가라고 지시했다. 사무치는 그리움을 담아 마지막 순간까지 아버지를 향한 마음을 멈추지 않은 거다. 가마꾼들이야 8일 동안 집을 나와 있으니, 발걸음이 빨라지는 것은 당연한 일이다.

화성은 자연재해와 일제강점기, 6.25전쟁을 거치며 크게 훼손됐지만 새롭게 단장하며 1997년 유네스코 세계문화유산으로 등재되었다. 재건에 가까운 보수로 세계유산 등재 당시 논란이 있었지만, 건축물의 설계도와 같은 〈화성성역의궤〉 덕분에 크게 문제 되진 않았다. 화성성역의궤를 바탕으로 벽돌 한 장, 기와 한 장도 허투루 쓰지 않고 원형 그대로 복원함에 따라 역사적 가치를 인정받을 수 있었다. 더불어 화성성역의궤 역시 세계기록유산으로 등재되었다. 군사시설이지만 공격을 위한 시설이 아니고 백성을 보호하기 위한 방어 시설이라는 점도 높이 평가되었다. 또 화성은 현지 지형에 맞게 읍성과 산성의 구조를 모두 살려 축성했고 우리나라는 물론 중국의 축성 방식을 총망라해 축성하는 한편, 공사실명제를 통해 부실 공사를 방지했다.

화성은 장안문과 팔달문·창용문·화서문 등 4개의 성문과 화홍문·남서문 등 2개의 수문, 서장대와 연무대로 불리는 동장대, 서북공심돈 등 3개의 공심돈, 4개의 암문, 방화수류정 등 여러 개의 각루, 포루(砲樓)와 포루(鋪樓) 그리고 봉돈 적대까지 두루 갖춘 모습이다. 약 50개의 건축물이 있으나 동일한 것은 하나도 없어 각기 독창적인 멋을 뽐낸다. 그중 방화수류정(訪花隨柳亭)은 화성의 백미로 꼽힌다. 우뚝 솟은 지형에 따라 지휘소를 지어, '동북각루'라고도 하는데 아름답기가 이루 말할 수 없다. 특히 야간의 모습은 더욱 아름답다. 2012년 5월 초 그곳으로 신혼여행을 온 외국인 부부가 화성을 바라보며 행복해하는 모습에 나 역시 흐뭇했다.

한양도성 정문은 남대문인 숭례문이지만 화성의 성문은 북대문인 상안문(長安門)이다. 북대문이 정문인 이유는 한양에서 오시는 임금이 그곳으로 들어오시고 다시 한양으로 가실 때 북문으로 행차하셨기 때문이다. 백성들이 오래도록 편안하기를 바라는 마음의 장안문은 우리나라에서 가장 큰 성문이라고 알려져 있다.[1] 남대문인 팔달문(八達門)은 충청도와 경상도, 전라

---

[1] 서울의 숭례문보다도 5cm가 더 크다는데, 정확히 재본 것은 아니어서 확인할 길이 없다.

도로 가는 사통팔달의 길이 열린다는 의미로 이름 지어졌다. 동대문인 창룡문(蒼龍文)은 동쪽을 의미하는 푸를 창(蒼)을 쓰며 동쪽은 또 동궁 즉 세자를 의미해 창룡문이라고 했다.

화성은 복원 전까지 '서문은 서 있고 남문은 남았으며, 동문은 도망가고 북문은 부서졌다'라는 노래가 있을 만큼 훼손이 심했다. 1995년부터 2002년까지 민선 1~2기 수원시장을 지낸 심재덕의 고집스러운 노력 덕분에 원형에 가깝게 복원해 세계유산으로 지정될 수 있었다. 심재덕 시장은 또 화장실 문화 개선을 위한 공도 크다. 제1대 세계화장실협회 회장도 역임한 그의 별명은 Mr. Toilet이다. 한 사람의 열정으로 한 도시를 탈바꿈할 수 있음을 보여준 분이다.

우리는 흔히 수원 화성이라고 부르지만, 영문 표기는 Castle이 아니고 Portress임을 가보고 알았다.

그렇게 내가 화성에 빠져있을 때 연말이 다가왔다. 종무식 때 한 해 동안 직원들에게 보여줄 만한 영상을 만들고 싶어 양승호 경감 도움으로 제작한 7분짜리 화성 동영상은 한 해 동안 고생한 경기경찰청 직원들에게 큰 위안이 되었다. 얼마 후 염태영 수원시장이 경기청을 방문했는데 마침 청장이 부재중이어서 내 방에서 잠시 기다리기로 했다. 나는 혹시나 기다리는 시간이 지루할까 싶어 우리가 만든 '화성 속으로' 동영상을 보여 드렸다. 염 시장은 아주 잘 만들었다며 입이 마르도록 칭찬했다. 이에 예비로 제작한 CD 한 장을 그에게 건넸더니, "시청 직원들에게 보여 주고, 왜 이런 것을 시청에서 만들지 않는지 혼내 주겠다"라고 했다.

  수원은 또 3성의 고장이다. 화성(華城)이 있고 삼성(三星)이 있으며, 지성이 있다. 화성은 성곽 화성이고 삼성은 수원시 영통구의 기업 삼성전자를 말하며 지성은 축구선수 박지성을 말한다. 박지성은 서울에서 태어나 전남 고흥에서 자랐고 초·중·고등학교는 수원에서 다녔다. 이 때문에 박지성을 수원 사람이라 하며, 2002년 한일 월드컵 4강 신화의 주역임을 기리기 위해 당시 손학규 경기도지사가 명명한 '박지성길'이 있다. 수원시 망포동과 화성시 반송동을 잇는 길이 바로 박지성길인데 2009년 4월 '동탄지성로'로 도로 명칭을 변경했다. 수원시는 새로 바뀐 동탄지성로에 박지성길을 병기하고 있다. 수원 월드컵경기장에는 축구박물관이 있다. 606㎡(183평)의 작지 않은 규모로 다양한 축구 사료를 전시하고 있는데 그곳에 박지성 코너도 있다. 박지성이 유소년 시절부터 국가대표 선수를 거쳐 프로선수로서 받은 트로피와 상장, 체육훈장 등이 있고 초등학교 때 쓴 일기장까지 있다. 일기 중 거의 매일 코치님께 꾸중을 들었다며 왜 같은 지적을 반복해서 듣는지 모르겠다고 자책하는 내용이 아주 인상적이다. 사람들은 잘 되면 내 탓이고 안 되면 남 탓을 많이 하는데 지성은 늘 자신의 탓으로 돌렸다. 그래서 그는 훌륭할 수밖에 없다.

유족 대응 말고 유족 지원으로

2012년 4월 1일, 그날은 만우절이자 일요일이었다. 봄이지만 여전히 바람이 차갑게 느껴지는 날이었고 특히 저녁은 더 그랬다. 4월 2일 월요일 아침에 출근하니 평소와 달리 무거운 분위기가 느껴진다. '무슨 일이 있나? 정보과장인 내가 모르는 무슨 일이 있었나?' 하고 궁금해하고 있는데, 무슨 영문인지 아무도 이야기해 주지 않는다. 직감적으로 큰일이 생겼다는 생각이 번뜩 든다. 곧 밝혀졌는데 아주 끔찍한 사건이 발생했다. 중국 조선족 오원춘(吳原春)이 공장에서 일하고 퇴근하는 28세 여성 회사원을 집으로 납치해 성폭행하려다 완강히 저항하자 둔기로 머리를 가격하고 목 졸라 살해한 뒤 시신을 훼손한 엽기적인 살인사건이 발생했다. 끔찍한 사건이지만 범인이 바로 검거되어 다행이라고 생각했는데, 사건의 시작은 그때부터였다.

피해자는 살해되기 직전 112로 경찰에 신고했지만, 경찰이 제대로 대응하지 못해 피해자를 구조하지 못했다는 지적이 일기 시작했다. 납치된 피해자는 범인 오원춘이 성폭행을 시도하다가 잠시 화장실에 간 틈을 타 방문을 잠갔다. 그러고는 지동초등학교를 지나 못골 놀이터 가는 길 어딘가에서 성폭행을 당하고 있다며 급박한 상황이지만 112에 전화를 걸어 최대한 자세히 신고했다. 하지만 신고 접수 경찰관은 더 구체적인 위치를 묻기 위해 어설프게 대응했다 그 사이 범인이 문을 열고 방 안으로 들어왔고, 피해자가 침대 밑으로 휴대전화를 던지면서, 이후에도 비명 등이 계속 들려왔다. 경찰은 억지로 문 여는 소리와 함께 곧 전화가 끊어졌다며 1분 20초 분량의 녹취록을 공개했지만, 이후에도 6분 넘게 피해자의 절규와 비명이 이어진 사실은 공개하지 않았다. 결국 4월 7일에서야 총 통화 시간이 7분 36초였음이 드러났다.

통화 시간은 축소하고 출동 인원 역시 11명을 35명으로 확대 발표했으며, 현장 점검은 현관문이나 창문에 귀를 대 사람 소리가 들리는지 확인하는 정도에 그치는 등 긴급 상황 대처 방법이 너무 부실했다. 그리고 4월 2일 11시 30분, '부부싸움 소리가 들렸다'라는 결정적인 제보를 받고 수사 범위를 좁힌 끝에 토막을 낸 시신을 챙겨 달아나려는 범인을 검거했다. 비난은 그야말로 봇물 터지듯 걷잡을 수 없었다. 청장과 나 그리고 참모 한 사람이 군산에 있는 피해자 부모를 찾아 사죄코자 했으나 뵙지도 못하고 돌아왔다. 그 즉시 T/F가 꾸려졌고 나에게 유족대응팀장을 맡으라고 했지만, 나는 유족지원팀장으로 교체를 요청해 해당 임무를 맡았다.

게다가 유족 측에 사건을 설명하는데 경찰이 졸다가 유족을 분노케 한 일도 있었다. 발생하지 않아야 할 사고인 데다 수습이라도 제대로 해야 하는데 못 그랬다. 경찰청장과 경기청장은 모든 책임을 지고 물러나겠다며 사의를 표했다. 경찰청장은 물러나고 경기청장은 경찰대학장과 교체되었다.

경황이 없어 장례식도 치러드리지 못해 마음이 무거웠는데, 어렵게 수원에 소재한 교회 목사님들 주관으로 다수의 기관장이 참여한 가운데 영결식이 치러졌다. 가족을 잃은 것 이상의 슬픔에 눈물을 흘렸다. 유족지원팀장으로서 무언가 해야 하는데 유족들이 아예 상대하지 않으려 하니 마음이 더욱 힘들었다. 숙명이라고 생각했다. 경기청을 비롯해 전국 경찰이 유족을 돕겠다며 십시일반 위로금을 보내왔다. 한참의 시간이 지난 뒤 겨우 피해자의 형부를 만나 조금씩 이야기를 할 수 있게 되었고, 진정성 있게 다가가려는 노력을 이어갔다. 이 사건은 이후 112신고 접수 처리 방식이 대폭 개선되는 등 작은 희망을 남겼다.[2]

'경기청' 하면 한 가지 더 생각난다. 2012년 7월 27일 금요일 새벽, 안산

---

[2] 본 사건 이후 경찰에게도 소방과 같이 자동위치추적권이 부여되었다. 2012년 5월 2일 경찰에게도 긴급 구조를 위한 개인위치정보 이용을 허용할 수 있도록 〈위치정보의 보호 및 이용 등에 관한 법률〉이 개정되었다. 또한 2024년에는 독자적인 〈112신고의 운영 및 처리에 관한 법률〉이 제정되었다.

에 소재한 'SJM' 자동차 부품 공장에서 농성을 벌이던 노조원 가운데 40여 명이 사측에서 동원한 경비업체 사람들의 폭력으로 부상당하는 대규모 유혈사태가 발생했다. 정치권에서는 즉각 용역 폭력 근절을 위한 경비업법 개정안을 발의하는 등 대책 마련에 나섰고, 경찰은 폭력 사태 당시 노조원들이 112로 구조를 요청했으나 적극적으로 대응하지 않은 사실이 드러나 또 한 번 질타를 당했다.

폭력 사태를 주도한 사측과 경비업체 관계자들은 1심에서 징역 3~4년의 실형이 선고되었고, 경찰은 안산단원서장 직위 해제 등 다수가 징계받았다. 이 이야기는 이쯤에서 마무리하자. 다만 사건 발생 시 지휘관은 물론 사건·사고 현장에 출동하는 경찰관은 현장 정서에 맞는 언행을 해야 한다. 예컨대 뒷짐을 지거나 팔짱 끼고 흡연이나 박장대소, 기념사진 촬영 등은 어느 현장이든 각별히 조심해야 한다. 현장 분위기는 늘 살얼음판같이 예민하고 주변에 보는 눈도 많으며 최근에는 CCTV나 스마트폰이 발달해 모든 행동이 금세 들통나기 때문이다. 마음가짐부터 정갈하게 하고 진심 어린 말과 행동으로 대화해야 소통이 가능함을 잊지 말아야 한다.

어머니는 엘리자베스 여왕처럼

90줄에 가까운 어머니가 막내아들이 근무하는 곳에 가보고 싶다며 둘째 아들에게 전화해 같이 가달라고 어지간히 조른 모양이다. 둘째 형은 어머니를 모시고 내가 근무하는 경기경찰청에 오셨다. 어머니와 둘째 형은 같은 쥐띠이며 음력 섣달 초하루 생일까지 같아, 때로는 티격태격도 하지만 유난히 사이가 좋은 모자지간이다. 지난해 총경으로 승진해 하동경찰서장으로 발령 났을 때 꼭 내려오시겠다고 했지만 어디 보통 거리인가? 너무 먼 곳이어

아들이 보고 싶다고 경기남부경찰청을 찾아오신 어머니를 모시고 수원 화성 장안문(長安門)에 갔다. 모자로 멋을 한껏 부린 어머니는 엘리자베스 여왕 못지않다. 오래오래 편안하시길 빌었다.

서 엄두를 못 내시다가 이제 수원으로 올라오니 새해 초부터 아들 만나러 오시겠다고 마음먹었는데 춘삼월이 다 지나고 한여름이 되어서야 오셨다. 아들 만나러 오는 길임에도 꼭 데이트하러 오듯 꽃단장에 모자까지 단정하게 쓰고 나타난 어머니. 마치 영국 엘리자베스 여왕처럼 예쁘고 고우셨다. 어머니는 계단은커녕 걷기도 쉽지 않아 민원인용 휠체어를 이용해 사무실로 모셨다. 마침 여름이라 출입문을 열고 근무하던 직원들이 박수로 반겨줬다. 정말 엘리자베스 여왕이 온 듯하다.

내 집무실을 구석구석 둘러보던 어머니께 "제 의자에 앉아 사진 한 장 찍으세요"라고 했으나 한사코 손사래를 치신다. 청사를 천천히 둘러본 어머니와 둘째 형을 모시고 점심때가 되어 화성 상안문으로 향했다. 장안문을 보며 "정조 대왕은 이 지역 백성들의 안녕이 오래도록 지속하기를 바라는 염원을 담아 이름 지었다. 어머니도 이곳을 보셨으니 건강하게 오래 사시라"고 말씀드렸다. 여왕처럼 꾸민 어머니를 장안문 앞으로 모셔 사진 한 장 찍어드렸는데 후에 사진을 보니 지팡이가 감쪽같이 사라졌다. 늙고 나약해 보일까 싶어 지팡이 잡은 손을 뒤로 숨겨 보이지 않게 하신 어머니 모습을 떠올리니 웃음이 나면서도 세월이 참 야속하다.

두 분을 작은 아파트인 관사로 모시고 사무실로 다시 와 근무 후 돌아가니 보글보글 된장찌개 끓는 냄새가 구수하다. 이 맛은 정말 그리웠던 바로 어머니 맛이다. 우리 셋은 식탁에 옹기종기 앉아 어머니가 정성스레 준비한 맛있는 저녁 식사를 했다. 소주도 한 병 땄다. 경주 최씨 어머니 옥단 여사는 술 마시는 스타일도 화끈하다. 막걸리나 맥주보다 소주나 양주 등 독한 술을 한잔 채워 한입에 들이키신다. 그렇게 딱 2~3잔을 드시고는 또 확실하게 끝낸다.

그날도 우리 셋은 어머니 시집올 때 이야기부터 여섯 시동생 키워 장가보낸 이야기, 우리 7남매 잘 키워 각자 가정을 꾸리게 한 이야기로 시간 가는 줄 모르고 이야기꽃을 피웠다. 일제강점기에 태어나 8.15해방과 6.25전쟁, 다시 4.19부터 5.16 보릿고개와 유신시대, 10.26과 5.17, 5.18까지 온갖 세월의 풍파 다 겪으시고 '86아시안게임과 '88서울올림픽, 2002 한일월드컵까지 이 나라의 역사를 제대로 관통해 오신 분이다.

밤이 되어 잠든 어머니를 살포시 안아드리고 또 살짝 안기기도 했다가 방을 나와 둘째 형과 소주 한 잔을 더 하며 얘기 나누다가 잠자리에 든다. 팔달산 위의 높은 서녘 하늘에 초승달과 성근 별들이 총총하다. 그날 밤의 기억이 아직도 생생하다.

세계 유일 분단 현장 치안을 맡다

지금은 경기경찰청이 남과 북으로 분리되어 있으나 내가 근무하던 시절만 해도 1개의 경기경찰청이 41개서 모두를 관할했다. 특히 한강 넘어 서울의 북쪽에 있는 고양, 일산, 파주, 연천, 포천, 동두천, 의정부 그리고 남양주 경찰서 등은 경기청에서 한번 가려면 2~3시간씩 걸리니 사실상 통솔 범위

기관장들과 국군 1사단에서 지역 절대 안전을 논의하고, 전의경 동우회 등 친경 단체와 소통도 강화하였다.

원칙을 벗어나는 관할구역이었다. 특히 파주는 판문점 임진각 민통선 개성공단출입경관리사무소 등이 있어 경기도경으로서도 관심 대상이지만 가시권 밖에 있는 터라 늘 노심초사할 수밖에 없는 지역이다. 경기도경 정보과장으로 근무하는 동안에도 파주에 갈 일이 있으면 헬기를 타야 했다. 이 때문에 경기도는 남북으로 분도(分道)되지 않았지만, 경기청은 2008년 경기북부에 2차장을 두었다가 2015년 경기남부·북부경찰청으로 분할한 것이다.

경기도경에서 햇수로 3년을 근무한 나는 집이 일산이고 90대의 노모를 모시고 있었으므로 파주에 가고 싶었다. 가만히 분위기를 보니 무려 7명이 파주 근무를 희망해 7대 1의 경쟁이란다. 내심 불안했지만 '가게 되면 다행이고 못 가면 2희망 또는 3희망이라도 발령 나겠지'라며 차분하게 마음먹었다. 쟁쟁한 사람들과 경쟁에서 제64대 파주경찰서장으로 발령이 났다. 저음에는 광명서장으로 발령 났다고 연락받았는데 김종섭 총경을 김성섭으로 잘못 연락한 것이었다. 순간 '세상사 마음대로 안 되네'하며 담담히 받아들였는데 막상 명단을 받으니 파주였다.[3] 파주로 발령받아 가는 길은 기분이

---

3 당시 경기경찰청에는 무려 '5섭'이 있었다. 김덕섭, 김춘섭, 김정섭, 김종섭 그리고 나 김성섭이다. 비슷한 이름 때문에 우편물이 잘못 배달되기도 하고, 방문객이 잘못 찾아오기도 했다. 발령 소식에 오류가 있던 것도 이 때문이다.

전진부대인 보병1사단을 방문하여 하창호 사단장으로부터 부대 현황을 소개받고 있다. 다른 기관도 마찬가지이지만 접경지역에서 군경의 더욱 긴밀한 협조 체제 유지는 매우 중요하다.

좋았다. 독일이 통일되었고, 베트남도 통합되어 지구상에서 유일의 분단 현장은 남북한뿐이다. 그래서 더 아련하고 애잔한 아픔을 지닌 곳이며 그런 세계 유일의 분단 현장 아픔을 온몸으로 체험하고 싶었다. 누구보다 특별한 노력으로 허리가 끊어진 접경지역 치안을 감성적이고 이성적이며 문화적으로 확립해 보겠다는 의욕이 넘쳤다.

들뜬 마음으로 파주경찰서에 부임한 후 어머니께 전화를 드렸다. 어머니는 북한과 대치하고 있는 분단 현장의 최전선, 파주서장으로 발령 났다는 소식에 한동안 말이 없으셨다. 한참을 침묵하던 어머니가 마침내 말문을 여신다.

"아들, 뭘 잘못하고 최전방으로 쫓겨 간 겨?"

"어머니 제가 뭘 잘못한 게 아니고요. 어머니 곁으로 와서 자주 찾아뵙고 효도하고 싶어서 희망해 왔어요."

진지한 나의 답변에도 어머니는 끝내 미덥지 않은 눈치셨다. 전화기 너머 들리는 노모의 긴 한숨이 그대로 전해진다. 파주서장으로 부임해 가장 먼저 신경 쓴 것은 접경지역 특성에 맞는 맞춤형 치안 시책을 펴는 일이었다. '애들 싸움이 어른 싸움 된다'라는 속담이 있다. 동서고금의 수많은 전쟁이 실제로 그랬다. 처음부터 전면전을 펼치기보다는 작은 갈등이 여러 차례 반복되며 발생한 국지전이 결국 전면전으로 확대되는 경우가 많았다. 이런 사실을 익히 알고 있기에 군부대를 예방하여 부대장들에게 예민할 수밖에 없는 접경지역 치안을 경찰과 군이 하나 되어 긴밀히 협조하자고 호소했다. 관할 경찰서장의 진정성에 군단장과 사단장들이 두말없이 호응해 주었다. 특히 전진부대 보병 1사단을 예방했을 때 사단장이 현관 앞까지 나와 영접을 해 주었다. 투 스타답지 않은 그의 소탈함이 더 존경스럽다. 현관에 설치된 전사자 명부 앞에서 정중히 예를 갖추고 사단장으로부터 부대 현황에 대한 설명을 들었다. 사단장은 90분 내내 경찰서장 방문을 직접 안내하며 예의를 갖추었다. 그야말로 진정성이 몸이 밴 참군인임을 느꼈다. 사단장이 개인 이야기를 잠시 한다. 그의 아들이 공부하느라 조금 늦은 나이인 27살에 되어서야 군에 입대하게 되었단다. 입대 전 아들이 "아버지 저 군대에 안 가면 안 되나요?" 하더란다. 깜짝 놀라 "야, 이 녀석아! 사단장 아들이 그게 무슨 소리야?" 했더니, 아들이 말하길 "저는 사실 아빠 밑에서 27년째 군 복무를 하고 있잖아요."라고 이야기해 크게 웃었단다.

나는 배석한 참모들 가운데 이름 석 자의 끝 자가 '신'자인 참모를 가리키

접경지역의 과도한 불안감 해소를 위해 문화치안을 폈고, 분화행사에도 자주 참석하였다. 2013년 개최한 서화전에 유진룡 문화부장관은 화분을 보내 축하해 주셨다.

며, 이 나라를 구한 장군들 모두 이름에 '신'이 들어간다고 너스레를 떨었다. 예컨대 삼국을 통일한 신라의 선봉장 김유신, 윤관을 도와 여진을 정벌한 고려의 척준신, 임진왜란 때 조선을 구한 이순신, 그리고 초대 주월 한국군사령관 채명신 장군, 이 외에 한신, 김신, 이남신, 김동신 장군 등이 있다고 말하니 눈동자들이 휘둥그레진다. 얼마 후엔 6.25 기념식도 참석했다. 전승절 기념행사라고 쓴 현수막을 보고 지역 국회의원과 파주시장이 언쟁을 벌이는 촌극이 발생했다. 3성 장군 출신인 보수 성향의 황진하 의원은, 전승절은 북한에서나 쓰는 용어이고 대한민국인 우리는 6.25 기념식이라고 해야 한단다. 나도 그런 것 같았지만 나서기도 애매해 그냥 지켜보았다. 행사 내용이 부족한 것은 아니었으나 두 사람의 다툼이 결국 '옥에 티'였다. 후에 확인하니 황진하 의원의 의견이 옳았다. 〈제00주년 6.25전쟁 기념식〉으로 표기하는 게 맞다. 물론 〈6.25전쟁 제00주년 기념식〉으로 표기할 수도 있다.

북한에서 전승절이라고 주장하는 것은 조국 해방 전쟁 승리 기념일의 약칭이다. 광복절도 아니고 1953년 7월 27일 그들이 일으킨 동족상잔의 비극 6.25전쟁에서 자신들이 이겼다고 하며 역사를 왜곡하는 기념일이니 우리는 쓰지 않아야 하는 것이 옳다.

아! 영국군 글로스터셔 대대!

제64대 파주서장으로 부임해 취임식을 마친 2013년 4월 22일, 초청장이 하나 왔다고 보고한다. 내용을 확인하니 관내 파주시 적성면 설마리에서 6.25 당시 희생된 영국군 추모행사다.

정보과장에게 상황을 물으니 군 관련 행사이므로 경찰서장은 굳이 참석하지 않아도 된다고 한다. 하지만 내 생각은 달랐다. 처음부터 예민할 수밖

90세 전후의 영국군 참전용사들이 매년 4월 22일 설마리 전투 추도식에 참석한다. 지역 학생들을 위한 장학금을 지급하는데, 갈수록 줄어드는 노병들의 숫자에 사뭇 걱정이 된다.

에 없는 접경지역 안보 치안을 숙명적으로 수행하겠다며 부임했고 그런 다짐의 연장선에서 추모행사는 다른 어느 행사보다도 앞서 참여해야 한다고 생각했다.

아니나 다를까, 각급 군 지휘관들을 위시해 관내에 '내로라'하는 기관장들이 대부분 참석해 자연스럽게 부임 인사까지 겸하는 자리가 되었다. 이곳에서 관내 현안인 대북 풍선 날리기에 대한 의견도 교환하면서 각급 군 지휘관들과 소통했고 친해진 분들도 있다. 자세한 영문을 모르고 참석한 행사지만 매우 의미 있는 행사였다. 설마리 지역은 6.25 전쟁 당시 영국군이 우리를 위해 피땀 흘리며 싸워 지킨 현장이다. 이후 우리 정부와 영국 정부가 추모 공원을 조성했고 매년 추모행사를 열어 왔다. 여기서 잠시 당시의 전투 상황을 살펴본다.

이 전투는 '설마리 전투(Battle of Solma-ri)' 또는 '글로스터(또는 글로스터셔) 고지 전투(Battle of Gloster Hill)'로 불린다. 6.25 전쟁이 한창이던 1951년 4월 23일부터 25일까지, 경기도 파주시 임진강 일대에서 영국군 제29여단 글로스터셔 대대와 중공군 19병단 및 3병단 사이에 벌어진 전투를 말한다. 1951년 1월 4일, 서울을 재점령한 북한군과 중공군은 평택 오산까지 병력을 밀고 내려왔다가 3월 14일에 다시 반격을 시작한 국군과 유엔군에 밀리며 38선 부근에서 그들 간 처절한 교전이 발생했다. 1951년 4월, 중공군 70만 명은 유엔군을 완전히 몰아내겠다는 의지로 대규모 총공세를 벌였다. 이것이 5차 공세 또는 4월 공세이다. 주공 방향을 서부전선으로 택한 중공군은 유엔군 4개 사단을 섬멸하고 서울 3차 점령을 목표로 어마어마한 병력을 투입했다. 그중 국군 1사단과 영국군 제29여단이 방어하고 있던 파주-연천 지역은 중공군 19병단과 북한군 제1군단이 배치되었고, 이는 중공군이 모든 전선을 통틀어 가장 압도적인 수적 우위를 점한 전투였다. 무려 병력의 비율이 1:30 정도였다. 그러나 보병1사단과 영국군 29여단은 구름처럼 밀려오는 중공군에 결사적으로 항전했고, 국군과 유엔군은 단 하루라도 온전히 후퇴할 시간을 벌어 구파발 등 북부 지역에서 서울을 지켜낼 최후저지선 구축이 절실했다. 파주에서 시간을 벌어 줄 부대 속된 말로 총알받이 역할을 찾는데 누구도 선뜻 나서지 않던 중 영국군 29여단 글로스터(Gloster) 대대가 나섰다. 글로스터 대대는 고립무원의 처지에서 압도적인 중공군의 공세에 맞서 대대장마저 소총수가 되어 3일간 영웅적인 방어 전투를 벌였지만, 수적 열세의 한계로 사상자가 속출하고 결국 탄약까지 모두 소진하며 더는 전투가 불가능한 상태가 되었다. 대대장은 모든 걸 소진했음에

접경지역 파주는 늘 긴장상태이지만 해맑은 미소를 머금은 우리 어머니 같은 할머니도 있다.

도 최후의 일각까지 맞서 싸울 것임을 보고했고, 여단장은 탈출하되 이마저도 불가능하면 항복도 허락한다고 했다. 그만큼 절박한 순간이었다. 목숨 바쳐 끝까지 싸운 652명의 대대원은 분산 탈출을 시도했으나 포위당한 상태에서 59명이 전사했고 526명은 포로로 잡혔으며, D중대를 비롯한 67명은 겨우 탈출에 성공했다.

하지만 글로스터 대대의 명예로운 저항은 절대 헛되지 않았다. 대대가 저항하며 벌어 준 천금 같은 시간으로 유엔군은 나름 질서 정연하게 후퇴해 새로운 방어선을 구축했고 마침내 중공군이 목표로 한 서울을 지켜냄으로써 4월 공세를 좌절시킨 것이다. 이 전투는 영국의 해외 참전 역사에서도 손꼽히는 투혼이자 희생으로 기록되어 있다.

이야기는 여기서 그치지 않는다. 1957년, 이곳에 영국군 전적비가 세워졌고, 참전용사들은 매년 4월 23일, 이곳 전적비를 찾아 희생자를 추모하고 있다. 1992년 11월 찰스 왕세자와 다이애나(Diana)가 이곳을 방문했고, 1999년 4월에는 엘리자베스 여왕이 이곳에 찾아와 헌화했다. 내가 파주서장으로서 처음 참석한 2013년 4월 23일 추모제에도 여왕은 추모사를 보냈고 주한 영국대사관의 무관이 이를 대독했다. 그런데 이날 백발이 성성한 노병들이 휠체어를 타고 나타났다. 바로 참전용사였다. 20대 초반의 젊디젊었던 병사들이 이제는 90줄의 노병이 되어 나타났다. 그들 앞에 다가가 정중히 거수경례를 올렸다. 그 순간 한마디를 듣고 울컥했다. 휠체어들 탄 노병들은 자신들이 지킨 이 나라가 이토록 발전을 거듭해 목숨 바쳐 싸운 보람을 느낀다며 고마움의 표시로 인근 거주 모범 소녀소년 가장들에게 장학금을 전달하겠다는 거다.

파주는 이처럼 6.25 전쟁 당시 격전지였던 곳이 많아 국방부 유해 발굴단이 주기적으로 근방에서 활동하며 고귀한 희생의 흔적을 찾아내고 있다. 개인적인 바람은 유해 발굴단이 글로스터셔 부대 장병들의 격전지를 발굴해 그들의 유해나 소지품 한 점이라도 찾아주었으면 한다. 그리고 미국의 '라이언 일병 구하기' 또는 대한민국의 '태극기 휘날리며'와 같은 영화 한 편이 만들어졌으면 좋겠다.

"아~ 잊을 수 없는 글로스터셔 대대!"

4만 인파 안전 귀가 작전

2013년 10월 말, 날씨가 쌀쌀해지고 있었다. 경비과장이 급히 들어와 '무도녹촬'이 있다고 보고한다. 무슨 말인가 했더니 당시 유명한 MBC 예능 프로그램 '무한도전'이 임진각 평화누리공원에서 녹화 촬영을 하는데 1만 명은 모일 것으로 예상되어 현장에서 안전 및 경비 근무를 한다는 거다. 얼른 같이 가자고 했다. 현장에 도착해보니 촬영 시작 5시간 전인데 이미 모인 이들이 1만 명이 넘었단다. 얼마나 인기가 있었는지 몇몇이 가고 있으니 자리 좋은 곳으로 골라 입장을 시켜 달라는 청탁 전화까지 왔다. 결국 오후 5시 기준으로 모인 사람이 무려 3만 명을 넘어섰는데 인파는 계속해서 몰려들었고 이렇게 모이다 보면 큰일이라는 걱정이 가득해진다.

인파가 운집하는 주간은 영상 15도 안팎의 선선한 날씨였지만 촬영이 끝나는 밤 10시경은 영하로 내려갈 거라는 일기예보가 있고 주최 측인 MBC는 예상이 밤 10시일 뿐 1시간 정도는 더 늦게 끝날 수 있다는 반응이었다. 심각한 상황이었고 최악의 상황을 가정해 보아야 했다.

인파는 시간당 1만 명씩 증가해 촬영 시작 때까지 4만 명을 웃돌 것이고 기온은 15도 이상 떨어져 영하권을 맴돈다. 특히 이 많은 인파는 일시에 해산하는데 인근 기차역인 문산역에서 마지막 기차는 24시에 끊어진다. 4만 인파 중 절반은 자차로 귀가한다고 가정해도 2만 명은 1시간 이내에 문산역으로 이동해야 하는데 만약 이 예상이 안 맞으면 기온이 급강하해 저체온 사고가 발생할 수 있고 혹여나 젊은 친구들이 술 한 잔 마시고 취객이 되어 부녀자 희롱 등 성추행 사고로까지 이어질 수 있다는 생각이 들었다. 그렇다면 이건 비상 군사작전이다.

우선 파주시장에게 전화해 상황을 설명하고, 시장이 동원할 수 있는 모든 버스를 지원해달라고 당부했다. 파주시장도 상황의 심각성을 인식하고 즉시 버스 지원을 약속했다. 그러나 파주시가 보유하고 있는 버스는 그리 많지 않았고 민간 버스를 동원하기도 쉽지 않았다.

다시 고민 끝에 국군 1사단장에게 연락했다. 하창호 사단장 역시 사단과 예하 부대가 보유한 전 차량을 즉시 동원해 지원하겠다고 흔쾌히 대답한다. 다시 생각해도 참 고마운 분들이다. 특히 사단 지원 버스를 보니 운전병 이외에도 안내 장병과 선임 탑승 지휘 요원이 각 1명씩 동승한 상태다. 미처 생각하지 못한 부분인데 앞서 생각하고 지원해 주니 역시 남다른 느낌이다.

예상대로 4만 이상 인파가 운집했고 밤 11시쯤 끝났다. 임진각에서 문산역까지의 거리는 8.5㎞ 승용차로는 15분 마을버스로는 30분 걸어서는 2시간이 소요된다. 동원한 시청 버스와 사단 버스는 총 25대, 운행 시간은 25

MBC(사장: 엄기영) 인기프로 무한도전 녹화촬영에 4만 인파가 파주 관내 임진각 평화누리에 모였다. 안전관리에 각별히 신경을 썼는데 보병1사단 협조도도 컸다. 식사 한번 하자는 제작진에게 마음만으로 감사해했다.

접적지역 파주에서의 대북 풍선 날리기는 매우 예민한 사안으로서 각별히 신경 써야만 했고 접경 지역 치안 질서 유지 유공으로 훈장을 받았다

분 정도 소요될 것으로 판단된다. 그렇게 모든 버스가 사람들을 태워 임진각과 문산역을 오갔고 모든 시민이 문산역 출발 마지막 열차까지 한 명의 열외 없이 안전하게 탑승할 수 있었다. 경비과장과 우리는 모두 만세를 부르며 환송했다.

　소개(疏開) 작전을 마무리하고 혹시 잔류자나 주취자가 있지 않은지 확인하기 위해 그 넓은 임진각 평화누리를 구석구석 살피고 경찰서로 돌아오니 새벽 3시가 넘었다. 며칠이 지나 MBC 관계자가 한 명 찾아왔다. 그날 호의에 너무 감사해 밥이라도 대접하고 싶단다. 성의는 고맙지만, 당연히 할 일을 했을 뿐이라며 정중히 사양했다. 어떤 방법으로든 고마움을 꼭 표시하고 싶다는 관계자에게 "정 그렇다면 방송 끝자락에 행사 진행을 도운 파주경찰서와 국군 1사단 장병 여러분에게 감사하다는 자막을 하나 넣어줄 수 있느냐?"라고 물었다. 충분히 가능한 일이라고 답변을 들은 1주일 뒤 방송한 무한도전 엔딩에 감사 문구가 자막으로 등장해 전국에 방송되었다. 이 좋은 기분을 어찌 다 말로 할 수 있겠고 더 이상 어떤 결과를 기대할 수 있으랴!

접경지역 민심과 대북 풍선

2013년 4월부터 파주경찰서장으로 근무한 지도 어느새 10개월이 훌쩍 지났지만, 여전히 변하지 않는 몇 가지가 있다. 도발적인 책동을 계속하는 북한이다. 살림살이가 어려운 아우가 있다고 생각하고 도와주며 오순도순 살 수 있다면 참 좋겠는데 저들은 왜 평생을 생트집이나 잡고 불안을 초래하며 속을 썩이는지 그 속내를 알 수 없다. 먹고 사는 것만이라도 도와줄 수 있다면 얼마나 좋을까? 하긴 우리 정치권도 소통은커녕 서로 헐뜯기 바쁘고 이념부터 세대, 계층, 동서, 젠더 간 갈등도 심각한데 하물며 남북문제는 말해 뭘 할까싶다.

걸핏하면 미사일로 서울을 불바다 만든다는 협박에 두 다리 뻗고 잘 수 없는 게 하루이틀 일이 아니지만 하물며 접경지역 치안 책임자 경찰서장은 어떻겠는가. 주민들도 아주 민감하다.

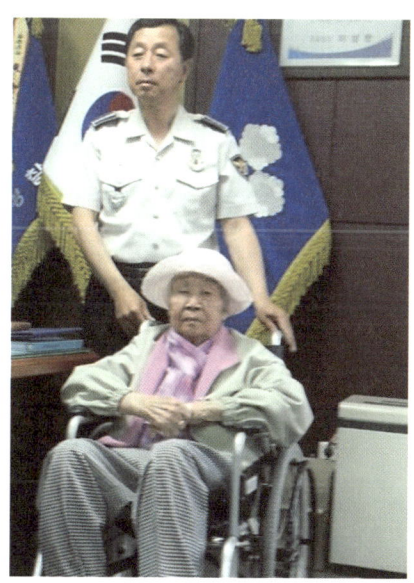

아들이 전방으로 발령이 났다며 사뭇 걱정하시던 어머니는 결국 파주를 다녀 가셨다.

"서장님 어쩌면 좋아요. 장사도 잘 안되고 하루하루가 불안해 죽겠어요."

"미사일은 절대 파주에 안 떨어져요. 다 우리 머리 위로 지나가요. 게다가 임진각에 중국 관광객만 매일 천 명이 넘고 전 세계 관광객도 수천 명씩 와 있으니 함부로 도발하지 못해요."

안타까운 마음에 농반진반 달래보지만 말하는 이나 듣는 이 모두 씁쓸하게 웃을 뿐이다.

하지만 분명한 것은 하나다. 어떠한 경우라도 전쟁이 일어나서는 안 된다. 전쟁이라는 것은 언제 어디서 돌출적으로 발생할지 누구도 장담할 수 없다. 그저 모두가 예민할 수밖에 없는 접경지역의 모든 상황을 안정적으로 관리하는 것 외에 왕도가 없다.

가장 우려되는 부분이 바로 우리 측에서 살포하는 '대북 풍선 날리기'다. 예나 지금이나 탈북민 단체에서는 여전히 대북 풍선을 날리고 있다. 변한 것은 그때는 북한이 오물 풍선 날리기로 맞대응하지 않았다는 거다. 대북 풍선 날리기에 대해서는 그때나 지금이나 정부의 방침이 모호한 것과 정파에 따라 대응 방식이 달라진다는 게 문제이다.

심리전 일환이고 헌법이 보장하는 표현의 자유이며 미국 등 자유 진영의 선진국들이 후원하는 행사라고 주장하는 이도 있으나 경찰서장으로선 걱정하지 않을 수 없다. 북한의 입장으로도 미확인 물체가 남한에서부터 날아오는 것을 목격하는 경우도 있을 텐데 그냥 보고만 있겠는가? 확인하고 싶고 그러려면 총을 쏴서 떨어뜨려야 하고 떨어진 물체를 확인하면 매우 자극적인 문구들로 가득한데 성질 급한 놈들은 순간 얼마나 열이 받겠는가? 그런 까닭에 나는 첩보가 입수되면 즉시 현장으로 달려갔고, 북한을 자극해 우리를 위태롭게 하지 말라고 설득하고 또 경고도 했다. 하지만 주로 야간에 은밀히 이뤄지는 통에 단속하기는 쉽지 않았다.

결국 사건이 터졌다. 막 날린 풍선이 떠오르자마자 그 자리에서 터지고

시청은 물론 소방서와 교육청은 경찰서와 지역 안전을 위해 협업해야 할 파트너이다. 소방의 날 기념식도 참석해 보고 교육장과는 일일 교환근무를 하여 서로를 이해하는 계기로 삼았다.

말았다. 바로 머리 위에서 쏟아지는 풍선 안의 내용물을 확인할 수 있는 기회가 생겼다. 전단에는 돼지를 닮은 어쩌고저쩌고하는 온통 자극적인 내용이고 1달러짜리 지폐가 몇 장 있었으며 소형 라디오도 서너 대 있었다. 평소에 하던 이야기와는 많이 다른 내용물에 그들을 향한 불신감이 생겼다.

대북 풍선 날리기는 서너 개 단체에서 주도하는데 2013년 10월 26일 자유북한운동연합 박상학 대표가 미국의 북한자유연합(NKFC) 수잔 솔티(Suzanne Scolte)와 함께 임진각에서 대북 풍선 날리기를 한다는 첩보를 입수해 현장으로 가 보았다. 외신기자들이 취재하고 있는 그곳에 수잔 솔티가 있었고 박상학은 아주 우쭐해 있었다. 쫓는 경찰과 거칠게 반항하며 쫓기는 그들 모습이 반복되던 중 박상학이 차를 몰고 이동하면서 교통경찰을 살짝 치는 사고를 쳤다. 즉시 그를 경찰서로 긴급 호송해 서너 시간 강도 높은 조사를 벌였고 모든 잘못을 인정한다는 조서를 받고 그를 풀어줬다. 오랫동안 음성적으로 계속된 대북 풍선 날리기는 2021년 3월, 통상 〈대북전단금지법〉으로 불리던 〈남북관계 발전에 관한 법률〉이 제정 시행되면서 합법적인 제지 단속이 가능해졌으나 다시 2023년 9월 헌법재판소에서 7:2로 위헌 결정이 났다. 단속을 시작한 지 고작 2년 6개월 만의 일이다.

협업하고 또 협치하라

2013년, 파주서장으로 근무하며 상반기에는 각급 군 지휘관들과 유대를 강화하기 위해 노력했다면 하반기는 일반 행정기관장들과 유대를 강화하고자 애썼다. 우선 학교폭력 예방과 청소년 선도 문제 등은 교육지원청과 함께 노력해야 할 부분이었기에 파주교육지원청 이석길 교육장과 기관장 교환 근무를 해보자고 제의했다. 교육장 역시 취지를 이해하고 선뜻 응해주었다.

교육장은 우선 경찰서로 와 간부 소개를 받은 후 112 종합상황실 근무 체험을 했다. 또한 여성청소년과의 학교폭력 전담 경찰관 즉 SPO와 환담 시간 및 청소년 선도심사위원회를 통하여 서로 이해의 폭을 넓히는 기회를 가졌고 권총 사격 체험과 과학수사팀도 방문했다. 나도 교육청으로 가 학교폭력 가·피해자 케어, 위기 학생 지원 부서 Wee센터 방문, 학교폭력 사례 회의에 참석했다. 기관장 교환 근무는 가로막힌 칸막이를 깨고 협업 체계를 갖추자는 의도였고 기관장들이 긴밀히 협업하는 모습을 보여주어 중간관리자는 물론 실무자 간에도 더 돈독한 유대관계를 유지하자는 취지에서 시도

하동에 이어 파주에서도 주민과 소통하여 명예시민으로 추대되는 진한 감동을 맛보았다.

혼자 부임한 윤여웅 순경이 쓸쓸해 할까봐 경무과 직원들과 현관에서 그를 반겨줬다. 함께오신 어머니가 웃는다.

했는데 서로 관계가 더욱 친숙해지는 긍정적인 결과를 가져왔다.

매년 11월 9일은 소방의 날로 보통 경찰서장은 소방 행사에 거의 참석하지 않지만 나는 꼭 가봐야겠다고 생각했다. 아마도 역사상 최초일 거다. 2013년 11월 9일은 토요일이라 11월 12일 화요일에 행사가 열린단다. 한 번도 참석한 관례가 없다며 주변에서 말렸지만, 관례란 만들면 되는 거다. 게다가 1895년 경무청 탄생 때부터 경찰 소방 교정은 한 식구였고 1975년 경찰에서 분리되었지만 같은 뿌리인 데다 업무 연관성 역시 떼려야 뗄 수 없는 관계임에도 썩 가깝게 지내지 않아 늘 신경이 쓰였다. 미국은 911로 경찰과 소방이 합쳐져 있지 않다던가?

2013년 11월, 파주소방서의 소방의 날 행사는 작은 콘서트 형식으로 품격 있게 진행되었다. 유관기관 간 서로 긴밀히 소통해야 하고 기관장들은 특히 그렇다. 그래야 어떤 일이 있어도 편하게 지원을 요청할 수 있고 또 거리낌 없이 지원할 수 있으며 기관장 간 소통이 원만하면 아랫사람들은 저절로 따라오게 마련이다. 이런 소통 이유는 오직 '시민의 안전'을 위해서다.

소통을 이야기하니, 갑자기 생각나는 것이 하나 있다. 파주서장 근무 때인 2013년 8월 29일, 파주경찰서에 신임 경찰 1명이 전입했다. 보통 3~4

명이 함께 부임하는데 당시는 혼자였다. 쓸쓸하고 외로울 것 같아, 그를 위한 작은 이벤트를 하나 구상했다. 인사 담당 경무과 전 직원이 현관 앞에서 그를 기다리는데 그 순간 기분이 참 좋았다. 새 식구를 맞는 느낌이랄까? 잠시 기다리니 신임 윤여웅 순경이 어머니와 함께 정문 안으로 들어선다. 모두가 박수로 크게 환영하자 그는 어리둥절했다. 파주경찰서 전 직원의 이름으로 전입을 축하한다며 꽃다발을 건넨 후 윤 순경의 어머니와 기념사진 한 장을 찍었다.

언론 대응 말고 언론 협력하라

파주서장으로 근무하던 중 조선일보에 고 비난성 기사가 난 것은 아무래도 꺼림칙했다. 그것도 인사철을 앞두고 최고로 막강하다는 민족정론지에 속된 말로 잘강잘강 씹혔으니 이번 인사는 망했다는 생각이 들었다. 왜곡된 부분이 많았지만, 넋 놓고 바라볼 수밖에 없었다.

보직 공모가 내려왔다. 외교부 파견근무를 했고 평생 정보를 담당했으니 경찰청 외사정보과장 한번 희망해 보자는 생각이 들었다. 다행스럽게도 경찰은 입직 경로별 쿼터제를 시행하는데, 일반 출신 총경은 후보군이 많지 않고, 일부 있다 해도 외사국은 경찰대학 출신 또는 고시 출신이 많아 상대적으로 유리할 수 있다는 생각이 들었다. 자기소개서를 정성스럽게 쓰고 경찰청 선후배들에게 전화해 부지런히 탐문했으나 대개 입도선매(立稻先賣)되어 있는 상태였다. 그즈음 서울경찰청에서 전화가 왔다. 서울 홍보담당관으로 근무할 의향이 있느냐는 질문이었다.

"갈 수 있으면 다행이지만 인사를 앞두고 조선일보 기사가 좀…" 이라며 대답하니, 또 출입기자단 측에서 전화가 와 몇몇이 점심을 같이하잔다. 다음 날 약속 장소로 나갔다. 선을 보는 건지 오디션을 치르는 건지 그와 같은 통과 의례를 거쳤다.

간사가 "홍보담당관으로 오면 어떤 각오로 일하겠느냐"라고 한다. 나는 주저하지 않고 말했다.

"그동안 경찰은 무슨 사건이 발생하거나 비난성 기사가 보도되면 늘 '언론 대응 방안'을 만들어 해당 매체들과 접촉해 왔습니다. 대응(大應)의 사전적 의미는 '어떤 일이나 사태에 맞추어 태도나 행동을 취하는 것'인데, 경찰은 무슨 일이 있거나 없거나 늘 언론에 대응한다고 하는데 왜 대응이죠? 언론에 대한 막연한 거부감과 비협조적 분위기가 만연해 있는데 제 위치로 정상화해야죠. 제가 홍보담당관이 되면 모든 홍보요원에게 '언론대응방안'을 '언론협조방안'으로 바꿔 쓰도록 하겠습니다. 용어의 문제가 아니고 마인드

출입기자단과의 상견례 때 언급한 대로 중요사건 발생 시 개념 자체부터를 '언론 대응'이 아니고 '언론 협조'로 하겠다는 나의 노력은 매우 진지하고 열정적으로 진행되었다.

출입기자단 모두와 진정성 있는 소통을 하려고 부단히 노력했다. 이제 중부경찰서장으로 떠난다.

자체를 바꾸어 나갈 생각입니다."

그러자 기자들은 서로 쳐다보며 씩 웃더니 한마디로 "됐네요" 한다. 그리고 맥주 3병과 소주 1병을 주문해 기자식 표현으로 한 잔씩 말았다. 건배사까지 하라는 말에 경기도 파주서장이니 경기도로 삼행시를 하겠다고 했다. 당시에는 삼행시가 꽤 유행하던 때였다.

"경찰과, 기자는, 도와야 한다."

나의 선창에 참석자들 역시 함께 '경기도'를 크게 외치며 오찬을 마무리했다. 경찰서로 복귀하여 서울청장과 경찰청장에게 보고했다. "기자들과 상견례를 했는데, 서울청 홍보담당관으로 보내 주시면 열심히 하겠다"라고 했더니, "기자들과 그 정도 소통했으면 충분히 가능할 것이다"라는 긍정적인 답장이 왔다. 초조하게 발령을 기다렸고 드디어 원하던 자리로 발령이 났다. 부지런히 짐을 꾸려 부임하니 단순히 홍보 업무만 하는 자리가 아니고 경찰기마대와 경찰악대, 경찰야구단, 경찰홍보단 등이 모두 홍보 담당관 소관 부서이자 담당업무였다. 소속 직원만도 전·의경 포함 200명 가까이 되는 큰 규모였다. 전체 직원들 모두 유능하고 성실해 보였다. 100%라고 할 수는 없지만 98%는 하고자 하는 대로 척척 죽이 맞았다. 아침 일찍 출근해 각 언론보도 사항을 스크랩하는데 경찰 사안에 국한하지 않고 전체적이고 전국적인 상황 파악에 도움이 될 수 있도록 했다.

청장실 아침 보고는 당직 보고 다음 순서로 했다. 감사, 수사, 정보 등에서 먼저 보고하려는데 청장이 먼저 말씀하신다.

"매일 아침 홍보 보고를 받고 나면 서울청장으로서 오늘 하루 무엇을 어떻게 챙겨야 하는지 방향을 잡을 수 있다."

이 한마디에 홍보 보고는 어느 업무보다도 우선적인 중요 업무가 되었다.

홍보담당관으로 부임해 전체적으로 돌아보니 제법 흥미로운 보직이었다. 우선 경찰악대는 해외 유학파도 있고 국내파도 서울대, 연세대 등을 졸업한 실력자들이 포진해 있어 정부 행사는 물론 소외계층 등을 찾아 시민위안공연을 했다. 경찰기마대는 모두 14필의 말을 운용하는데, 한강공원이나 대한문 수문장 교대식, 청와대 주변 순찰 행사에 참여한다. 경찰야구단은 KBO 예산으로 운영하는데 최근(2011~2013년) 퓨처스 리그에서 3년 연속 우승했고 내가 책임자로 있던 2014년도에도 우승을 거머쥐었다. 경찰홍보단은

출입 기자와 만남을 게을리하지 않았고 진정성 있게 다가가려고 노력했다. 경찰특공대에서 출입기자단과 가족 초청행사를 열어 상호 이해의 폭을 넓혔고 행사사진첩을 만들어 전달했다.

소위 연예 병사들로 구성되어 민경친선 행사, 학교폭력 및 어린이 성폭력 예방 등 공익적 공연, 소외계층을 찾아가는 자선공연을 하는데 한예종 출신의 영화배우 이제훈과 코미디언 최효종 등 쟁쟁한 이들이 복무하고 있었다.

이들 4개 부서는 잠재적 실력이 뛰어나고 실무적인 활용도도 무궁무진했지만 날마다 보도되는 현안 대처에 급급해 폭넓게 활용하지는 못했다. 그때 나는 속으로 다짐했다. '뭐가 두려워서 이 우수 인력들을 활용하지 못한다는 말인가? 경찰 홍보의 이정표를 세워야겠다.'

그럴 즈음 동아일보에서 연락이 왔다. 3월 중순에 열리는 동아마라톤에 서울청의 적극적인 도움이 필요하다는 것이다. 적극 협조를 약속하고 고민했다. 교통 통제와 질서유지, 안전사고 예방은 매년 해온 당연한 협조인데 특별히 색다른 협조가 없을지 고민했다.

마라톤 개최일은 3월 16일(일)로 정해졌고, 역사와 전통의 서울 동아마라톤에서 특별히 협조할 일은 많지 않았다. 순간 아이디어가 떠올랐다. 경찰기마대를 선두에 배치해 힘차게 출발하는 퍼포먼스를 구상해 동아에 전하니 멋지다고 좋아했다. 큰 볼거리가 될 것이고 말과 함께 달린다는 생각에 마라토너들도 좋아할 것 같았다. 그렇게 3월 16일에 열린 동아마라톤에서는 경찰기마대가 선두에서 멋지게 달렸다. 일요일이었지만 그 모습을 보기 위해 현장으로 갔고, 쌀쌀한 날씨임에도 전국에서 참가한 마라토너들로 광화문 광장이 가득 찼다. 현장에는 광화문광장을 관할하는 설광섭 종로경찰서장도 함께 있었다. 막역한 사이인 우리는 참가인원이 얼마나 될까 싶은 궁금증이 발동했다. 흔히 말하는 주최 측과 경찰의 추산은 늘 차이가 심했다. 설 서장이 먼저 말문을 열었다.

"형, 참가자가 얼마나 될 것 같아?"

"글쎄, 적어도 1만 명 이상은 되지 않을까?"

"제가 한번 알아볼게요."

설 서장이 무전으로 주최 측과 교신해 확인한 인원은 정확히 5천 명이었다. 참가자를 일일이 확인하고 기념품과 확인용 손목밴드를 채워주기 때문에 정확하단다. 이후 나는 광화문광장의 운집 인파를 계산하는 기준을 터득하게 되었다.

2014년 여름, 더위가 한창인 8월 14일부터 18일까지 우리나라에 프란치스코 교황이 방문했다. 교황을 맞이하기 위해 정부는 정부대로 경찰은 교황의 절대 안전을 위해 비상근무에 돌입했다. 모든 휴가가 중지되었고 아내 역시 열흘 동안 퇴근도 못 하고 근무하던 중 두 딸이 연이어 손주를 낳았다. 8월 9일 둘째 딸이 첫 아이를, 14일에는 큰딸이 둘째 아이를 낳았는데 고생했을 딸들을 보기 위해 밤샘 근무 후 낮에 주어진 4시간의 짧은 휴식을 이용해 달려갔다. 사정을 모르는 딸들은 엄마가 곁에 없어 힘들었고 왜 늦었냐며 눈물을 보이는 통에 아내 역시 눈물을 흘려 마음고생 좀 했다. 이어진 8월 15일의 아내 생일은 누구도 챙겨주지 못했다.

깍두기론과 한 접시론

1년 동안의 서울경찰청 홍보담당관 역할도 끝나간다. 출입 기자들과도 원만하게 잘 지냈고, 국비 지원으로 연세대학교 언론홍보대학원 최고위과정을 다니며 공부도 좀 했다. SBS 성회룡 보도국장과 조선일보 송의달 부장, MBC 이성배 아나운서 등 언론계 인사, 기업체 홍보 책임자도 많이 알게 되었고 수시로 친목을 다지기도 했다. 당시 우리 대학원생들에게 강의 기법 훈련을 위한 시범 강의 기회가 있어 자원했고 열심히 준비해 발표했는데 반응이 좋았다. 주제는 '파주에서 여심을 공략하다'였다. 내용은 수양대군이 제7대 임금 즉 세조가 되는 데 등을 떠밀며 결정적 역할을 한 정희왕후 파평 윤

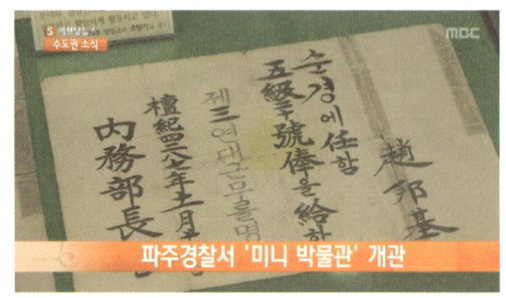

파주서에 역사 박물관 만들 때 제24대 정해근 서장이 기증한 자료로 좌측 상단에 1962년 당시 총경 계급장이 있다. 우측은 단기 4287년 즉 서기 1954년 순경 임명장인데 붓으로 썼고 내무부 장관 명의이다.
(우측사진 MBC 뉴스 캡처)

씨를 위해 관향 파평현을 파주목으로 승격시킨 이야기, 조선 중기의 선비 고죽 최경창을 사랑했던 '묏버들 가려 꺾어 보내노라 임에게' 주인공인 함경도 경성 기생 홍랑을 최씨 후손들이 할머니로 여겨 해주최씨 선영에 모신 이야기, 신사임당이 조선 여성임에도 차별받지 않고 율곡 이이 등 후손들이 문중 선영의 남편 곁에 모신 이야기, 영조가 생모 즉 숙빈 최씨를 왕비에 버금가게 묘를 만들어 당시 조선엔 없던 원(園) 제도를 본떠 소령원에 모신 이야기를 했다. 이토록 파주 여성은 존중받았음을 역사가 증명하고 있는데 아직 여성을 존중하지 않는 남성이 파주에 있다면 아빠, 오빠, 남편을 불문하고 파주에 살면 안 된다고 했다. 뒤에 인접 시장 군수들이 "혹시 포천이나 연천으로 가라는 건 아니죠?"라는 항의성 농담 덕분에 웃기도 했다.

경찰청 대변인실과도 수시로 소통했다. 당시 대변인은 박경민 경무관이었는데, 경찰청과 서울청이 긴밀하게 소통해야 했다. 소통에는 역시 소주였다. 박 대변인은 후에 내가 서울 자치경찰위원회 상임위원일 때 국가경찰위원회 상임위원이었다. 인연은 또 그렇게 이어진다.

여하튼 그 무렵 경찰청에서 미디어 트레이닝 과정이 있어 이수했는데 큰 도움이 되었다. 그중에서도 경찰은 무슨 사건만 터지면 보안 유지만 급급한 경향이 있는데 그러지 말고, 전 소속원이 '모든 상황을 공유해야 한다'라는 말이 특히 가슴에 와닿았다. 맞는 말이고 그런 맥락에서 경찰서장 등 일선 지휘관들이 수시로 무전을 청취해 관내 상황을 파악하는 건 매우 중요하다. 관심을 두고 있으면 돌발 상황 발생 시 즉각 대응 지휘가 가능하지만, 전혀 모르고 있다가 상황을 파악해 지휘하려면 많은 시간이 필요하고 결국 골든타임을 놓칠 수 있기 때문이다. 따라서 나는 1호차든 관사든 상시 무전을 청취할 수 있도록 했다. 상황을 공유하고 전체의 지혜를 모아 대응하되 대외적으로는 창구 단일화로 하나의 목소리(One Voice)를 내야 한다. 상황을 공유하고 한목소리를 내야 한다는 주장은 실제 상황 대처에 큰 도움이 되었다.

세상에는 정비공이 없다고 한다. 무슨 말인고 하니 '정답 없고 비밀 없고 공짜 없다'라는 말이다. 그럼에도 정답이라고 우기는 사람들이 많지만 그건 단지 그 사람의 생각일 뿐 다른 각도에서 보면 얼마든지 다른 답이 보이기도 한다. 오죽하면 옛날에 3×6=18이라는 자와 3×6=17이라는 자가 싸웠는데 3×6=17이라고 한 자는 돌려보내고, 3×6=18이라고 한 사람만 곤장을 맞았단다. 그가 사또에게 항의하니 "친구가 그렇다고 하면 한두 번 일러주고 말 것이지 그게 싸울 일인가"하며 혼내더라는 것이다. 경찰은 여전히 보안이 많다. 영국 속담에 '세상에서 가장 어려운 일은 자기 혼자만 아는 비밀을 영원히 비밀로 하는 것'이라는 말이 있다. 그렇게 자기 혼자만 알더라도 평생 보안 유지가 어려운데 하물며 하늘이 알고 땅이 알고 내가 알고 또 네가 안다면 이미 보안 유지는 물 건너갔다고 생각해야 한다. 비밀이라고 하다가 오히려 축소나 은폐, 왜곡, 조작 시비에 걸릴 수 있다. 이후 내 사전에는 보안 유지도 비밀도 없다. 조선에도 비밀은 없었다. 왕은 누구와도 독대하지 않는 게 원칙이다. 518년의 역사 중 1659년, 효종은 이조판서 송시열을 만나 북벌 논의를 했는데 '기해독대'이고, 1717년 숙종은 좌의정 이이명을 만나 세자 교체를 내비쳤는데 그 유명한 '정유독대'다. 독대는 독배나 독약이 될 수 있어 역사는 이를 경계했는데 오히려 요새는 '안가회동'이 많다. 사관 아니 속기사도 없이…

잊을 수 없는 이야기가 또 있다. 경찰대학에서 고급간부과정 교육을 받을 때다. 경찰 홍보 전략 강의였던 것으로 기억난다. 설렁탕집에서 설렁탕을 먹고 있으면 어느 집은 주인이나 종업원이 다 먹어 가는 깍두기를 알아서 추가해 주는 곳이 있는가 하면, 손님이 요청해야 갖다주는 집이 있다. 그 정도는 양호한 집이고 몇 번 이야기해도 안 갖다주는 집이 있는데 어느 곳이 장사가 잘되는지는 굳이 말하지 않아도 알 수 있다. 이른바 〈깍두기론〉이다.

또한 기자 혹은 누구와도 밥을 같이 먹게 되는 경우가 있는데, 주머니 사정을 생각하면 망설일 수도 있지만 크게 마음먹고 수육 한 접시 더 시키란다. 대접받는 사람이 쉽게 잊어버릴 수 없도록 베풀라는 의미다. 이른바 〈한 접시론〉이다.

경찰과 검찰, 기자, 교사, 세무공무원이 함께 식사했는데 식사비는 식당 주인이 냈다는 우스갯소리가 있다. 오래전 이야기이지만 그런 소리는 듣지 않으려 노력했다. 된장찌개나 칼국수 한 그릇을 사면 경찰에게 밥 얻어먹었다고 그렇게들 좋아하는데 그게 잘 안되는 모양이다. 또 어느 회사 누구는 어디 갈 때마다 작은 기념품이라도 챙겨 가 회사에서 만든 기념품이라며 건네면 좋아한다. 그런데 누구는 또 만들어 놓은 기념품도 쓰지 않고 탁자 안에 모셔둔다. 다 습관인데 받는 습관보다 주는 습관에 익숙해지면 좋다. 습관은 저절로 생기는 게 아니다. 노력이 필요하다.

2014년, 우리의 9인
가족이 모두 채워졌다.

사상 첫 순경 출신 부부총경이 탄생하다

7

사상 첫 순경 출신 부부총경

2005년 나는 경정으로 승진했고, 아내는 1년 늦은 2006년에 경정을 달았다. 주변에서는 여성 배려 차원에서 아내가 먼저 승진할 거라는 이야기가 돌았다. 상황은 예상과 달리 결국 2011년 내가 먼저 '경찰의 꽃'이라는 총경으로 승진했다. 내심 부부가 동반 승진하는 꿈도 꾸었지만, 현실은 녹록지 않았다. '혼자라도 승진한 게 어디냐'라며 위로했고 '내년에는 꼭 하겠지' 싶었는데 3년 연속 고배를 마셨다. 한 해는 "여성 우대 방침은 없다"라는 거고 그다음 해는 "수도권보다 지방 여경 우선 배려" 차원의 인사 방침에 따라 아내의 승진은 계속 밀렸다.

아내는 자신이 버티고 있으면 후배들에게 피해가 갈 거라며 그만두겠다는 생각까지 했다. 나는 옆에서 별 도움을 주지 못하고 냉가슴만 앓았다.

그때 강신명 서울경찰청장이 피해자 보호 원년에 이어 112시스템의 대대적 개혁을 선언했다. 우리 부부는 순간 '이거다' 싶은 생각이 들었고 강신명 청장이 천명한 112 개혁 전도사가 되어 한 번 더 도전해 보자고 다짐했다. 아내는 깊이 고민한 후 마지막이라며 내 의견을 따랐다. 그러면서 신고가 많아 근무 강도가 센 마포 112종합상황실장을 지원했다. 마포는 경무과장으로 2년 동안 근무했던 곳이라 지리감도 있었다. 당시 경찰은 112신고 출동을 했음에도 심야 또는 새벽녘에 다세대 밀집 지역의 가구를 일일이 확인하지 못해 신고자가 사망하여 사회적 비난이 빗발치던 때라 긴장해 있었다. 중요 사건은 주로 야간에 발생하고 신고 역시 야간에 많은 탓에 아침에 귀가해 잠시 쉬었다가 남들이 퇴근하는 저녁 시간에 출근하는 힘든 근무가 시작되었다. 마포는 유흥가 밀집 지역인 홍대입구역 주변에 신고가 많고 특히 홍익지구대는 직원들이 기피하는 근무지로 유명했다. 또 마포대교에서는 연간 3~4백 명의 자살 시도자가 있어 근무도 힘들고, 마음도 아팠다. 마포구청과 협조해 난간에 오르지 못하도록 기름칠도 하고 다리 아래에 그물망도 치고 CCTV 설치 등 자살 방지를 위해 노력했는데 지방에서조차 자살하러 상경한다는 편지를 남기고 올라오는 경우가 있을 만큼 마포대교는 유명해지고 있었다.

그런데 신속히 출동해도 자살 시도자를 구출하는 데는 어려움이 있었다. 바로 관할구역 문제다. 마포대교는 당시 마포서 관할이라 무조건 마포에서 출동하게 되어 있어 마포에서 여의도 방향은 신속 출동이 가능하지만, 여의도에서 마포로 오는 반대 방향은 순찰차가 유턴해서 현장에 접근하려면 시간이 늦어지는 거다. 이런 문제를 해결하기 위해 아내는 여의도 방향 하행 도로는 마포서가 담당하고 마포 방향 상행 도로는 영등포서에서 출동하는 걸 서울청에 건의했고, 모두가 공감하여 곧 시행하게 되었다. 그 뒤로는 또 생명을 구하는 긴박한 사안이니 마포와 영등포가 동시에 출동하는 것으로 변경되었다. 이런 노력 끝에 대부분의 자살 시도자는 마포대교 인근에서 조기에 발견되었고 경찰의 신속한 출동과 기민한 대처, 손목을 부여잡고 공감하며 설득한 끝에 실제 목숨을 잃는 사람을 많이 줄였다. 경찰청과 서울청의 관심과 지원, 현장의 노력까지 더하여 112상황실의 많은 부분이 바람직한 방향으로 개편 및 정착되면서 1년을 잘 마무리했다.

연말이 다가오니 기자단과 경찰청이 술렁이기 시작한다. 서울청 홍보담당관으로서 꽤 성과를 냈고 이제 서울 서장으로 나갈 차례이니 어디든 희망해 보란다. 무엇을 바라고 일을 한 것이 아니기에 어디로 발령이 나도 좋다는 의사 표시를 했음에도 추천하고 싶다는 기자단은 강남 또는 서초로 가면 좋겠다는 의견을 경찰청에 전했단다. 하지만 나는 집이 일산이라 강남 서초보다는 중부가 더 끌렸다. 이유는 오래전부터 백성들이 살아온 삶의 현장이며 또 질곡의 역사를 오롯이 간직하고 있기 때문이다. 그렇게 내 보직에 욕심부리지 않으니 아내 승진에 더 관심을 두고 있을 거라고 하며 부부 모두가 고생했다는 여론이 형성되었고 2015년 1월 2일. 경찰청 총경 승진 후보자 명단에 구본숙의 이름이 상위권에 올라와 있다.

언론은 일제히 보도했다.

"경찰 사상 최초의 순경 출신 부부 총경 탄생!"

2016년 1월 2일 아내는 마침내 총경으로 승진했다. 우리 부부는 사상 첫 순경 출신 부부총경과 부부서장으로 많은 언론의 조명을 받았다.

사상 첫 순경 출신 부부총경이 탄생하다   247

언론도 부부총경의 탄생을 축하해 줬다. (사진: KBS 뉴스)

    KBS에서는 이 소식을 1분 42초 분량의 뉴스로 방송했다. 그 보도가 가능했던 것은 평소 언론과의 유연한 소통 덕분이었다. 혹시나 하는 마음에 미리 기자들이 참고할 수 있는 인적 사항 등 자료를 준비해 뒀고 발표 전날 사진까지 찍어 둔 것이 주효했다. 승진에 있어 근무성적 평정과 추천, 임명에 이르기까지 많은 이들의 도움이 있었지만, 특히 위득량 마포경찰서장과 구은수 서울경찰청장, 강신명 경찰청장에게 고개 숙여 감사할 뿐이다. 아울러 성희롱은 물론 분명 존재했을 성차별을 감수하고 남성 위주 조직에서 유리천장을 깨며 총경으로 승진한 아내 구본숙이 자랑스럽다. 며칠 후 보직 인사에서 나는 서울중부경찰서장으로 아내는 충북 단양경찰서장으로 발령이 났다. 이로써 우리는 경찰 역사상 최초의 '순경 출신 부부 총경', 그리고 '부부 경찰서장'으로 다시 한번 언론의 주목을 받았다.

대한민국 1번지 '오억 원'

    제65대 서울중부경찰서장으로 취임한 2015년 1월 19일의 이틀 뒤인 21

일, 수도방위사령부에서 서울경찰청과 수도방위사령부 간 업무협약이 있어 참석했다. 유사시를 대비해 평소 긴밀한 협조 체제를 구축하자는 의미로 마련된 행사였다. 수방사령관은 1968년 1월 21일 김신조 등 무장 공비 31명이 청와대를 습격하기 위해 300m 인근까지 쳐들어온, 이른바 '1.21 사태'를 언급한다. 최규식 종로서장도 즉응태세가 잘 된 훌륭한 분이지만 이각현 서대문서장도 세검정을 통과하는 민간인 위장 공비 일행을 발견하고 무전으로 군경에 상황을 전한 훌륭한 분이라고 설명하여 참 경찰에 대한 이해가 남다른 분이라고 생각했다. 그런데 이 글을 쓰며 우연히 그때 사진을 찾아봤다. 사령관과 악수하는 사진을 자세히 보니, 2024년 12월 3일 비상계엄을 부추긴 김용현 국방부 장관이었다. 혹시나 해 인물 검색까지 해 보니 역시 그때 그 수방사령관이다. 물론 그 뒤로 연락은 없었지만, 그런 인연도 인연일까? 또 다른 인연도 이어졌다. 2011년 첫 경찰서장으로 발령 난 곳은 경남하동서장, 앞서 말한 대로 하동은 박경리의 토지를 비롯해 여러 문학작품 및 문인들과 인연을 맺어 스스로를 문학수도라 선언했다. 두 번째 서장은 경기 파주서장이었다. 파주는 출판이라는 단일 아이템으로 국가산업단지를 세운 세계 유일의 출판도시다. 세 번째 서울 중부경찰서장은 바로 인쇄 도시

서울중부서장으로 근무한 2015년은 경찰이 피해자 보호 원년을 선포한 해로 미술치료 프로그램 시범 운영 성과를 거뒀다. 진행을 맡았던 김선현 교수는 세계미술치료학회 회장을 역임했다.

를 관할한다. 문학수도 하동에서 시작해 출판도시 파주를 거쳐 이제 인쇄 도시 서울 중부에서 근무하게 되었으니 어찌 인연이 아니라 할 수 있겠는가? 문학수도 하동에서 도서관을 만들었고 출판도시 파주에서 북 카페를 만들었으니, 인쇄 도시 서울 중부에서도 도서관이든 북 카페든 뭐든 만들어야겠다는 생각이 들었다. 공간이 협소해 환경이 좋지는 않았으나 민원인들이 가장 오래 대기하는 1층 로비에 책장 몇 개를 준비해 작은 도서관을 마련했다. 말이 작은 도서관이지 그냥 북 카페다. 굳이 북 카페를 만든 이유는 인쇄 도시라는 상징성도 있지만, 또 경찰서에 출석해 대기하는 시간이 얼마나 지루하고 초조하겠는가? 그러한 심정을 십분 헤아려 대기하는 동안 책장이라도 몇 장 넘겨보라는 의미다. 도서관 이름은 〈북소리〉라고 정했다. 북(Book)을 넘겨 읽는 소리가 온 중구에 울려 퍼지기를 바라는 마음에서였다. 실제로 조그마한 북(鼓)도 하나 비치해 두었다. 옛날부터 억울한 사정이 있는 사람들은 또 북을 치게 하지 않았던가?

중부경찰서가 위치한 지명은 저동(苧洞)인데 옛날에는 모시 파는 가게들이 많았단다. 하지만 중부서 위치는 저동보다는 명동으로 더 잘 알려져 있다. 전 세계적으로 널리 알려진 명동은 명동만이 아니다. 명동과 인접해 있거나 명동이 보일 정도만 되어도 명동이라는 명칭을 널리 쓰고 있다. 명동과

서울 중부 경찰서 앞마당 한 귀퉁이 자투리땅을 이용해 정원을 만들고 '오억원(吾億園)'으로 이름 지었다.

남대문은 이제 고유명사가 아닌 서울의 중심지를 상징하는 일반명사가 되었다. 어쨌든 명동이든 저동이든 중부서는 금싸라기 땅에 있음은 틀림없는 사실이다.

경찰서 안을 구석구석 살펴보았다. 경찰서 내 마당(署庭)을 주차장으로 쓰고 있는데 방범순찰대 대형 버스 3대가 마당의 절반을 차지하고 있다. 참 아까웠다. 과장들과 의논해 방범순찰대 버스는 경찰서 밖 남산 자락으로 옮겼다. 긴급 출동 때에는 우선 운전 요원이 뛰어가 버스를 대기시키고 순찰 요원들은 근무 준비를 하고 내려와 승차한다면 별반 차이가 없다고 판단했다. 그렇게 확보한 경찰서 내 마당의 주차장은 오롯이 민원인에게 돌려주었다.

또 주차 때 안전을 위해 가장자리에 안전지대를 확보해 놓았는데 5평쯤 되어 보였다. 주차장 우측 가장자리여서 방지턱(스토퍼) 뒤 공간이지만, 그냥 콘크리트로 버려두기에는 아까운 공간이라는 생각에 그곳을 아담한 정원으로 꾸몄다. 경찰서라고 해서 굳이 삭막해야 할 필요는 없다. 중구청과 협조해 키 작은 나무와 형형색색의 꽃을 심어놓으니, 최고의 공간이 되었다. 그 정원에 이름을 붙여 주기로 했다. 몇몇 그럴듯한 이름이 추천되었는데 그중 '오억원'으로 결정했다. 이른바 명동권이라 평당 1억 원을 호가하는 땅 5평이니 〈오억원〉이기도 하고 또 다른 의미로 〈吾億園〉 즉 '나를 편안하게 해주는 정원'이라는 중의적 의미를 담고 있다.

단돈 500만 원을 들여 5억 원의 가치를 담은 정원을 만들었으니 꽤 괜찮은 장사를 했다는 생각에 뿌듯하다. 이런 노력을 한 결과 서울 중부서는 그해 연말 서울 시내 31개 경찰서 중 치안고객만족도 1위에 올랐다. 서장 혼자만의 영예가 아닌 600여 전 직원의 피땀 어린 정성의 결과고, 우리끼리 자축하고 끝낼 잔치가 아니라 중구 전체 구민과 함께해야 할 영예였다.

더 열심히 하겠다는 내용의 현수막을 경찰서 현관 앞에 걸었다. 그날따라

함박눈이 내린다. 서정에 나가 현관 앞에 걸린 현수막을 가만히 바라보니 세상 다 얻은 것 같은 기분이다. 이제 곧 중부서도 떠나야 한다고 생각하니 벌써 서운함이 몰려온다. 순간 봄에 꽃밭을 만들며 세운 '오억원'의 팻말 위에도 소복이 눈이 쌓였다. 손으로 쓱 밀어내고 사진 한 장을 찍어 둔다.

충북 단양, 수배차량을 잡아라

아내 구본숙 총경은 2015년 1월 19일 제61대 단양경찰서장으로 부임했는데 단양서 사상 첫 여성 서장이다. 부부경찰은 그렇게 부부총경이 되었고 또 부부서장이 되었다. 생각하기 나름이지만 부부경찰은 여러모로 유익한 점이 많았다.

초임 때는 서로 행동을 바르게 해 선후배나 동료로부터 비난받지 않도록 언행에 각별히 신경 썼다. 두 사람 중 한 사람만 잘못해도 비난은 두 사람 모두에게 이어질 수 있음을 명심해야 했다. 특히 여경 후배들은 더 조심스러웠다. "구본숙 선배 남편이지?"하며 그들끼리 수군대는데, 칭찬하는 건지 뭔지 알 수는 없지만 우리는 그들 입에 많이 오르내렸다. 풋풋한 여경 후배들은 더 조심스러웠다. 당연히 미워할 이유는 없지만 그렇다고 예쁘다고도 할 수 없었다.

매사 그렇게 조심스러웠고, 조심해야 했지만, 긍정적인 부분도 많았다. 우리 둘 중 하나가 공을 세우거나 상을 타면 축하 전화는 두 사람 모두에게 많이도 이어졌다. 특히 부부가 퇴근 후 저녁 식사 자리에서 나누는 하루의 이야기는 모두 소중한 정보이고 참고해야 할 귀한 뉴스였다. 뜻하지 않게 좋은 성과를 낼 수 있었다면 당연히 교훈으로 삼아 서로 공유해야 할 일이고 큰일 날 뻔했다는 사실을 알게 되면 미리 알고 대비할 수 있는 시간을 벌었으니 얼마나 유익한 시간인가?

　단양서장으로 근무하던 중 잠시 집에 올라온 아내에게 단양서 상황실에서 급한 전화가 왔다. 당시 단양경찰서는 경찰 수배차량검색시스템(Wanted Automobile Scanning System) 일명 WASS 시범 경찰서였는데 강원도에서 살인 용의자 수배차량이 단양 관내로 진입하면서 비상벨이 울렸단다. 즉시 지구대와 형사들이 수배차량을 쫓고 있다고 하자, 아내는 바로 내려가 현장을 지휘해야겠다고 한다. "내가 운전할 테니 당신은 뒷자리에 타라"고 했더니 미안한 마음의 아내는 혼자 갈 테니 쉬라고 했지만 내 생각은 달랐다. 야간에 3시간을 운전해야 하고 이동하는 중에도 그때그때 보고하며 또 지휘해야 하는데 아무래도 위험천만한 일이었다. 나는 말없이 차를 몰았고 그사이 상황 보고가 실시간 빗발쳤다. 그야말로 쫓고 쫓기는 긴급상황이어서 당황스러운 시간이었다. 상황 보고 중 특히 중요한 내용은 충북청 상황실에 보고해야 하고 충북청장에게 직접 지휘 보고 해야 하는 것도 있었다. 현지 보고는 수배차량을 "쫓다가 놓쳤다"라고 했고, 아내는 그 내용을 그대로 충북청에 보고하려 한다. 내가 이의를 제기했다.

　"아니, 언제 잡기는 했나? 왜 놓쳤다는 거야? 계속 추격 중인 상황이 아닌가?"

　내 말에 아내는 바로 알아듣고는 단양서에 지시했다.

　"수배차량이 한밤중에 나타나 계속 추격 중이나. 가시거리가 긴 곧은 도로에서는 보이기도 하다가 민간 가옥 밀집 지역이나 산모퉁이를 돌 때는 일시 가시권을 벗어나기도 하지만 이는 계속 추격 중인 상황이지 '잡았다. 놓쳤다'의 상황이 아님을 명심하라."

　보고를 받는 청장에게, '놓쳤다'는 소리는 얼마나 가슴 철렁하겠는가. 이후 보고는 계속 추격 중으로 정리가 되었고, 수배자는 결국 민가 지역에 차를 버리고 마을 뒷산으로 숨어들었다.

단양서는 도주로를 차단하고 충북청과 수배 차량 발생지인 강원청에 경력 지원을 요청했다. 두 곳 광역수사대 지원으로 포위망을 더 촘촘히 하고 이틀 밤을 새우니 수배자가 스스로 민가에 내려와 자수했다. 그렇게 상황은 일단락되었고 상황 처리를 잘 했다며 표창까지 받았단다.

여기서는 아니 되옵니다

주말이 되어도 관할구역을 벗어나는 데는 용기가 필요한데 나에겐 그런 무모한 용기가 없다. 그냥 주민의 안녕을 살피겠다는 마음으로 산책 삼아 관내를 한 바퀴 돌아본다. 장충단공원을 지나는데 그곳은 수표교를 이전해 놓았고 실개천이 흐른다. 사명대사를 비롯해 이준, 이한응, 유관순 열사의 동상이 있어 절로 숙연해지는 곳이다. 주말의 이른 아침, 누군가 유관순 열사

장충단은 고종 때 충신애국지사들을 모신 현충원의 전신이고 이후 유관순 열사 등 애국지사들의 동상을 세웠다. 이곳에서 골프채를 휘두르는 사람이 있어 '아니 되옵니다' 하고 말렸다.

동상 앞에서 골프채를 휘두르고 있다. 어이가 없었지만 딱히 무슨 죄가 되는지 생각나지 않는다. 고민하다 그냥 지나쳤지만, 양심상 못 본 척할 수 없어 다시 되돌아와 물었다.

"여기서 뭐 하세요?"

"골프 연습합니다."

그는 액면 그대로 '뭘 하고 있는지'로만 알아들었다. 다시 진지하고 단호하게 말했다.

"이곳은 애국 충신열사들이 잠들어 계신 곳입니다. 여기서 골프 연습은 안 됩니다."

별걸 다 참견한다는 듯 흘겨보던 그는 주섬주섬 골프채를 챙겨 떠났고 나는 왠지 씁쓸하다.

경남 하동과 경기 파주에서 치안고객만족도 1위를 한 경험을 기억하며 이왕이면 대한민국 1번지 경찰서 서울 중부에서도 1위를 하고 싶다는 욕심이 생긴다. 중부에서도 1위를 한다면 '트리플 크라운'이 될 수 있고 경찰서장으로서 더 이상의 기회는 없다는 생각도 든다.

치안고객만족도는 경찰이 주민의 가까운 곁에 늘 있다고 느끼게 하여 그들이 안심하고 생업에 종사할 수 있도록 하는 데 목적이 있다. 결론은 주민의 눈에 자주 뜨여야 한다. 사건 사고가 발생해 출동한 경찰이 아닌, 평온한 일상에서 만나는 이웃집 아저씨와 같은 경찰의 모습을 보여야 한다고 생각했다. 생활안전과장과 상의해 지구대 파출소마다 3~4대씩 있는 순찰차를 관내 주요 지점에 나가 있도록 했다. 지구대 파출소를 중심으로 동서남북에 순찰차를 전진 배치해 놓으면 주민들 눈에 그만큼 많이 띄고 또 상황 발생 시 근접 순찰차가 우선 출동해 초동조치를 취한 후 다른 순찰차들이 지원하는 식으로 근무 방식을 개선했다. 이에 따라 주민들의 눈에 많이 띄고 출동 시간까지 단축되는 성과를 거둘 수 있었다. 이 외에도 아파트 단지, 심지어 지하 주차장도 한 번씩 순찰하도록 했다. 또 주민들을 만나면 꼭 "안녕하세요? 요즘 이런저런 사고가 잦은데 별일 없어요?"하고 인사하라고 당부했다. 지하 주차장에서도 차량 털이나 화재 사건이 간혹 발생하니 한 번씩 순찰하는데 주민들 입장에서 무슨 일이 생긴 건지 불안할 수 있으니 예방 순찰 의미의 문안 순찰을 시작했다. 직원들도 뜻을 이해하고 적극 따라주었으며 주민들 역시 경찰이 단지 안까지 구석구석 살펴주니 반응이 좋았다. 그러나 그것만으론 2% 부족하다는 생각이 든다. 서울 중부만의 특색 있는 시책이 필요했다. 서울청 홍보담당관으로 근무할 때 관리했던 경찰기마대가 생각나 한 번씩 활용해 보고자 했다. 우선 장충단공원[1]과 동대문디자인플라자(DDP)는 많은 사람이 모이는 곳임에도 순찰차 진입이 불가하고 도보 순찰을 돌기엔 너무 넓어 고민 끝에 장충단공원에 기마경찰을 투입했다. 장충단공원에 등장한 기마경찰을 본 주민들은 특별한 볼거리라며 몰려들었고, 특히 아이들은 말을 태워 달라거나 사진 찍자며 매우 좋아했다. 첫 출동에 대박을 예감했다. 장충파출소장 채상욱 경감도 서장의 그런 노력에 공감하며 공원을 산책하는 학생과 주민에게 장충단의 의미와 유래를 친절하게 설명했다. 아는 만큼 보인다던가. 그곳에서 나고 자란 사람도 장충단의 숭고한 의미를 제대로 아는 이가 흔치 않았다. 원조족발과 소주 한 잔만 떠오른다는 사람이 많았다. 그런데 설명을 듣고 난 뒤의 장충단공원은 전과 다르게 느껴진다는 말도 들려왔다. 아쉽게도 경찰기마대는 서울청 소속이어서 중부서 지원 근무는 틈나는 대로만 할 수 있었다.

장충동에는 또 국립극장이 있다. 이곳 역시 아픈 역사가 있다. 1974년 8.15 광복절 기념행사가 여기서 열렸고 재일교포 2세 문세광이 쏜 흉탄에

---

[1] '장충단'은 고종황제가 1895년 10월 8일(음 8.20) 일본인들에게 명성황후가 시해된 을미사변 때 희생된 홍계훈 장군 등 애국 충신열사를 추모하며 봄가을로 제사를 지내던 곳이다. 즉 현재 동작동 국립 현충원과 같은 의미라고 해도 과언이 아니다.

영부인 육영수 여사가 서거했다. 문세광은 애초 박정희 대통령을 노렸다고 한다. 이 사건으로 경찰의 위상 강화를 위해 치안국은 치안본부로 승격되었다. 절대 안전이 우선인 요인 경호는 경찰에겐 피할 수 없는 숙명이다. 수시로 펼쳐지는 요인 경호로 중부경찰서는 예나 지금이나 경호 1번지다.

600년 된 인쇄 도시의 역사

강남이나 서초가 아닌 중부로 오길 참 잘했다는 생각이 들었다. 조선의 수도 한성 이전부터도 고려의 남경으로 불리던 곳이 서울이고 그중에서도 종로와 중구 아니겠는가! 그런 중구에 왔으니 우선 중구의 역사부터 알아야 했다. 먼저 인쇄 도시 유래부터 알아보았다. 이곳의 인쇄업소는 경기도 파주나 서울 성동구 성수동으로 많이 옮겨가긴 했지만, 여전히 7,000개의 인쇄업소가 중구에서 성업 중이다. 언제부터 인쇄업이 활성화되었는지 알아보니 1910년경 경성극장을 비롯한 상설 영화관이 들어서기 시작하면서 광화문 일대 관공서 그리고 1960년대 충무로 일대에 영화산업이 발달한 것이 기점이었다. 이에 따라 영화 포스터, 광고지, 시나리오 등의 제작·인쇄 수요가 급증했고 이를 중심으로 인쇄업도 자연스럽게 발전했으니 약 100년의 역사를 자랑한단다. 처음엔 그러려니 했지만 알아보니 그게 아니었다. 중구에서 나고 자란 유지 한 분이 '중구의 인쇄업은 무려 600년의 유구한 역사를 자랑하니 공부를 좀 더 해보라'라고 한다. 그래서 공부한 바에 따르면 이렇다.

1392년 아버지 태조 이성계를 도와 조선을 건국한 태종 이방원은 1403년(태종 3년)에 금속활자를 만들어 인쇄하기 위해 남산스퀘어(옛 극동빌딩) 앞에 주자소(鑄字所)를 세웠다. 주자소의 주(鑄)는 바로 '쇳물 부어 만들 주'이고 자(字)는 '글자 자'였다. 즉 쇳물을 부어 글자를 만들던 곳이 주자소였

관내 대사관을 방문하여 새로 부임한 신임 대사에게 절대 안전을 약속했다.

서울 중부서는 충무로를 관할하고 있어 영화인들과의 만남도 빈번하다.

주민 누구하고라도 눈높이를 맞추고 가까이 다가가려고 노력했다.

고 이곳에서 조선 최초로 구리를 이용한 금속활자를 만드니 바로 계미자였으며 1434년(태종 16년)에는 또 갑인자를 만들었다.[2] 또 숭의여자대학 1별

---

2 지금도 남산 1호 터널 입구 옛 중앙정보부 정문 근처가 주자동이다. 중앙정보부 시절, 그곳에 중부경찰서 주자파출소가 있었고 지금도 금속으로 된 팻말이 세워져 있다. 또한 2015년, 제64대 서울중부서장으로 근무하며 중부경찰서 청사 내에 역사박물관을 만들었는데 당시 서울경찰청 지하창고에서 나뒹굴던 '주자파출소' 현판을 찾아 영구 임대 형식으로 빌려 전시했다.

옛 주자파출소 터

중앙정보부(국가안전기획부)로 끌려간 사람에 대한 소식을 접하려면 이곳(중부경찰서 주자파출소)에 접수하고 하염없이 기다려야 했습니다. 흔히 '면회소'라고 불렸지만 면회는 거의 이뤄지지 않았습니다.

중부경찰서 인근 남산스퀘어(옛 극동빌딩) 자리는 조선 초 쇳물을 부어 글자를 굽던 鑄字所가 있던 곳으로 지명도 주자동이다. 주자파출소가 있던 그곳에 인쇄박물관을 만들어야 한다.

관 앞 중구 소파로2길에는 교서관(校書館)이 있었는데 주자소에서 만든 금속활자로 책을 인쇄해 만들었던 곳이다. 인쇄 도시 중구의 역사는 그렇게 시작되었다.

  그럼에도 인쇄 도시인 서울 중구에 인쇄박물관이 하나 없다는 게 참 아쉽다. 늦었지만 절대 늦지 않았음을 알아야 한다. 이제라도 주자소 터 표지석이 있는 남산스퀘어 앞 주자동에 번듯한 인쇄박물관 하나 세웠으면 좋겠다. 혹시라도 이 몸이 도움이 된다면 경비원이라도 좋으니 남은 생을 그곳에서 봉사할 수 있으면 좋겠다는 마음을 갖고 있다. 물론 직지(直指)의 고향 청주에 〈고인쇄박물관〉이 있고 파주엔 〈활판인쇄박물관〉이 있으며, 춘천에는 〈책과인쇄박물관〉이 있다. 하지만 세계 최초의 금속활자를 찍어낸 대한민국에 제대로 된 인쇄박물관 하나 없는 것은 아부래노 아쉽다. 마침, 중구 쌍림동의 〈대한인쇄정보기술협회〉에 중요한 인쇄 장비들과 사료를 다수 소장하고 있으니, 정부와 지자체가 관심을 두고 확대 추진한다면 불가능하지 않을 것이다. 문제는 정부와 지자체 의지이고 그 의지를 북돋울 책임과 의무는 인쇄인들과 시민에게 있다고 본다. 모든 인쇄인과 단체가 하나 되어 결실을 보는 날을 학수고대해 본다.

  이제 손바닥만큼 줄어든 주자동은 행정구역상으로는 필동이지만 엄연히 서울특별시 중구의 현존 법정동이다. 게다가 이리저리 잘려 나간 주자동에는 단독주택 몇 채만이 덩그러니 남아있는데 혹여나 누군가 이곳에 대형 빌딩이라도 세우면 우리가 인쇄박물관 하나를 세울 한 뼘 크기의 여백마저 없어진다. 서둘러야 할 것이다.

서장님! 박사과정 안 해요?

중구 기관장 모임에 갔다가 옆자리에 앉아계시던 동국대학교 한보광 총장님이 내게 묻는다.
"서장님은 왜 석사만 하고 박사과정은 하지 않나요?"
"하하 글쎄요. 석사학위 받을 때 지도교수께서 바로 이어서 박사과정을 하래서 논문 작성에 너무 힘들었다며 딱 한 학기만 쉬고 박사과정 하겠다고 했죠. 그랬더니 '김 경감, 한 학기만 쉰다고 하다가 평생 못하는 수가 있어' 하셨죠. 그때 속으로 '나는 절대 그렇지 않다'라고 다짐했는데 결국 20년째 도전을 못 하고 있습니다."
"서울대나 고대, 연대에는 없는 경찰행정학과가 서장님 관내인 동국대에 있는데 이런 기회가 어디 있어요. 얼른 하세요."
늘 쫓기듯 바쁜 일상에 엄두를 못 냈는데 총장님 한마디에 다시금 열정이 끓어올랐다.
그렇게 박사과정을 시작했다. 중부서장으로 근무하며 1학기를 마쳤고 경찰청 인권보호담당으로 옮겨 2~3학기를 마쳤다. 또 공로 연수 기간 중 4학기를 마쳤다. 시험과 과제, 연구 발표 등 쉽지 않은 과정이었지만 동료들과 함께 성실히 수업받고 연구학기가 되어 논문을 시작했다.
머릿속으로 세 가지 정도 주제를 그렸는데 첫째는 석사 때 논문 주제였던 고객만족경영 이론을 치안 행정에의 접목이고, 둘째는 조선시대 검시 제도 등 법의학을 현대적 시각으로 접근해 보는 것, 세 번째는 경찰청 인권보호담당관으로서 체득한 인권을 이론적으로 체계화하는 것이었다. 고민 중에 총장님이 모친상을 당했다는 부음을 듣고 경주로 향했다. 총장님은 조문의 와중에도 논문 주제 정했느냐고 물으신다. 세 가지 주제를 고민 중이라고 하니 총장님은 두말할 것 없이 '인권'이라고 결정을 해 주신다. 그렇게 논문 주제가 정해졌고 자료 수집을 거쳐 초록 심사에 도전했는데 그만 떨어졌다. 견디기 힘들 만큼 자존심이 상했고 다시 어떻게 시작할지 막막했지만 결국 스스로 해결해야 할 문제였다.

다시 마음을 다잡아 2차 초록 심사에 통과해 본격적으로 논문 작성을 시작했다. 인권이라는 것이 생각보다 예민하고 적절한 선을 긋기에는 애매한 부분이 많아 중심 잡기가 쉽지 않았다. 나는 인권 중에서도 〈경찰관의 인권 감수성에 영향을 미치는 요인〉으로 제목을 정했다.

그다음 기본적인 생각은 그랬다. '논문은 혼자 쓰지 않겠다.' 내가 주도해 대표 집필을 하지만 주변의 이야기와 의견을 많이 듣고 반영해 내 논문 속에 그들의 생각을 녹여 내리라 다짐했다. 이러한 생각의 배경은 미국의 배심원 제도이다. 배심원 제도는 사건이 발생하면 15명의 일반 시민 배심원이 1년 이상 모여 의견을 교환하고 토론해 평결한다. 우리나라처럼 한 사람 또는 합의부 사건일 경우 세 사람의 법관보다 건강한 시민의식을 갖춘 사람 냄새나는 이들의 판단이 낫다는 생각이기 때문이다. 많은 이들과 대화하고 그들에게 초고를 보여주며 의견을 듣고 또 참고했다. 혼자 쓰는 것보다 두세 배 더 노력해야 했다. 석사 때 심사위원은 3명이었는데 박사는 외부 교수 2명을 포함해 5명이다. 심사 횟수 역시 단심에서 3심으로 늘어난다.

1심 때 한 심사위원으로부터 인권에 관한 글인데 너무 건조하다는 지적을 받았다. 전면 수정을 거듭해 2심을 받았는데 이번에는 학술논문이 아니라 에세이 같다는 지적을 받았다. 당황스러웠지만 이 또한 연구자가 감당해야 할 과정이라고 생각했다. 어렵게 3심을 통과해 정성스럽게 300부를 인쇄하여 한마디라도 조언한 분들에게 논문을 보냈다. 특히 가깝게 있는 분들에겐 직접 찾아가 속표지에 격려 한마디를 써달라고 했다. 많은 사람이 기꺼이 적어 준 찬사는 용지를 여러 장 추가해 붙일 정도로 넘쳤다. 대한민국 초대 인권대사 박경서님, 전 대한변협 이세중 회장님, 이철성 전 경찰청장, 정진철 전 국가기록원장 등이 격려의 글을 써 주셨다.

추사 김정희의 〈세한도〉는 원래 크기가 23×69.2㎝이었으나 현존하는 세한도는 무려 14m에 달한다. 제자 우선 이상적은 스승 김정희가 그려 준 세한도를 들고 중국 청나라의 연경으로 가 당대 최고의 대학자들에게 보여 주었고, 추사의 그림을 본 학자들은 감탄사를 줄줄이 써 주었다. 이상적은 그 댓글을 하나도 버리지 않고 이어 붙이기를 반복해 길이가 14m가 된 거다. 추사의 세한도는 국보 180호이지만, 논문 〈경찰관의 인권감수성…〉은 우리 집 가보 1호이다.

경찰청장 허가 받고 미국에 가다

어느 날 갑자기 아내가 성화다. 큰딸이 남편과 함께 미국 플로리다로 유학하러 가서 조종사 교육 훈련을 받고 있는데 고생이 이만저만이 아니며 마침 손녀 첫돌이니 축하 겸 함께 다녀오잔다. 구구절절 틀린 말은 아니나 그렇다고 대한민국 1번지 서울중부서장이 여름휴가를 미국으로 간다는 게 낯설고 특히 손녀 첫돌 잔치 참석 이유는 안일한 근무태도가 아닌가 싶은 생각이다.

고민만 하고 있는데 아내가 재촉한다.

강신명 경찰청장의 허가를 받고 여름휴가를 큰딸네가 공부하고 있던 미국 플로리다에 갔다. 손녀의 첫돌이었고 비행교육을 받는 사위 격려 차원이었다. 디즈니월드에도 가봤고 포토피어스 경찰국도 가 봤다.

"우리가 공식적으로 여름휴가 한번 가는데 왜 그렇게 눈치를 봐요?"

그러면서 비행기표를 예약하느니 본인이 서울청장과 경찰청장에게 전화해서 허락을 받겠다느니 하며 들떠 있다. 고민 끝에 결심하고 딸과 e-메일을 통해 미국 일정을 조율하며 꿈이 부풀어 있는데 출발 전날 오후 경찰청에서 한 통의 공문이 왔다. '내일(토요일) 14시에 경찰청장이 중부경찰서 관내를 점검할 예정이니 경찰서장이 현장을 안내하라'는 거다. 가뜩이나 고민하며 겨우 추진 중인데 경찰청장이 관내에 오신다니 더욱 난감했다. 아내에게 다시 말했다.

"아무리 휴가지만 서울중부서장이 관할구역을 벗어나는 정도도 아니고 아예 미국으로 휴가를 간다는 게 양심상 허락하지 않아. 특히 경찰청장이 관내에 오신다니 난 못 가겠어. 정 안되면 경찰청장 영접하고 하루 늦게 출발할게."

　아내는 내 말에 펄쩍 뛰며 경찰청장에게 전화할 모양이다. 겨우 아내를 달래고 마지못해 경찰청장에게 조심스레 문자를 보냈다. "여차저차한 사정으로 청장님 오시는 데 마중 나갈 수 없어 수석 과장이 안내토록 하겠습니다."라고 보낸 지 10초도 안 되어 답장이 왔다. "물론입니다. 당연하죠. 편히 다녀오세요." 그가 바로 강신명 청장이다. 일선 경찰서장과 경찰청장은 그렇게 편안한 소통이 가능했다. 미국 남부 플로리다는 직항 노선이 없어서 필라델피아에서 환승해 목적지에 다다랐다. 미국 공항의 검색이 철두철미함을 느꼈다. 언어소통도 자유롭지 않은데 시비가 걸리면 어쩌나 걱정했는데 별일 없이 잘 통과했다. 딸이 사는 임차 주택은 우리의 빌라 같은 규모였다. 단지 한 가운데 호수가 있고 안쪽에 수영장이 있었다. 우리 생각의 빌라보다 훨씬 고급스러운 부촌 느낌이다. 못 본 사이에 손자 손녀는 부쩍 커 있었고 눈에 넣어도 안 아플 만큼 예뻤다. 집안에서도 수시로 발견되는 도마뱀에 아내는 깜짝깜짝 놀라지만 그만큼 환경이 좋다는 이야기이고 익숙해져야 할 것이라고 말해줬다. 딸과 사위가 준비한 일정대로 본격적인 미국 투어를 시작했다. 해군박물관을 둘러보고 포토피어스 경찰국도 방문했는데 로비에 순직자들 추모실과 홍보실이 마련되어 있다. 로비에서 만난 미국 경찰에게 내 소개를 하니 반갑게 맞아 주며 잠시 기다리란다. 한참 후에 내려온 그의 손에 작은 홍보 코인이 들려 있다. 방문 기념이라며 건네주는데 그 마음이 고마운 멋진 친구다.

　디즈니월드에서 며칠 놀았는데 부지런히 돌아도 절반도 못 볼 만큼 넓었다. 우리 에버랜드의 68배, 부천과 오산을 합친 것보다 넓고 직원만 7만 명이 넘는다니 규모가 상상을 초월한다.

　도착 3일째 되는 날 사위가 비행기를 태워준단다. 이제 막 면허를 딴 사위가 조종하는 경비행기를 태워준다는 데 겁이 났다. 사위는 책을 펴고 관제

탑과 교신하며 또 선배에게 전화해 물어가며 비행기를 몬다. 비행기에 오를 때부터 바퀴가 다시 땅에 닿을 때까지 얼마나 오금이 저렸는지 모른다. 시간이 지나 그때 찍은 사진과 동영상은 매우 귀한 자료로 간직되고 있다.

미국은 역시 미국이었다. 외손녀의 첫 돌잔치는 플로리다의 한 작은 교회에서 열렸다. 축하 손님이 우리뿐일 줄 알았는데, 인근 교민들이 많이 참석해 자기 가족처럼 축하해 준다. 역시 우리는 정(情)의 민족이다. 성격이 매우 활발할 딸은 한 친구 부부를 사귀었는데 우리더러 멀리 오느라 수고했다며 우리 가족을 만찬에 초대하겠단다. 끊임없이 펼쳐지는 숲길의 고속도로를 따라 한 시간쯤 달려갔을까. 서울에서 천안쯤 되는가 싶은 그 집에서 맛있는 만찬과 함께 외국 생활의 어려움을 서로 공감한다. 남들 보기엔 형편이 웬만하니 미국에서 유학이든 사업이든 하는 거 아니냐고 하지만 그들의 대화를 통해 객지 생활의 고생스러움을 느낄 수 있었다.

정신 줄 놓지 마라!

1월 초 서장으로 부임한 첫날 저녁 식사를 각 사무실 막내 직원들과 함께 했다. 대부분 서장은 과장들과 식사를 하지만 나는 하동이나 파주 또 서울중부에서 항상 막내들과 해 왔다. 사실 과장들이야 언제든지 할 수 있지만 막내 직원들은 서장실에 한 번 올라오기도 쉽지 않고 결재나 보고 기회도 거의 없어 부임 첫날이라도 같이 식사하고 싶은 마음이 간절했다.

물론 강제성은 없지만 부담은 좀 되었을 자리가 밥이나 술을 '먹기만' 하는 자리거나, 서장 혼자 떠드는 자리가 된다면 토론은커녕 정담 한마디 자유롭게 나누지 못하는 경우가 태반이다. 이런 문화는 사실 경찰 전통이긴 하나 내가 싫어하는 관습 중 하나다. 기름튀기며 구운 고기에 소주를 질펀히 마시

수도 1번지 서울 중부 치안은 최상의 상태를 유지해야 하므로 중구청, 주한 중국 대사관, 56사단과의 긴밀한 협조는 필수이다.

는 자리가 보통 우리 회식문화이고 그 자리에서 상사나 헐뜯지 않으면 다행이다. 그래서 나는 자리에 참석한 누구든 한마디씩 하게 했다. 덕담이나 애로사항, 건의 사항, 건배사 등 어떤 이야기라도 좋으니 한마디씩 하게 했더니 처음에는 곤혹스러워하다가 나중에는 정말 근사하고 멋진 말들을 한다.[3]

    2015년 연말, 떠날 시기가 다가와 헤어질 준비를 해야 했다. 치안고객만족도 1등을 했으니 기념 식사 한번 할까 싶다. 인접 서에서 발생한 음주 사고는 부담됐지만 가볍게 한 잔 마시되 정신 놓지 않게 집중했다. 그동안 교육 훈련(?) 성과로 중부서 직원들은 어느 자리에서도 근사한 건배사 하나 정도는 가볍게 할 수 있다. 그들에게서 참 좋은 건배사를 많이 들었는데 기억나는 대로 적어 본다. 내용도 훌륭하지만 어디서도 찾을 수 없는 창의성과

---

[3] 한번 언급한 내용이지만, 나 역시 지난해 서울청 송년회 때 늦게 도착한 죄로 서울경찰청장에게 건배사 지명을 받았다. 주저 없이 건배사로 삼행시를 하겠다 하여 '건강하게 배신 때리지 말고 사랑합시다.'라고 했고 다 함께 '건배사'를 복창케 하여 위기를 넘겼다.

중부서장으로 근무하며 가장 의미 있는 일은 소통의 횡단보도 개설과 중부경찰 역사박물관 개관이었다.

신선함이 생명이다.

　의사소통, 만사형통, 운수대통에 이은 '전화 한 통'은 퇴직하는 고참의 속마음이었다. 2015년은 양의 해 특히 푸른 청양의 해라 의기양양, 전도양양에 이은 '충북 단양'은 단양서장으로 근무하는 아내 사랑의 표현으로 충분했다. 나는 거기에 서울 중구의 유력 인사 두 분이 양 씨 성의 회장들이어서 '중구 양양'을 얹어 읊었다. 삼행시 중 가장 기억에 남는 건 '중부서'였는데, '중매 좀 해주세요, 부자 아니라도 좋아요, 서장님 같은 사람으로요'였다. 한참 후 이 내용의 짝퉁 버전이 돌았는데 앞은 같고 '부자라면 더 좋아요, 서장님 옆 수사과장 같은 사람으로요'였다. 참 권력무상 인생무상이다. 조사계의 '조용히 살겠습니다. 사고 치지 않겠습니다. 계속 원~샷 하겠습니다'도 좋았다. 형사과 회식 때 강력팀장은 나에게 '형님~! 사랑합니다. 과장이 시켰습니다'는 금메달이었는데 역시 모방 버전이 돌았다. '형님 누님들~ 사랑합니다. 과장이 시킨 거 아닙니다' 형님(서장) 사랑하는 건 과장이 시켜 억지로 하는 거고 누님들 사랑하는 건 자기 마음이란다. 그렇게 삼행시 열풍이 일었는데 그 덕분일까. 서울중부서는 연말연시에 한 건의 사고 없이 잘 넘겼고 연말 치안고객만족도 조사에서 1등을 차지했다. 요즘은 건배사도 강요하면

제발 정신 줄 놓지 말자고 전 직원에게 통 사정을 한 결과, 단 한 건의 사고도 없이 한 해를 마무리할 수 있었고, 덕분에 치안고객만족도 조사에서 서울 31개 서 중 1위를 할 수 있었다.

갑질이라 해서 시들해졌다는데 나는 솔선수범하되 강요하지 않아 뒤탈은 없었다.

경찰의 인권정책에 앞장서다

서울중부서장 근무를 성공적으로 마치고 이제 정년이 1년 6개월 남아 마지막 발령지를 찾아야 한다. 마침 박사 논문 주제로 인권을 생각하고 있었기에 대한민국 경찰 인권의 현주소를 알아야겠다는 생각과 경찰의 인권의식과 수준을 한 단계 향상시키리라 다짐하며 경찰청 인권센터로 부임하니 그 유명한 남영동 전 대공분실 자리가 사무실이다. 경찰청장 신고를 마친 뒤 가장 먼저 청사 6층에 마련된 박종철 군 고문치사 사건 현장을 찾아 헌화하고 묵념했다. 전임자들은 주저하며 어정쩡한 태도를 취했다지만 나는 분명히 했다.

1987년 1월 14일, 서울대학교 언어학과 3학년이던 박종철 군은 다른 수배자의 소재를 수사하던 대공 수사관들에게 연행되어 물고문을 당하던 중 경부 압박에 의한 질식으로 숨졌다. 하루 전날 김종호 내무부 장관이 이례적으로 남영동 대공분실을 방문했는데 이튿날 박종철 군 고문치사 사건이 발생하며 파장이 컸다. 그리고 1월 21일 김종호 장관은 정호용 장관으로, 강민창 치안본부장은 이영창 본부장으로 교체되었다. 하지만 파장은 쉽게 가라앉지 않았고 오히려 축소 은폐 의혹이 불거져 5월 26일, 내무부 장관은 다시 고건으로, 치안본부장은 권복경으로 바뀌었다. 이후에도 파장은 계속되어 결국 6월 항쟁으로 이어져 6공화국 탄생으로 이어졌다.

그저 귀한 생명이 아무런 이유도 없이 국가에 의해 경찰 고문으로 숨졌는데 무슨 말이 필요하겠는가? 박 군 영정 앞에 고개 숙여 국화 한 송이를 바치고 남영동 대공분실 이곳을 경찰의 인권정책을 총괄하는 인권발전소로 탈바꿈하겠다고 다짐했다.

박종철 군 유족 근황을 알아보니 부모님은 부산에 계시고 형 박종부 님이 남영동에서 가까운 삼각지에 있는 기념사업회 사무실에 가끔 나오신다는 소식을 들었다. 연락을 취해 어렵사리 날짜를 잡았고 기념사업회 사무실을 찾아갔다. 만남을 불편해할 줄 알았는데 오히려 편하게 맞아 주셔서 이런저런 이야기를 많이 나누었다. 마침, 점심때가 되어 된장찌개 한 그릇 하시겠냐 물으니 그러겠단다. 말없이 식사하는데 형이 말씀하신다.

"소주 한 병 시킬까요?"

"네, 그러시죠."

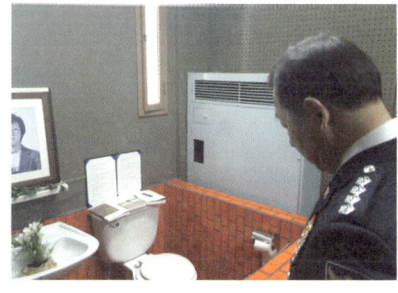 

경찰청 인권보호담당관으로 발령받아 남영동 인권센터 고 박종철군 영정에 헌화하고 고개 숙여 사죄했다.
배우 이제훈을 인권홍보대사로 위촉하고 경찰인권사료전시관을 만들었다.

소주 한 병을 한 잔씩 나눠 마신다. 사건 당시에는 정확한 사실을 모르고 안타까운 마음만 있었는데 인권센터의 인권보호담당관으로 와 자초지종을 알고 나니 진심으로 죄스러운 마음을 주체할 수 없다. 자주는 아니어도 한 번씩 연락은 해야 하는데 마음처럼 쉽지는 않다.

경찰청에도 민간자문기구인 인권위원회가 있고, 전국 시도경찰청에도 인권위원회가 있지만 상호 교류는 거의 없었다. 전국 인권위원 수첩을 제작했고, 전국 인권위원이 참여하는 만남의 시간도 마련했다. 영화 〈건축학개론〉의 배우 이제훈을 경찰청 인권홍보대사로 위촉했는데 한 교수가 이제훈이 누구냐고 묻는다.

"교수님. 영화 건축학개론 안 보셨어요?"

"나는 법대 교수라 법학개론만 봤지, 건축학개론은 안 봤죠."

실제 몰랐는지 웃자고 한 농담인지 지금도 미스터리다.

국가인권위원회와 협업해 인권 감수성 향상을 위한 교육과정도 진행하는 등 최선을 다하여 인권 업무에 푹 빠져있을 때 누군가가 나에게 물었다.

"혹시 경무관 승진하려고 하십니까?"

"네? 하하하, 저 이게 마지막 보직입니다."

"그러게요. 저도 그렇게 알고 있는데 너무 열심히 하셔서 묻는 겁니다."

그렇다. 경찰이든 어디든 승진 등 동기 부여가 있지 않으면 열정적으로 일하기란 쉽지 않다. 하지만 나는 조금 달랐다. 오지랖이라 할 수도 있지만 나는 언제든 내가 할 수 있는 최선을 다했고, 정성을 다했다. '해는 서녘 하늘 넘어갈 때 가장 붉게 타오른다'라던 누군가의 말처럼…

또 일을 하다 보면 정말로 재미있어서 멈출 수가 없다. '경찰은 인권침해 기관인가, 인권보호기관인가?' 누가 뭐라고 단언할 수 있겠냐마는, 나는 이렇게 답했다.

"쌀밥 한 그릇에는 뉘도 있고 돌도 있다. 경찰은 인권의 침해 사례도 있고 보호 사례도 있다. 하지만 뉘와 돌이 많기로서니 쌀보다 많기야 하겠는가."

그렇게 시작한 나의 다음 사업은 〈경찰인권사료전시관〉을 만드는 거였다. 경찰이 창설 이래 국민의 인권을 위해 노력한 보호 사례와 반대로 침해 사례의 흔적들을 모아 전시하기로 했다. 사실상 '인권 박물관'이다. 즉시 전시품 수집에 착수했다. 방유진 경정 등이 적극 나서 주었다.

일이 진전되지 않고 답보상태에 있을 무렵 1970년 12월 10일 〈대한민국 인권상〉을 받은 경찰관이 있다는 소식을 들었다. 어렵게 찾아간 곳은 상도동에 있는 그분의 아파트였다. 종로경찰서에서 경감으로 형사계장을 할 때, 유치인 인권 보호를 위해 노력한 결과 '제5회 대한민국 인권상'을 수상했고 그때 받은 대통령 표창장과 상패를 고이 간직하고 있었다. 취지와 의미를 오래 설득한 끝에, 그토록 아끼는 대통령 표창장과 상패 등을 모두 경찰청 인권보호담당관에게 기증해 주셨다. 감사함의 표시로 그분의 이름 석 자를 적는다. "'김상명'님 감사합니다"

홀연히 떠나신 어머니

6월 12일, 나는 정부 대표단과 함께 스위스 제네바에서 열리는 유엔인권이사회에 참석하기로 되어 있었다. 사전 행사에는 참석하지 않고 프랑스 리옹의 인터폴 본부를 예방할 계획이었다.

당시 어머니는 요양원에 계셨는데 1주일 정도 못 뵌다고 생각하니 걱정이 되어 출장 전에 찾아뵀었다. 나무 삭정이처럼 바짝 마르고 눈이 쑥 들어가 기운이 없어 보이는 어머니였지만, 막내아들을 보자 얼굴이 환해지신다. 어머니 연세는 이제 90이 넘으셨다. 2012년 경기청 정보과장을 할 때 수원에 다녀가셨고 이듬해 파주서장으로 근무할 때 휠체어를 타고 다녀가셨는

어머니를 추모 공원에 모시고 유엔인권이사회 참석을 위해 제네바로 날아갔다. 다리 한 짝이 없는 대형 의자는 지뢰 없는 세상을 염원하는 상징물이다. 경찰청도 가본다. 많은 걸 배웠다.

데 요양원에 입원하시면서 서울경찰청과 중부경찰서는 와보지 못하셨다. 3년째 겨우 누워만 계시니 그저 안타깝지만 그나마 다행인 것은 아직 정신은 또렷하셨다. 어머니가 정신을 놓지 않으려고 초인간적인 애를 쓰고 있다는 것을 아들인 나는 누구보다 잘 안다.

요양원 원장을 찾아가 조심스레 물었다.

"어머니 오래 사시지 못하실까요?"

"기운이 없어 보이지만, 어르신들은 그렇게도 몇 년 더 사시곤 합니다."

그 말에 마음을 좀 놓고 해외 출장을 준비했다. 그리고 6월 12일 출장 당일이 되어 새벽 6시 인천국제공항에서 일행을 만날 예정이라 4시에 일어나야 했다. 그런데 그보다 이른 새벽 2시쯤 심상치 않은 전화벨 소리에 마음이 철렁 내려앉는 듯했다. 요양원 원장이었다.

어머니가 갑작스레 위독하시다 하여 달려갔지만, 어머니는 하늘의 별이 되셨다. 언제든 가시는 게 부모라지만 나에게는 너무 갑작스러워 눈물이 막 흘렀다. 어머니! 생각할수록 참 고마운 분이다. 나의 해외 출장 직전에 운명하셔서 아들로서 제대로 장례를 모실 수 있었다. 만약 비행기를 탔거나 현지에 막 도착했을 때 일을 당했으면 어땠을까 하고 생각하니 아찔하기만 하다.

형제들과 청양군 목면 안심리에 모신 아버지 산소를 이참에 예산으로 옮기려고 알아보는데 예산 사촌 형이 화산추모공원을 안내해 준다. 그렇게 청양에 모신 아버지와 일산에서 돌아가신 어머니 두 분을 예산에 함께 모셨다.

어머니를 모신 후 스위스행 비행기에 몸을 실었다. 제네바에 위치한 유엔 유럽본부의 유엔인권이사회를 참관하기 위해서다. UN 특별보고관 마이나 카이를 만났고 네 다리 중 하나가 부러진 커다란 의자도 보았다. 틈틈이 제네바 경찰국을 찾아 스위스 경찰을 견학했다. 밤 10시 이후면 연락처만 남긴 채 문을 닫는 파출소를 보고 신기하다 싶었는데 머지않아 우리나라에서도 볼 수 있지 않을까 싶다. 그렇게 유엔인권이사회를 잘 다녀왔고 정말 귀한 경험을 했다.

아버지와 어머니를 예산에 있는 화산추모공원에 모신 지 1년 후 나는 화산추모공원의 그룹 본사에 근무하게 된다. '이것은 또 무슨 운명이고 무슨 인연이 나를 이끈 것인가?'

화산추모공원의 모회사는 부영그룹이다. 주택 건설회사 부영그룹이 왜 추모 공원을 소유하고 있는지 궁금했다. 그룹의 총수 이중근 회장님은 이렇게 말씀하셨단다.

"살아있는 사람이 사는 곳이 주택(住宅)이고 죽은 사람을 모시는 집은 곧 유택(幽宅)이라고 하지 않는가? 산 사람들이 사는 주택을 많이 지었으니 이제 죽은 사람의 집도 지어야지."

이 말과 함께 화산추모공원을 인수하셨다니, 인연이라는 게 참 묘하게 이어진다. 인연뿐일까. 운명도 마찬가지다. 부모를 그곳에 모시고 1년 후 퇴직하면서 그 추모 공원을 소유한 부영그룹에서 근무하게 될 줄을 상상이나 할 수 있었겠는가? 혹자는 이렇게 말했다.

"김 서장이 부영에 가서 근무한 것과 또 부영에서 근무하다가 서울특별시 정무 2급 공무원으로 임명되어 자치경찰위원회 상임위원 겸 사무국장으로 근무하고 다시 부영으로 돌아오게 된 것은 모두 어머니의 각별하신 보살핌 덕분일 걸세, 잊지 말아야 하네."

맞다. 정말 맞는 말이다. 어머니는 돌아가신 후 몇 번이나 꿈에 나타나서 손을 잡아주시며 여러 가지 희망적인 느낌을 주셨다. 부영과의 인연은 그렇게 시작되었고, 부영과 얽힌 본격적인 이야기와 어머니가 꿈에 나타나셔서 이끌어 주신 이야기는 뒤에서 하고자 한다.

현장에 답이 있다! 현장에 그가 있다!

퇴임이 정말 코앞에 다가왔다. 현직일 때는 오라는 곳이 참 많았는데 막상 정년이 다가오니 꽃가마를 보내겠다는 이가 없다. 아직 놀고 싶지 않고 뭐든 열심히 하겠다는 의지와 열정이 있는데 난감하다. 인생을 그렇게밖에 살지 못했나 싶은 생각이 들었지만 기다려야 했다.

어느 날 이철성 경찰청장이 한번 보잔다. 청와대를 지키는 제101경비단에서는 같은 부서에 근무했고, 그땐 계급이 같았는데 차츰 간극이 벌어졌지만 늘 한결같은 분이다. 내가 하동서장으로 내려갔을 때 경남청 차장이었고 내가 다시 서울중부서장을 마치고 경찰청 인권보호담당관으로 발령이 났을 때는 경찰청 차장이었다.

그 무렵인 2016년 6월 부산에서 학교전담경찰관(SPO) 2명이 여중생, 여고생과 각각 성관계를 맺은 사건이 일어났다. 경찰청 과학수사관리관 조종완 경무관을 단장으로 하고 수사지도팀장에는 이충호 총경, 특별감찰팀장으로는 인권보호담당관인 내가 포함되는 경찰청 특별조사단이 꾸려졌다. 부산에 내려가 나름으로 열심히 했지만 아쉬움을 남긴 채 사건은 일단락 지어졌다.

나는 특별감찰팀장으로 감찰 조사를 자청한 강신명 경찰청장을 조사해야

이철성 경찰청장이 취임 후 인권센터를 찾아 박종철 기념관을 둘러보고 있다. 주간조선은 현장에 답이 있다. 현장에 그가 있다고 했다. 또 주간동아는 오래 전에 기획된 소방수라고 했다.

하는 입장이 되었다. 예의는 갖추되 조사는 엄중하게 하자고 다짐했다. 경찰청장실에 추성국 경감을 대동하고 들어갔다. 먼저 전거복철(前車覆轍), 즉 앞에 가는 수레가 뒤집어진 바퀴 자국이란 뜻으로 실패의 전례 또는 앞 사람의 실수를 거울삼아 후세에 경계토록 하겠다는 뜻의 말씀을 정중히 드리고 조사에 임했다. 동아일보 등 일부 언론은 '경찰청 스스로 셀프 감찰이니, 질문지를 사전 제공한 면죄부 감찰'이라는 등 비꼬는 시선을 보냈고, 파장도 적지 않았다. 기자에게 전화를 걸어 효율적인 조사를 위해 질문의 요지를 사전에 정리하고 그대로 묻고 답을 듣는 등 통상적 방법으로 최선을 다했음을 설명했고 일부 오해도 해명이 되어 일단락되었다.

얼마 후 강신명 경찰청장이 임기 만료로 퇴임했고 2016년 7월 28일 이철성 차장이 경찰청장으로 내정되었다. 나는 경찰청장 인사청문회 준비단 신상팀장을 맡았는데 정책팀과 국회팀과 달리 신상팀은 며칠 동안 신기하게 한가했다. 그러나 3일이 지난 후부터 내정자가 경감 시절에 음주 운전을 했다는 언론보도가 나오면서 그야말로 불난 호떡집 모양새가 되었다. 연일 언론 보도가 나오며 내정자를 비롯해 모두가 피곤해할 무렵, 조선일보 사회부 이동휘[4] 기자가 연락해 왔다. "네거티브든 포지티브든 다 좋으니, 뭔가 새로운 기삿거리 없느냐"라고 한다. 물었다.

---
[4] 기자임에도 특이하게 동국대 경찰행정학과를 졸업했으며 고향도 나와 같은 예산이었다.

"모든 언론이 한꺼번에 달려들어 파헤칠 만큼 파헤쳤는데 뭐가 더 있겠어요?"

더 있을 게 없다는 나의 말에 기자는 다시 말했다.

"네거티브 없으면 포지티브라도 주십쇼. 포지티브라도 써야죠. 한 번 믿어보시죠!"

그렇게 통화가 되어 몇 건 준비해서 인터뷰 형식으로 건네려는데 당시 청와대 민정에서는 '언론플레이로 비칠 수 있으니 하지 말라'는 지시가 내려왔다. 진지하게 진행하던 인터뷰를 중간에 중단하며 없던 일로 하자고 했는데 주간조선 2016년 8월 5일 자 통권 2419호에 그가 '알아서' 쓴 기사가 났다. 지금도 선명하게 기억나는 제목은 '순경에서 경찰청장까지… 이철성 내정자', 부제는 '현장에 답이 있다. 현장에 그가 있다'였다.

며칠 후 주간동아에서도 연락이 왔다. 주간조선에는 기삿거리를 주고 왜 우리는 안 주느냐며 시비를 걸어온다. 이전에 여기저기 수소문해 미담 몇 건을 수집했지만, 내정자가 쑥스럽다며 망설이던 내용을 크게 문제 될 것 없다는 생각에 일방적으로 건넸다. 주간동아는 '오래전에 기획된 구원투수 겸 소방수'라는 제목으로 최영철, 박훈상 두 기자의 취재 기사가 나왔다. 이후 국회에서도 여야를 막론하고 자료 없느냐는 문의 전화가 빗발쳤고, 주간조선과 주간동아 기사를 참고하라고 알려주니 고맙다는 반응이다. 그렇게 이철성 차장은 경찰청장으로 무사히 취임했다. 그때 경찰청 인권센터에 큰 행사가 2건 있었다. 〈경찰인권영화제〉 개막과 〈경찰 인권사료전시관〉 개관인데 두 행사에 이철성 청장이 참석하여 비중 있는 행사로 진행했다. 이런 인연으로 이철성 청장과는 진솔하면서도 소박한 친분을 잇고 있다.

2016년, 스위스
제네바에 있는
UN 인권이사회에
참석하였다.

아프리카! 부영그룹!
자치경찰!

8

정든 경찰 제복을 벗다

 2016년 12월, 나는 공로 연수 발령을 받았다. 즉 경찰공무원으로서 신분은 유지되나 남은 6개월 동안 보직 없이 퇴직을 준비하는 거다. 이제 나에게도 정년이 '훅' 다가온 것이다.
 '정년까지 얼마나 남았지' '20년 지났네' '10년 남았네'하고 손가락 꼽으며 '정년은 그저 선배들에게나 오는 것이지, 나에게 정년이 무슨 말?'하는 생각을 했던 게 얼마 전 같은데 참 세월 앞에 장사 없다. 아직 정년은 좀 남았지만, 인권보호담당관 퇴임식은 조촐한 자리임에도 김정식 경찰위원회 상임위원이 참석해 줬다. "리타이어(Retire)란 타이어를 새로 장착한다는 의미로 곧 새출발을 말한다"라며 의미심장한 말을 해준다. 이임인지 퇴임인지를 하고 막연히 시간을 보내려니 심란하다. 집에 돌아와 여러 벌의 경찰복을 정리하고 있는데 아내가 한마디 한다.

총경 재직시 나는 녹조근정훈장을 받았고 경무관으로 명퇴한 아내는 홍조근정훈장을 받았다.

"뭐 때문에 그렇게 정성스럽게 경찰복을 정리해요?"

정말 몰라서 묻는 건지 쓸데없는 일에 왜 정성을 들이냐는 말인지 의미를 알 순 없지만 아직 땀이 배어 있는 정복을 버릴 수 없다. 그렇다고 영원히 끌어안고 지낸다는 건 아니지만 시간이 흐르면 자연스럽게 내 마음과 함께 정리할 것이다.

매일 같이 출근한 날이 몇십 년이었는데 이젠 내가 아닌 아내 출근을 배웅한 후 혼자 있는 시간은 참 무료하다. 물론 박사과정 중이기는 하지만 방학이라 학교에 갈 일도 없다. 정년이라는 건 예정되어 있고 누구에게나 다 오는 건데 막상 겪고 보니 마음이 이토록 허전할 수가 없다. 특히 계급정년이 아닌 연령정년은 내 공직 생활 시작 때부터 정해져 있던 건데 말이다. 하루하루 정년에 가까워졌을 뿐인데 갑자기 뚝 떨어진 것처럼 당황스러워 스스로 안 되겠다 싶어 돌파구를 찾아야겠다고 마음먹었다.

후배 대한금융신문 조성준 대표가 그런 내 마음을 알았는지 연락했다.

"형님, 바람이나 쐬러 가시죠."

항상 변함없고 과묵하며 착한 후배를 따라 훌쩍 떠난 곳은 필리핀 세부였다. 축 늘어진 야자수 나무와 파랗고 하얀 바닷가 거기에 티 없이 맑은 현

2017년 6월 29일 서울경찰청에서 정년퇴임식을 거행하고 마침내 정든 제복을 벗었다.

2017년 6월 정년퇴직 후 그해 연말 아내 구본숙 총경도 1년 미리 옷을 벗는 명예퇴직을 하며 경무관을 달았다.

지 어린이들 모습에 묻혀 보름을 지냈으나 허한 기분은 쉽게 나아지지 않는다. 여전히 안정을 찾지 못하고 서성이는 내 마음에 문득 생각이 하나 떠올랐다. '아프리카에 가야겠다!'

인류의 고향이자 약속의 땅, 미래의 대륙 아프리카에 다녀오겠다고 생각하고 이것저것 알아보며 아내와 상의했더니 깜짝 놀라며 본인 퇴직 후 함께 가잔다. 단호하게 결심을 말했다.

"당장 내일 무슨 일이 일어날지 알 수 없는 것이 지금 우리의 삶인데 2년 후의 일을 어떻게 장담할 수 있겠소. 나중에 또 같이 가더라도 우선 혼자 선행 답사를 가야겠소."

그렇게 고집부려 아프리카행 동의를 얻은 나는 즉시 행동으로 옮겨 실행에 착수했다. 가까운 교보문고에 가서 아프리카 가이드북 한 권을 샀고, 국립중앙의료원에서 황열병 주사도 맞았다. 그러고는 서둘러 아프리카행 비행기를 탔다. 때 묻지 않은 아프리카 여행은 나에게 큰 힐링이 되었고 많은 생각과 느낌을 담아 돌아왔다. 아프리카 여행기는 뒤에서 계속한다.

아프리카를 다녀오고, 3월 개강 이후 대학원 박사과정 마지막 학기 수업이 시작되어 교수법 강의 수강과 발표에 전념했다. 4월엔 경찰 인재개발원에서 열린 퇴직 예정자를 위한 사회 적응 교육을 다녀왔고, 5월에는 한국문화유산답사회 회원들이 따로 만든 고려답사회와 함께 '한국의 석탑'이라는 주제로 2박 3일간 답사를 다녀왔다.[1] 어느새 6월이 다가왔고, 정년 퇴임 날짜를 잡겠다고 한다. 이제는 정말 정든 경찰 제복을 벗어야 한다.

결국 다가온 2017년 6월 29일 정년 퇴임식에 많은 손님이 찾아와 축하해 줬다. 나는 인사말을 통해 딱 세 사람을 소개했다. '귀염둥이 손주들, 노르웨이에서 온 처제 가족, 파주서장 당시 서부전선을 함께 지킨 국군 1사단장 부부'가 그들이었다. 퇴임식은 서울청장 김정훈 치안정감이 주관했는데 돌이켜 생각해도 매우 멋진 품격의 시간이었다. 아내도 그해 12월 경무관으로 명예퇴직했다. 경무관이면 나보다 상위 계급이다. 뭐가 그리 좋은지 신나게 춤까지 추어가며….

검은 대륙 아프리카를 가다!

갑작스레 정한 아프리카 여행은 순전히 탐험가 코스를 따라 자유여행으로 가려 했으나 아내는 "당신 나이가 이제 곧 환갑"이라며 말렸다. 하는 수 없이 관광객 코스를 따르기로 정했다. 목적지는 아프리카 중에서 가장 안전하다는 동남 아프리카 즉 케냐, 탄자니아, 잠비아, 짐바브웨, 남아공이다. 기대 반 우려 반으로 인천공항의 약속된 장소에 도착하니 일행으로 보이는 부부가 먼저 와 있다. 부부 교사인가 싶었는데 뒤에 알고 보니 SK 출신 사업가 조형도, 박은옥 부부였다. 또 한 부부는 반듯하고 야무진 모습이 공수특전단 장군쯤으로 봤는데 안양과 평택 등에서 소방서장으로 근무한 원 스타 쯤 되

---

[1] 중국은 벽돌을 쌓아 올린 전탑(塼塔), 일본은 대부분 목탑인 데 비해 우리나라는 화강암으로 된 석탑이 주류를 이룬다. 그 석탑을 찾아 떠나는 답사다.

멀리 희끗한 봉우리가 보이는 곳이 킬리만자로, 남아공의 라스베가스 선시티에서 넬슨 만델라를 만난다.

는 소방준감 출신 최종환, 유진현 부부였다.[2]

아프리카를 여행하며 찍은 사진은 동영상을 포함해 무려 5,000장이고 메모만 해도 A4용지 50장에 달한다. 여행을 준비할 때도 꼼꼼히 공부해 떠났고 다녀온 후에는 진하고 벅찬 감동을 혼자만 간직하기에 아깝다는 생각에 책을 한 권 낼 요량으로 사진과 함께 여행기를 정리했다. 정리할 때 주위에서 출간의 바람을 넣은 이도 있었다. 그렇게 석 달 열흘 열정을 쏟았다.

밤잠 줄여가며 아프리카 여행기 정리가 끝나갈 무렵, 그간 두문불출한 나의 동정을 SNS에 소개하며 출간 계획을 밝혔다. 여러 개의 댓글과 전화가 왔는데 그중 중앙일보도 연락을 해왔다. "책 출간 전 월간중앙에 연재하면 좋겠다"라는 말이다. 출판사를 섭외 중이라고 하니 그건 좀 미뤄놓고 연재부터 하고 출산하면 훨씬 더 좋을 거라고 한다. 그쪽의 제의가 워낙 적극적인 데다 맞는 이야기였고 특히 그동안 잘 알고 있는 기자여서 알겠다고 하고 연재를 시작했다.

1편은 〈카렌과 'Out of Africa'를 낳은 케냐〉, 2편은 세렝게티와 킬리만자로 〈끝없는 초원과 친구의 나라 탄자니아〉이다. 3편은 〈데이비드 리빙스

---

2 이들 외에도 수다쟁이 아줌마 군단 등 일행이 몇 더 있었지만, 기억에 남는 사람들은 이들뿐이다.

턴이 찾은 빅폴의 잠비아〉, 4편은 〈잠비아의 사이좋은 이웃 짐바브웨〉를 썼고, 5편과 6편은 〈무지개보다 더 아름다운 나라 남아공〉과 〈노벨평화상의 나라! 만델라를 기리며〉를 썼다. 이곳에 아프리카 이야기를 다 쓸 수 없어 제목만 간단히 언급하는데 도저히 궁금해서 견딜 수 없는 분이 있다면 인터넷을 통해 '김성섭 아프리카'를 검색하면 볼 수 있다. 다만 탄자니아와 남아공 이야기는 이곳에 좀 쓰려한다.

가수 조용필은 6분이나 되는 긴 노래 '킬리만자로의 표범'을 불러 탄자니아를 우리에게 널리 알렸고 이를 고맙게 여긴 탄자니아 정부는 1998년 탄자니아 대통령 방한 때 그에게 감사패를 전달하고 홍보대사로 위촉했으며 2001년에는 문화훈장도 수여했다.

남아공은 자연환경이 훌륭하고 기후 조건도 좋았다. 특히 넬슨 만델라 흔적을 따라가는 관광 코스는 일품인데 행정수도 프리토리아의 유니언 빌딩 아래 넬슨 만델라 동상이 두 팔을 벌리고 서 있다. 유니언 빌딩 양 날개는 서로 다른 세력과의 화합을 상징한다. 1990년 27년 동안 작은 섬에 갇혀 옥살이하다 풀려난 만델라는 3년 후인 1993년 백인 대통령 프레데리크 빌렘 데 클레르크(Frederik willem de Klerk)의 적극적인 추천으로 함께 노벨평화상을 받았다.[3] 1994년 마침내 흑인 최초의 남아공 대통령이 된 넬슨 만델라는 '용서하되 잊지 말자'라고 외쳤다.

5년 임기를 마친 1999년 만델라는 연임에 미련 두지 않고 물러나 오직 월드컵 유치를 위해 노력했으며 그 결과 2010년 남아공 월드컵이 개최되었다. 안타깝게도 13세의 증손녀가 개막식 전날 교통사고로 숨지는 바람에 개막식에 참석하지 못한 만델라는 폐막식에 털모자를 쓰고 나타났다. 9만 관중은 일제히 자리에서 일어나 '마디바(Madiba)'를 연호한다. '마디바'

---

[3] 대통령이 된 넬슨 만델라와 전임 대통령 클레르크는 서로를 존중하여 남아공의 양대 국부가 된다.

는 '존경하는 어르신'이라는 뜻을 지닌 만델라 애칭이다. 우리는 언제쯤 '마디바' 또는 '어르신'을 힘껏 외칠 수 있을까? 대한민국 정부 수립 후 13명의 대통령 중 국부(國父)로 존경받는 대통령이 단 한 명도 없다는 우리의 현실이 괜히 서글프다.

아프리카 여행 중에 들었던 심쿵한 아프리카 속담 몇 꼭지가 생각나 몇 개 적어본다.

'뱀에게 물렸던 사람은 지렁이도 무섭다.'
'길을 잃는 것도 길을 찾는 방법의 하나다.'
'이웃이 곤란할 때 웃는 자는 바보다.'
'노인은 앉아서도 보는 것을 아이는 산꼭대기에서도 못 본다.'
'찍은 도끼엔 상처가 없지만 찍힌 나무는 평생 상처가 남는다.'

부영에 둥지를 틀다

정년 퇴임 직전 이철성 경찰청장과 같이 한 저녁 식사가 끝날 무렵 퇴임

정년 퇴임 후 곧바로 부영그룹 감사 담당 상무로 근무하게 되었다. 부영그룹 이중근 회장님은 아프리카, 중남미, 동남아 등에서 우리나라로 유학 온 대학생들에게 장학금을 지급하고 있다. 장학금 수혜자 중 케냐 학생들을 만났는데 그중 1명은 숙명여대 단과대를 수석 졸업했다.

후 무슨 계획이 있는지 내게 물었다. "특별히 오라는 데도, 갈 데도 없다"라는 나의 대답에 "누군가 그냥 두지 않고 반드시 데려갈 것"이라고 말했지만 사실 쉬운 일은 아니었다.

그런데 얼마 후, 부영그룹 인사 담당 임원에게서 연락이 왔다.

"경찰청에 지방청장급 한 분을 추천해 달라고 요청했더니 경찰서장 출신이지만 업무 능력이 뛰어나다고 추천하더군요. 회사로 한번 나오시죠."

이튿날 회사로 나가보니 이중근 회장님[4]이 직접 면담하신다.

"만만치 않았을 경찰 업무를 30년 넘게 수행하느라 참 수고가 많았어요."

"별말씀을요. 쉽지는 않았지만, 누군가 해야 한다면 제가, 언젠가 해야 한다면 지금 한다는 자세로 살아왔습니다."

"좋소! 고문 뭐 이런 거 말고 아직 창창한 나이이니 현업 부서에서 일 좀 하시오."

알고 보니 이철성 경찰청장이 나를 추천했다고 한다. 부영그룹 회장님의 면담을 거쳐 상무 직급으로 취임해 내부 기강 확립과 비리 척결을 담당하는 감사실장을 맡았다. 행정을 하는 공조직과 경영을 하는 사조직은 체계부터 문화까지 다른 게 참 많았다. 공무원은 국가가 급여를 주지만 회사원은 사주가 급여를 준다. 30여 년을 공조직에 있던 터라 처음에는 꽤 어색했지만, 차츰 적응했다. 특히 감사 업무도 회사로 보면 일종의 경찰 역할 아닌가?

나름 시행착오를 겪으며 회사 일에 적응하고 있던 때, '짭새' 운운하는 소리가 들렸다. 감사 대상으로 지목된 사람이 이리저리 모면할 궁리를 하다가 감사실에서 압박하니 화가 나서 자기도 모르게 뱉은 말이다. 분명 참아야 했을 말이나 그 말은 결국 감사실을 자극하는 결과를 초래했다. 몹시 기분이 상했지만, 그렇다고 감사에 감정이 개입되어서는 안 된다며 비위 혐의만 조

---

4   부영의 창업주이자 초대 회장이며, 현재도 부영그룹 회장직을 맡고 있다. 골프도 휴일도 모르고 오직 일만 하시는 참 부지런한 분이다.

사했다. 소문은 꽤 심각했는데 일부만 시인한다. 이후 모든 감사가 객관적으로 완료되었을 때 그 사람을 불러 조용히 이야기했다.

"'짭새'라고 했습니까? 짭새의 의미나 어원이 뭘까요?"

상대 얼굴이 벌게지며 어쩔 줄을 모른다. 나는 이어서 말했다.

"내가 아는 짭새의 어원은 잡는 새, 즉 버러지 등 해충을 잡는 새의 줄임 말 잡새로 변했고, 다시 된소리 발음 즉 경음화(硬音化)로 인해 짭새가 된 것으로 알고 있는데 맞습니까?"

얼굴도 들지 못하고 죄송하다고 말하는 그 친구에게 조용히 한마디 했다.

"우리말에 '말 한마디로 천 냥 빚 갚는다'라는 말이 있고, '삶의 지혜는 듣는 데서 오고 후회는 말하는 데서 온다'라고 합니다. 어원도 모르는 말을 함부로 하지 마세요."

살다 보면 어휘구사력이 참 부족한 사람이 많고 맥락적 사고를 못 하는 사람도 많다. 때와 장소에 맞지 않게 공감이 안 되는 이 또한 많다. 그래서 혀는 이빨이라는 성벽과 입술이라는 성문에 갇혀 있는 것이다. 예쁜 말, 고운 말만 골라서 하라는 의미다.

부영에 근무하며 '신기하게도 내가 어떻게 부영과…' 하며 곰곰이 인연을 생각해 보니 내가 이곳에 와서 근무할 수밖에 없는 인연과 팔자를 타고났음을 느꼈다.

2017년 7월 부영에 왔는데, 1년 선 2016년 6월에 어머니가 돌아가신 후 모신 곳이 예산에 있는 부영 화산추모공원인데 내가 부영에 온 것이 어찌 팔자와 운명이 아닐 수 있겠나?[5] 이뿐만이 아니다. 나는 아프리카 여행기를 썼고, 부영은 아프리카 등 저개발국에서 온 대학생들에게 장학금을 준다. 또 한국사 공부에 관심이 많아 한국사능력검정시험을 봤는데 조선과 근현대

---

5 7부에 언급된 내용인데, 화산추모공원의 모회사가 부영그룹이다.

사의 역사에 정통하신 부영 이중근 회장님은 『미명 36년 12768일』, 『여명 135년 48701일』, 『우정체로 쓴 조선개국 385년』, 『광복 1775일』, 『6.25 전쟁 1129일』 등 5편의 역사서를 출간한 분이다. 이처럼 부영과 나는 여러 갈래로 이어진 독특하고도 신기한 인연이다.

인권으로 박사가 되다

〈경찰관의 인권감수성에 영향을 미치는 요인〉이라는 제목의 박사논문이 통과되었다는 이야기는 앞에서 했지만 정작 그 내용은 제대로 언급하지 못했다. 이 논문은 서울중부서장 시절, 동국대 한보광 총장님의 권유로 시작한 인권 관련 연구로 세계인권선언 채택 70주년을 맞아 나름 심혈을 기울여 쓴 결과물이다.

입버릇처럼 "잊지 못할 총장님"이라 말하면서도 정작 졸업 후 한 번도 찾아뵙지 못해 마음에 걸린다. 인쇄본을 여러 곳에 보내긴 했지만, 과연 제대로 읽은 사람이 있을까 싶다. 책장 어딘가에 꽂혀 있으면 다행이고 어쩌면 버려졌거나 냄비 받침(?)으로 쓰이고 있을지 모를 일이다.

이 지면을 빌려 그 논문에 대해 조금 이야기해 보려 한다. 전문을 실을 수는 없으니, '감사의 글'과 결론 부분만 요약해 싣는다.

〈감사의 글〉

지난 30여 년을 치안 일선에서 보내며 하루도 인권과 떨어져 있을 수 없었다. 강력한 법 집행도 중요하지만, 철저한 인권 보호의 소중함을 더욱 크게 느낀다. 법 집행과 인권 보호의 가치는 별개로 볼 수 없고 경계선상에 있기에, 한순간이라도 방심하면 모두 물거품이 되어 버린다. 쉽지 않은 인권이지

한보광 총장님의 지도가 컸다. 박사 학위식 때 큰 형님들이 와주셨다.

만, 또 누군가는 공부해야만 하는 것이 경찰과 인권이다.

최근 크게 이슈되는 미투나 갑질도 인권 문제다. 언어 역시 인권이다. 눈먼 돈, 잡상인, 꿀 먹은 벙어리, 절름발이식 행정, 벙어리 장갑과 같은 말은 절대로 쓰지 않아야 한다. 인권을 위한 경찰의 노력에도 불구하고 국민의 평가는 여전히 높지 않다. 검찰 등 국가기관은 물론 기업이나 언론 등 민간 영역도 마찬가지다. 상호 비난보다 함께 발맞춰 노력해야 하는 것이 인권 보호다.

석사과정을 마치고 힘들어 한 학기만 쉬겠다고 했을 때, 교수님은 그러다 평생 박사 과정은 못 한다고 하셨다. 정말 그로부터 20년이 훌쩍 지났다. 숙제를 다 하지 못한 학생의 기분이어서 시작했으나, 박사 과정은 결코 쉽지 않았다. 편하게 살겠다며 마음이 흔들릴 때마다 손을 잡아주어 다시 힘을 내게 한 분들이 있다. 평생 한결같은 마음으로 아들을 지켜보다가 하늘나라로 가신 어머니, 부부 총경으로 늘 곁에 있는 아내와 가족에게 감사의 마음을 전한다.

부족하지만 이 연구에는 한국 경찰이 인권 경찰로 거듭나 국민의 사랑과 존경을 받기 바라는 간절한 소망이 담겨 있다. 박경서 대한민국 초대 인권대사님과 국가인권위원회 상임위원 출신의 한보광 동국대 총장님, 최응렬 지도

대한민국 초대 박경서 인권대사는 진정 인권이 뭔지를 가리켜 주신 분이다.

교수님과 심사위원님들! 또 자신의 논문처럼 정성을 다해 꼼꼼한 교정과 조언을 아끼지 않으신 분들에게도 머리 숙여 감사 인사를 드린다.

〈논문 결론 요약〉
'경찰에게 무슨 인권문제가 있느냐'라는 시선이 여전히 존재하지만, 현실은 다르다. 2010년 서울 모 경찰서에서 발생한 '날개꺾기' 사건이나 2017년 한 해 동안 국가인권위에 접수된 경찰 관련 인권침해 진정이 1,551건에 달한다는 사실은 경찰에게 인권이 여전히 중요한 미완의 과제임을 말해준다.
이 연구에서 전국 경찰의 인권감수성 수준을 분석했으며 그 평균은 2.70으로 중간값(2.50)을 조금 웃돈다. 100점 만점으로 환산하면 54점 수준이다.

연구를 통해 도출한 정책적 제언은 다음과 같다.
첫째, 인권교육의 확대와 개선이 필요하다. 단순한 이론 전달이 아니라 실제 공감과 행동으로 이어질 수 있는 교육 방식이 모색되어야 한다.
둘째, 경찰 조직 내부의 문화 역시 인권 친화적으로 바뀌어야 한다. 계급 위계가 뚜렷한 조직구조, '왕별'로 상징되는 권위적 계급장은 개선이 요구된다. 성별 제한 규정의 철폐, 수평적 소통 문화의 정착도 그 일환이다.

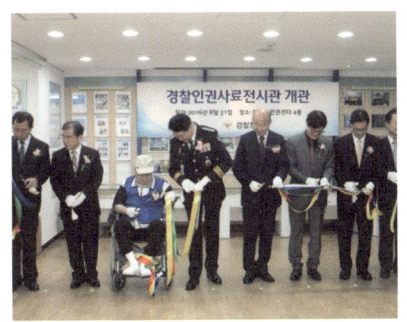 

인권사료전시관 개관과 유엔 인권특별보고관 마이나 키아이(Maina Kiai) 방한은 특별한 일이었다.

셋째, 근무 환경 자체를 인권 중심으로 재설계해야 한다. 파출소와 경찰서 공간 역시 시민과 경찰 모두를 위한 복지 공간으로 접근할 필요가 있다.

연구 과정에서 느낀 한계는 한국 경찰에게는 해방 후 군사독재와 근대화, 민주화 과정을 거치며 나름의 조직 문화인 중앙집권문화, 성과지향문화, 출신구분문화, 냉소주의문화가 있다. 하지만 Quinn & McGrath의 보편적으로 검증된 이론을 적용해야 했다.

한국사능력검정시험 도전

우여곡절이 많았던 박사 논문 심사에 통과하고 졸업식에 뒤풀이까지 마쳤다. 집중하던 일이 끝나고 나니 허전함이 몰려온다. '또 뭔가를 해야겠다.' 고민 끝에 한국사능력검정시험에 응시하기로 했다. 요즘 세대들은 한국사에 애정도 없고 크게 공부도 하지 않기에 실력도 형편없다고 한다. 1998년에 시작해 폐지와 재개를 반복하고 400여 회 방송을 끝으로 2022년 종영한 KBS 〈역사스페셜〉이 있었고, 그 이전에 방송되었던 〈역사의 라이벌〉이

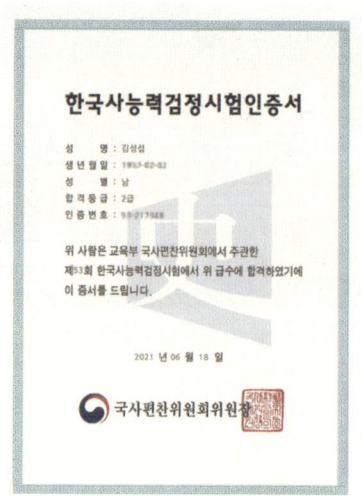

국사편찬위원회 주관 한국사능력검정 시험에 도전하여 심화 2등급을 받았다. 이제 심화 1등급에 도전할 것이다.

있었으며, 2007년에는 〈한국사 傳〉, 2013년부터 2024년까지는 〈역사저널 그날〉 등이 있었는데 역사 관련 프로그램이 하나둘씩 사라지더니 지금은 역사 관련 프로를 찾아보기 힘들 정도다.[6]

서울경찰청 홍보담당관 시절, 출입 기자 중에 유독 사학과 출신이 많았다. 나는 그들과 '역사모' 즉 역사를 사랑하는 사람들이라는 소모임을 만들어 인사동에서 만나 막걸리 한 잔씩 하며 역사 토론을 즐겼다. 한국사 공부만 매진한 건 아니지만 잠깐씩이라도 공부하고 토론하는 것은 일상처럼 해왔다. 따라서 한국사를 깊이 있게 공부해 보고 싶은 열망이 늘 가득했다.

여러 방법을 모색하던 중, 국사편찬위원회 주관 한국사능력검정시험 제

6　미국에는 히스토리(History) 채널이 별도로 있고 우리나라도 2002년 초, 중앙일보 중앙방송과 글로벌 미디어 그룹 A+E 네트웍스 합작으로 '히스토리채널'이 신설되었으나, 2008년 광고 수주 적자와 종합 방송 진출을 고려, 없어졌다. 2009년 히스토리채널은 한국지사 성격으로 THC(The History Channel) 콘텐츠를 독점 수급해 위성으로 내려받아 한국어 자막을 추가해서 HD급 방송 채널로 다시 개국했고, 2017년 9월, A+E 네트웍스가 한국에 진출했다고 하나 정통 한국사 프로라고는 할 수 없다.

도를 알았다. 국사편찬위원회 누리집에 들어가 보니 기출문제들이 많이 올라와 있다. 기본과 심화단계가 있는데, 우선 기본단계부터 합격한 다음 심화단계에 도전하기로 마음먹었다. 일정을 살펴보니 기본과 심화 시험이 6월 5일 동시에 치러진다.[7] 6월에 먼저 기본을 보고 8월쯤 심화를 보면 좋겠는데 망설여진다. '시간상으로 좀 부족한데 어쩌지? 그렇다고 10월 이후로 미룰 수도 없고…'

'쇠뿔도 단김에'라는 생각에 6월 5일, 기본단계를 건너뛰고 심화단계에 바로 도전하는 걸로 시험 준비에 돌입했다. 기본단계 기출문제를 풀어보니 평균 80점 이상 나왔고, 자신감이 생겨 심화단계 문제를 풀어보니 30~40점밖에 안 나온다. 세상만사 겸허해야 하는 이유를 새기며 잠시 고민했지만 남은 두 달 동안 열심히 하여 심화단계에 도전하기로 했다.

응시 원서를 내고 신나게 공부하다 보니 어느 정도 체계가 잡힌다. 특히 시험에 잘 나오는 빈민 구제제도, 중앙 및 지방행정제도, 민란(民亂)과 정란(靖亂), 사화와 환국을 주제별로 정리했다.

시험 당일 지금은 선린인터넷고등학교로 이름이 바뀐 선린상고에 도착해 한국사능력검정시험 제53차 심화단계에 도전했다. 몇 문제를 헤맸지만 시간 안에 마무리했고 그로부터 일주일 후 결과가 발표되었다. 심화 단계는 60점 이상이면 3급, 70점 이상이면 2급 그리고 80점 이상이면 1급이다. 내 점수는 79점이었다. 진구늘은 1급으로 인정해 준다며 위로했나. 아쉽지만 뿌린 대로 거두는 거고, 다시 도전할 희망의 여지를 남겨 놨다고 생각했다. 첫 시험에서 심화 1급을 받았다면 아마 더는 공부할 여지가 없다며 게으른 생각에 빠졌을 거다. 바로 재도전해 1급을 받고자 했지만, 자치경찰 상임위원으로 3년 동안 활동하느라 아직 도전하지 못했다. 이 글을 쓰며 당시 시

---

7 한국사능력검정시험은 기본과 심화단계가 동시에 치러지는 일정과, 심화단계만 시험보는 일정이 따로 있기에, 기본단계 응시 일자가 더 적다.

험이 생각나 2021년 6월 시행된 심화 단계 제53차 시험지를 출력해 풀어봤다. 세상에, 낙제점이 나온다. 그동안 너무 쉬었다. 다시 새로운 마음으로 시작해야 한다.

서울 자치경찰위원이 되다

부영에서 일한 지 어느새 4년이 되어간다. 일하며 여러 가지 생각이 들었고, 변화를 시도해 보고 싶은 마음도 있었으나 옮기는 것도 쉽지 않았다. 관심 있던 마사회나 신설되는 한국항공박물관 상임감사 자리에도 생각해 보았으나 이미 내정된 이가 있는 듯했다.

2021년 정초부터 우리나라에도 드디어 자치경찰제가 시행된다. 이미 경찰을 떠난 지 4년이 지나 한 발 뒤로 물러서서 보고 있는데 동국대 박사과정 지도교수였던 최응렬 교수가 자치경찰위원으로 도전해 보면 어떻겠냐고 한다. 당시 최 교수는 국가경찰위원회 비상임위원이었다.

「국가경찰 및 자치경찰의 조직 운영에 관한 법률」(약칭 경찰법)에 의해 2021년 7월 1일부터 자치경찰제가 전면 시행되면서 전국 17개 광역시도 자치경찰위원회는 모두 7인 위원회를 구성[8]하고 국가경찰위원회는 경기 남·북부를 포함 전국 18개 자치경찰위원회에 1명씩 18명의 위원 추천권을 갖고 있었다.

최 교수의 제의로 희망 원서를 성심성의껏 작성해 보내며 혹시나 하여 결과를 기다렸는데, 아니었다. 민간 기업에 몸담고 있음이 핸디캡으로 작용했다는 후문이다. 정년 후 민간 기업에서 비리 척결 감사 업무 담당이 흠이라

---

[8] 시도지사 지명 1명, 시도 의회 추천 2명, 위원 추천위원회 추천 2명, 시도 교육감 추천 1명, 국가경찰위원회 1명 추천으로 총 7인의 위원회가 구성된다.

니 이해가 되지 않지만, 모르는 무언가가 있겠지 싶었다.

얼마 후에는 충남에서도 이야기가 들려왔다. 아는 선배들이 충남 출신의 경찰 고위직 인사를 살펴보고 있는데 내가 정보를 오래 했고, 행정안전부와 기획재정부에 인맥이 꽤 있는 데다가 서울중부경찰서장으로 재직한 이력이 있어 유력하게 검토되고 있단다. 마음이 설렐 틈도 없이 연락이 왔다. 다 좋은데 충남 경찰에 한 번도 근무하지 않아 충남 치안에 이해가 부족할 거라는 이유로 배제되었단다. '그럼 그렇지 내가 무슨 팔자로…' 라는 생각이 들던 중 이번엔 또 인천에서 연락이 왔다. 인천은 일단 위원 7명을 모두 추천받아 임명하려는데 그중 한 명의 경력을 두고 지역 NGO가 반발하는 중이어서 새로 추천해야 한단다. 앞서 몇 차례 서운함을 겪었지만 다시 한번 속는 셈 치고 정성스럽게 근무 계획서를 작성해 보냈다. 그러나 결과는 '역시나'였다. 인천 역시 근무 경력이 전혀 없어 인천 치안에 관한 이해가 의문스럽다는 앞선 이유와 동일했다.

그런데 뒤늦게 서울시에서 인선에 착수했단다. 당시 서울시는 시장의 갑작스러운 유고로 대행 체제를 유지하고 있었는데 부산과 함께 2021년 4월 7일 실시한 보궐선거에서 오세훈 시장이 당선되면서 5월 이후에 인선 작업이 진행될 거란다. 슬쩍 분위기를 떠 보았으나 '서울은 난다 긴다 하는 사람들로 머리 터진다'라는 반응이다. 언감생심 포기하라는 말처럼 들렸다.

그런데 그 무렵 3번의 또렷한 꿈을 꿨다. 첫 번째는 거실 소파에서 삼빡 잠이 들었는데 어머니가 베란다 문을 열고 나타나셔서 내 손을 꼭 잡아주고 가셨다. 꿈이라기엔 너무나 선명했다. 며칠 후 두 번째 꿈은 북한으로 가서 김정일인지 김정은인지 희미하지만 둘 중 한 사람을 만나 악수하는 꿈이었다. 해몽에 꽤 탁월한 능력이 있는 아내는 적국이든 아국이든 국가원수를 만나는 건 나쁜 꿈이 아니란다. 그 순간 국가보안법 저촉(?)까지 우려했다. 또 며칠 뒤 세 번째 꿈은 좀 달랐다. 무슨 일인지 내가 죽어서 관속으로 들어갔

어머니가 키우던 군자란이 두 송이의 꽃을 활짝 피우고 우리 부부는 나란히 자치경찰위원이 되었다. 중앙일보(최모란 기자)에서 축하해 준 것도 고마운데 부부의 인상이 선해 보인단다.

순경 출신 첫 총경 부부, 나란히 자치경찰위원 됐다

중앙일보 | 입력 2021.07.07 05:00

최모란 기자

김성섭 서울자치경찰위원회 상임위원(좌)과 구본숙 경기남부자치경찰 위원(우). 김성섭 위원 제공

김성섭(64)씨와 구본숙(63·여)씨 부부는 닮았다. 선해 보이는 인상도 그렇지만 인생도 비슷하다. 둘 다 순경으로 공직을 시작해 '경찰의 꽃'이라 불리는 총경을 달았다. 경찰 창설 이후 첫 순경 출신 부부 총경이 됐다. 아직도 유일한 기록이라고

고, 관뚜껑이 닫히는 섬뜩한 꿈을 꿨다. 조신하게 출근해서 두문불출하고 있다가 퇴근해서 아내에게 꿈 이야기를 했더니 아내는 그것도 좋은 꿈이라고 했다. 그 이유는 '새로운 세상에서 살 암시'라는 것이다.

그런데 정말로 신기한 일이 전개되고 있었다. 서울시 자치경찰위원 추천위원회[9]에서 내 이름이 구체적으로 거론되었고 유력 후보로 떠올랐다는 소식이 들려온다. 또 베란다 화분에서 군자란 두 송이가 활짝 피었다. 어머니가 애지중지 키우시던 군자란인데 돌아가신 후 처음 피었다. '두 송이는 뭘까? 정무 2급? 왕 무궁화 2개인 치안감을 상징하는 것인가?' 세 번의 꿈에 어머니 돌아가신 후 피지 않던 군자란 두 송이까지 핀 것은 아마도 좋은 징조일 것이라는 느낌이 든다.

---

9 경찰법 제21조와 시행령 제5조 규정상 시도 기조실장 1인, 기초자치단체장 협의회, 기초의회의장단 협의회, 경찰청장, 지방법원장이 추천하는 5인으로 구성, 자치경찰위원 2명 추천 완료 후 해산한다.

사상 첫 자치경찰위원 부부

진인사대천명(盡人事待天命)의 자세로 하루하루 지내고 있는데 전직 경찰 고위 간부로부터 전화가 왔다. 서울시 자치경찰위원으로 유력하다는 소문 들었다며 좋은 결과 기대한다는 응원에 이어 본 용건을 말한다.

"아내 구본숙 서장은 뭐 하고 계십니까?"

"아내도 로펌 한두 군데서 전화가 왔었습니다만 본인은 능력도 모자라고 후배들께 부담 주기 싫다며 모두 거절하더라고요. 손주들 보살피고 여유롭게 운동도 하며 잘 지내고 있습니다."

"제가 경기남부 자치경찰 위원추천위원장을 맡고 있는데, 여론을 들어보니 구본숙 서장 평판이 제일 좋더군요. 위원으로 추천하려고 합니다만…"

아내도 그렇게 추천받았고 추천위원회 심사를 통과해 최종 확정이 되었다.[10]

그러던 중 나도 서울 자치경찰위원으로 확정 통보를 받았다. 시청과 인접한 서울중부경찰서장을 역임했고 경찰청 인권보호담당관으로 근무했으며 인권감수성 논문으로 박사학위를 받고 민간 기업에서 내부 비리를 척결하는 감사 업무를 수행한 점을 높이 평가했다는 후문이다.[11]

그렇게 나는 서울 자치경찰위원으로, 아내 구본숙은 경기남부 자치경찰위원으로 임명되었다. 부부가 나란히 자치경찰위원이 되었으니 정말 놀랍

---

10 경찰법 제19조(시·도 자치경찰위원회의 구성)의 ②항은 '위원은 특정 성(性)이 10분의 6을 초과하지 아니하도록 노력하여야 한다.'고 규정하고 있다. 이는 양성평등기본법의 취지에 따라 7인 위원 중 적어도 3명은 여성을 배려하라는 취지로 해석된다. 하지만 일부 시도에서는 이 조항을 간과하고 7명 전원을 남성으로만 임명했다가 언론의 호된 질타를 당하기도 했다.

11 경찰법 제19조(시·도 자치경찰위원회의 구성) ③항은 '위원 중 1명은 인권문제에 관하여 전문적인 지식과 경험이 있는 사람이 임명될 수 있도록 노력하여야 한다.'라고 규정하고 있는데, 실제 인권전문가로 내세울 만한 경력의 소유자가 흔치 않기 때문이다.

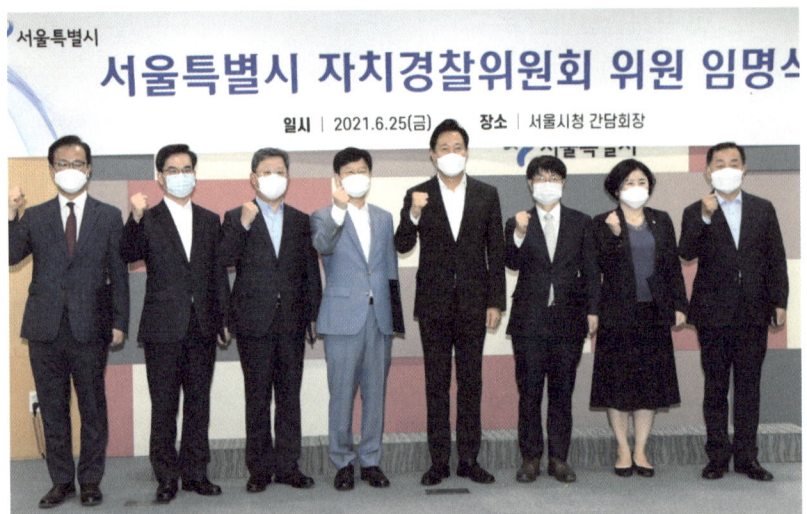

2021년 6월 25일 서울 자치경찰위원으로 임명되었고 첫 회의에서 상임위원으로 선출되었다.

고 과분하다. 그런데 고민이 생겼다. 아직 몸담고 있는 부영에 상황을 이야기해야 했다. 소식을 전했더니 깜짝 놀라며 자치경찰위원으로 가더라도 호적은 두고 비상임으로 가면 어떠냐는 말씀도 있었으나 홀연히 떠났다.

치안정감이 지방청장인 서울, 부산, 인천, 경기 남부의 상임위원은 임기 3년 정무 2급 공무원으로 임명된다. 총경으로 퇴직한 내가 다시 국장급 2급 공무원이 된다면 일반직으론 이사관, 경찰로는 치안감, 군으로는 소장급에 해당한다고 스스로 가늠해 봤다. 연령 정년에 도달하여 더 승진하지 못하고 퇴직한 아쉬움이 어느 정도 해소될 것 같아 기분 좋았다. 되든 안 되든 배수진을 치기로 했다. 먼저 부영을 퇴직한 후 상임위원을 도전하겠다며 서둘러 퇴직 서류를 제출했다. 그렇게 2021년 6월 24일 부영에서 퇴직하고 이튿날 서울 자치경찰위원으로 임명되었다. 임명식은 오세훈 서울시장과 김인호 서울시의회 의장, 장하연 서울경찰청장이 참석한 가운데 성대하게 치러졌다.

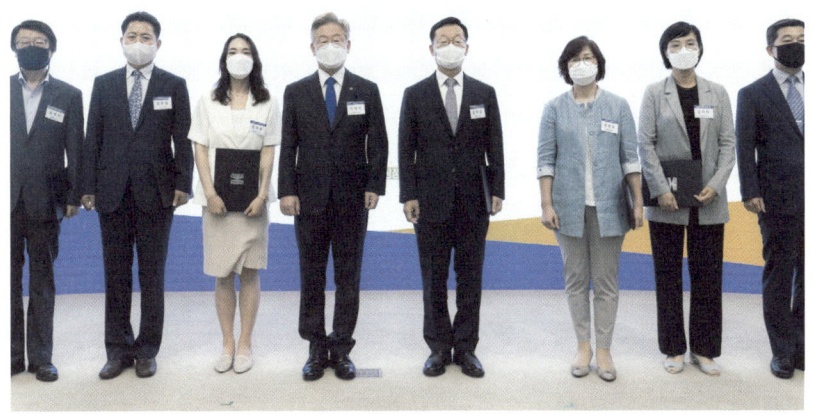

서울에 이어 경기도 자치경찰위원회도 곧 출범, 우리는 사상 첫 자치경찰위원 부부가 되었다.

임명식 후 곧바로 서울특별시청 무교 청사에 마련된 자치경찰위원회로 옮겨 상임위원 선출을 위한 1호 안건 의결의 첫 회의가 열렸다. 현직 교수 2명과 현업 변호사 2명 등 대부분 상임위원에 대해 반신반의하는 분위기였지만 나는 분명하게 의사를 밝혔다.

"서울자치경찰 상임위원은 서울특별시와 서울경찰청 사이에서 가교 역을 해야 합니다. 저는 경감 시절이던 1999년부터 2000년까지 서울시장실에 파견되어 근무한 바 있으며, 2005년부터 2007년까지는 외교부에 파견되어 경찰청과 외교부 간 가교 구실을 한 경험이 있습니다. 이러한 이력을 바탕으로 양 기관의 발전을 위한 균형 있는 근무에 자신 있습니다. 또한 저의 소신은 '누군가 해야 한다면 내가 하고, 언젠가 해야 한다면 지금 한다'입니다."

만장일치로 박수치자는 의견도 있었지만 마침 금요일이니 주말 지낸 후 월요일에 최종 결정을 하잔다. 주말을 뜬 눈으로 보내고 월요일이 되기만을 기다렸다. 그런데 월요일에는 별도의 회의 없이 서면결의를 한다더니 다시 서면결의 규정이 없어 화요일 아침에 대면 회의를 통해 결정하겠단다. 번복되는 일정 속에 피가 마를 듯 긴장감이 짓눌렀지만, 이 또한 넓은 의미의 협상이고 협상의 대원칙은 '시간은 나의 편'이라고 하니 초조하지 말자며 자신을 달랬다.

기다림 끝에 마침내 서울자치경찰위원회 상임위원으로 선출되었고 서울시 공무원 정무 2급으로 임명되어 사무국장을 겸하게 되었다. 많은 주변 분들의 큰 도움이 있었기에 가능했다.

서울에서는 오세훈 시장, 경기도에서는 이재명 지사가 참석한 가운데 임명식이 진행되었고 여러 언론에서 축하를 보냈다.[12]

누구도 가보지 않은 자치경찰의 길

서울특별시 자치경찰위원회는 서울특별시장 소속의 합의제 행정기관으로 새로 출범했지만, 막상 시작하고 보니 누구 하나 진지하게 들여다보는 사람이 없었다. 각자 맡은 일이 바쁘다는 이유로 위원회는 뒷전으로 밀리기 일쑤였다. 시민 인지도는 말할 것도 없었다. 자치경찰이라는 말을 들어본 사람조차 드물었고 그저 그런 게 생겼나 보다 하는 정도였다. 결국 우리 손으로 직접 알리고 하나하나 발품을 팔며 인지도를 높일 수밖에 없었다.

하지만 시민의 생각을 바꾸는 일이 어디 쉬운가. 고려시대는 불교적 윤회사상에 따라 집안의 대소사를 형제자매가 돌아가며 맡고 부모 재산도 균등하게 나누는 윤회봉사와 균분상속이 원칙이었다. 이후 조선은 유교 이념에

---

12 물론 '서울 오 시장과 경기 이 지사 중 한 사람은 차기 대통령일 텐데, 일찌감치 줄 잘 서서 보험 잘 들었네!' 하는 축하인지 놀림인지 모르는 말들도 속절없이 들려왔다.

따라 장자 봉사와 장자 우선 상속으로 바뀌었지만 그런 변화가 민간에 자리 잡기까지는 임진왜란과 병자호란을 겪은 후로 꼬박 200년이 더 걸렸다.

하물며 우리나라 경찰 제도는 처음부터 국가 경찰제로 출발해 지금껏 이어져 왔으니, 자치경찰이라는 새 제도가 낯설고 어색하게 느껴지는 건 당연했다. 실제로 정부가 2021년 7월 자치경찰제를 전격 시행하며 여론조사를 해보니 제도를 '안다'라고 응답한 사람이 6~7%에 불과했다. 대부분 들어본 적도 없던 제도였으니 앞으로 얼마나 더 움직여야 할지는 뻔한 일이었다.

자치경찰위원회에도 홍보팀이 있긴 했으나 팀장을 포함해 겨우 3명이었고 그마저도 홍보 업무를 전문적으로 담당해 온 공무원이 아니었다. 단지 열정 하나로 열심히 근무하는 그들이 안타까워 〈홍보업무발전연구회〉, 약칭 〈홍발연〉을 만들었다. 서울경찰청 홍보 담당관 출신인 내가 회장을 맡았고, 홍보 업무 유경험자나 신문 방송 또는 언론 정보 관련학과 출신 직원들을 모아 창의적인 아이디어를 발굴하는 등 홍보업무 발전을 위해 모두가 발 벗고 나섰다.

홍발연은 캐릭터 디자인과 기관 브랜드 고도화, 슬로건 제정 및 디자인, 보도 자료 작성 방법, 홍보영상물 제작 및 홍보대사 필요성, 홍보대사 위촉 방안, 스마트폰 촬영 기법 등에 대해 10여 차례 회의하며 다양한 연구와 토론을 계속했다. 그 결과 홍발연에 참여한 10명의 직원을 비롯해 사무국 모든 직원이 홍보 업무의 중요성을 깨닫고 함께 관심을 두는 계기가 되었다.

또 자치경찰은 철저한 인권 의식으로 무장해 시민 인권을 보호해야 한다는 취지에 따라 경찰법 제19조 ③항에는 자치경찰위원회를 구성할 때부터 인권전문가 우대를 명시하고 있다. 인권은 시대정신이라는 생각을 기반으로 외부 인사로는 〈인권보호자문단〉을 구성 운용했고, 내부적으로는 〈인권실천추진단〉을 구성해 운영했다. 인권보호자문단은, 분야별 전문가를 모시고 자치경찰위원회의 인권업무를 자문하도록 했다. 또한 인권실천추진단은 인권업무담당자와 과거에 인권업무 유경험자, 또는 인권에 관심 있는 직원 등으로 구성해 인권 관련 기관이나 단체 등을 방문해 담론을 나누고 인권 업무 발전을 위한 상호 관심사를 논의하도록 했다.

자치경찰 인권 의식 함양을 위해 위원회 스스로 인권보호자문단과 인권실천추진단을 구성해 운영한 곳은 서울 자치경찰위원회가 유일무이했다. 인권실천추진단은 세계인권선언문이 새겨져 있는 남산 인권 길 및 전쟁과여성인권박물관을 방문했고 인권 관련 NGO로 활동하고 있는 〈인권연대〉 등을 방문했으며, 인권 콘퍼런스 참석 등 의미 있고 다양한 활동을 펼쳐나갔다.

경찰법이 인권전문가를 우대해야 한다고 정한 것은 '인권은 경찰의 존재 이유 그 자체'이기 때문이다. 나는 직원들에게 수시로 인권을 강조했다. 특히 눈먼 돈, 벙어리 냉가슴, 절름발이식 행정, 잡상인 등 용어는 인권침해 또는 차별행위 소지가 있으므로 사용하지 않도록 했다. 특히 벙어리장갑은 '손모아 장갑' 또는 '엄지 장갑'으로 쓰게 했고 '막장 드라마' 또는 '막장 국회' 등의 표현은 절대 금했다.[13]

현장 속으로, 시민 곁으로

자치경찰위원회는 법률상 독립성과 중립성이 보장된 서울특별시장 소속 합의제 행정기관으로 조직 성격상 고유의 누리집(홈페이지)이 필요했고, 기관의 얼굴이 될 브랜드(BI)와 엠블럼 역시 마련해야 했다. 서울시 디자인 부

---

13 막장은 불륜 드라마나 싸움질을 일삼는 국회를 일컫는 용어가 아니고, 광부가 가족의 생계를 위해 목숨 걸고 생업에 종사하는 삶의 현장이라고 말하니, 처음에는 고개를 갸우뚱하던 사람도 나중에는 고개를 끄덕였다.

서와 협조 끝에 홍보팀에서 제법 잘 만들어 주었다. 시민을 보호하고 서울을 지킨다는 의미를 담아 방패 모양 안에 두 손을 모은 형상으로 디자인했다.

이제 슬로건을 정할 차례다. 슬로건은 조직의 중심 가치를 담은 짧은 문구지만 구성원 마음을 하나로 모으고 때로는 시민에게도 기관의 방향성을 설득하는 힘을 갖는다. 다들 중요하다지만 막상 진지하게 고민하는 사람은 뵈지 않았다. 결국 혼자 골똘히 생각할 수밖에 없었다.

며칠 밤을 고민해 '현장 속으로, 시민 곁으로'라는 말이 떠올랐다. 우선 내부 분위기를 떠보았는데 긍정적인 반응이다. 물론 예외도 있다. 말없이 있다가 단호하게 아니란다. 이유는 분명치 않다. 얼핏 경찰답다는 말이 들렸지만, 자치경찰 슬로건이 경찰다운 건 문제가 없을 텐데~

나름 고민해서 제안한 시안이었지만 반대 의견을 반박하거나 따지고 들 수는 없었다. 다시 생각을 거듭해 몇 가지 대안을 더 마련해 보았다. '시민을 편안하게, 서울을 안전하게' 같은 몇 개의 안을 상정했으나 이번에도 반응은 미지근했다. 어떤 점이 마음에 들지 않는지 명확지 않았고 새로운 의견도 나오지 않았다. 회의를 정리해 다음 회의까지 고민하자고 마무리했다.

하지만 냉정히 말해 자치경찰위원회 슬로건 문제를 머리 싸매고 고민할 사람이 얼마나 되겠나. 반대는 쉽게 할 수 있지만 대안을 내는 일은 쉽지 않다. 결국 그다음 회의에서 이미 상정했던 '시민을 편안하게, 서울을 안전하게'를 그냥 쓰는 게 어떻겠냐고 물었고 별다른 이견도, 반대도 없었다. 그렇게 의미 있는 토론도 없이 슬로건을 위원회 공식 모토로 정했다.

공식 채택 후 반응은 나쁘지 않았다. 결국 슬로건이라는 건 외부의 평가보다 조직 내부 구성원이 이를 얼마나 가슴속으로 숙지하고 자주 활용하느냐에 따라 살아나는 것일지도 모르겠다.

시간이 지나서 2022년 6월 1일, 제8회 전국동시지방선거가 치러졌다. 서울시의회도 새 의장단을 구성했다. 며칠 뒤 태평로 시의회 건물에 새로운 슬로건이 내걸렸다. 낯설지 않은 문구는 바로 '현장 속으로, 시민 곁으로'였다.

아쉬움이 없을 수 없지만 서울특별시의회를 위해 양보한 것으로 생각했다. 그때 배운 교훈은 누구라도 특히 결정권자는 아무 대안 없이 반대부터 하는 일은 하지 말아야 한다는 거다. 나부터라도 후배들이 정성껏 만든 시안이나 보고서를 꼼꼼히 살펴보지 않고 무심히 흘려보내는 일이 없어야겠다고 다짐했다. 그런 점에서는 그 나름대로 의미 있는 일이었다고 애써 자위했다.

슬로건 이야기가 나온 김에 우리 조직문화에 대해 하나 짚고 넘어가지 않을 수 없다. 우리는 너무 자주 바꾼다. 누가 어느 청장이 취임하든 로고와 슬로건부터 손대려고 한다.

2024년 4월 LA 경찰국(LAPD)을 방문했을 때 슬로건이 눈에 들어왔다. '보호하고 봉사한다.'(To Protect and to Serve). 수십 년간 한 자도 바뀌지 않았다. LA 보안국(LASD) 역시 마찬가지다. '봉사의 전통(A Tradition of Service)'은 변함없이 오랜 시간을 묵묵히 지키어 왔다.

잘 쓰인 보고서는 없다?

기자는 기사로 말하고 판사는 판결문으로 말한다. 이에 빗대어 공직이나 민간 사회 어디든 '부하직원은 보고서로 말한다.'라고 강조한다. 보고서는 보고자의 얼굴이고 품격이다. 따라서 내용이 충실하면서도 간결해야 하고 모양새도 예뻐야 한다. 서면은 물론이고 구두보고도 마찬가지다. 요즘 트렌드인 문자나 카톡 등의 보고도 엄연히 보고의 일종이라고 할 수 있다.

보고서 잘 쓰는 타고난 재능이 따로 있는지는 모르겠지만 노력의 문제라고 생각한다. 누구나 다 보고서를 작성하지만, 누구나 보고서를 잘 쓰는 건 아니다. 사무실마다 한둘 있을 뿐이다.

14만 경찰에서도 손꼽히는 보고서 장인이 있는데 내가 들은 바로는 기획 보고서는 조용연 전 충남경찰청장이고 정보보고서는 모강인 전 해양경찰청장이다. 이 말에 나도 같은 생각이다.

조용연 청장은 경찰청 조사과 근무 당시 직접 곁에서 봤기에 출중한 솜씨를 익히 알고 있다. 당시 내가 쓴 보고서를 내밀며 "손 좀 봐주세요"라고 말하면 씩 웃으며 "손 볼 게 뭐 있나?" 하면서도 살짝살짝 다듬다가 "이건 좀 빼면 안 될까?"라고 동의를 구하며 이유를 설명한다. 그러면서 "원 저자는 한 줄 빼는 게 팔뚝 살 한 점 도려내는 느낌일 텐데…"하며 미안해했다.

많은 걸 가르쳐준 조용연 청장이 언젠가 내게 양복 상품권 1장을 선물했다. 차마 쓸 수 없어서 가지고만 다니다가 한 벌 얻어 입고 더 열심히 일하자며 양복을 맞추러 갔다. 그런데 어쩌나, 사용기한이 지났다는 거다. '마음을 받은 걸로도 충분하지, 꼭 양복을 얻어 입어야 하나?'하고 잊고 지내는데, "새 양복은 언제…"하며 확인한다. 그래서 사실대로 유효기간이 지나 마음만 받았다고 하니 얼마 후 다시 새 상품권을 주며 꼭 한 벌 해 입으란다. 참 따뜻한 기억이다.

조용연 청장은 오래전 등단한 시인이기도 하다. 지금도 페이스북 친구로 소통하고 있는데 올리는 글마다 감탄하게 한다. 놀랍고도 존경스러우며 부러운 점이 한둘이 아니다.

모강인 청장과는 경찰청 정보국에서 함께 근무한 인연이다. 탁월한 보고서 작성 능력은 누구나 인정할 만큼 출중했다. 그렇게 훌륭한 보고서를 많이 봐 왔고 잘 쓰인 보고서를 자주 접했던 그 경험이 내게는 큰 공부가 되었다. 모 청장에게 들은 말 중 잊히지 않는 게 하나 있다.

"내 인사 따로 있고, 네 인사 따로 있다."

언뜻 우스갯소리 같지만, 그 말에는 많은 뜻이 담겨 있었다. 옛날 어느 시골에 과거에 급제한 청년이 있었다. 어사화로 무궁화 33송이를 달고 금의환 향한 그는 삼일유가(三日遊街) 풍습에 따라 사흘간 고향 어르신들께 인사를 다녔다. 마을 어른을 뵐 때마다 그는 말에서 내려 큰절을 올렸는데 한 어른이 "그만 내려라, 비가 와서 땅도 질척이는데 목례나 해라"고 했다. 청년은 곧이곧대로 듣고 그 뒤로는 말에서 내리지 않고 "다 어르신 덕분입니다" 하며 고개만 숙였는데 결국 "싸가지 없는 놈"이라는 뒷말을 들었다. 어른이 말한 "말에서 내리지 말라"는 건 어른 기준의 인사였고 그래도 청년은 자신의 예를 차려야 했다.

보고서도 마찬가지다. 상사가 "이렇게 고쳐서 올리면 되겠다" 해도 고친 다음엔 "말씀하신 대로 수정했습니다, 검토 바랍니다" 하는 게 예의다. 나는 늘 부하직원들에게 이렇게 강조하곤 했다.

"세상에 잘 쓰인 보고서는 없다. 오직 잘 다듬어진 보고서만 있을 뿐이다."

누군가 이 말을 듣고 꽤 그럴싸하다며 "누가 한 말이냐?"라고 묻는데 사실 내가 지어낸 말이다. 물론 비슷한 표현은 많다. 작가 조정래는 "세상에 잘 쓰인 글은 없다. 오직 잘 다듬어진 글만 있을 뿐이다"라고 했고 작가 강원국, 글쓰기 연구소 백승권 대표도 같은 말을 했다. 그래서 나도 이 말을 자주 인용하며 마음에 새기고 있다.

누가 한 말이든 지위 고하를 막론하고 마음에 와닿는 말이라면 기꺼이 '내 것'으로 삼을 줄 알아야 한다. 그렇게 받아들여 내 것으로 만들 줄 아는 능력, 그건 나의 큰 자산 중 하나이다.

윤희근 경찰청장은 미래지향적 경찰 활동을 하겠다며 미래치안정책국을 신설했다.

명품 반려견순찰대를 만들다

9

그때 경찰국은 없었다

행정안전부 경찰국을 둘러싼 논란은 여전하고 곧 폐지될 처지이다. 민감한 사안인 만큼 여기서는 개인적 생각보다는 당시 언론 보도를 중심으로 사실 중심의 기록을 남기는 것이 바람직하다고 판단했다. 경찰국 신설 논의는 윤석열 정부 출범 직후인 2022년 5월 10일, 이상민 행정안전부 장관이 취임하면서 본격적으로 시작되었다. 이후 두어 달간 찬반 여론이 뜨겁게 엇갈렸고 7월 15일부터 19일까지 행정안전부 공고 제2022-514호에 따라 직제 개정령 안이 입법 예고되었다. 이어 7월 26일 국무회의에서 경찰국 신설 직제령 안이 심의·의결되었고 8월 2일 자로 공포되었다. 장관 취임 후 80여 일 만의 일이었다. 경찰국 신설은 2022년 6월 초부터 급속도로 가열된 경찰 통제 논쟁의 핵심이 되었다. 당시 김창룡 경찰청장은 6월 16일 '역사 앞에 당당한 경찰청장이 되겠다'라는 공개서한을 발표하며 입장을 밝혔다. 경찰청 직장협의회를 비롯한 전국 경찰서 직협도 잇달아 '경찰의 중립성과 독립성을 훼손하는 경찰국 설치를 반대한다'는 현수막을 내걸었다. 6월 27일 이상민 장관은 기자회견을 열고 "대통령실이 직접 경찰을 지휘하던 것을, 행안부 장관이 지휘·감독하도록 바꾸는 것은 비정상의 정상화"라며 "국민의 공룡 경찰에 대한 우려가 크다"라고 밝혔다. 김창룡 청장은 이 발표 3시간 전 전격적으로 사의를 표명하고 물러났다. 7월 4일에는 청주 흥덕서 유희열, 고양서 주동희, 양산서 한왕귀, 군산서 모 직협회장 등이 삭발 투쟁에 나섰고 이후 단식과 릴레이 삭발의 반대 움직임은 전국으로 확산했다. 결국 7월 23일 오후 2시, 충남 아산 경찰 인재개발원에서 전국 경찰서장 회의가 열렸다. 총경급 50여 명이 현장에 모였고 140여 명은 온라인으로 참여했다. 무궁화 화분을 회의장에 보내 뜻을 함께한 총경도 356명에 달했다. 경찰청은 회의 참석자들에게 복종의무 위반을 언급하며 엄중 조치를 예고했고, 회의를 주도한 류삼영 울산중부경찰서장은 곧바로 대기발령이 났다. 이 시기 임은정 대구지검 부장검사는 불과 두 달 전 있었던 검수완박 반대 평검사 회의에 대해 "문제없다"라던 검찰 내부 판단과 대조하며 경찰국 신설에 반대한 총경들의 행위를 "집단행동으로 간주하는 것은 이중 잣대"라고 비판했다. 언론 대부분은 경찰국 신설에 부정적인 태도를 보였으나 일부는 긍정적인 시각을 드러내기도 했다. 특히 조선일보는 초기에는 비판적이었지만 7월 26일 자 사설에서는 "청와대 밑에 있으면 독립이고 행안부 아래 있으면 종속인가?"라는 표현으로 시각을 달리했다. 이상민 장관은 경찰서장 회의를 "하나회, 12.12쿠데타에 준하는 상황"이라고 평가했으며, 경찰국 초대 국장으로 내정된 김순호에 대해서는 '밀정 의혹'이 제기되며 논란은 더욱 확산하였다. 재향경우회와 일선 경찰서 팀장급 경감들 사이에서도 반대 움직임은 퍼져나갔다.

그렇게 격동의 해가 지나고 2023년 2월 25일 정부는 제2대 국가수사본부장에 정순신 변호사를 내정했다. 그는 한동훈 법무부 장관, 이원석 검찰총장과 같은 사법연수원 27기 출신 검사였다. 내정 발표 직후 경찰 안팎에서는 "이순신도 아니고 정순신이 웬 말이냐"라는 반응이 터져 나왔다. 그러나 그 역시 아들의 학교폭력 논란으로 불과 하루 만에 지명 철회되었다. 실속은 없고 상처만 남긴 인사였다. 23전 23승의 이순신 장군은 싸워 이길 수 있는 전쟁만 나갔다고 한다. 도무지 이해되지 않는 인사로 괜히 점수만 잃는 모습이 그저 안타까울 뿐이었다.[1] 그 무렵 나는 서울시 자치경찰위원회 월간 소식지인 「서자경의 역사 산책」에 근대경찰 태동과 해방 이후 경찰 조직의 변천사를 연재하고 있었다. 1894년 6월 25일, 김홍집 등 개화파는 일본과 손

---

1 그 후 총경 회의를 주도한 류삼영 총경은 민주당에 입당하여 국회의원 선거에 출마했다가 낙선했고 회의를 기획한 것으로 알려진 이지은 총경도 명예퇴직 후 출마했으나 낙선했다.

잡고 군국기무처를 설치해 1차 갑오개혁을 단행했고 의정부 산하 기존의 6조는 내무·외무·탁지·법무·학무·공무·농상 등 8아문으로 개편되었다. 내무아문 대신은 민영달, 협판은 『서유견문』의 저자 유길준이었다. 유길준은 유럽 각국을 둘러보며 근대 경찰 제도를 직접 체험했고 특히 영국 로버트 필 경(Sir Robert Peel, 1788~1850)의 런던경시청 개혁에 깊은 인상을 받았다. 귀국 후 이를 토대로 1894년 7월 20일, 좌우 포도청을 통합한 '경무청'을 내무아문 소속으로 창설했다. 이때 내무아문 산하에 주현국, 판적국 등 지방·호적 업무부서는 있었지만 '경찰국'은 없었다.[2] 이후 1900년 6월 12일 경무청이 경부로 승격되었을 때도 경찰국은 없었다. 물론 지금도 "법무부에 검찰국이 있는데, 행안부에 경찰국이 있는 게 뭐가 문제냐"라는 주장도 있다. 그러나 경찰과 검찰은 본질적으로 다른 조직이고, 같은 잣대로 비교하긴 어렵다. 이미 만들어진 조직을 다시 없애기는 쉽지 않을 거라고 보았으나 이재명 정부 출범 후 2025년 10월에 느끼는 흐름은 폐지로 확정된 듯하다. 어쨌든 국가와 국민, 그리고 경찰 조직을 위해 미래지향적이고 발전적인 방향의 결정이 있기를 바랄 뿐이다. 무엇보다 중요한 것은 위정자들의 소신과 철학, 그리고 역사 앞에 죄를 짓지 않겠다는 각오와 책임감이다. 법과 제도가 중요하지만 보다 더 중요한 건 민심이고 역사의식이다.

지원하되 간섭하지 않는다

2021년 7월 1일 전국적으로 시행된 자치경찰제도에 의해 전국 17개 시

---

[2] 2022년 8월호 서울자치경찰 소식지 「서자경의 역사산책 2호」와 그해 10월 발행된 4호에 경무청 탄생을 서술하며 '경찰국은 두지 않았다'라고 언급했는데 일부 독자들이 '그랬어요?' 하고 댓글을 달아줬다.

도에 18개 자치경찰위원회가 신설되었다. 처음 시행하는 제도인 데다 그야말로 지역적 특성을 살린 위원회이다 보니 위원장의 경력도, 위원들 구성이나 특징까지도 참 다양했다.[3]

1기 위원장들은 서울·부산·경기 남부가 경찰 출신이었고 7명은 교수 출신, 부지사 등 공무원 출신이 4명, 그리고 법관·언론·평통·시민단체 출신 등으로 다양했다. 이에 비해 상임위원들은 18명 중 16명이 경찰 출신이었고 2명이 교수 출신이었는데 그들 2명은 경찰행정학을 전공한 경찰행정학과 교수와 경찰대학 출신의 경찰행정학과 교수 출신이었다. 어디가 좋고 나쁘다고 비교할 수는 없지만 위원장들은 다양성을 갖추었고, 상임위원들은 전문성을 갖춘 특징이 있었다.

위원장들은 협의회를 만들어 소통과 교류 협력을 시도했고, 상임위원들도 중앙회 또는 연합회 성격의 협의회가 필요하다 싶어 〈전국 자치경찰 위원회 상임위원 원탁회의〉라는 명칭의 모임을 만들었다. 회장은 좌장이라는 명칭을 혼용했는데, 경찰 또는 공무원 스타일의 경직된 단체가 아닌 민주적이고 수평적인 소통을 기반으로 하는 단체임을 강조하기 위한 결정이었다.

나는 좌장 즉 중앙회장이 되었다. 서울에서 맡아야 한다는 의견이 우세하여 따른 결정이었다. 회칙을 만들며 위원장 협의회 회장의 임기 1년은 성과를 나타내기에 너무 짧은 기간이므로 상임위원 원탁회의 회장은 임기를 1년 반으로 해 상반기와 하반기로 나누고 회칙도 임기를 1년 반으로 하되 연임 불가를 명시했다. 그러나 간사 경남 상임위원 황문규 교수는 '단, 후임 회장이 선출되지 않으면 전임 회장의 임기는 계속되는 것으로 본다'라는 단서 조항을 삽입했다.

회장으로서 가장 고민한 것은 사무국 파견 경찰관 문제였다. 인사혁신처

---

[3] 심지어 일부 시도 자치경찰위원장들은, 정치권과 연줄이 닿아 있다며 언론에 보도되었고, 국감에서 질타당하는 경우도 있었다.

3년 임기 만료를 앞두고 서울에 모인 전국시도자경위 사무국장들이 서로를 격려하고 있다.

와 행정안전부에서는 시도 자치경찰위원회 파견 경찰관이 정원은 3명인데 수십 명씩 근무하고 있다며 줄이란다.[4] 그때부터 인사혁신처와 행정안전부, 대통령실과 국회를 찾아다니며 실상을 설명해 나갔다.

우선 18개 시도의 자치경찰위원회는 각기 사정이 다르다. 인구 1천만의 서울과 60만의 제주, 30만의 세종을 똑같은 기준으로 적용해 파견 경찰관을 일률적 3명으로 정한 것은 현실과 동떨어진 발상이었다. 단계적으로 정원 증원이 이루어지고 파견 인력도 합리적으로 조정해야 한다는 점을 강조했다. 시도 공무원으로 충당하면 되지 않느냐는 주장에는 다음과 같이 답했다.

"자치경찰위원회는 시민의 생명과 신체, 재산을 보호하는 경찰 사무를 다루는 곳입니다. 해당 업무는 고도의 전문성과 즉각적인 대응 능력이 요구되며 단순 행정업무와는 성격이 다릅니다. 아직 시도 공무원과 경찰 산에는 정서적 심정적 공감대가 형성되어 있지 않고 서로 간의 업무 이해도 역시 낮기 때문에 일정 수준의 파견 경찰관은 유지되어야 합니다."

2~3년이 지났는데 전문성이나 협업 체계가 부족하냐는 지적에 중앙부처도 마찬가지라는 사례를 들었다. 예컨대 예전 총무처 시절 행정업무는 내무

---

[4] 당시 서울에는 20여 명의 파견 경찰관이 근무하고 있었는데, 그중 3명만 공식 파견일 뿐 나머지는 전부 비공식 파견이니 이들을 대폭 줄이라는 말이다.

부 지방행정업무와 쉽게 융합되지 못했고 심지어 같은 행정업무 중에서도 조직부서와 인사 부서는 한마음이 되지 못하는 현실을 예로 들었다.

또한 시도 공무원들이 치안 관련 업무에 배치되더라도, 현장 치안은 돌발적이고 신속한 대응을 요하는 특성상 주말에도 온전히 쉴 수 없는 경우가 많고 업무가 익숙해질 무렵 인사 발령이 나 새내기 공무원이 새로 온다는 점도 덧붙였다. 두 기관도 일정 부분 이해했지만 소속 기관의 입장이라는 벽은 쉽게 허물어지지 않았다. 결국 현실과 제도를 절충해 가는 수밖에 없었다.

2024년 3월 4일부터 5일까지 서울 자치경찰위원회는 전국 18개 자치경찰위원회의 상임위원들을 초청해 총회 겸 워크숍을 개최했다. 총회에서는 각 위원회 간 릴레이 감사패를 전달했고 윤희근 경찰청장은 18개 시도 자경위 위원 모두에게 기념품과 감사장을 전달했다.

회의에서의 여러 발언 중 특히 기억에 남는 말이 있다. 자치경찰과 지자체 관계는 '지원하되 간섭하지 않는다'라는 말인데 대구 박동균 상임위원의 말로는 권영진 전 대구시장에게 들은 말이라 했다. 잘 아는 분은 아니지만 그 말 한마디만으로도 훌륭한 철학을 지닌 분이라는 생각이 들었다.

함께하는 명품 반려견순찰대

전국적으로 시행된 자치경찰제는 그 취지에 걸맞은 시책이 필요했지만, 막상 무엇부터 어떻게 해야 할지 몰라 다들 막막한 표정이었다. 시도 자경위는 뭘 하는지 서로 눈치를 볼 따름이다.

뭔가 '확' 눈에 띄는 참신한 정책을 내놓고 싶어 했고 특히 서울은 전국의 이목이 집중되는 곳이다 보니 부담도 그만큼 컸다. 하지만 말이 쉽지, 새로운 정책이 어디 그리 쉽게 만들어지는 일이던가. 고민 끝에 정책개발 T/F를

반려견순찰대는 산책하며 위험 요소를 발견해 112(범죄) 120(민원)에 신고하는 제도로 일부는 버려졌던 유기견이 반려견으로 입양되어 봉사하는 순찰견으로 거듭 나 견생역전이라 한다.

구성하기로 했고 상임위원인 내가 팀장을 맡았다. 3개 과의 과장과 주요 팀장들이 함께 했고, 뒤에 과장으로 승진한 정명이 사무관이 간사를 맡았다.

1주일에 한 번씩 모여 회의했지만, 이렇다 할 '월척'은 좀처럼 나타나지 않았다. 나올 듯 말 듯한 아이디어는 일부 있었지만 "바로 이거다!" 싶은 건 없었다. 그러는 사이 다른 시도 자경위는 하나둘씩 괜찮은 시책을 내놓기 시작했고, 서울의 마음은 더 조급해졌다.

그때 정책팀 강민준 경위가 '반려견순찰대'를 제안했다. 반려견 인구는 두 집 건너 한 집꼴로 전국적으로 1,500만 명에 달한다. 반려견은 특성상 하루 1~2회 산책을 해야 하므로 산책하는 동안 우리 동네 안전도 함께 살펴보고 이상 징후가 느껴지면 경찰(112)이나 행정(120)에 신고하는 방식이다. 지푸라기라도 잡는 심성으로 아이디어를 구체화하기 시작했다. 본격적인 논의에 들어갔지만, 처음부터 환영받은 건 아니다. 일부는 소극적이었고 특히 반려견에 의한 개 물림 사고를 우려하는 목소리가 있었다. 신중하게 논의했고 우려 목소리 역시 충분히 경청했다. 다만 어떤 정책이든 처음부터 부정적 관점으로 접근하기보다 걱정은 하되 가능한 방향으로 모색하는 태도가 더 바람직하다는 믿음이 있었다. 워낙 강한 의지로 밀어붙였더니 초기의 방관적 분위기는 조금씩 변해 갔다.

시범 운영을 위해 강동구청과 업무협약(MOU)을 체결했고 2022년 4월 5일 자치경찰위원회 정식 보고 안건으로 가결했다. 이제 시책의 이름을 정해야 했다. 서울을 상징하는 동물 '해치'에 Pet과 Patrol을 합쳐 '해치Pet'rol'의 명칭을 검토했으나 어색하고 의미 전달이 모호하다는 지적에 따라 결국 우리말 '반려견순찰대'로 확정했다.

2022년 5월, 강동구청 시범운영 발대식에 반려견과 견주가 한 팀을 이루어 64팀이 참석했는데 구청 대강당에 반려견이 입장한 것은 처음이었다고 한다. 그 광경은 장관이었다. 반려견은 이제 더 이상 애완동물이 아니고 또 하나의 가족이라는 생각이 들었다. 시민 호응도 컸다.

시범 운영 결과가 긍정적으로 나타나자 곧 확대 추진에 나섰다. 2023년 4월 30일, 여의도 한강공원에서 서울시 25개 자치구 총 1,011개 팀과 오세훈 시장 참석 하에 대규모 발대식을 개최했다. 조금 부풀리면 그날 발대식은 마치 사관학교 졸업식처럼 질서정연했다. 주한 외국인들도 다수 참석했고, 반려견들은 놀랍도록 조용했다. 서로 짖지도, 으르렁거리지도 않았다.

순찰대 선발은 합격률이 50%를 밑돌 정도로 엄격하다. 견주는 봉사활동 계획서를 작성해 제출하고 반려견은 따라 걷기, 명령 이행, 사람이나 동물 발견 시 반응 등 실기시험을 통과해야 한다. 합격한 견주들은 기뻐했지만 탈락한 견주들은 "우리 애가 뭐가 부족해서 떨어졌냐?"라며 항의하기도 했다. 항의가 빗발쳐 추가 모집을 한 적도 있다.

'우리 동네는 우리가 지킨다'라는 자부심에 대원들은 보람을 느꼈고 익숙한 지역 환경 덕분에 지리감이나 지역 정보의 이해가 남달랐다. 오전 순찰 때는 몰랐던 이상 징후를 오후 순찰에서 발견하기도 했고 수시로 이동하는 공무원과 달리 장기 활동이 가능해져 영속성도 유지된다.

무엇보다 저비용 고효율이었다. 유착 우려도 없었다. 순찰대는 지정 코스를 따라 활동 조끼를 입고 순찰하며 범죄 위험 요소와 주민 불편 사항을 발견하면 신고하고 그 내용을 밴드나 일지로 공유해 주민 참여 정책으로 환류하고 있었다.

예상보다 적극적인 활동 덕에 반려견순찰대는 빠르게 성장했고 2024년 9월 기준 1,704팀으로 늘어났다. 나는 학술대회나 세미나, 특강 등에서 반려견순찰대 성과를 널리 알렸고 율곡 이이가 임진왜란을 앞두고 '10만 양병설'을 주장했던 것처럼 나는 천만 서울 시민을 지키기 위한 '1만 양견설'을 제안하며 너스레도 떨었다.

반려견순찰대에 대한 나의 애정과 관심은 앞으로도 계속 이어질 것이다. 그들이야말로 서울 치안을 위해 분명한 역할을 해낼 존재들이라고 믿기 때문이다. 특히 이들 순찰대원의 77%는 여성, 그중에서도 20~30대가 60%를 차지하는데 그동안 지역 치안과는 거리가 있었던 이들의 헌신적이고 자발적인 참여는 그 자체로 의미가 크다. 이 시책은 유럽 '창변경찰(Window Police)'에서 연유한다. 창변경찰은 70세 이상 어르신들이 창가에 앉아 커피 한 잔 마시며 거리의 위험 요소를 살펴보는 제도다. 또 일본의 한 경찰서에서 시작한 'ワンワン(완완) 순찰대'에서 힌트를 얻기도 했다. 이는 범죄 감시 눈이 곳곳에 있다는 사회적 메시지 전달 역할도 한다. 반려견순찰대 역시 서울 전역을 꼼꼼히 누비며 사회 곳곳의 틈을 메우는 촘촘한 안전망으로 작동할 것이다. 서울 곳곳을 1만여 팀의 반려견순찰대가 지켜주는 날을 기대하며 그날까지 이들을 향한 관심과 지원을 멈추지 않을 것이다.

전국 최우수 사례로 선정되다

반려견순찰대는 짧은 역사에도 불구하고 그동안 혁혁한 공을 세웠다. 우선 비반려인들의 인식에 변화가 생겼다. 그냥 애완동물이 아니라, 우리 동

2023년 4월 30일 한강공원에서 오세훈 시장이 참석한 가운데 반려견순찰대가 발대했다. 2024.6.25. FN에 국가경영연구원 이복실 부원장이 반순대 응원 글을 실었다. (우측사진, 파이낸셜 뉴스 캡처)

네의 안전을 든든히 지켜 주는 역할을 하고 있다고 인식하면서, 무심코 지나치던 전과 달리 지금은 '예쁘다, 착하다'라고 칭찬해 주고 반려견에게 관심을 준다. 특히 언론이 매우 긍정적이다. 경찰 관련 기사는 비판적 기사가 주를 이루는데 반려견순찰대 기사는 수백 건이 보도되었음에도 부정적 기사를 찾아볼 수 없다. 그중 몇 건의 기사를 소개해 본다.

> '반려견과 반려인이 한 팀을 이뤄 보안등 등 망가진 방범 시설물 없는지 살펴보고 도움이 필요한 사람은 없는지 살펴 신고하는 등 든든한 지킴이 역할' 〈2024년 4월 30일, 중앙일보〉
> '영하의 심야에 성동구 한 스쿨존에서 주위 차량을 좌충우돌 충돌하며 갈지(之)자 운전하는 음주 운전 의심 차량 신고해 검거토록 한 견주와 순찰견이 자치경찰위원회 표창을 받았다.' 〈2023년 1월 25일 경향신문〉

'강동구에서는 거리를 배회하던 파킨슨병 환자인 발달장애 남성이 다리를 다쳐 길가에 누워 있는 걸 발견하고 단순 취객이 아니라며 예사롭게 보지 않고 신고해 가족 품으로 돌려보냈다.[5] 그 남성은 전날, 집을 나가 가족이 실종신고한 사람이었다.' 〈2023년 5월 14일 조선일보〉

'영등포 한 순찰팀은 서강대교에서 투신하는 20대 여성을 목격하고 즉시 경찰과 소방에 신고함으로써 목숨을 구할 수 있도록 구조했다.' 〈2023년 5월 23일 동아일보〉

'금천구에서 자폐 스펙트럼 장애가 있는 중학생을 동네 공원으로 불러내 위협적인 집단 괴롭힘을 하는 광경을 순찰견이 발견해 신고해 줌으로써 경찰이 출동해 엄마 품으로 돌려보냈다.' 〈2024년 4월 30일 한겨레신문〉

이 외에도 한밤중에 도심을 헤매고 있는 치매 노인을 발견하여 신고해 가족에게 되돌려 귀가시킨 사례도 있었고 집중호우 직후 마을 뒷산에서 나무가 흔들리고 이상한 소리가 들리는 등 산사태 위험 징후도 동물적 감각으로 짖어대 신고할 수 있었다. 방송 역시 칭찬 일색이다.[6]

국가경영연구원 이복실 부원장은 2024년 6월 24일, 〈파이낸셜뉴스〉의 '반려견순찰대를 응원하는 이유'라는 칼럼에서 주민 참여형 방범순찰대인 반려견순찰대가 순찰 효과와 함께 반려견 문화의 인식 개선은 물론 인간과 동물이 공존하며 조화롭게 사는 세상을 원한다고 썼다.

2023년 5월 12일, 연합뉴스 TV '출근길 인터뷰' 요청에 응했다. 취지와

---

[5] 심지어 이 순찰견은 할머니가 손자를 데리고 산책하던 중 손자가 숲으로 들어가면서 잃어버렸던 초등학생 손자를 찾기도 했다.

[6] KBS는 2024년 4월 22일 '반려견순찰대'가 지키는 우리 동네…"실종자 찾고 안전사고 막아요."를 보도했고, MBC는 2022년 5월 10일 '우리 동네 지키는 강아지들? 반려견순찰대'를 보도했다. SBS는 산책하며 방범 활동으로 동네 지키는 반려견순찰대 확대 운영을, MBN은 2022년 6월 29일 '"산책도 하고 순찰도 하고"…동네 지키는 반려견순찰대'를 보도했다.

목적 참여 방법과 활동성과, 역점 현안과 향후 계획 등에 대한 질문에 거침없이 소신을 밝혔다. 5분 가까이 진행된 인터뷰에서 나는 '인간의 우수한 판단력에 개의 뛰어난 후각과 청각 그리고 야행성 등을 접목한다면 단순히 강아지 몇 마리가 아닌 기대 이상의 성과를 낼 수 있다'라고 마무리했다.

2023년 7월의 집중호우 기간에는 방범 활동에 더해 하천 범람, 둘레길 산사태, 배수로 막힘, 옹벽 축대의 균열과 무너짐 등을 발견하고 신고한 덕분에 피해를 크게 줄일 수 있었다.

2024년 9월 26일, 국가정책 자료를 제공하는 대한민국 정책브리핑은 〈'반려견순찰대'를 아시나요?〉를 통해 서울시 반려견순찰대를 소개했다. 더불어 7월 18일 대전에서 열린 '자치경찰협력회의'를 소개하는 정책자료에서 제1기 자치경찰위원회 우수기관으로 전국 최초로 반려견순찰대를 만든 서울 자치경찰위원회가 선정되었다고 밝혔다.

반려견순찰대는 부산, 울산, 청주, 수원, 대전, 춘천, 용인, 전주, 대구, 인천, 고양 과천 등 2024년 7월 기준으로 전국 17개 도시로 확대되었다. 지역마다 독특한 이름으로 맹활약하고 있는데, 제주는 '제주 댕댕이 안전지킴이', 인천 계양구는 '킁킁 순찰대', 경기도 구리에서는 '개(犬)벤져스'로 이름 지어졌다.

반려견순찰대 인기를 보여주는 일화도 있다. 지역별 발대식을 진행할 때마다 지역 유력 인사들이 참여하고 싶다며 이른바 빽을 쓰는 일도 종종 있었다. 가능한 한 모두 참여하게 해주면 좋지만, 행사 시간이 길어지고 분위기가 자칫 정치판이나 선거판처럼 흐를 수 있음을 우려해 최대한 축소하려 애썼다. 그렇다고 지역 주민을 대표하는 분들을 마냥 배제할 수도 없어 결국 고민 끝에 일부 참여를 허용했는데 문제는 대개 마이크만 잡으면 인사말이 길어진다는 점이다.

결국 내 순서가 되었을 땐 이미 참석자들의 집중력이 흐트러지기 시작한다. 그래서 최대한 간단하게 해야 한다는 생각으로 "시 한 수 낭송하겠습니다" 했더니 참석자들의 표정이 눈에 띄게 어두워진다. 그러거나 말거나 읊었다.

반성 / 함민복

늘 강아지를 만지고 손을 씻었다.
내일부터는 손을 씻고 강아지를 만져야지.

딱 15초 걸렸다. 환호와 박수가 쏟아졌다. 역시 어떤 말이든 짧을수록 좋다는 걸 실감했다.
특히 반려견순찰대에는 유기견 출신도 적지 않다. 인간에게 버려졌던 개들이 동물보호센터 등을 통해 입양되었고, 지금은 다시 반려견이자 순찰견으로 지역안전을 지키고 있다. 인생역전이라는 말이 있는데 이거야말로 '견생역전(犬生逆戰)'이 아닐 수 없다. 반려견순찰대는 지금까지도 밴드를 통해 상호 간의 활동 상황을 공유하며 각 동네의 새로운 안전 문화를 이끌고 있다. 나아가 사람과 동물이 함께하는 따뜻한 공동체를 만들어 가며, 선진 반려 문화의 정착에도 이바지해 주기를 기대한다.

자치경찰 단계적 발전론

2012년 6월 25일, 제1기 서울시 자치경찰위원회의 임명장 수여식이 있었다. 7인의 위원들이 처음 대면하는 순간이다. 말 그대로 핸섬한 오세훈 시장은 몇 차례 보고와 오찬, 행사를 통해 만났었다. 그는 박식하고 순발력 있

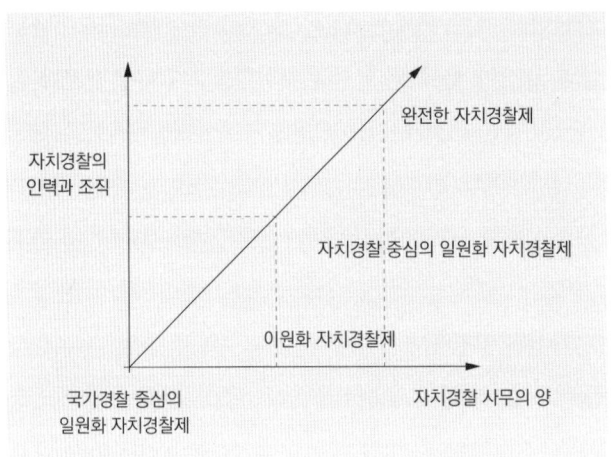

동의대 최종술 교수 주장
자치경찰 단계적 발전론

으며 초지일관 소신도 분명했다. 지구대 파출소 경찰관들에게 복지 포인트 지급에도 쉽지 않은 결정을 해 주었고 한강경찰대 순찰정이 낡아 안전이 위협받고 있어 교체가 절실하다는 의견에도 적극 공감하며 5개년 계획을 세워 단계적으로 교체할 수 있게 해줬다.

오세훈 시장은 2023년 반려견순찰대 발대식과 2024년 활동 선포식이 휴일이었음에도 참석해 많은 시간을 함께했다. 시의회 시정 질의 때도 보면 까다로운 질문에도 근거와 통계를 제시하며 충실히 답변하는 걸 보면 노력도 많겠지만 두뇌가 정말 명석하다는 생각이 든다.

2023년 여름, 대한민국을 뒤흔든 무동기 범죄가 발생했을 때도 기민하게 대처했다. 지나치게 적극적일 경우 시민들은 '시장이 너무 나댄다'라고 할 것이고 또 한 발짝 뒤에 있으면 '뒷북 친다'라고 몰아붙이기 십상인데 시의적절하게 완급 조절을 잘하는 것 같다. 안타깝게도 이 나라는 위정자들이 사고 치지 않고 국민 가슴에 못질하지 않으면 다행인 나라가 되어 버렸는데 오 시장님은 최소한 시민을 불안하게 하거나, 상처 주는 경우는 거의 없다. 게다가 포퓰리즘(Populism)에도 현혹되지 않아서 지나고 보면 묵은 된장

같은 깊은 맛이 느껴지기도 한다.

그렇게 2023년 여름내 계속된 무동기 범죄[7]로 민심은 악화했고 경찰의 존재 자체가 위협받는 상황까지 번지면서 경찰청은 물론 자치경찰도 함께 긴장할 수밖에 없었다. 무동기 범죄의 진압을 위해 다각도로 방안을 모색했는데, 우선 경찰의 순찰 활동을 가시적으로 보여줌으로써 불안해하는 민심을 안정시킬 필요가 있었다. 하지만 한정된 경찰력으로 보여주기 식 순찰은 경찰의 피로도만 가중했다. 고민 끝에 자율방범대와 협업을 통한 순찰 강화 의견이 제시되었다. 자율방범대 자체가 큰 물리력은 없지만 인근 지역에 대한 익숙한 지리감을 기반으로 가시적인 순찰 활동을 한다면 적지 않은 효과가 있을 거라는 기대감이 있었다.

사실 그보다 앞서 경찰청은 무동기 범죄 대응을 위한 조직개편을 단행했는데 막 출범한 자치경찰 기능을 축소하는 쪽으로 방향을 잡았고 자치경찰 측은 '인정하지 않으려 한다'라는 느낌이 들었다. 오랜 기간 논의했지만, 자치경찰제는 시행 전부터 '미국 한 주(州)보다 작은 우리나라에 이런 제도가 과연 맞느냐?'에서부터 '지구대 파출소를 넘기지 않는 자치경찰이 무슨 의미가 있느냐'라는 회의론과 '국가와 사회질서 유지의 핵심 중추 기관인 경찰을 단계적으로 바꿔야지 송두리째 흔드는 전면적 변화는 누구에게라도 부담스러운 것 아니냐? 천 리 길도 한 걸음부터이고 첫 숟가락에 배부를 수 없다'라는 단계적 발전론 등 다양한 의견이 분출하고 있었다.[8]

그 무렵 내가 직접 들은 말 중 부정적 회의론을 가장 단적으로 보여준 일

---

7 정부는 공식 표기를 이상동기범죄로 명명했다. 하지만, 이상의 의미가 최소한 이상(理想)이나 이상(以上)은 아니겠지만 이상(異相)인지 이상(異狀)인지, 이상(異象)인지 이상(異常)인지 헷갈려 여기서는 무동기 범죄라고 쓴다.

8 단계적 발전론의 대표적인 학자는 부산 동의대 최종술 교수로, 그는 초기에는 국가경찰 중심의 일원화 자치경찰로 시작해 국가경찰과 자치경찰이 분리된 이원화 자치경찰제를 거쳐 자치경찰 중심의 일원화 자치경찰제로 갔다가, 결국은 완전한 자치경찰제로 가야 한다는 주장을 편다.

이 있었다. 그 무렵 어느 날 한 국회의원을 만났는데 그는 "좌파 정부는 유사시에 나라를 뒤엎기 위해 국방력과 치안력을 약화하려 한다. 자치경찰제도 그 목적으로 도입된 것이다"라고 말했다. 너무나 뜻밖의 말이라 순간 할 말을 잊었었다. '그렇게 비약할 필요까지 있을까?' 하는 생각이 들었다. 개인적인 소회를 덧붙이자면 정부든 기관이든 규모와 상관없이 전임 정권이나 전임 기관장이 해놓은 일을 무작정 부정하는 자세는 이제 그만 버려야 하지 않을까 싶다. 분명함과 대승적인 안목에, 아울러 상생의 철학으로 상대를 긍정적으로 인정하는 인식의 전환이 절실하다는 생각이다.

한강 살리고 관광 놓치다

2023년 여름, 서울 신림역과 분당 서현역 칼부림 사건에 이어 신림동 등 산로 성폭행 사건이 잇따르면서 오세훈 서울시장은 현장을 방문해 범죄 분위기 진압에 나섰다. 시민들도 우려가 커 자치경찰 역시 자율방범대원들과 협업해 합동 순찰을 강화하는 등 대책 마련에 공을 들였다.

그해 9월, 경찰청은 조직 개편안을 발표했는데 이때 수사 정보 외사와 자치경찰 부서를 축소 조정했는데 정작 자치경찰 지휘 기관 자치경찰위원회와는 전혀 사전 협의가 없었다. 전국 자치경찰위원회는 불만을 토로하며 협의 없이 단행한 조직 개편은 불법이라며 집단 사퇴 삭발투쟁을 언급하는 등 분위기가 격양되었다. 현장 치안을 강화한다는 명분이었으나 뒷말이 많았다.

서울 자치경찰위원회는 자치경찰 차장을 생활안전 차장으로 바꾸고 한강경찰대의 소방 이관, 지하철경찰대 축소, 관광경찰대 폐지 등 경찰청 계획에 반발하며 서울경찰청에 항의 목적으로 방문했지만 경찰청이 주관한 조직개편이라며 뒤로 물러섰다.

서울 자경위는 한강경찰대 역량 강화를 위한 5개년 발전 계획을 수립해 시행하는 등 한강경찰대를 위한 큰 노력을 했으나, 관광경찰대는 결국 살려내지 못했다.

위원장 협의회는 온건론도 있었으나 강경론이 우세해 격한 논란이 이어졌다. 잘못된 일임엔 틀림없지만 시행 초기라 미숙해서 그럴 수 있다고 다잡았고, 재발 방지책을 마련하는 게 우선이라며 원만한 수습책 마련에 골몰했다. 국민 입장에서 보면, 검찰과 경찰의 싸움도 진절머리 나는데 국가경찰과 자치경찰까지 싸우느냐고 할 것 같아 우선 사태를 진정시키고자 했다.

전국 상임위원들과 긴급 화상회의를 개최해 우리의 의사를 하나로 집약했고, 경찰청에 의견을 전달하고자 경찰청장과의 면담을 요청했다. 평소 나의 신조처럼 누군가 해야 한다면 우리가 나서야 했다. 일을 확대하는 것보다 조정하고 수습하는 게 능사다. 경찰청도 전전긍긍하던 차에 면담을 요구하자 즉시 수락했고, 대표단을 구성해 경찰청장을 만나 잘못된 점을 구체적으로 열거하며 원상회복과 재발 방지를 요구했다. 잘못의 인정과 사과 재발 방지까지는 확답받았지만, 원상회복은 노력하겠다는 원론적인 답변만 들었다. 결론은 '상당한 성의를 보였다'라는 것이다.

"한강경찰대는 1년에 120여 명의 시신을 수습해 유족의 품으로 보내드리고 80여 명의 요구조자를 구조한다. 산 사람을 구조하는 소방의 영역과 죽은 사람의 목소리까지 들어 한 치의 원한도 남지 않게 해야 하는 경찰의 영역은 다르고 국민의 생명과 신체, 재산의 보호가 경찰의 존재 가치이고 사명인데 이를 포기할 수 없다"고 간곡히 설명한 결과였다.

논의가 진행되던 중, 세계일보 구윤모[9] 기자에게 인터뷰 요청이 왔다. 한강경찰대의 임무와 헌신에 관해 기사를 쓸 계획이라고 한다. 민감한 시기라 조심스러웠지만 홍보담당관 출신으로 늘 기자를 마다하지 않았고 오히려 우호적으로 소통할 수 있을 것 같아 인터뷰를 수락했다.

준비를 철저히 해 인터뷰에 잘 응했다. 사람의 소중한 생명을 구하고 시신 중 억울한 죽음이 없는지 살펴보는 한강경찰대 임무를 전하는 시간이었다. 인터뷰 내용은 2022년 3월 25일(토)에 전면 기사로 실렸다. 토요일이라 서울시 스크랩을 보는 사람이 얼마나 될까 싶었는데 되려 오세훈 시장이 기사를 접하고 비서실에 전화해 사기진작과 발전대책 마련을 지시하셨다. 시장님이 관심을 두니 진행 속도에 탄력이 붙었다. 시의회 행정자치위원회에서도 적극 지원하겠단다.

한강경찰대 경찰관들과 시장님의 오찬 자리가 마련되었고 사용 연한이 지난 순찰정 교체와 사무실 이전 신축 등의 5개년 계획이 완성되었다. 즉시 순찰정 2정의 건조 입찰을 했고, 1년의 건조 기간을 거쳐 2023년 3월 진수식을 거행했다. 특히 2020년 2월 15일 투신자 구조의 임무 수행 중 순직한 유재국 경위를 기리는 마음을 담아 새 순찰정을 '유재국호'로 했다. 5개년 계획이 완성되고 나면 한강경찰대가 많이 달라질 것이라는 생각이 든다.

이제는 관광경찰대가 주 타깃이 되었다. 나는 관광경찰대에 애정이 많다. 관광은 굴뚝 없는 산업이며 서울시도 이런 점을 중요시해 「3377 서울 관광시대」를 여는 미래 비전을 시행하고 있었다. 3377은 연간 외국인 관광객 3,000만 명 시대를 열어 관광객 1인당 지출액은 300만 원, 체류 기간은 7

---

9   구윤모 기자는 능성 구 씨 모(謨)자 돌림이다. 모 위는 본(本)자 그 위로는 자(滋)자 돌림이다. 아내가 구본숙이고 능성 구씨들은 혈족 개념이 강해 누구나 다 일가라고 생각하는 특성이 있다.

일 이상, 서울을 다시 찾는 재방문율을 70%로 유지하겠다는 전략이다. 나는 2006년 외교부 파견관 시절 이스탄불에 출장 갔을 때 이스탄불 관광경찰서를 방문하여 경찰서장과 의견을 나눈 바 있고 러시아는 2020년 블라디보스토크에 관광경찰대를 만들었다. 우리나라에서는 2013년 문화체육관광부가 나서 물심양면 지원한 끝에 창설하여 큰 역할을 하고 있었는데 겨우 10년 만에 폐지한다는 것이다. 특히 국가경찰은 관광경찰이 자치경찰 소속임에도 불구하고 사전 의논 하나 없이 일방적으로 폐지를 결정하고 통보해 왔다.

그간 관광경찰대는 명동, DDP, 홍대 입구, 이태원 등지에서 관광객을 상대로 한 범죄예방활동 및 지리안내 등의 임무 수행에 큰 역할을 했다. 2023년 전북 새만금 세계 잼버리대회를 비롯해 매년 5월 개최되는 세계 불꽃축제 등 크고 작은 국제행사 때마다 적극 활용했으면서, 주관 부서와는 한마디 의논도 없이 해체한다는 데 너무나 어이가 없었다.

전국 자치경찰위원회 상임위원 원탁회의가 나서 고군분투했다. 상임위원 대표단을 구성하여 경찰청장도 만났다. 일방적 해체 결정에 강력하게 항의했지만, 다른 요구사항의 상당 부분을 들어주면서도 관광경찰대 유지 약속은 받아내지 못했다. 심지어 서울시의회로부터 확보한 예산마저 반납해야 했다. 사실 관광경찰은 서울과 부산, 인천만의 문제였는데 다른 시도들은 절실하지 않았던 것도 동력을 얻지 못한 원인이 되었다. 서울과 부산, 인천을 합해 총 90명에 불과한 특수경찰 조직 관광경찰대는 그 존재 자체로서 관광자원인데 지켜내지 못한 것이 못내 아쉽다.

지하철경찰대도 축소의 바람을 벗어나지 못했다. 이 글을 쓰는 2025년 5월 31일, 지하철 5호선 여의나루~마포역 구간에서 60대 남성이 휘발유를 붓고 불을 지르는 방화 사건이 발생했다. 기관사와 승객들의 침착한 대응으로 대형 참사는 막았지만, 모두가 기억하는 대구 지하철 방화 사건이 떠올라 섬뜩했다. 2023년 경찰청장 면담 당시 20여 년 전 발생한 대구 지하철 참사와 같은 사고가 재발하지 않는다는 보장이 없으니 지하철경찰대 인원 축소에 대해 신중히 처리해달라고 했다. 부서의 신설과 폐지는 신중해야 한다. 특히 누구라도 책임질 수 없는 일을 함부로 결정해서는 안 된다. 지하철경찰대 원상회복은 새 정부가 들어선 지금이라도 심사숙고해야 한다.

세계 잼버리대회를 분산하라!

2023년 8월 2일, 전 세계 156개국의 4만 2천여 청소년들과 윤석열 대통령 부부가 참석한 가운데 전북 새만금에서 제25회 세계 스카우트잼버리대회가 열렸다. 새만금 세계 잼버리대회는 2017년 8월 17일 문재인 정부 때 유치한 것으로 상황이 완전히 달라져 있었다. 당초 2명이던 조직위원장은 2023년 3월 1일 김현숙 여가부 장관, 김윤덕 국회의원(전북 전주 갑), 이상민 행안부 장관, 유인촌 문체부 장관, 강태선 전 스카우트 총재를 더하여 자그마치 5명 체제로 바뀌었다. 우리말에 사공이 많으면 배가 산으로 간다고 했는데….

한여름인데 나무 그늘 하나 없고 배수시설은 원활치 않아 모기 등 해충이 들끓었다. 게다가 폭염이 계속되며 상황은 최악으로 치닫고 있었다. 성범죄와 교통사고는 물론 수백 명의 온열질환자가 발생했다. 급기야 영국 참가자 4,000명이 철수를 결정했다는 BBC 보도가 있었다. 영국은 가장 많은 인원이 참석한 나라인데 이들이 철수하면 나머지는 불 보듯 뻔한 상황이 될 듯해 국민 한 사람으로 심히 걱정스러웠다. 그러나 참가자들의 출국은 행사 종료 후로 정해져 있어 혹시 출국을 결정한다 해도 며칠은 걸릴 것이다. 그렇다면 그 시간은 수습의 골든타임이다. 대한민국을 세계에 널리 알리고 홍보해 국가의 품격을 높이고자 유치한 대회인데 오히려 국가의 품격을 실추시키게

2023년 8월 11일 전국 17개 시도로 분산됐던 각국의 잼버리 참석자 4만 명이 서울 상암동 월드컵 경기장에 모여 흥분의 도가니 속에서 K-POP 슈퍼라이브 콘서트를 즐기고 있다.

되었으니 안타까움을 금할 수 없다.

그때 여의도연구원장을 맡고 있던 지상욱 전 의원에게서 전화가 걸려 왔다. 국회의원도 지내고 여전히 주요 당직을 맡고 있었지만 언제나 '선배님'이라며 깍듯하게 예의를 갖추는 분이다.

"선배님, 새만금 상황이 많이 안 좋습니다. 혹시 좋은 아이디어 없을까요?"

예고도 없이 불쑥 들어온 질문에 당황하고 잠시 머뭇거리자, 지 원장이 덧붙인다.

"늘 안전 분야에 관심 많고 아이디어도 많잖아요. 그냥 한번 고민해 보고 좋은 의견 있으면 연락 한 번 주세요."

일단 알겠다고는 했지만 하루 종일 보고에 결재 회의까지 밀려 있어 새만금 걱정을 할 여유조차 없었다. 그렇게 일과를 마치고 퇴근해 저녁을 먹고는 그대로 쓰러지듯 잠들었다. 그런데 이튿날 새벽 문득 잠이 깨 이런저런 생각을 하던 중 "아, 새만금…" 하고 지 원장과의 통화 내용을 떠올렸다. 한동안 가만히 머릿속을 굴리다가 결국 하나의 결론을 떠올렸다.

"새만금에서는 안 된다."

자칫 무리하게 강행했다가 사고라도 나면 큰일이지만 그렇다고 대책 없이 대회를 중단하는 것도 현실적으로 어려웠다. 그때 문득 '분산 개최'라는 아이디어가 떠올랐다. 4만 명에 이르는 참가자들을 17개 시도로 나누어 한 지역에 2,000~3,000명씩 배정해 광역 지자체별로 행사를 진행하자는 것이다.

예컨대 부산시의 경우, 자매결연 도시나 유관국 참가자 3,000명을 유치해 해운대, 태종대, 광안리, UN 기념공원, 범어사 등을 무대로 야영, 관광, 템플스테이 등을 연계해 진행한다면, 각국 참가자들에게도 훨씬 인상 깊은 경험이 되지 않을까 싶었다. 그리고 마지막 날에는 모두 서울 상암동 월드컵경기장에 모여 K-POP 공연으로 마무리하면 일정도 정리되고 대회의 완성도도 훨씬 높아질 것 같았다.

아이템이 떠오르니, 마치 누에가 고운 실을 뽑아내듯 아이디어가 줄줄이 이어졌다. 출근길에 다시 생각을 정리해 지상욱 원장에게 연락했고, 얼마 지나지 않아 바로 답이 왔다.

"좋습니다. 공동위원장 ㅇㅇㅇ 장관께 전달하겠습니다."

얼마 후 나의 의견이 십분 반영되어 조치가 이뤄지기 시작했고 각 시도에서 일정을 마치고 서울로 올라오는 것까지 일사천리로 결정되었다. 그사이 월드컵경기장 안전 점검을 해 뒀다.

그런데 전 세계 각국에서 온 그들을 좀 더 세심하게 보살펴 주고 싶은 생각이 들었다. 집을 떠나온 지 열흘이 지난 4만 명 각국 청소년들에게 월드컵경기장은 매우 낯설 거다. 그렇다면 '나라별로 관중석 표시로 그 나라 국기를 게시해 주면 어떨까?' 하는 생각이 들었다. 5~6시간 동안 공연이 진행된다면 화장실도 몇 번 다녀올 텐데, 'A블록 가열' 등의 표시는 익숙하지 않아 자리를 찾아가는 데 헤맬 수 있다. 그렇지만 내 나라 국기를 깜빡할 사람은 없을 것이다.

또 당시는 코로나가 종식되기 전이니, 마스크 한두 장 태극선이나 손수건 등 전통 민속공예품 1~2장, 그리고 가능하다면 삼성이나 LG 등의 협찬을 받아 태블릿이나 스마트폰 한 대씩 선물하면 좋겠다는 생각이 들었다. 이래저래 아는 고위층에게 연락해 또 다른 공동위원장 ㅇㅇㅇ 장관에게 전달하도록 했다. 결과는 아주 좋은 아이디어라는 호평을 받았다. 다만 태블릿이나 스마트폰은 잼버리 규정상 받을 수 없다고 하여 생색만 냈다고 한다.

드디어 서울로 모두 모이는 당일 직원들과 함께 현장으로 나갔다. 얼굴에 환한 미소를 띠며 각국 청소년들이 속속 입장했고 반가운 듯 손을 흔든다. 그 모습만 봐도 '이 정도면 되었다.'라는 안도의 생각이 든다. 동원된 버스만 1,400대로 주차 공간이 턱없이 부족했다. 하는 수 없이 노상주차를 허용했는데 도로 양쪽에 끝없이 주차된 모습은 마치 설치미술을 연상케 했다.

폐영식과 공연이 시작되었다. 환송사에서 세계 스카우트연맹 아흐메드 알헨다위 사무총장은 "여러분은 시련에 맞서며 오히려 특별한 경험으로 바꿨다. '여행하는 잼버리'는 이번이 처음"일 거라며 "며칠 동안 많은 일이 있었고 힘들었지만 매우 인상적이었다"라고 했다. 오후 7시부터 사실상 본행사인 'K팝 슈퍼 라이브 콘서트'가 진행되었고, 뉴진스와 더보이즈, 더뉴식스, 싸이커스, 아이브 등 정상급 아이돌 19개 팀이 총출동했다. 월드컵경기장은 흥분의 도가니에 빠져 출연진과 관중석까지 모두 하나가 되었다. 그렇게 구석구석 살피며 최고의 시간을 보냈다.

이제 해산만 남았다. 입장은 차례대로 이뤄지지만, 퇴장은 흥이 채 가라앉기 전 한꺼번에 이루어지기 때문에 오히려 더 위험하다고 판단했다. 국장이 현장에 나와 있어 오히려 불편해하지 않을까 하는 생각이 들었지만, 그보다 중요한 것은 단 하나 안전이었다. 그런 상황일수록 현장에는 반드시 책임자가 있어야 한다고 믿었다. 그리고 난 늘 그랬듯 누군가가 있어야 한다면 그 누군가는 바로 '나'라고 생각했다.

때로는 감성경영이 필요해

한국 형사·법무정책연구원으로부터 연락이 왔다. 요지는 연구원이 주관해 제52차 세종 국가 리더십포럼을 개최하는데 어떤 주제를 선정하면 좋겠느냐는 질문이어서 "서울시는 한강 르네상스를 한 차원 높여 그레이트 한강 프로젝트를 야심 차게 추진하고 있으니, 한강의 안전을 주제로 하면 어떨까?" 하고 귀띔해 주니 좋단다. 포럼 주제는 '글로벌 도시 전략과 안전 체계'였고 나에게 서울특별시의 안전을 위한 자치경찰의 시책들을 소개해달라는 특강 요청이 있었다. 선약이 있었지만 포럼의 공공성이 더 중요하다는 생각에 양해를 구하고 특강 준비를 시작했다.

제52차 세종 국가리더십포럼은 '국가전략을 지역에서 지역과 함께 논(論)한다'를 대주제로, 정해구 이사장의 경제·인문사회연구회에 소속된 국책 연구원의 약 17개 기관장과 다양한 관련 인사들 30여 명이 모인 가운데 국가 및 지방자치단체 안전관리 시스템 확보 방안과 전략을 논의했다. 나는 서울 자치경찰위원회 상임위원으로 '서울 자치경찰의 출범과 3년의 성과, 향후 개선 방안' 등을 이야기하기로 했다. 이미 성과를 입증한 반려견순찰대를 중심으로 꽁초 없는 서울 만들기와 한강경찰대의 역량 강화 방안을 소개했다.

특강의 마무리에는 '슬기로운 자는 역사에서 배우고 어리석은 자는 경험

국책 연구 기관장들이 참석하는 세종 국가 리더십 포럼 강의는 최고 석학들을 대상으로 한다는 부담이 있었으나 설레면 성공하고 두려우면 실패한다며 준비하여 좋은 성과를 거두었다.

에서 배운다'라며 조선의 고불 맹사성(孟思誠)과 물재 손순효(孫舜孝) 일화를 덧붙였다. 경찰 이야기인 데다가 자치경찰의 성과만 이야기하니 청중의 관심사를 벗어날 수 있고 지루해하지는 않을까 싶어 본론 뒤에 여담처럼 역사 이야기를 덧붙였다.

첫 이야기는 청년 맹사성이다. 맹사성이 과거에 급제하고 파주 군수로 부임해 지역 어른들로부터 칭송받는 한 선사를 찾아가 선정을 베풀기 위한 덕담 한 말씀을 청하자 "나쁜 일 하지 말고 착한 일 많이 하라"고 해 "그건 삼척동자도 다 아는 이야기 아니오?"라고 하자 "아는 사람은 많아도 실천하는 사람은 흔치 않다"라며, 온 김에 차 한잔하고 가라고 해 잊으니, 찻잔에 찻물이 철철 넘치도록 따랐다. 맹사성이 "이봐요! 찻물이 넘쳐 방바닥과 바지가 다 젖지 않소?"라고 말하니 "찻잔이 넘치는 건 잘 알면서 지식이 넘치는 건 왜 모르시오"라고 하더란다.

화가 난 군수 맹사성이 방문을 박차고 나오다가 이마를 부딪치자, 선사가 맹사성 등 뒤에 던진 말은 "고개 숙이고 자세를 낮추면 이마 깨질 일은 없을 것이오"였다.

두 번째 이야기는 물재 손순효이다. 손순효는 성종에게 더없이 유능한 신하였지만, 술을 너무 좋아해 임금이 찾을 때마다 고주망태가 되어 나타났다. 이에 속상했던 성종은 술잔 하나를 건네주며 '이 잔으로 하루에 석 잔씩만 마시라'고 어명을 내렸다. 어명을 지키며 한동안 멀쩡한 모습으로 근무하던 손순효는 시간이 지나자 다시 취한 채로 나타나 성종이 "이제 어명도 어길 것이냐?"라고 혼을 내니 "어긴 것은 아니며 다만 밥공기만 한 크기의 술잔을 불에 데워 냉면 그릇만큼 키웠고 거기에 석 잔씩 마셨다"라고 답하더란다. 성종은 그런 신하를 보며 환하게 웃으며 "그래 내 마음도 오그라들면 그리 펴 줄 수 있겠느냐?"라고 했단다. 역시 대왕 성종이다. 또 먼 길을 찾아온 고향 친구와 술을 주고받느라 출근도 하지 않은 손순효를 확인하고도 대왕 성종은 임금이 마시는 술 두 병과 고기 안주 한 상자를 보내며 '오늘 마음 편히 마시고 내일 하루 쉬라'는 편지를 보냈다. 나는 그 편지가 우리 역사상 최초의 '감성경영 1호'라고 강조했다.

지식과 기술, 이성 만능주의가 지배하는 시대지만 결국 인간에게는 감성도 필요하다는 사실을 잊어서는 안 된다. 양쪽이 균형을 이루면 가장 이상적일 것이다.

이번 특강도 그런 마음으로 정성을 다해 준비했고 그 결과 반응은 기대 이상으로 좋았다. 외부 특강은 단순히 개인의 이름으로 나서는 자리가 아니라서 더욱 신경을 쓸 수밖에 없었다. 나는 서울자치경찰 위원회 일원으로 더 나아가 대한민국 경찰을 대표한다는 마음가짐으로 임했다. 만약 강의가 미흡하거나 문제가 생기면 나 개인은 물론 소속 기관까지 괜한 오해와 비난을 받을 수 있기 때문이다.

앞서 언급했던 작가 조정래의 '잘 쓰인 글은 없다. 잘 다듬어진 글이 있을 뿐이다'라는 말처럼 강의도 마찬가지다. 처음부터 명강의가 있는 게 아니라 잘 준비하고 다듬은 끝에야 명강의가 될 수 있다. 그런 마음으로 정성을 다했고, 결과에 스스로 만족할 수 있었다.

누구나 생각은 다를 수 있지만…

2022년 10월 29일 토요일 강원도로 당일치기 여행을 다녀오던 길이었다. 21시경 귀가 중의 버스가 북한남 로타리를 지나는데 창밖으로 눈에 띄는 복장의 젊은이들이 보였다. '무슨 복장인가?' 싶었는데 나중에야 그들이 이태원으로 향하는 사람들이었다는 사실을 알게 되었다.

밤 22시쯤 집에 도착했고, 23시쯤 잠자리에 들려는 순간 총괄과장으로부터 긴급 전화 보고가 왔다. 이태원 핼러윈 축제 현장에서 다수의 '심정지 상태'가 발생했다고 한다. 곧 TV를 켰지만, 화면에서도 역시 '심정지 상태' 다수 발생만 반복할 뿐, 정확한 내용은 보도하지 않았다. '압사'라는 단어에 익숙했기에 '심정지'라는 표현이 낯설었지만, 상황은 분명히 심각했다.

지체할 시간이 없었다. 위원장께 곧바로 보고하도록 하고, 승용차를 몰고 현장으로 향했다. 도착 직후 자체 상황 카카오톡 방에 도착 사실을 알리고 현장 사진도 함께 올렸다. 지휘소 격인 이태원파출소로 향했다. 파출소 옥상에 올라서니 현장이 한눈에 들어왔다. 말 그대로 아비규환이었다. 달리 표현할 길이 없는 한 번도 본 적 없는 참혹한 광경이 펼쳐지고 있었다.

현장에는 각 기관 지휘관들이 나와 수습에 몰두하고 있었고 우리는 우리 나름의 역할로 지원하다가 먼동이 틀 무렵 사무실로 와 추가 상황 대비를 위해 여러 대책 회의에 참석했다.

예고 없이 발생한 사고 수습은 쉽지 않았다. 어려운 때일수록 침착하고 원칙적이어야 한다는 생각만 다잡을 뿐이었다. 최종적으로 159명의 귀한 생명이 사망한 참사에 사망인가 희생인가, 사고인가 참사인가를 두고 어이없

안타까운 시민들의 큰 희생 앞에서 이 시대에 살고 있는 우리는 너무 편협하고 인색했다. 반성해야 한다.

는 논란이 이어졌고 다중운집행사 관리가 국가경찰 영역인지 자치경찰 업무인지를 놓고 논쟁도 벌어졌다. 하지만 논쟁은 다툼의 여지가 없는 일이다.[10]

경찰청은 정부대책회의 직후 기자들 질문에 대해 "국가경찰이든 자치경찰이든, 경찰은 국민의 생명·신체·재산을 보호하는 것이 본질적 임무이기 때문에 어느 한쪽 사무라고 단정 짓기는 어렵다"라고 입장을 밝혔다. 오세훈 서울시장도 "누구도 자기 일이 아니라고 말해선 안 된다"라는 이야기를 하고 있었다. 그런데도 2022년 11월 7일 서울시의회 행정자치위 회의에서는 이해하기 어려운 이야기가 나왔다. "주최자가 있는 행사에 한해서만 지휘한다"라고 하자, 박ㅇㅇ 시의원은 "그건 세상에서 가장 비겁한 태도"라며 질책했다. 위원회 측은 "공직자로서 올바른 태도가 아니었다"라며 정정하고 잘못을 시인했고 오마이뉴스 등 언론보도로 이어졌다.

사실 문제의식은 참사 이전부터 있었다. 2022년 6월 15일, 장충체육관에서 65세 이상 어르신 3,000여 명을 모시고 (사)한국 연예인 한마음회가 주최한 제24회 어르신 한마음 축제가 열렸다. 김상희, 현숙, 권성희 등 유명 연예인들이 재능 기부 형식으로 무대에 올라 흥겨운 시간이 이어졌다. 그때 경상으로 분류되긴 했지만, 어르신 한 분이 발목을 다치는 사고가 발생했다.

---

10 경찰법 제4조(경찰의 사무) ①항 2호 다목은 〈지역 내 다중운집행사 관련 혼잡 교통 및 안전 관리〉를 규정하고 있다.

중부경찰서장 시절부터 다중운집행사 현장 관리를 해온 나는 그 사고를 계기로 다중운집 행사 안전관리의 중요성을 절감하게 되었다. 곧바로 경찰법 제4조에 의거한 '다중운집행사 혼잡 교통 및 안전관리 대책 강화' 관련 지휘 건을 마련해 위원회 안건으로 상정토록 했다.

다소 논란이 있었지만, 6월 29일 서울경찰청이 사회적 거리 두기 해제 후 늘어나는 다중운집행사에 대비해 보다 체계적이고 효율적인 안전사고 예방 대책을 마련하라는 내용의 안건을 통과시켰다. 실제로 이후 예상되는 몇 건의 대형 행사를 예시로 제시하며 사전점검 및 결과 보고를 요청하기도 했다.

그러나 그러한 사전 대비에도 불구하고 예기치 못한 이태원 한복판에서의 참사는 결국 막지 못했다. 수많은 생명이 목숨을 잃고, 다친 이들도 많았던 그날의 비극은 서울경찰로서는 비극이었고 국가경찰이든 자치경찰이든 또 개인적으로든 참담하고 안타까운 일이 아닐 수 없다.

참사 이후 위원회는 나름대로 후속 대응에 나섰지만 부족한 점이 많았다. 압수수색과 참고인 조사도 받았고 많은 논쟁이 계속되었다. 시간이 흘렀지만, 그날의 기억은 아직도 선연하다.

한때 수도 치안의 일익을 담당했던 사람으로서 희생자들을 떠올릴 때마다 마음은 납덩이처럼 무겁다. 고개 숙여 희생자들의 명복을 빌고 부상자분들의 빠른 쾌유를 간절히 염원한다.

경찰의 미래를 짊어진 그대들

2024년 1월 25일 오전 중앙경찰학교 교무과장 김민섭 총경에게서 전화가 왔다. 신임 314기 교육생을 대상으로 한 특강 요청이었다. 내가 외교부 파견관일 때 경찰청 외사국 경위였던 그는 인성도 좋고 인상도 반듯하다. 워낙 아끼고 좋아하다 보니 주변 사람들은 누구냐고 묻기 일쑤다. "동생이다"라고 하면 "에이~ 설마" 하며 믿지 않는다. "김성섭 동생 김민섭 아닌가?" 하고 물으면 다들 반신반의한다.

강의 대상은 2,000명이 넘는데 신임 교육생들이다. 일부가 다른 수업으로 빠졌다 해도 규모는 압도적이었다. 주제는 '경찰정신'이었지만, 현직 자치경찰 상임위원으로서 '경찰정신과 한국형 자치경찰 미래'로 주제를 조정해 달라고 요청했다.

이제 막 경찰관 임용을 앞둔 교육생들에게 선배로서 진심 어린 메시지를 전하고 싶었다. 그들이 멋진 대한민국 경찰로 성장해 가길 바라는 마음에 강의 준비에 열정을 쏟았다. 특히 순경으로 시작하는 그들에게 희망을 줄 수 있도록 그들처럼 '맨 아래 계급'에서 출발해 정점을 찍은 롤 모델을 찾기로 했다. 고심 끝에 안응모 전 내무부 장관[11]과 이철성 전 경찰청장[12]을 소개하기로 했다. 두 분 모두 순경에서 시작해 경찰 역사에 큰 족적을 남긴 인물이었다.

드디어 강의 당일, 중경 출신의 자랑스러운 후배 김영락 경감과 강민준

---

11 안응모 전 장관은 1930년 황해도 해주에서 태어나 1947년 월남해 초등 교사로 근무했다. 6.25 참전 후 순경으로 경찰에 몸담았다. 단국대 법학과를 졸업했고 독학한 영어가 능통하여 주월 한국대사관 주재관 등 주로 외사 부서에 근무했다. 서울 마포 및 중부서장을 거쳐 충남 경찰국장 해양경찰 대장과 치안 본부장으로 근무한 후 충남도지사, 청와대 정무수석, 조달청장, 안기부 2, 1차장을 거쳐 1990년 내무부 장관으로 임명되었으며 경찰의 전설로 꼽힌다. 별명이 '차돌' 또는 '대추방망이'였다. 건강하던 안응모 장관님은 2024년 8월 14일, 93세의 나이에 홀연히 돌아가셨다.
12 이철성 전 경찰청장은 1958년 경기도 수원에서 태어나, 1982년 순경으로 경찰에 입문했다가 1989년 간부후보생으로, 경위로 임용되었다. 경찰 역사상 최초로 11계급을 모두 거쳤고 국민대 행정학과와 연세대 행정대학원을 졸업했다. 1991년 101경비단에서 필자와 같은 부서에 근무하다가 승진을 거듭해 강원도 정선 및 원주서장, 서울 영등포서장, 경찰청 홍보 담당관을 거쳐 외사국장, 정보국장, 경남청장, 치안 비서관, 경찰청 차장, 경찰청장을 지냈다. 온화하고 막걸리를 즐겨 마시는 소탈한 분이다.

2015년 서울중부경찰서장 때 안응모 장관님께서 영화배우 신영균님, 허준영 전 경찰청장님과 우리 부부를 만찬에 초청해 주셨다. 롤모델이셨던 안장관님은 2024년에, 허청장님은 2023년에 고인이 되셨다.

경위를 대동해 중앙경찰학교에 도착했다. 대강당으로 들어서니, 정말 말 그대로 인산인해였다. 이 정도 인원 앞에서 집중력을 유지시키려면 역발상이 필요하다고 판단했다. 그래서 도입부에서 이렇게 말했다.

"졸리면 그냥 자도 좋다. 학생이 조는 건 강사 책임이다."

그렇게 선언하고는 신나게 강의에 몰입해 졸 틈을 주지 않았다. 안응모 전 장관과 이철성 전 청장. 두 분 모두 경찰의 전형이자 나와 깊은 인연이 있는 평생의 존경하는 선배이다. 신임 경찰관에게 소개하기엔 더없이 훌륭한 본보기다. 안타깝게도 특강 이후 그렇게도 정정하시던 안응모 장관께서 2024년 8월 14일 향년 93세에 별세하셨다는 소식을 들었다. 마음이 무겁다.

강의 후반, 순경 출신 부부총경이자 서울중부서장과 충북 단양시장을 지낸 우리 부부 이야기로 이어졌다. 부부가 나란히 자치경찰위원으로 활동한 경험을 중심으로 살아온 이야기를 했다.

"언제 어디서 어떤 임무를 수행하든 경찰을 대표하고 경찰청장을 대신하는 자세로 살아라."

"14만 경찰 중 나 하나쯤?"하는 생각을 해선 안 된다. 세상 사람들은 나 하나를 통해 전체 경찰을 평가한다. 그래서 우리 부부는 늘 바르게 살려고

대강당을 가득 메운 교육생들이 졸지 않고 집중력을 발휘할 수 있도록 하는 것은 강사의 책임이다.

노력해 왔다고 강조했다.

실제로 어떤 모임이나 기관 단체에 가보면 경찰을 잘 모르는 경우가 많다. 그럴수록 그들은 나를 통해 경찰 전체를 가늠하게 된다. 그런 자각이 늘 우리 부부를 긴장하게 했고, 일거수일투족에 신중함을 더하게 했다.

대한민국 경찰의 미래를 그대들이 멋지게 만들어 가길 바란다는 특강 마지막 멘트에 강당이 떠나갈 듯 박수가 길게 울려 퍼졌다. 중경 신임 314기! 그들의 앞날에 큰 박수를 보낸다.

서울자치경찰은 오직
「서울을 안전하게,
시민을 편안하게」
일한다.

언젠가 해야 한다면
지금 한다!

10

일본에 가다. 도쿄를 보다

　노심초사하던 일본 방문이 성사되었다. 서울 자치경찰위원회는 공식적인 국외공무 여행여비가 없어 위원들이 각자 여행경비를 부담하며 일본 여정에 오르기로 했다. 꼭 일본이 목적지는 아니었으나 3년 임기의 1기 자치경찰위원으로서 외국 경찰과 교류·협력의 디딤돌을 놓고 미래 여정의 발자취를 남기고자 하는 뜻에서다. 7명의 위원 중 5명이 동참했고, 나머지는 서울에 남아 업무를 챙겼다. 함께하지 못한 아쉬움은 있었으나 누군가는 자리를 지켜야 했다.

　출장이 확정되어 일정을 조정할 무렵, 일본에서 연락이 왔다. 2023년 말 각국 정상들이 참석하는 대규모 국제회의를 두 달여 앞둔 시점이라 일본 경찰청 등 주요 경찰관서 방문이 불가하다는 내용이다. 놀러 가는 여행이 아닌 만큼 경찰관서 방문이 빠진 일본행은 의미가 퇴색될 수밖에 없다. 곧바로 다른 방안을 모색하며 돌파구를 찾기 시작했다.

　그 순간 전광석화처럼 한 사람이 떠올랐다. 바로 일본 경찰청 국제협력실장이었다. 2022년 9월, 서울경찰청에서 연락이 왔는데 일본 경찰이 서울에 와 있고 서울 자치경찰위원회를 방문하고 싶단다. 날짜를 묻자 "내일"이란다. 무례하게 느껴졌지만 일을 하다 보면 이런 경우도 있을 수 있다고 이해하고, 오겠다는 손님 오지 말라고 하지 않겠다는 견해를 선했나.

　신생 서울 자치경찰을 일본에도 알릴 기회라고 생각했고, 예의와 격식 따지다 놓쳐서는 안 될 일이라 판단했다. 준비를 번갯불에 콩 구워 먹듯 짧은 시간이었지만 성의 있게 준비하여 그들을 맞이했다. 2시간 남짓한 만남은 의미가 있었다. 평소 일본에 대한 관심, 이웃에 대한 긍정적인 인식, 그리고 첫 외국 손님을 맞는다는 진정성을 다한 결과였다.

　그로부터 1년이 지나고 이제 우리가 일본에 가는데 경찰관서 방문이 불가능하다고 하니 당시 통역을 맡았던 주한 일본대사관 경찰 영사가 생각났다. 혹시나 하고 연락했더니 곧 답장이 왔다. 일정을 조율해 바로 일본대사관을 찾아가 일본 경찰청 방문을 얘기했더니 즉시 일본에 연락해 조율해 보겠다는 긍정적 답변이다. 며칠 초조하게 기다리니 일본 경찰청 방문이 성사되었다는 답장을 보내왔다. 작년 인연을 생각하면 당연한 것 아니겠냐 싶다가도 고마운 마음 가득해진다.

일본 가는 날! 두어 시간 비행 끝에 도쿄 하네다공항에 도착했다. 도쿄 상공에서 내려다보니 기분처럼 날씨마저 쾌청하다. 가까운 거리와 비슷한 환경의 이웃사촌이 절로 느껴지며 평생 친하게 지내야 할 운명이라는 생각이 든다.

도쿄 도착 첫 일정은 도쿄 중심지 긴자(銀座)의 〈경찰박물관〉 방문이었다. 단독 건물로 자리 잡은 이 박물관은 오랜 역사와 전통을 자랑하듯 위용을 자랑했다. 비교하자면 우리도 독립문 근처에 경찰박물관이 있지만 이리저리 이전을 거듭했고 현재 교통순찰대와 함께 통합 청사를 쓰는 실정이라 시설과 여건이 많이 열악하다. 자유 관람을 하고 있는데, 일본 경찰청 경부(警部) 2명이 나타나 우리를 반갑게 맞아준다. 이어 철저한 통제 속에 전문 안내(Docent)를 받아 우리는 다시 한번 박물관을 둘러볼 수 있었다. 박물관 안에선 인상적인 장면도 많았다. 우선 모든 안내판이 영어와 한글을 병기하고 있어 이해하기에 수월했다. 또 관람객 중 단체 및 그룹별 어린이 관람객이 많았는데 장난치거나 어수선한 모습이 아니고 수첩에 뭘 메모하며 진지하게 관람하는 모습이 참 예뻤다. 그들이 멘 책가방에는 어김없이 긴급 호출용 비상벨이 달려 있다. 초등학교 입학 기념으로 지자체장들이 선물한 것이란다. 유괴나 납치 등 긴급 상황 발생 시 살짝 잡아당기기만 하면 '삐리리~'하는 소리가 나는데 이를 들은 시민들이 위험신호로 인식해 주변을 살펴 준다고 한다. 박물관에는 특히 유럽 시찰 후 프랑스 경찰을 모델로 일본 경찰의 근대화에 앞장선 「일본 경찰의 아버지」 가와지 도시요시(川路利良, 1834~1879) 코너[1]가 있는데 인상적이다. 거기서 잠시 한국 경찰의 아버지를 잠시 생각해 보지만 딱히 떠오르지 않는다. 서유견문을 통해 영국 경찰을 소개하며 근대 경찰제도 도입을 주장하고 좌우 포도청을 개편해 경무청 창설에 이바지한 유길준(1856~1914)일까? 아니면 중국 상하이 임시정부 초대 경무국장 김구(1876~1949) 선생일까? 그도 아니면 1945년 8.15광복 후, 미 군정청 초대 경무부장 조병옥(1894~1960) 박사일까? 다들 훌륭하지만, 논란도 있어 누구라고 단정하기가 어렵다. 다만 창설 80주년의 한국 경찰에게도 정신적 지주는 있어야 할 것이라며 상념에 빠져본다.

47개 도도부현 지방경찰 견장도 인상적이다. 모두 같은 크기와 형태, 문양을 지녀 통일성과 일관성을 유지하면서 고유의 지명과 로고로 담아 지역적 특성을 나타낸다. 안타깝게도 우리는 자치경찰이라며 지방별로 차별화만 강조해 전국적인 통일성과 일관성은 찾아볼 수 없다.

박물관을 둘러본 우리는 주일 한국대사관으로 이동했다. 이웃 나라 일본의 수도 도쿄 한복판에 이렇게 번듯한 규모의 대사관을 확보한 게 대견하다. 우리 경찰주재관에게 들으니 1962년 방림방적 창업자 서갑호(徐甲虎, 1915~1976) 회장이 기증했단다. 일본에서의 생활이 어렵고 고단했을 텐데 나라 위해 물심양면의 헌신을 아끼지 않은 재일동포들을 한 번 더 생각한다.

일본 경찰을 배우다

둘째 날 일정은 경찰청 방문이다. 우리로 치면 경찰청 외사국장쯤 되는

---

[1] 그의 사진과 공적을 요약해 놓았고, 45세에 병으로 숨지기 전 생전에 입던 제복까지 전시하고 있다.

일본 경찰청장 관방심의관 국제담당 사노 토모기(佐野朋毅) 경시감이 우리를 반겨 준다. 밤새 사전 문답 내용을 조율한 덕분에 순조롭고 품격 있는 대화가 오갔다. 우리는 주로 이상동기범죄와 다중인파관리의 관심사를 질의했고 일본도 우리의 현안에 관심을 나타냈다. 한일 양국의 경찰 관계자들은 격의 없이 의견을 교환했고 이번 만남을 계기로 한일 양국 경찰의 다양한 교류 협력이 확대될 수 있도록 하자는 데 의견을 모았다.[2] 외국 경찰과 교류 협력의 디딤돌을 놓겠다는 애초에 목적이 소기의 성과를 달성한 것 같아 뿌듯해진다.

도쿄경시청 견학도 잘 마무리했다. 경시청을 〈警視廳〉이라고 한자로 쓴 큰 표석을 보고 일본어로는 달리 표기할 방법이 없나 보다 하고 생각하면서, 역시 한글의 우수함을 다시 한번 실감한다.

1990년대 초 나는 경찰청에 〈경찰청〉이라는 한글 간판을 달자고 했다. 공군본부가 대방동 현 보라매공원에 있을 때 가봤는데 하늘색 바탕에 〈공군본부〉라고 새겨진 한글 동판이 마음에 들었기 때문이다. 경찰청 시설담당부서에 제안해 지금의 경찰청 한글 동판으로 새겨 넣게 했다.

황궁 바로 옆 도쿄경시청 위치를 보며 일본 경찰의 위상이 어느 정도인지 가늠할 수 있었다. 일본 경찰은 왕이나 수상 등 주요 요인에 대한 경호도, 국내 및 해외 정보를 수집해 수상에게 보고하는 300명 규모의 내각정보조사실도 즉 절반 이상이 경찰이다. 대통령 경호처와 국가정보원이 별도로 존재하는 우리와는 다르다.

경시청 주변은 정부 주요 기관 청사들이 있고 인근에는 일본 국회의사당

---

2 양국이 특히 우호적이었던 데는 시기적인 이유도 있었다. 2023년 10월 27일 그 무렵은 한일 양국의 화해 기조가 서로의 필요로 절실히 요구되던 때였다. 불과 10여 일 전 이스라엘과 팔레스타인 무장단체 하마스의 교전이 벌어지기 직전에 우리 공군 수송기에 의해 현지 교민 등이 철수하며 50여 명의 일본인이 동승해 왔기 때문에 더더욱 우호적인 분위기가 가능했던 것 같다.

일본 경찰청 국제 담당(외사국장) 사토 경시감과 한일 우호 협력 방안을 논의한다.

도 있다. 도쿄는 오래된 도시임에도 일찍부터 공원 부지를 확보해 규모가 큰 공원들이 곳곳에 잘 조성되어 있어 도시의 품격을 대변하는 듯하다. 공원에는 아름드리 고목을 비롯해 일본답게 꾸며놓았다.

우리 일행은 마침 지방 음식 축제가 열리는 히비야(日比谷) 공원에 들러 현장에서 간편식으로 점심을 때웠다. 공원에서 가까운 국회의사당으로 이동해 출입 절차를 마치고 안내를 받았는데 일행 중 한 위원이 여권을 휴대하지 않아 입장이 불가하다고 했지만, 한 사람만 떼놓고 갈 수 없다며 사정했던 에피소드가 있었다. 일본은 원칙적이라 불가능할 거라는 예상과 달리 몇 가지 확인한 후 입장 안내를 받았다. 이게 바로 '일본의 힘'이다. 원리 원칙을 상소하면서도 내외적인 융통성을 발휘할 줄 아는 그들에게서 역시 선진국다움을 느꼈다.

국회의사당 외관은 그리 커 보이지 않았지만, 내부에는 본 회의장부터 각 상임위 회의장 등 각종 회의실이 많고 사무실도 많다. 우리가 방문한 날은 회의가 없어서인지 아니면 원래 그런 분위기인지 우리 국회처럼 요란스럽거나 시끄럽지 않고 적막하리만치 고요했다. 분위기가 무겁다고 느껴질 만큼 차분한 일본 국회는 우리처럼 역동적으로 싸우는 분위기는 아니다.

3일 차가 되어 우리는 게이오대학(慶應義塾大學)을 찾았다. 게이오대학은 한국 경찰의 선구자적 역할을 한 유길준이 우리나라 최초의 국비 장학생으로 유학한 곳이라 남다른 느낌으로 곳곳을 살펴봤다. 역사와 전통을 자랑하는 명문 대학이지만 건물이 초현대식 고층 빌딩이 아니고 고색 창연한 건물이어서 그 자체로도 충분한 문화유산이다. 화장실마저도 고급 호텔처럼 깨끗하고 화장지는 단정하게 접혀 있다. 대학 캠퍼스를 굳이 왜 가는지 의구심이 들던 사람들도 어지간한 시티투어와는 다른 느낌이라며 좋아한다.

나선 김에 이번에는 도쿄대학(東京大學) 혼고 캠퍼스로 이동했다. 수백 년 된 은행나무들이 노랗게 물들어 간다. 가장 먼저 발길이 머문 곳은 야스다 강당(安田講堂)이다. 여전히 평가는 갑론을박이지만, 1969년 전공투(全學共鬪會議)의 1년 가까운 점거 농성 및 경시청 진압 작전이 있던 곳이다. 다음 우에노 공원(上野公園)으로 향하는데 공원 한복판에 왕인박사 기념비가 서 있다. 공원 맨 위 도쿄국립박물관은 마침 고구려 담징의 금당벽화 전시회가 열리고 있다. 엄청 반갑다. 우리는 하늘 높이 치솟은 도쿄도청[3]을 둘러봤다. 평생 지진 발생 가능성을 안고 사는 일본인에게 243m 48층 마천루를 지은 의미가 궁금했지만, 그들의 자존심으로 느껴졌다.

도쿄도 청사 위용에 놀라 서울시 청사와 비교해 본다. 서울특별시청은 본관이 12층밖에 되지 않고 사무실이 부족해 주변 빌딩을 임차해 사용하고 있기 때문에 조직이 여러 군데로 분산되어 있다. 한때 여의도나 서초동 용산 등으로 이전을 검토했지만, 2006년 제4차 지방선거에서 오세훈 후보가 당선되면서 현 위치 재건축을 고수함에 따라 우여곡절 끝에 청사를 신축한 것이 지금의 시청이다. 덕수궁 경관을 해치지 않아야 한다는 조건으로 현재와 같은 기형적 모습의 청사가 세워졌는데, 서울시 공무원 30%만 수용이 가능

---

[3] 도쿄도청의 45층에는 전망대가 있는데, 관광객들에게 밤 11시까지 무료로 개방된다. 기념품 가게도 많아 도쿄를 찾는 관광객들이 반드시 들르는 관광 코스이기도 하다.

해 비효율적이고, 시민은 불편할 수밖에 없다.

우리의 방문일이 마침 10월 28일이어서 핼러윈 복장을 한 젊은이들이 하나둘씩 보이기 시작한다. NHK 등 일본 언론들이 수시로 서울의 이태원을 연결해 현지 상황과 일본 경찰의 다중 인파 대책을 보도하는 걸 보니 마음이 무겁고 씁쓸하지만 어쩔 도리가 없다.

마음은 무겁지만, 현안은 현안이라 서울의 이태원이나 명동 같은 다중운집장소로 이동해 도쿄 경찰의 다중인파관리 상황을 살펴보기로 했다. 도쿄 지리에 익숙한 이창한 위원 안내로 신주쿠(新宿)[4]에서 저녁을 먹은 후 지하철을 타고 시부야(澁谷)로 이동했다. 경찰, 공무원, 도시철도공사 및 경비회사 직원이 총출동해 '음주 자제, 조기 귀가'를 끝없이 외치며 인파를 관리한다. 출동한 기동 경찰 버스는 우리와 비슷하다. 일본 언론에서 이태원 참사 보도를 계속했기 때문인지, 현지 당국의 노력 결과인지 혹은 도쿄 시민의식 덕분인지 인파는 한동안 질서를 유지하다가 밤 10시를 전후해 차츰 감소하기 시작했고, 우리도 일정을 끝내고 숙소로 돌아왔다.

일본의 5無와 3有

어느새 일본 방문 마지막 날이다. 오늘은 에노시마(江の島)와 가마쿠라(鎌倉) 장곡사(長谷寺)를 거쳐 출국 예정이다.[5] 저녁이면 떠나야 한다니 아쉬움에 새벽같이 일어나서 숙소 주변을 한참 걸었다. 놀라운 사실은 그 큰 도쿄 시내 어디에도 담배꽁초 찾기가 힘들다는 거다. 3박 4일 동안 꽁초 하나

---
4 신주쿠는 도쿄 최대의 번화가이자 유흥가이다.
5 도쿄에서 1시간 거리인 '에노시마'는 도쿄 시민들 휴식처다. '가마쿠라'는 죽기 전에 가봐야 할 세계 휴양지 1001곳에 선정된 곳으로, 바다와 하늘이 한 점 티 없이 맑고 푸르다. 우리나라 청양에 있는 사찰과 같은 이름의 '장곡사'는 오밀조밀하게 참 잘도 꾸며 놨다.

도쿄에 가보니 특별히 청소부는 보이지 않는데 어디든 깨끗하다. 결론은 내 집 앞은 내가 쓴다.

찾아보겠다며 눈여겨봤는데 새벽에 소공원에서 본 꽁초 2개가 전부다. 어떻게 그럴 수 있는지 신기했는데 곳곳에 흡연 부스를 만들고 꽁초 버리는 통을 비치해 놓았기 때문이다.

그렇다면 서울은 어떤가? 가히 꽁초 왕국이라 할 수 있다. 서울 자치경찰위원회가 담배꽁초 없는 서울 만들기에 나서 봤으나 얼마나 대단한 노력을 기울여야 할지 감도 오지 않는다. 그런 느낌도 성과라면 성과일까?

도쿄에는 불법주차도 보기 힘들다. 역시 크지 않은 규모지만 주차장을 곳곳에 만들어 놓았기 때문이다. 주차금지(駐車禁止) 표시와 함께 자전거 세움을 금지하는 '주륜금지(主輪禁止)' 표지판도 우리에겐 이색적이다. 집마다 문 앞에 내놓은 쓰레기봉투를 보면 기가 막힌다. 마치 어딘가로 보낼 선물 꾸러미와 같이 보기 좋게 묶여 있다. 각종 공사 현장의 소음 및 진동 상황판도 두말할 것 없이 일본답다. 주간 공사 일정을 알리며 예상 소음과 진동이 어느 정도일지 안내한다. 참 디테일한 나라다. 그런 점이 선진국 일본을 증명하는 것이라 느낀다.

길었던 일본 방문기를 이쯤에서 정리하면 '5無'로 정의할 수 있다. 청년실업, 미세먼지, 담배꽁초, 불법주차 그리고 플래카드가 없다. 우리나라처럼 정치권이 어지럽게 내건 현수막이 없어서 눈이 피로하지 않았다. 하나 덧붙인다면, 적폐 청산도 없다. 우리처럼 역대 정권 때 요직에 중용되었던 사람을 부역자 취급하며, 멀쩡한 사람을 바보나 죄인으로 만들지 않는다.

특히 경찰관서를 둘러보며 느낀 일본 경찰은 5유(有)로 요약할 수 있다. 그들에게는 정모, 장봉, 입초, 기강, 보고가 있다. 우선 일상적인 외근 근무 때도 늘 야구모자가 아닌 정모를 쓰는데 사실 좀 불편할 것이다. 우리 경찰은 근무모(야구모자)도 잘 쓰지 않아서 경찰청이 2025년 1월, 전국에 근무모 착용 지시를 한 바 있다. 또 우리에겐 아련한 추억이 되어 버린 긴 봉(棒)을 짚은 채 파출소(交番 KOBAN) 등 경찰관서 입구에서 입초를 선다. 엄정한 기강이 느껴지는데 관광객이라며 사진 한 장 찍자고 해도 상부에 보고 후 승인을 받아야 한단다.

이 외에도 일본은 3유(有)가 특별하다. 무엇보다 '질서 정연'한 모습과 철저한 '예약 문화'다. 유명하거나 크지도 않은 음식점이라도 예약하지 않고는 이용할 수 없으며 '보건위생' 역시 철저하다. 음식점 바닥이나 식탁 수저 세트는 물론 공원 심지어 공중화장실까지 청결하기 그지없다. 긍정적인 생각으로 하나라도 더 배우려는 마음에 열심히 둘러본 일본 그리고 도쿄였다.

일본 경찰은 초임 시절 관내에 숙소를 제공하여 복지는 물론 유사시를 대비한다. 일본에서 열심히 보고 듣고 한 덕분에 서울시 간부들에게 할 이야기가 많아졌다. 예산 부서에도 국외 공무여행 예산 책정을 진지하게 호소하였다.

나의 일본 방문기는 다소 친일 성향으로 보이기도 한다. 나의 주변 누군가는 일본을 조금이라도 칭찬하면 '너 친일파냐?' 하고 다그친다. 농담이겠지만 썩 유쾌하진 않다. 그 후 그 친구가 일본을 한번 다녀왔는데 깨끗하고 질서 있는 데다 예의까지 바르다며, 입에 침이 마르게 칭찬한다. 사람의 마음은 알다가도 모르겠지만 이해할 수 있다.

문재인 대통령 시절인 2019년 3월 15일, 중앙일보 고대훈 수석 논설실장은 중앙시평에 '국익을 생각한다면 (지도자는) 밉고 서글퍼도 일본과 친해져라'라고 썼고, 비슷한 시기에 서울대 건축학과의 서현 교수는 '일제의 할퀴고 물어뜯은 만행의 사과'를 언급하며 '사과가 그들의 짐이라면 반성은 우리의 힘'이라고 했다. 참 멋지다.

자치경찰 참모습, LAPD에 가다

서울시 예산 부서를 찾아다니며 어렵게 국외 여비를 확보했지만, 직원들은 승진이나 육아 문제로 해외 출장이 쉬운 건 아니었다. 나름대로 열심히 독려했지만, 생활안전팀에서 유럽 셉티드 회의에 잠시 다녀온 후 희망자가 없었다. 두 번째로 어렵게 추진한 출장은 미국 'LAPD'이다.

이 출장도 준비 과정이 쉽지 않았다. 첫 출장 때 국외 공무여행 심사위원회 조정(심사)이 있었는데 자치경찰위원회는 임기가 얼마 남지 않았으니 팀장 이하 직원들을 중심으로 다녀오라고 한다. 한 달이 더 지나서 가는 상임위원 출장은 더 어려울 게 분명했다. 그렇다고 시도조차 않기는 아쉬움이 더

LAPD를 방문해 많은 걸 보고 배웠는데, 특히 Wood Yard 부국장은 따뜻하고 친절하게 우리를 반겨줬다.

클 것 같아 심사위원들 마음을 움직일 수 있는 전략적 접근을 생각했다.

몇 가지 방법을 숙고해 심사위원회에 전했다. 먼저 2급 공무원인 나는 비즈니스 클래스를 탈 수 있으나 직원과 함께 이코노미 클래스를 타고 직원을 한 명이라도 더 데리고 가겠다고 했다. 다음은 LA 경찰은 자치경찰의 원형이라고 할 수 있으므로 배움의 기회로 삼아 LA 경찰관서를 방문해 서울의 치안 시책을 홍보하며 상호 협력의 틀을 마련해 오겠다고 했다.

결과적으로 출장단 규모는 4명에서 2명으로 축소되었지만, 상임위원인 나와 직원 1명 출장은 가능해졌다. 결정이 나는 날 나는 휴가 중이었는데 우리가 해외 출장을 위해 얼마나 고민하고 노력했는지를 잘 아는 서울시 고위층이 자치경찰위원회에 직접 와서 국외 공무여행 심사 결과를 알려줬단다. 그런데 그 통보의 자리가 좀 썰렁했단다. 2월 출장 심사 때와 3월 출장 심사 때가 다르다며 심사 기준이 고무줄 잣대냐고 노골적인 불평불만을 토로했다는 거다. 기왕지사 결정 난 걸 알려 주는 자리이고 또 통보해 주는 분 체면도 있고 하니 그저 '고맙다'라고 했으면 좋았을 일이다. 심사위원회가 결정했지만 결과의 책임은 모두 '내 탓이다'라고 해야하지 누굴 탓하겠는가? '성공하는 사람은 넘어졌을 때 내 탓이려니 하고 벌떡 일어나 앞으로 가고 실패하는 사람은 넘어졌을 때 누구 탓인가 하며 주위를 살펴본다'라는 말도 있다. 자치경찰위원회 입장에서 보면 그나마 적잖은 대우를 해 준 것에 감사해야 할 일이지 누가 빠졌다느니 심사가 잘 되었느니 못 되있느니 하는 긴 이쉬운 일이 아닐 수 없다. 하물며 윗사람 앞에서 고무줄 잣대 운운하며 심사 탓을 했다니. 참, 사람의 마음이라는 게 어느 때는 우주라도 품을 수 있을 것 같은 넉넉함으로 보이다가도 또 어느 때는 바늘 하나 들어갈 틈도 없이 빡빡한 것이 우리네 심사인 듯하다. 나도 마찬가지고 누구라도 예외는 아니라고 생각한다. 하지만 결정적인 순간의 한마디 한마디는 두고두고 그를 평가하는 평생의 기준이 됨도 잊지 말아야 한다.

대한민국 위상에 놀라다

본격적인 미국 출장길에 나섰다. 미국 도착 직후에는 만만치 않은 곳이라는 느낌이 몰려왔지만, LA 총영사관의 협조와 지원 덕분에 비교적 융숭한 대접을 받으며 각 기관을 방문하고 상호 관심사에 대하여 기탄없는 대화를 나눌 수 있었다. 어느 곳을 가도 대한민국, 서울에서 왔다고 하니 황송할 만큼 환대한다. 우리의 국격이나 서울의 위상이 어느새 이만큼이나 높아져 있다는 데 사실 많이 놀랐다.

미국에 오기 전 여기저기서 들은 이야기에 따르면, 미국 경찰 고위층들은 바쁘기도 하지만 원래 물도 한 잔 권하지 않는다기에 당연히 그런 줄로만 알았다. 하지만 전혀 그렇지 않았다. LAPD(City of Los Angeles Police Department)의 생활안전 담당 부국장(Deputy Chief)은 별 두 개를 단, 우리로 치면 치안감급이다. LAPD의 현안인 노숙자 문제로 토론하던 중 서울에도 역시 노숙자 문제가 있다고 하니, 박장대소를 한다. 한인타운의 안전 유지를 위해 특히 신경 쓰고 있다고 말하는데, 얼마나 친절하고 진지한지 듣는 사람을 폭 빠져들게 한다.

또 하나 놀라운 것은, 현재의 경찰국장이 한국계 도미닉 최인데, 그는 LAPD의 첫 아시아계 수장이라고 한다. 1995년 LAPD에 들어와 30년 동안 근무하고 있는 수석 부국장(Assistant Chief)이다.[6] LAPD는 1869년 창설되어 150여 년의 역사를 자랑하는데, 경찰국장은 이제 59대이다. 우리는 1945년 군정청 경무부장 조병옥을 초대 경찰 총수로 임명한 후, 치안국장 29명, 치안본부장 15명, 경찰청장 24명 등 경찰 창설 80년 만에 총 69대의 총수를 배출했다. 아마도 경찰의 낮은 위상과 격동의 날들이 빚어낸 결

---

6 약 7개월 정도 임시 경찰국장을 역임했고, 2024년 10월 4일에 제59대 짐 맥도널 경찰국장이 정식 취임함에 따라 최 임시 국장의 임기는 종료되었다.

미국 경찰의 슬로건은 바뀌지 않는다. LAPD는 '보호하고 봉사하다'인데 한국경찰의 슬로건도 창경 이후 한동안 '봉사와 질서'였다. 봉사를 우선했다는 점은 예사롭지 않다. (사진 경찰박물관)

과리라.

LAPD의 슬로건은 'To Protect and to Serve' 즉 '보호하고 봉사하라'인데, 1963년 제정된 후 단 한 번도 바뀌지 않았을 뿐만 아니라 오히려 타 경찰국에서 많이 채택한 슬로건이다. 이 슬로건은 순찰차에도 대문짝만하게 새겨 있다. 아마도 자주 바뀌면 순찰차 문에 새길 수 없을 텐데, 경찰청장이 바뀔 때마다 슬로건도 바꾸어 경찰관서 현관 앞에 설치하던 우리의 모습과는 매우 다르다. 그간 우리나라 경찰청이 내건 슬로건도 나쁜 의미는 하나도 없었다.[7] 그런데 왜 그리 자주 바뀌었는지 참 의문이다.[8]

윌리엄 헨리 파커 3세(William Henry Parker III)는 1950년부터 1966년 사망하기까지 16년간 LAPD 경찰국장을 지냈다. 현재까지 가장 오래 재직한 경찰국장인데, 'LAPD 부패 추빙' 등 위대한 업적을 많이 남겼으나 논란 역시 가장 많았던 경찰국장'으로 꼽힌다. LAPD 옛 청사는 일명 '파커 센

---

[7] 생각나는 대로 몇 개 적어 보면 조병옥 경무부장은 '봉사와 질서', 이무영 경찰청장은 '생각을 바꾸면 미래가 보인다'였고, 이팔호 청장은 '기본에 충실한 국민의 경찰', 최기문 청장은 '함께하는 치안, 편안한 사회', 허준영 경찰청장은 '최상의 서비스를 위해서' 등을 슬로건으로 선정했다.

[8] 경찰청장의 슬로건은 2016년 이철성 경찰청장 때부터 걸지 않고 있다. 지휘 지침 정도의 문서는 전국 경찰에 하달하는데, 임기 2년의 청장 슬로건을 각 경찰관서 현관에 다는 건 현실적으로 무리다.

터(Parker Center)'로 불렸는데, 그의 이름에서 따온 명칭이다. 그의 재임 기간 동안 LAPD는 특히 잔혹했고 인종 차별 또한 심했던 것으로 유명하지만, 여전히 청사 별칭이나 LAPF(LAPD Foundation, 경찰재단)은 그의 이름을 그대로 사용하고 있다.

LAPD에 이어 다음 코스는 LASD(Los Angeles County Sheriff's Department)이다. LAPD가 LA 시내(City)를 담당하는 경찰국이라면, LASD는 LA의 외곽(County)을 관할하는 보안국이다. 둘 사이의 다른 점이라면, 관할 구역이 City이고 County인 점 외에도 LAPD의 수장은 시장이 임명하고, LASD의 수장은 주민들의 투표로 선출한다. 또 LAPD의 수장은 Chief이고 별이 네 개이지만 LASD의 수장은 Sheriff이고 별이 다섯 개다.

미국 경찰을 배우다

다음 목적지는 LA 재난관리국(Emergency Management Department, EMD)이었다. 특수 보안 시설이지만, 우리에게 기꺼이 문을 열어 주었다. 여기서 또 한 번 대한민국 위상을 실감해 본다.

LA 재난관리국은 특히 우리에게 남다른 느낌이어서 꼭 가보고 싶은 장소 중 하나였다. 사무실은 정말로 축구경기장보다 더 커 보였는데, 칸막이가 하나도 없는 뻥 뚫린 구조였다. 70여 개쯤 되는 회의용 탁자가 즐비하게 놓여 있고, 탁자마다 4~5개의 의자가 들어차 있다. 그리고 그 의자에는 각 기관을 상징하는 형형색색의 조끼들이 걸려 있다.

재해나 재난이 발생하면 유관기관 요원들은 먼저 이곳 재난관리국 합동 청사로 출동한다. 그다음 본인들 조끼가 걸려 있는 테이블로 가서 타 기관 요원들과 유기적으로 협조하며 상황에 대처한다. 벽에는 EMD(Emergency

Management Department) 외에도 JIC(Joint Information Center), 또는 EOC(Emergency Operations Center) 등의 간판이 걸려있다. 비상 상황 발생 시 대처를 위해 다양한 명칭을 사용하는 걸까? 놓여 있는 조끼 참여 기관을 보니 행정, 경찰, 소방은 당연하고 기획, 의료, 법률, 예산, 운송, 금융까지 다양하다. 부러운 제도이다. 미국은 또 경찰(Police)과 소방(Fire), 의료(Medical)가 '911' 한 채널로 통합되어 있다. 우리는 경찰 112와 소방 119가 분리되어 있다. 가끔 통합 논의가 있지만 절대 안 된다고 주장하는 이들이 많다. 그들이 미국의 현장과 시스템을 답사하고 발전적인 방안을 모색하면 좋겠다.

이어서 우리는 LAPD 폴리스 아카데미를 방문했다. 교장을 캡틴이라 하는데, 우리의 캡틴과는 다른 총경 정도로 보였다. 교장은 학교에 관해 설명하고 여러 가지 체험도 시켜준다. 또 경찰재단 관계자도 마중 나와 학교 식당에서 햄버거를 사고, 재단의 유래와 활동 내용을 설명해 준다. 역시 우리 현실과는 많이 다르다. 굳이 유사한 단체를 찾자면, 우리는 경찰서마다 〈경찰발전위원회〉가 있는데 1년에 몇 차례 회의와 간부들과 식사를 한다. 딱 거기까지다.

그런데 LA 경찰재단은 물론 미국의 각 경찰재단은 지역 내 경찰과 함께 안전한 도시 만들기를 위해 상호 협력하며 공식적이고 합법적으로 기부금을 모은다. 이를 경찰장비와 기술 시원, 경찰 전문교육이나 청소년 프로그램 진행, 지역사회와 관계 강화를 위하여 사용한다. LA 경찰재단 공식 누리집에 접속하면 가장 먼저 '기부(Donation)'부터 하라고 깜박인다.

이어 한인타운을 담당하는 올림픽 경찰서를 방문했다. 4년 넘게 서장을 맡고 있는 아론 폰세 서장은 경찰서 구석구석을 안내하며 열정적으로 설명해 준다. 폰세 서장은 한 번 더 봤는데, 'Coffee with a Cop', 우리로 치면 '주민과의 대화' 현장에서다. 행사는 서장과 지역장들로 보이는 선임 경찰관

우리로 치면 주민과의 대화라고 할 수 있는 「Coffee with a Cop」을 참관해 보았는데 경찰서장이 지역장들과 참석해 주민들과 안전에 대한 대화를 장시간 진지하게 나눈다.

들이 한자리에 모여 주민들과 지역 치안의 현안을 토론하는데, 무려 4시간 진행하는 내내 서장이 자리를 지킨다. 권총과 수갑을 차고 완전 무장한 채로… 무겁고 불편할 텐데 익숙한 모습이다. 그에 비하면 우리는 안일하다고 해야 할지… 자꾸 비교하게 된다.

2028년 열리는 LA 올림픽

2028년에 LA에서 세 번째 올림픽이 열린다. 올림픽을 세 번이나 개최한 도시는 런던과 파리에 이어 LA뿐이다.9 LAPD를 방문했을 때, Wood Yard 부국장에게 '4년 후에 열리는 LA 올림픽의 준비상황과 안전대책'을 물었다. 별도로 선수촌을 건립하지 않고 UCLA 등 각 대학 유학생 기숙사인 국제관을 활용할 예정이며, 이미 대학과 경기장 간 지하철을 개설해 곧 개통 예정이란다. 미국은 유치 당시부터 자동차 없는 올림픽을 추구해 왔기 때문이다.

1932년 처음 LA에서 개최된 올림픽 때 건설한 '로스앤젤레스 메모리얼

---

9 LA는 1932년 제10회 하계 올림픽 개최를 시작으로 1984년 제23회 올림픽을 개최했고, 2028년에 제34회 올림픽을 개최할 예정이다.

콜로세움'은 1984년 올림픽을 거쳐 2028년 올림픽에서도 개막식과 폐막식, 육상 경기 등이 진행된다고 한다. 100년이 되어가는 데도 여전히 위용을 자랑하고 있으니 참 대단하다.

LA 올림픽이 열릴 콜로세움에서 100년의 숨결을 느껴봤는데 그저 위대하다는 생각만 든다. 다만 100년 된 메모리얼 콜로세움은 관중석에 지붕이 없어 7월 개막하는 올림픽 행사 때 매우 더울 수 있다며 걱정을 해주니 일리가 있다고 답한다.[10] 개막식 장소는 2003년에 개장한 LA 축구팀 갤럭시 홈경기장인 스탑허브센터(StubHub Center)와 2020년 준공한 LA 미식축구 RAMS 소파이 스타디움 활용 가능성도 열어두고 검토 중이라고 한다.

2028년 올림픽은 LA에서, 2032년 올림픽은 호주 브리즈번으로 결정되어 있다. 우리나라는 2036년, 36회 올림픽 개최를 목표로 유치전에 뛰어들고 있는데, 서울을 이긴 전북특별자치도가 국내 경쟁을 선점했다. 이 외에도 이집트 신 행정 수도, 중국의 청두와 충칭, 중동의 카타르 도하, 이탈리아의 피렌체와 볼로냐 또는 토리노, 덴마크의 코펜하겐까지 수많은 나라가 유치하기 위해 각축전을 벌이고 있다.

LA 메모리얼 콜로세움은 철통같은 경비는 물론, 보수 단장도 꼼꼼히 하고 있었다. 경비요원에게 '외국의 방문 상황이 어떤지' 살짝 물었더니, 중국과 카타르, 덴마크 등이 이미 다녀갔다고 한다. 돌아오며 서울에 가면 이 분위기를 제대로 전해야겠다고 다짐했다. 방문하기 전까지는 비중을 크게 두지 않았지만, 방문해 보니 생각이 많이 달라진다.

이동하며 2028년 올림픽 선수촌으로 사용할 UCLA[11]에 들렀다. UCLA

---

10 LA 날씨를 보면, 1997년 당시 최고 기온이 37도까지 올랐던 적이 있지만, 7월 평균 기온은 30도를 넘지 않은 것으로 알려져 있다.
11 UCLA는 2016년부터 2년간 학교발전기금을 모금했는데, 그 결과 6억 5천만 달러, 우리 돈으로 약 1조 원에 가까운 성금이 모였다. 2022년 기준으로 신입생 수는 149,799명이고, 세계 대학 순위에서도 보통 13~14위를 기록할 만큼 명성이 대단하다.

는 '캘리포니아 대학교 로스앤젤레스(University of California, Los Angeles)'의 약칭이다. UCLA에는 로이스 홀이나 파웰 도서관 등 로마네스크 양식으로 지어진 아름다운 건물이 가득했고 잘 지어진 기숙사와 아파트가 충분히 갖춰져 있다고 하니, 2028년 우리 대한민국 선수들에게도 편안한 숙소가 제공되어 우수한 성적을 거두어 주길 기대해 본다.

아름다운 두 영웅과 열린 부시장

미국 출장 마지막 날, 오렌지카운티에 있는 한국전쟁기념공원(KOREAN WAR MEMORIAL)으로 향했다. 이 공원은 2021년 11월 11일, 대한민국 정부와 현지 한인 동포의 노력, 캘리포니아주 정부와 오렌지카운티 당국 협조로 건립되었는데 한인사회 숙원 사업이었다. 공원은 6.25 때 참전해 희생된 36,591명의 이름을 새긴 5개의 오각 별 모양 기둥으로 조성되어 있다.

나는 그곳에서 6.25 전쟁의 영웅을 한 사람 찾았다. 모두 다 영웅이지만, 특별히 내가 기억하는 '윌리엄 해밀턴 쇼(William Hamilton Shaw, 1922-1950)'이다. 그는 1922년 6월 5일 평양에서 고교 교사이자 선교사

6.25 때 하버드 박사과정을 중단하고 참전했다가 전사한 윌리엄 해밀턴 쇼 대위를 기억한다.

로 활동하던 윌리엄 얼 쇼(William Earl Shaw, 1890-1967), 한국명 서위렴(徐煒廉)의 아들로 태어났다. 평양에서 고교 졸업 후 17세에 미국으로 건너가 웨슬리언(Wesleyan University) 대학에 입학해 1943년 졸업했다. 결혼 후 제2차 세계대전이 발발하자 해군 소위로 입대해 노르망디 상륙작전에 참전하며 아이젠하워 사령관을 모셨고, 1947년 대한민국으로 돌아와 해군 창설에 크게 이바지했다. 1950년 2월, 하버드 대학에서 박사과정 공부 중, 6.25가 터지자 '공부는 나중에 해도 되지만 조국이나 다름없는 한국을 구하는 일은 나중에 할 수 없다'라며 아내와 두 아들을 처가에 맡긴 채 지원 입대했다.

한국어와 한국 지리에 익숙했던 그는 맥아더 사령관을 도와 인천상륙작전을 성공시켰고, 이어 서울 탈환 작전 중인 1950년 9월 22일, 녹번동 전투에서 매복 중이던 적의 흉탄에 맞아 장렬히 산화했다. 그는 서울 마포 양화진 외국인 묘역에 아버지와 어머니 등 가족과 함께 잠들어 있고 은평 평화공원에는 그의 동상이 세워졌으며 대전 목원대에는 기념 예배당이 세워졌다.

그를 이미 알고 있어 양화진 묘역을 종종 찾던 나였기에 한국전쟁기념공원에서 그의 이름을 발견한 순간은 남다른 감회가 밀려왔다. 나는 그의 출신 대학과 소재지를 확인해 36,591명의 전사자 명단 맨 아래에 새겨진 William Hamilton Shaw라는 이름을 찾아냈다.

순간 나는 무릎을 꿇고 추모의 기도를 올렸다. 눈물은 참을 새 없이 흘렀고, 옆에 있던 일행들은 궁금해했다. 그들에게 나는 그와 그의 가족이 한국을 위해 평생 헌신한 이야기를 차분히 전했다.

다음 코스는 LA시 김영옥 학교이다. 김영옥은 LA에서 독립운동가 아버지 김순권과 어머니 노라 고 사이에서 태어난 재미교포이다. 제2차 세계대전에서 포로가 되기도 했고, 이탈리아에서도 부상을 입었는데, 당시 남가주대학(USC) 간호학과 출신의 한국인 부인 아이다가 간호장교로 지원 입대해

100% 미국인이고 100% 한국인이라고 했던 한국계 미국인 김영옥 대령의 이름을 딴 학교이다.

이탈리아에서 간호했는데, 2차 대전 당시 부부가 모두 연합군 장교로 싸운 유일한 부부이다. 이처럼 혁혁한 공을 세운 그는 미국의 특별 무공훈장 등 수많은 훈장을 받았고 프랑스와 이탈리아 최고 등급의 무공훈장도 받았다.

미국에서 태어났지만, 외모는 동양인이었기에 미국은 항상 그를 차별했다. "너는 한국인이냐, 미국인이냐?"라는 물음에 김영옥은 "나는 100% 미국인이고 또 100% 한국인"이라고 대답했다.

김영옥은 제대 후 6.25 전쟁이 발발하자 '부모님 나라며 실질적인 내 조국을 구하겠다'라며 다시 입대하여 미국 대대장으로 전설적 임무를 수행하였고 대한민국 최고 등급인 태극무공훈장을 받았다.

2009년 7월 15일, LA 한인사회 청원과 LA 교육청 운영위원회 노력으로 영웅적인 삶과 제대 후에도 평생을 미국과 한국을 위해 헌신한 '김영옥'의 이름을 딴 학교가 세워졌다.[12] 또 2018년에는 캘리포니아주 하원과 상원 결의로 오렌지카운티 부에나 파크(Buena Park) 5번 고속도로 일부 구간을 '김영옥 대령 기념 고속도로'로 명명했다. 미 연방고속도로에 한국인 이름이

---

12 김영옥 중학교의 교명은 〈Young Oak Kim Academy〉로, 교복과 체육복의 등판에 김영옥의 이름이 새겨진 옷을 입은 학생들이 자유분방하고 자신감 넘치는 모습으로 학교와 거리를 활보하고 있다.

붙은 경우는 처음이니 얼마나 대단한 일인가. 그뿐만 아니라 주한 미군 당국은 평택에 들어선 새 유엔사령부·주한미군 사령부 내 작전 회의실을 '김영옥 회의실'로 명명했다.

또 한 번 그들에게 배운다. 민과 관, 군 모두 영웅을 존중하고 중시하는 자세, 피부색과 생김새가 달라도 차별하지 않고 하나 될 줄 아는 넉넉한 포용력을 말이다. 미처 예상치 못했지만, 미국 출장에서 아름다운 두 영웅을 만난 시간은 평생 잊지 못할 추억이고 진한 감동이다.

귀국 보고서는 최선을 다해 정성스럽게 썼다. 앞으로도 국외 공무 여행은 계속될 것이고 낯선 길을 떠나는 그들에게 길잡이가 되어야 한다는 마음에서였다. 김상한 행정1부시장에게는 30분 이상 상세하게 보고했는데 보고를 받은 부시장께서는 아주 훌륭한 출장이었다고 칭찬하며 '도심 공원의 컬러풀한 벤치, LA시청에 역대 시장들의 사진과 함께 추모 공간을 만들어 시민들에게 공개하는 전망대 공간, 또 표창장을 큼지막한 크기에 구체적인 공적을 담아 액자에 넣어 벽에 걸어 두고 볼 수 있게 하는 것' 등은 서울시도 벤치마킹하겠다며 보고서 파일을 통째로 달라는 거다. 고려대를 졸업하고 미 시라큐스 대학 유학파인 행시 37회 김상한 부시장! 역시 그는 안목이 있고 열린 행정1부시장이었다. 그 이름 석 자와 넉넉함을 오래 기억할 것이다.

귀국 보고서에 LA시 공원 벤치들의 색감이 도시를 밝게 해준다고 했는데 서울 중구에서 벤치마킹을 했다.

상임위원 임기를 마치고

3년은 곧 36개월, 156주이며 1,095일이다. 긴 시간이라고 생각했고 자치경찰위원으로 3년을 근무하면 더 이상 일하고 싶지 않을 줄 알았는데 오산이다. 3년은 찰나이자 순간이었다.

3년 동안 우여곡절도 참 많았지만, 신생 조직의 살림을 꾸린 하루하루는 보람찬 날들이었다. 그 사이에 오세훈 서울특별시장도 2021년 4월 7일 시행된 재보궐 3선 도전에서 57.50%를 얻어 박형준 부산시장과 함께 당선되었다. 오세훈 시장은 강금실, 한명숙, 박영선 등 3명의 여성 후보를 누르고 당선된 특이한 경력의 소유자다. 그뿐인가? 2022년 6월 1일 실시된 전국동시지방선거에서 또다시 59.05%를 획득해 징검다리 4선 연임에 성공했다.

17개 광역지자체 중 경기, 광주, 전남·북, 제주 등 5곳은 민주당이, 나머지 12곳은 국민의 힘이 당선된 제8회 지방선거는 갓 출범한 자치경찰위원회에도 큰 영향을 끼쳤다. 서울이나 부산과 같이 정당이나 시장 모두 안 바뀐 경우가 있는가 하면, 경기도는 당은 그대로지만 도지사가 바뀌었고, 그밖에 정당과 인물이 함께 바뀐 경우가 대부분이다. 서울은 변화가 없었지만,

경찰에서 퇴임 후 4년 만에 다시 서울 자경 상임위원으로 임명되어 임기 3년을 마치고 퇴임했다. 새롭게 출범한 자치경찰의 디딤돌과 이정표가 되겠다고 다짐했는데 평가는 후대에 맡긴다.

정당 또는 시도지사가 바뀐 곳은 자치경찰 위원장이 교체되는 등 크고 작은 변화가 있었다.

나는 평가할 입장도 그럴 생각도 없지만 경찰법 제23조에 나타난 '연임 불가 임기 3년'의 위원장이 법정 임기를 채우지 못하고 교체되는 상황은, 민주 대한민국에서 보기에는 적절치 않은 모습이었다. 서울시는 행정 1·부시장과 정무부시장이 몇 차례 바뀌었고, 위원회 사무국 과장들도 몇 차례 바뀌었다. 그러면서 우리 1기 위원들도 떠나야 할 때가 다가오고 있었다.

반려견순찰대 등 주요 시책은 앞서 언급했으니, 여기선 전체적인 소회를 언급하고자 한다.

서울은 2022년 10월 17일, 서울시 시민건강국과 서울청 생활안전부가 협업하는 〈정신응급합동대응센터〉를 만들었다. 이전까지는 정신질환자 1명을 처리하기 위해 지구대 파출소 경찰관들이 오랜 시간 고생하면서도 성과는 낮았는데 센터 신설로 상당 부분 해소할 수 있었다. 예컨대 정신 응급환자 1명의 처리 소요 시간이 평균 4시간 7분에서 2시간 56분으로 단축되었고, 발견부터 입원까지 원스톱 처리는 물론, 의료기관 입원 거부 사례도 훨씬 감소했다. 인권침해 우려도 많이 낮아졌다. 언론에서도 정신응급합동대응센터 설치를 매우 긍정적으로 보도했다.

교통사고 감소 대책 T/F의 운영도 큰 성과가 있었다. 2021년 9월에 서울시 교통실과 서울청 교통지도부, 한국노로교통공단 및 한국교통안전공단과 함께 구성을 마치고 위원장이 되어 첫 회의를 열었다. 연간 200명 이상 사망하는 교통사고를 획기적으로 줄여 100명대 이하로 내려보자고 다짐했다. 모두가 합심해 노력한 결과 2023년, 전년 대비 19.2% 감소한 177명을 기록했다. 177명의 사망자도 물론 있어서는 안 되지만 내 나름 꿈의 숫자인 100명대로 낮춰 보자고 간절히 호소하고 노력한 결과라 생각하니 뿌듯하다. 때로는 정규 멤버 외 경찰청과 연구원 등 유관기관까지 함께 나서 협업한 결과이다. 교통사고 사망자는 꾸준한 감소세이지만 불가항력의 영역에 운도 따라야 하니, 달리 설명할 방법이 없다.

2024년 오세훈 서울시장과 석별 사진을 찍고 열흘 뒤인 6월 27일 3년 임기를 마치고 퇴임하였다.

7년을 기다렸습니다

경찰에서 2017년 정년퇴직 후 부영으로 와 4년 일했고 서울시 자치경찰위원회 상임위원이 되어 신생 조직을 이끌며 주춧돌을 마련하고 체계를 구축하느라 다시 3년을 보내고 나니 진이 다 빠졌다.

그동안 일은 할 만큼 했으니 이제 휴식하며 나와 가족의 건강을 위해 최선을 다해 살아야겠다고 아내와 약속했다. 딸들과 사위들 역시 그렇게 하라고 하면서도 "근데 아빠가 과연 편히 놀 수 있을까?"하며 의문을 제기한다. '노는 것이 경쟁력'이라는 TV 프로도 있었고, 을지대학교엔 여가 디자인학과가 있다. 이 학과는 관광 및 여가, 레포츠 산업 전반에 걸친 '여가 디자이너'를 양성하는 학과인데 특별히 이 학과는 내가 파주서장으로 재직할 때 문화경찰서가 탄생했다며 축하 화분을 보낸 유진룡 전 문화체육부 장관이 강의하는 곳이다.[13] 실제 유진룡 장관을 만났을 때 '여가 디자인학과는 뭘 공부하는 데냐?'라고 물었더니 '재미있게 잘 노는 걸 공부하는 학과'라고 말해 웃었던 적이 있다. 그렇게 퇴직 후 잘 놀 구상을 하고 있는데 모교 서경대 김범준 총장께서 '겸임교수를 맡아 달라'고 하신다. 또 김길성 서울 중구청장은 이순신 장군 탄생지의 격에 맞는 중구의 문화 창달을 위해 '중구문화원

---

13 항간에는 유 장관을 모셔가며 만든 학과라는 말도 있다.

500여 년 전 영국군에서 처음 시작한 Dart는 전 세계로 퍼져 스포츠로 인정되고 있으며 국제 대회까지 열리고 있는데 우리나라는 아직 「게임산업진흥에 관한 법률」의 적용을 받고 있다.

이사직을 맡아 달라'고 제의한다.

퇴직이 임박한 어느 날 서울 자치경찰위원회 1기 임기 마무리 작업에 몰두하고 있는데, 손님이 찾아왔다. ㈜피닉스 다트 홍상진 대표다.

"국장님! 7년을 기다렸습니다. 이제 우리 회사를 좀 도와주십시오."

자리에 앉자마자 본론부터 말하는 그에게 나는 대답했다.

"이제 더 일하지 않으렵니다. 다만 7년을 기다린 피닉스는 좀 돕고 싶은 마음입니다."

내 말에 홍 대표는 한 달에 한 번이라도 좋으니, 회사에 가끔 나와 관심 가져주고 혹시 방향 제시나 자문 역할을 해준다면 피닉스는 물론 한국 다트 산업 발전에 큰 도움이 될 것 같단다.

피닉스는 주력 업종이 다트(Darts)를 만드는 것인데 다트의 사전적 의미는 다트 촉을 다트판 과녁에 던지는 실내 스포츠이다.[14] 다만 우리나라에서는 다트가 아직 게임 산업으로 분류되어 있어 '게임 산업진흥에 관한 법률'

---

14 다트는 500여 년 전 영국에서 시작된 스포츠로, 30년 전쟁에 참전한 영국 병사들이 나무에 빈 술통 뚜껑을 걸어놓고 부러진 화살촉을 던지고 놀며 소일을 하던 데서 유래해 영국 전역의 노동자들에게 퍼져나갔다고 한다.

적용을 받지만, 서양 선진국에서는 대부분 스포츠로 분류되어 체육 관련법 적용을 받고 있다. 따라서 피닉스 등 다트업계와 협회는 빨리 체육회 산하 연맹 조직에 소속되기를 희망하고 있다. 그렇게 7년 동안 나를 기다렸다는 피닉스와 뜻을 함께 하기로 했다. 다만 내가 '노는 데 지장이 없도록' 한 달에 한 번 정도 회사에 나가 자문을 하는 비상임 고문을 맡기로 했으며 그만큼 급여 또한 최소한으로 책정해달라고 했다.

퇴임 전 오라는 데가 몇 군데 있었고 나의 바람대로 상근이 아닌 비상근으로 쉬엄쉬엄 일할 수 있는 곳이 생기니 좀 뿌듯하다. 그렇게 피닉스와 고용계약 조건을 협의한 후 인사혁신처 공직자윤리위원회에 취업 심사 승인을 올렸다. 심사에는 한 달 정도 시간이 소요된다고 하니 그사이에 바람이나 쐬고 오기로 마음먹었다. 한 달은 금세 지나갔고, 취업 승인 심사도 '취업 가능'으로 결정되었다. 그런데 끝이 아니다. 우여곡절 끝에 3년 전 자치경찰위원회 직전에 4년 동안 근무한 부영으로 다시 가게 되었다. 피닉스와는 한 달에 한 번 정도의 약속조차도 제대로 지키지 못하게 되어 여간 미안한 게 아니다. 마음만이라도 관심의 끈을 놓지 않겠다고 다짐한다.

달콤한 치앙마이의 추억

앞서 말한 취업 승인 심사에 든 한 달 사이 나는 정말 훌쩍 떠났다. 마침, 초등학교 동창 부부가 태국 치앙마이에 쉬러 간다며 같이 가자는 제안에 '그래 나도 폼 나게 쉬어 보자'라며 흔쾌히 수락했다. 내 생활신조는 '내가 멍석 못 깔면, 남이 깔아준 멍석은 거부하지 말자'라는 거다.

모처럼 넉넉한 일정을 잡아 치앙마이로 향했다. 민간인 신분에 아무 이해관계 없는 초등학교 친구 부부들과 각자 내기로 치는 골프와 관광은 부담 없

부영에서 4년 자치경찰에서 3년을 근무하고 마침 친구들이 놀러간다 하여 태국의 치앙마이로 향했다. 많은 한국 사람들이 먹고 관광하고 쉬고 골프 치는데 80대 노부부들도 상당하다.

고 재미가 있다.

'한여름에 웬 동남아?'라고 하는 사람도 있는데 잘 모르고 하는 소리다. 먼저 '도이스텝(Doi Suthep)'에 가본다. 도이스텝은 산 이름인데 부처님 사리를 모신 사원이 있어 유명하다. 치앙마이는 물론 불교국가 태국을 대표하는 사원이다. '태국에 가서 치앙마이에 가지 않으면 태국에 갔다고 이야기할 수 없으며, 치앙마이에 갔는데 도이스텝에 가지 않으면 치앙마이에 갔다고 할 수 없다'라는 말이 있을 정도다.

나는 도이스텝에 두 번 갔는데, 갈 때마다 얼마나 날이 좋았는지, 사진을 찍는 대로 작품이었다. 파란 하늘 아래 황금색 사원은 곳곳의 나무 한 그루도 예사롭지 않고 다양한 모양으로 서 있는 불상은 반짝이는 햇빛을 빈사해 신비로운 모습을 자아낸다. 경내를 한 바퀴 돌다 보면 치앙마이 시내를 볼 수 있는 전망대가 있는데 이곳에서 보는 야경은 특히 일품이다.

숙소에서 새벽 5시쯤 일어나 5분 정도를 걸어 도착한 식당에서 아침 식사를 하고 다시 걸어서 2~3분 거리의 스타팅 하우스로 가 순수하고 상냥한 캐디들과 18홀을 가볍게 돈다. 오전 11시쯤 이른 점심을 먹고 좀 쉬다가 오후 5시가 되면 또 식당으로 가 저녁 식사를 하고, 골프장 한 바퀴 산책하는 게 일과다. 나는 운동에 갈증이 나 있어 오후에도 18홀을 한 번 더 돌거나 틈틈이 연습장에서 어프로치와 벙커샷을 연습하기도 했다.

일주일에 한두 번은 오전 운동을 마친 뒤 또는 운동을 하루 쉬면서 전통시장 쇼핑이나 시티투어, 관광명소 관람을 했다. 전통시장에서는 동남아답게 열대성 과일을 사다 먹는 게 최고다. 망고나 두리안, 용과, 람부탄 등은 값이 싸고 신선한 데다 맛까지 좋아 부담 없이 실컷 먹을 수 있다. 특히 망고와 두리안은 달콤한 과일이어서 혈당 수치를 높이지는 않을지 걱정했는데, 오히려 혈당수치를 낮춰 당뇨 합병증 예방에 도움이 된다니 듣던 중 반갑다.

과일 외에 일반 쇼핑도 매력적이다. 대형 고급 백화점도 있고 우리나라의 남대문시장 같은 전통시장도 있는데 그중 선데이마켓에서 산 골프용 벨트는 3만 원 정도로 기억하는데 품질은 20만 원짜리 유명 브랜드 못지않다.

태국은 골프하기에 더없는 환경이다. 하루 10만 원이면 리조트 숙박비에 세끼 식사비, 그린피와 캐디피까지 충분하다.[15] 이 때문에 현지에는 한국인들이 여름에 1~2달, 겨울철에는 2~3달씩 장기 투숙하며 운동하는, 이른바 팔자 좋은 사람들이 천국처럼 즐기고 누린다. 나는 태국에 20일 가까이 있었는데 대부분 날씨가 좋았다. 스콜성 비가 내리지만 주로 밤에 내리니 운동에 지장을 주지 않았고, 낮에 올 때는 그늘 집에서 주스 한 잔 마시고 수다를 떨다 보면 언제 그랬냐는 듯 활짝 갠 하늘이 다시 반겨준다.

낯선 곳에 가면 안전 우려와 이동 부담이 있는데 특별히 투어나 쇼핑, 마사지 외의 활동을 하지 않는 한 리조트 내에서 한국인끼리 오순도순 모여 있으니 크게 걱정되지 않는다. 시간이 지나면서 함께 출발한 일행 외에도 현지에서 알게 된 사람들도 꽤 생긴다. 대부분 70대 초반부터 80대 초중반까지의 어르신들이다. 60대 후반의 나는 여기서는 청년이다.

---

15 캐디에게 수고비에 해당하는 팁으로 450바트 정도를 별도로 주는 관례가 있는데, 우리 돈으로 2만 원이 채 안 되니 큰 부담은 없다.

태국은 또 불교국가로 가히 개들의 천국인데 건드리지 않으면 특별히 사람에게 대들지는 않으니 이 또한 크게 걱정하지 않아도 된다. 다만, 신용카드 사용이 제한되는 건 좀 불편하다. 이유는 왕정국가라서 그렇다니 이해는 될동말동한다.

다시 이어지는 부영과의 인연

태국에서 아내와 한껏 여유를 즐기고 있는데 부영에서 전화가 왔다.
"임기가 만료되셨을 텐데 어떻게 지내고 계십니까?"
"태국에 와서 잘 놀고 있어요."
"그러시군요! 더 일할 생각 없나 싶어 여쭤봅니다."
나는 애초에 마음먹은 대로 '열심히 일한 자여, 떠나라!'라는 말처럼 열심히 일했고 이제 놀기로 아내와 약속했다고 답하니 알겠다며 전화를 끊는다. 그런데 며칠 후 다시 전화가 왔다.
"언제 귀국하느냐? 일할 생각은 전혀 없느냐"라고 재차 묻는다. 즉시 구로 디지털산업단지에 있는 한 중견기업을 도와줄 계획으로 공직자윤리위원회에 취업 승인을 신청해 놨다고 하니, 상근인지 비상근인지 묻고는 부영에 다시 올 생각은 없는지를 또 묻는다.
순간 나도 모르게 갈등이 시작된다. 그러나 흔들리면 안 된다고 마음을 다잡고 "아내와 해외여행도 좀 하고 건강관리도 하며 편하게 살려고 한다"라고 말했다. 그렇게 두 번의 통화에 이어 얼마 후 세 번째 전화가 왔다. "부영의 몇몇 어른들이 기다리고 있다"라는 내용이었다. 이제는 난감하기까지 하다. 찾아주고 불러주는 곳이 있고 아직 체력 좋으며 사리 분별까지 분명한데, 못 간다고 할 핑계가 없다. 8월 중순쯤 출근하기로 했는데 아내가 바

부영그룹은 1억 원의 출산장려금 지원과 아프리카 동남아 중남미에서 우리나라로 유학 온 대학생들에게 경제적 장벽 극복을 위한 지원책으로 매 학기 장학금을 지급하고 있다.

로 옆에 있다. "나와의 약속을 헌신짝처럼 버리나?"라며 눈을 흘긴다. 약속을 지키지 못해 매우 미안하다. 욕심 없이 사는 아내는 "집 한 채 번듯하게 있고 여행 다닐 돈도 조금 있는 데다 두 사람 연금으로 편하게 살면 되지 왜 또 자유를 구속하느냐"라며 말렸다. 내가 회사 요청을 거부하지 못하는 것은 돈 때문이 아니라고 했지만, 아내는 그럼 뭐 때문이냐며 이해할 수 없다는 표정이다.

숱한 고민과 갈등 끝에 다시 부영으로 돌아와 3년 전 그 자리에서 근무하고 있다. 감사실장을 한번 해 보긴 했지만, 결코 쉬운 자리는 아니고 4년을 근무했던 곳이라 3년의 공백에도 불구하고 그런대로 적응하고 있다. 나의 향배에 관심이 많던 사람들이 놀란다. 어디로 갈지 지켜봤는데 다시 부영으로 가느냐며 '역시'란다. 회사는 종전과 많이 달라졌다. 7년 전에는 '부영'하면 '어디?'라고 되묻던 사람들이 이제는 '아~출산장려금 1억' 한다. 그뿐만 아니라 아프리카 등 해외에서 온 유학생들에게 장학금을 지급하고, 재정난의 '문학사상' 인수 등도 관심 갖고 묻는다. 돈을 버는 건 기술이고 쓰는 건 예술이라며 많이들 부러워한다.

감사(監査) 업무는 정형화된 일보다 수시로 발생하는 일을 순발력 있고 능동적으로 대처해야 하는 특성상 쉽지 않지만 사건 사고를 예방하고 부정과 비리를 밝혀내 발 빠르게 조치하는 점에서 경찰 업무와 일맥상통하기에 아직 현역 같은 자세로 근무하고 있다.

아침 일찍 일어나 차가 밀리기 전에 회사에 도착하지만 그렇다고 출근 시간보다 훨씬 일찍 나와 꼰대 노릇을 하지는 않는다. 회사 근처 정동 일대를 두어 바퀴 돌며 주위를 돌아보다가 시간 맞춰 사무실에 들어간다. 그러다 보니 아침 시간에 예상치 못한 사람을 많이 만나는데, 저마다 힘차게 하루를 시작하는 그들에게서 에너지를 얻는다.

대한노인회 회장을 겸하고 계신 이중근 회장님은 노인연령을 단계적으로 75세까지 상향 조정하자는 화두를 던졌는데, 반향이 긍정적이다. 물론 극복해야 할 여러 과제가 있지만 각 분야의 다양한 의견을 열린 마음으로 합의를 이루어간다면 충분히 가능할 거다. 회장님은 또 UN-day 공휴일 지정을 제안하셨다. 6.25때 우리를 도와준 UN과 참전국 공을 잊지 말자는 뜻이다.

다른 회사라면 꼰대 취급받을 나이이지만 부영에서 내 나이는 아직이다. 다만 꼰대는 숫자에 불과한 나이로 꼽는 게 아니고 생각이 기본일 것 같아 항상 젊은 친구들과 어울리려고 한다. 젊은 세대에게 다가가 소통하는 게 중요하며 'MZ'는 꼰대들 말처럼 '엠 제트'가 아니고 그들 말대로 '엠 지'임을 알아야 한다. 또 그들만의 문화와 언어가 있음을 이해해야 한다.[16]

누군가 해야 한다면 내가 한다!

낼모레면 나도 70이다. 아직 몸과 마음은 이팔청춘인데 숫자에 불과하다

---

16 '구취'는 '입냄새'가 아니고 '구독 취소', '남아공'은 아프리카 남단의 나라 이름이 아니고 '남아서 공부해', '보배'는 귀하고 소중한 게 아니라 '보조배터리', '반모'는 모발이 반밖에 안 된다는 게 아니고 '반말 모드'라는 걸 알았다. 또 '이생망(此生亡)'은 '이번 생은 망했다'라는 MZ 세대들 말이다.

요즘은 틈만 나면 맨발 걷기를 한다. 신발을 벗으면 접지와 지압 효과로 몸속 활성산소를 중화시키고 혈류를 강화해 몸 안의 조직과 세포를 활기차게 해주어 각종 질환을 예방할 수 있다.

지만 새삼스럽다.

  살아오면서 몇 차례 어렵고 힘든 고비가 있었지만, 그런대로 잘 극복해 왔다. 경감 때 지주막하출혈이 있어서 삼성의료원에 입원했었고 사망·장애·완쾌의 확률이 각각 1:1:1인데 다행스럽게 완쾌해 아직 잘 살고 있다. 하지만 늘 강조하다시피 술과 운전, 그리고 건강은 자신하지 말아야 한다. 늘 겸허한 자세로 조심하고 또 부단히 챙겨야 하는 것이다.

  아직 부영그룹 감사담당 전무로 일하고 있는데 당분간은 부영의 업무에 최선을 다하되 사심 없이 편하게 일하려 한다. 무슨 큰 출세를 하겠다는 것도, 어마어마한 큰돈을 벌겠다는 것도 아니며 부귀영화를 누리겠다는 것은 더욱 아니다. 단지 부끄럽지 않게 살고 세끼 밥 잘 먹으면 된다. 한마디로 '안빈낙도(安貧樂道)'하며 살겠다는 게 소신이다. 다행히 태생적으로 가리는 음식 없이 뭐든 잘 먹으며 고기보다 채식을 더 좋아하니 부담 없이 살 수 있다. 2024년 3월 24일, 이따금 주일을 지키며 다니던 동네 대화교회에서 세례도 받았다. 그 이후 달라진 마음가짐과 자세로 교회도 열심히 다니는데 그런 내 모습이 낯설지만 신기하다. 교회에서 만나는 장로님과 권사님들이 환하게 웃으며 반겨주는 주일은 참 행복하다. 더 바람직한 것은 교회 분들은 술을 마시지 않는다는 점이다. 우리 사회는 여전히 술을 과도하게 권하는 문화가 있어 때로는 억지로 마셔야 하는 경우가 있는데 나에게 큰 곤혹이 아닐 수 없다. 요즘에는 또 '맨발 걷기'에 빠져 있다. 전국적으로 확산된 맨발 걷기에 많은 사람이 동참하고 있는데, 특히 지자체가 조례를 기반으로 조성한 많은 황톳길이 국민적 열풍을 끈다.[17] 맨발 걷기는 한마디로 '접지(Earthing)와 지압'을 위함이다. 접지는 이을 접(接)과 땅 지(地)로, 곧 지구와 내 몸을 연결한다는 의미이다. 지구와 연결된 내 몸이 마치 태양으로부터 에너지를 받아 기운을 내는 것처럼 또 방전된 스마트폰이 충전되듯 땅을 밟아 자연 치유하자는 운동이다.[18] 최근에는 〈맨국본〉 즉 맨발 걷기 국민운동본부가 만들어졌고 시도 및 시군구에 지회도 생겨났다. 우리 동네 일산에도 몇몇 동호인 단체가 생겨나 활동 중인데 나는 대화교회의 소모임 〈대맨모〉, 즉 '대화교회 맨발 걷기 모임'에서 활동하며 맨발 걷기에 앞장서고 있다. 매일 아침 4시 30분쯤 눈뜨면 바로 턱밑인 호수 소공원에 가서 40~50분 맨발 걷기를 하고 5시 30분쯤 돌아와 샤워한 후 6시 20분쯤 출근하면 몸과 마음이 상쾌하다. 7시쯤 사무실에 도착해 신문을 보고 아침 식사를 한 후 9시 일과 시작 전까지 틈나는 대로 걸어서 1만 보를 채우려고 노력한다. 매일 1가지 이상 착한 일 하기, 10회 이상 웃고 칭찬하기, 100자 이상 쓰기, 1,000자 이상 읽기 그리고 10,000보 이상 걷기가 나의 꿈이고 바람이다. 한 가지 더 계획을 밝히면 아직은 공부를 좀 더 하고 싶다. 우선 한국사능력검정

---

17 2024년 10월 9일, KBS '생로병사의 비밀'에서 맨발 걷기의 효능을 방송한 이후, 많은 사람이 관심을 두고 동참하고 있다.
18 맨발 걷기는 정신적 안정과 스트레스 해소, 면역력 강화 및 통증 해소, 수면의 질 향상과 혈액순환 개선, 그리고 염증으로 인한 노화 개선에 효능이 있는 것으로 알려져 있다.

시험 심화 1급을 통과해야 한다. 한국사 공부는 구체적으로 하고 싶은데, 특히 우리나라의 기록 문화 즉 조선왕조실록과 승정원일기, 일성록(日省錄)과 시정기(時政記) 등을 공부하고 싶다. 정사(正史)보다 역사성과 진정성이 더 깊은 민심 기록인 연려실기술, 용재총화, 동국야사, 해동야언, 패림 등 야사(野史)도 읽고 싶다. 한국방송통신대학교에 국사학과나 역사학과는 없고 대신 문화교양학과가 있는데, 고전이나 한국사 이해는 한두 과목뿐이라 마땅한 공부 방법이 없어 고민 중이다. 이 외에 시나 수필 창작 부분도 제대로 공부하고 싶은 바람이 있다.[19] 나의 공부 계획을 말하면 '그 나이에'라고 하는 이들도 있지만, 1940년 12월 14일생인 부영그룹 이중근 회장님은 나이 60이 넘어서 2004년 행정학 박사와 2024년 법학박사 학위를 받으셨다. 회장님에 비하면 나는 아직 젊고 또 나는 '언젠가 해야 한다면 지금 하고, 누군가 해야 한다면 내가 해야 한다'라는 말을 자주 해 왔다. 아직도 하고 싶은 게 이렇게 많으니 내가 생각해도 난 참 재미있는 사람이다. 지금처럼 맨발 걷기로 신체적 건강을, 신앙생활과 한국사·국문학 공부로는 정신적 건강을 유지하고 싶다. 이러한 욕심을 제외하고는 다 내려놓고 베풀려고 한다. 더 많이 사랑하는 데는 적지 않은 노력이 필요하다. 세상에서 제일 맛있는 라면은 '함께 라면'이라 했고, 아프리카에선 멀리 가려면 '함께 가라'고 했다.

꼭 남기고 싶은 이야기

경찰을 떠난 민간인 입장에서 경찰에 하고픈 이야기가 있어 몇 가지를 여

---

19 다행히 방송대 국어국문학과는 국어학·고전문학·현대문학의 세 분야로 나뉘어져 있고, 세부 과목으로는 국어학개론, 맞춤법과 표준어, 시창작론, 현대시론, 문학비평론 등이 있어 적절한 시기에 신·편입학을 고려하고 있다.

기에 적는다.

첫째, 역사에서 배우는 경찰이 되어라. 이 책을 통해 여러 번 강조했는데, 역사는 결코 흘러간 과거가 아니고 현재이자 미래이다. 역사를 잊은 민족에게 미래는 없다는데, 역사를 잊은 경찰에게 미래가 있을 수 없다. 그 일환으로 경찰청에 가칭 '경찰사편찬위원회'를 상설 기구로 뒀으면 한다. 또 '경찰역사연구소' 등을 설치해야 하는데 양자를 결합한 형태가 바람직하겠다. 집행기관으로는 경찰청장 직속 경찰역사연구소를 두고 연구소 자문기관으로 경찰사편찬위원회를 두면 좋겠다. 대한민국에는 국사편찬위원회, 국방부는 군사편찬연구소를 두고 있다.[20] 경찰청은 겨우 기록계를 만들었지만, 그마저도 무허가라 신설과 폐지를 반복하는 모양이다. 하루빨리 경찰청 역사전담 연구 편찬부서 설치가 필요하다. 경찰사 전담 연구편찬부서는 경찰청에 두는 게 가장 적합할 것이고 기구 확대 등의 부담이 있다면 경찰대학 치안정책연구소 또는 경찰박물관에 둔다 해도 무방하며, 대한민국 재향경우회에 두는 방안도 검토할 수 있을 듯하다.

둘째, 국민을 섬기는 서비스 경찰이 되어라. 섬기는 경찰이 되기 위해서 모든 경찰은 서비스 정신으로 무장해야 한다. 그에 앞서 우선 경찰청의 영문 표기부터 변경하라고 권하고 싶다. 환경이 의식을 지배한다고 했다. 주위의 환경부터 바꿔나가야 할 것이다. 검찰의 영문 표기는 Prosecution Service이고 국가정보원 영문 표기도 National Intelligence Service이며 약칭 'NIS'로 표기한다. 국세청의 영문 표기도 National Tax Service이며 약칭 'NTX'로 표기한다. 또 금융감독원의 영문 표기도 Financial Supervisory

---

20 국방부는 1950년 전사계(뒤에 전사과)와 전사편찬회를 설치했고 1964년 정식기구로 전사편찬위원회를 발족시켰으며, 1992년 전쟁기념사업회 부설 국방군사연구소를 창설했다. 이어 2000년 9월 1일에 국방부 직할 군사편찬연구소를 창설하여 지금에 이르고 있다. 준장 출신의 연구소장 밑에 기획조정실과 문헌정보실 등 2개의 실(室)과 국방사부·전쟁사부·군사사부·조사연구 등 4개의 부(部)를 두고 있다.

검찰 국가정보원 금융감독원 국세청 모두가 기관의 영문 표기에 'Service'를 쓰고 있는데 우리 경찰은 아직도 'Agency'를 쓰고 있다. 선진 외국에서도 대부분 'Service'를 쓰고 있다.

Service 약칭은 'FSS'이다.

그런데 경찰청은 여전히 National Police Agency이고 약칭은 'NPA'로 사용한다. 하루빨리 'National Police Service'로 바꾸었으면 좋겠다. 일본을 제외한 대개의 선진국 경찰은 오래전부터 기관명이나 모토 등에 'Service'를 쓰고 있다.

'바꾼다고 뭐가 달라지는가?' 하는 이가 있을 거다. 1945년 10월 21일, 미군청정 초대 조병옥 경무국장(뒤에 경무부장)이 내건 슬로건이 『봉사와 질서』였는데 1981년 「새 시대 새 경찰」로 바뀔 때까지 경찰의 모토였다. 그 슬로건을 본 기억이 희미하다. 봉사 즉 서비스 강조는 전국의 경찰관에게 '우리는 국민을 단속하고 규제하는 알량한 권력기관'이 아니고 '국민에게 진정 봉사하는 서비스 맨'이라는 인식을 심어 줄 수 있다.

셋째, 실종자 찾기 전담 방송을 만들자. 한때 경찰은 전국에 교통방송을 만들어 운영했었고, 지금은 각 시도 광역지자체가 운영하고 있는데, 본부장 등의 책임자는 경찰출신으로 채우기도 한다. 내비게이션이 없을 때 만들어졌는데 그때는 절대 필요했었다. 곳곳에 교통경찰과 모범운전자 또는 교통통신원을 두어 운전자들에게 수시로 교통정보를 알려주는 역할을 했다. 이제는 그 역할을 내비게이션이 하고 있으니, 서울과 같은 곳은 정치적 편향 시비 논란과 우여곡절 끝에 예산 지원 중단으로 폐업 위기에 처해 있다. 교통방송은 이제 시대적 소명을 다했다고 보고 다른 체제로 탈바꿈하지 않으면 안 되는 상황이다.

시대를 앞서가는 경찰이 되어야 하는데 오히려 한 발 뒤에 있다. 경찰이 관심 가져야 할 부분이 많다. 특히 실종자와 가출인은 애가 탄 가족이 직접 현수막을 제작하며 찾는 실정이다. 현재는 케이블 TV 덕분에 다채널 시대를 살고 있다. 국회방송과 국방TV는 물론, 낚시방송이나 바둑TV도 있으며, 심지어 반려동물의 분리불안과 정서발달을 위한 DOG-TV까지 생겨났다. 앞서 언급한 2005년 이스탄불 한국인 대학생 실종 사건 당시 현지 출장을 가 보니 실종자를 찾는 전담 채널이 있었다. 그 채널에서는 온종일 실종자 인적 사항과 실종 경위를 소개한다.

경찰통계연보를 통해 확인한 2023년 실종자 수는 113,592명이고 그중 18세 미만 아동 수가 48,745명에 달한다. 실종자 찾기 전담 경찰TV를 만들어 계속 방송하여 모두가 관심을 둔다면 1983년 KBS에서 방영한 '이산가족 찾기'처럼 효과가 있을 것이다. 좀 서둘렀으면 좋겠다.

2024년 10월 26일 일본을 방문했을 때 긴자 한복판에 있는 일본 경찰박물관을 가보았다. 우리도 일본처럼 번듯한 박물관 하나 마련했으면 좋겠다.

진정한 아름다움은 건강에서 비롯되며
좋은 건강은 행복의 시작이다.

에필로그

우리 모두 실록을 쓰자

　요즘처럼 기록과 역사에 대한 인식이 얕고 가벼워 보이는 시대엔 괜스레 우리 문화의 깊이마저 빈약해 보인다는 씁쓸한 감정을 지울 수 없다. 그런 생각 끝에 이 책이 세상에 나오게 되었으니 어찌 아이러니하다고 아니 할 수 있겠는가? 우리나라의 유네스코 세계기록유산 등재 건수는 2025년 9월 기준 20건으로, 중국, 인도, 일본을 제친 아시아 1위이고 독일·영국·네덜란드에 이어 프랑스와 함께 세계 4위이다. 그렇게 우리는 '기록의 나라'로 불릴

만한 자격이 충분하다. 그런데도 1980년 국가보위비상대책위원회(국보위), 2024년 선포한 12.3 비상계엄 기록은 없다고 한다. 기록이 곧 역사인데 기록이 없다면 역사 자체가 없는 것과 다를 바 없다.

누구든 자신의 일거수일투족이 고스란히 기록되어 자손만대에 전해질 것을 의식한다면 함부로 말하거나 경솔하게 행동하지 않을 것이다. 나는 적어도 나 자신과 내 주변 역사만큼은 솔직하고 충실히 기록해 두고 싶었다. 나의 역사는 곧 가족의 역사이고 그 역사는 사회의 역사, 나아가 우리나라의 역사라고 믿는다. 내가 내 역사를 쓰고 당신이 당신의 역사를 쓴다면 우리의 삶은 훨씬 더 반듯해지지 않을까 싶어 제안한다. 일기든 자서전이든 회고록이든 에세이든 어떤 형식이든 좋으니 우리 모두 각자의 실록을 쓰자고. 이 책을 지금 쓰기로 한 이유도 여기 있다. 분명히 내 기억은 한계가 있고 내 이야기의 진실성과 객관성 또한 함께 한 선배와 동료들의 증언이 가능할 때 써야 할 것이다. 나름 읽는 부담을 덜기 위해 말은 줄이고 사진은 많이 넣으려 했고, 쪽수 줄이라는 주위의 성화도 많았는데 얼마나 반영되었는지는 모르겠다.

책을 쓰기로 마음먹으며 스스로에게 물었다. '나는 어디서 와서 어떻게 살아왔는가?' 이 물음은 결국 뿌리에 대한 그리움에서 비롯되었고 그 뿌리에 대한 의식과 관심이 책을 쓰게 했다. 내 후손에게 그들의 뿌리 한 가닥을 남겨주는 차원에서 내 생애를 정리하고 싶었다. 사실 자서전을 쓰겠다고 마음먹은 지는 꽤 오래전이다. 이제 더 미루면 영영 못 쓰게 될까 봐 조바심이 나 쓰기로 했고, 집필에 착수한 지 10개월이 지났다. 연말연시 바쁘기도 했지만 생각지도 못했던 계엄과 탄핵 정국의 충격은 한겨울의 엄동설한 못지 않았다. 차분히 원고를 정리할 만한 여유는커녕, 세상 돌아가는 일에 마음이 무거웠다. 'TV는 안 보겠다'라는 다짐도 지키기 어려웠다. 뉴스는 보면 답답하고 안 보면 또 궁금해지는 시간을 보냈다. 어쨌든 결과적으로 마무리할 수 있어 홀가분하다. 어쩌면 그 혼돈의 시절, 길고 어두운 터널을 지나오느라고 많이 심란했던 그때 그나마 오롯이 책 쓰기에 몰두할 수 있었던 건 위로였고 행복이었다.

사람마다 생각이 다르기에 가까운 이들과 의견이 엇갈릴 때도 많았으나 다투지 않았다. 일흔의 친구들과 생각이 다르다고 매번 지적하고 바로잡겠다면 절연하자는 말이나 다름없을 거다. 골프 좋아하지 않아도 박세리나 최경주 만나면 골프 이야기하고 박찬호 만나면 야구, 손흥민을 보면 축구 이야기해야 한다. '줏대 없다'라고 할지 몰라도 이건 '맥락적 사고'이다. 누구나 행복한 인생을 꿈꾸지만 어떻게 살아야 행복할지를 단언하긴 어렵다. 어떤 이는 행복한 삶을 위해 '3여(餘)'가 필요하다고 한다. 하루를 마친 저녁의 여유와 농번기를 끝낸 겨울의 여유, 청장년기를 지나온 노년의 여유다. 또 누구는 여유를 갖고 여백을 찾으며 여운을 남기라며 3여를 말한다. 나에겐 지금이 바로 그때다. 저녁, 겨울, 노년의 시기를 여유 있게 여백을 찾고 여운을 남기려고 한다. 이 책도 마찬가지다. 밀린 방학 숙제 하듯 마음 한구석의 과제를 덜어낸다.

책을 쓰게 된 동기 중 하나는 그리움의 소환이다. 연말연시 몇몇 모임에서 사람들을 만나며, 그들과의 추억은 물론 오래된 기억들이 생생하게 살아났고 그 그리움 속으로 빠져들었다. 감성의 동물이자 망각의 동물인 인간은 결국 그런 흐름에 따를 수밖에 없다. 망각은 불가피하고 늘 아쉬움으로 남는다. 하지만 책을 쓰며 해묵은 자료를 정리하는 일은 다시 그 시절, 그 감정 속으로 이끌었고 그 시간은 행복했다. 고향 예산의 산과 들, 냇가가 아련히 떠올랐고, 가사를 돕던 소년 시절의 기억도 되살아났다. 낯선 부산에서 군

생활을 하며 아내를 만나 첫사랑을 키워온 날들, 경찰이 되어 일선에서부터 청와대까지 누비며 사건·사고를 해결했고, 정년을 맞아 부영과 자치경찰에서 새로운 도전까지…. 모든 순간이 국화차 꽃잎처럼 되살아났다.

문단에 등단한 지 20년이 훌쩍 지난 중견 문인이라는 착각에 원고를 직접 쓰겠다고 결심한 건 무모한 일이었다. 욕심과 의지는 가상했으나 독수리타법으로 책 한 권을 써내는 게 쉬운 일은 아니었다. 작가에게 맡겼다면 문장은 더 매끄러웠을지 몰라도 내 혼을 담기는 쉽지 않았을 것이다. 그래서 기어이 무모함을 넘어 무도함이라 할 만한 도전을 이뤄냈다. 이 책은 어쩌면 계엄과 탄핵이라는 시대의 산물이기도 하다. 우리는 국가적으로나 개인적으로 그 어려운 시기를 수없이 겪어왔고 또 대한민국 경찰의 역사는 한 번도 고단하지 않은 때가 없었다. 그때마다 계엄령이 선포되었다면 이 나라의 모습은 지금 같지 않았을 것이다. 나에게 주어진 역할이 많지는 않았지만, 광화문과 시청 앞에서 일상으로 벌어지는 찬반 집회를 지나치며 이 나라의 미래를 고민했고 필부인 나도 무임 승차할 수는 없다는 생각에 이 책을 완성했다.

러시아 시인 네크라소프는 "슬픔도 분노도 없이 사는 자는 조국을 사랑하지 않는 자"라 했고, 프랑스 드골 내동령은 많은 인론인을 처형하며 "아무 일도 하지 않은 게 바로 너희의 죄"라며 침묵과 부작위를 단죄하고, 무관심의 위험을 꾸짖었다. 나 역시 그런 마음으로 이 시대를 살아가는 우리 모두가 과거의 고비들을 슬기롭게 살아왔다는 것을 함께 되새기고 싶었다. 책 한 권을 써낸다는 일은 생각보다 훨씬 고되었다. 처음이라 그랬을 것이다. 뭐든 대충하지 못하는 성격도 한몫했다. 다양한 이들의 조언을 듣고 주관에 매몰되지 않으려 애썼고, 객관성을 유지하려 노력했다. 하지만 결국 모든 원고를 내가 직접 써야 직성이 풀리는 성격 탓에, '내 이야기'는 '내 시선, 내 생각'으로 쓸 수밖에 없었다. 다만 누구나 공감할 수 있는 이야기를 쓰자는 욕심은 있었다. 늘 바쁘게 살아왔고, 필화를 걱정하며 출간을 확정하지 못하고 망설이던 때, 동아일보 서영아 부국장이 쓴 '전 국민 회고록 쓰기 운동' 칼럼이 결정적인 역할을 했다. 그 결과 번듯한 책이 나왔다. 이만하면 되었다.

책이 나오기까지 우리 집 제1야당 총재 구본숙을 비롯해 딸 진희·재희, 사위 모상엽·윤대관, 손주 승민·서후·승현의 도움이 컸다. 그들은 내가 못 보는 걸 봤다. 평생의 큰 스승인 이중근 부영 회장님, 박경서 대한민국 초대 인권대사님, 한보광 동국대 전 총장님, 조현오·강신명·이철성·윤희근 전 경찰청장님, 우철문 전 부산청장님, 조용연 전 충남청장님, 박경현·이황우·최응렬·서보학·이상훈·박동균·황문규·성봉근 교수님께도 고개 숙여 감사드린다. 아울러 꼼꼼하게 내용을 검토해 준 절친 성훈경·조영애 부부에게도 진심으로 감사의 인사를 전한다. 끝으로 헌법재판소가 쓴 「대통령 윤석열 탄핵 사건 선고 결정문」을 읽었음을 고백한다. 군더더기 없는 깔끔한 문장도 인상적이었지만 무엇보다 기름기 없는 문형배 재판관의 목소리는 여운이 남는다. 결정문에 이렇게 적혀 있다. 『국회가 신속하게 비상계엄 해제 요구 결의를 할 수 있었던 것은 시민들의 저항과 '군경의 소극적인 임무 수행 덕분'이었다.』 사람들이 이 대목을 간과하는 것 같아 여기에 다시 한번 '군경'을 적어본다. 아시겠지만 군경은 '군과 경찰'을 말한다. 그나마 참 다행이다.

투캅스 스토리

초판 2쇄 발행 2025년 11월 10일
지은이 김성섭
펴낸곳 빈커뮤니케이션즈
주소 서울시 서대문구 연희맛로 32 도유빌딩 2층
문의 T_02.3141.3648 F_02.3141.3637
홈페이지 www.binc.co.kr
출판등록번호 312-2011-000037

값 20,000원
ISBN 979-11-993533-2-9 (13350)

저작권법에 의해 한국 내에서 보호를 받는 저작물이므로 무단전재와 무단복제를 금합니다.
이 책 내용의 전부 또는 일부를 이용하려면 반드시 저작권자와 빈커뮤니케이션즈의
서면 동의를 받아야 합니다.

* 잘못된 책은 구입하신 곳에서 바꾸어 드립니다.